高等院校会计专业本科系列教材
GAODENG YUANXIAO KUAIJI ZHUANYE BENKE XILIE JIAOCAI

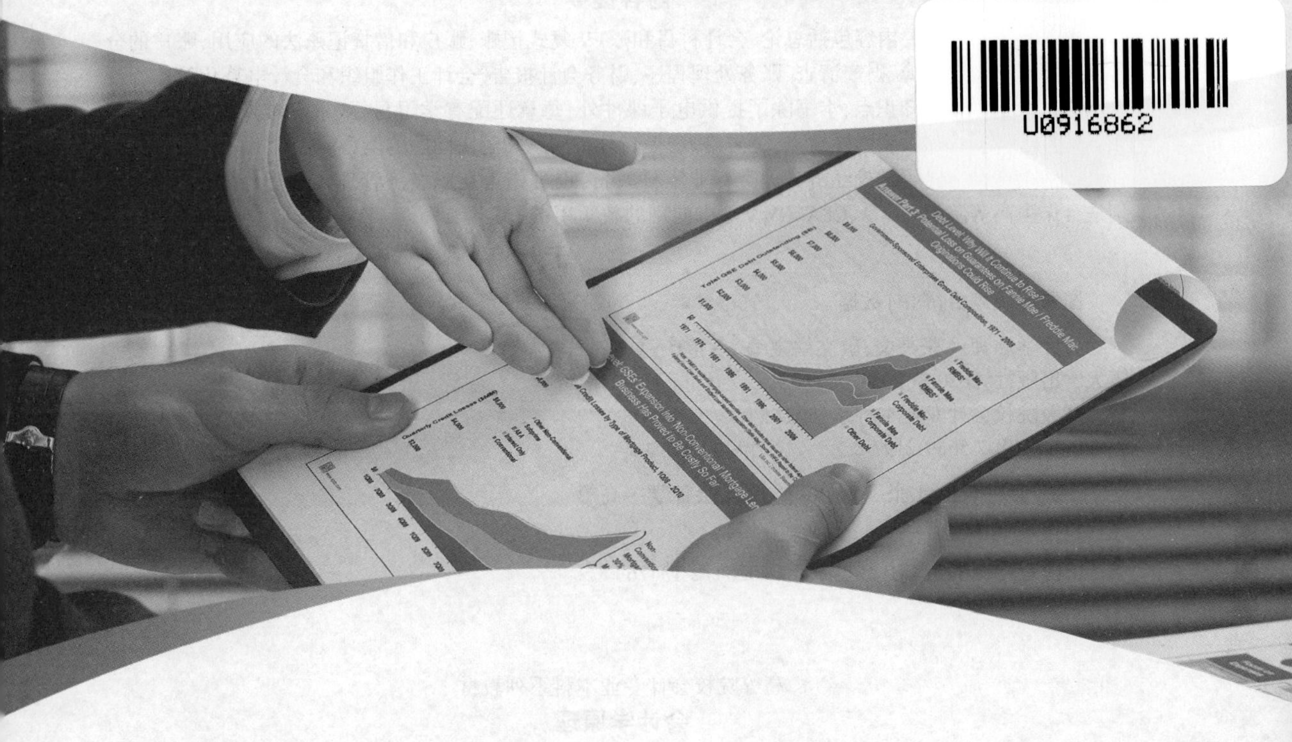

会计学原理

KUAIJIXUE YUANLI

主　编／张昌文　敬文举
副主编／谢坤语　潘晓宇　王　佳
　　　　姚宁馨　舒　敏　崔　磊
参　编／郭　娟　谭淳曦　郭　清
　　　　徐凡珺　郑如典　洪流芳
主　审／陈文俊

重庆大学出版社

内容提要

本书共 12 章,主要内容包括总论、会计科目和账户、复式记账、账户和借贷记账法的应用、账户的分类、会计凭证、会计账簿、财产清查、账务处理程序、财务会计报告、会计工作组织和会计电算化等。为使读者更好地掌握各章知识点,本书除了提供电子课件外,每章还配有学习目标、重点难点提示、案例分析、同步测练等,辅导读者掌握重点,突破难点,提高分析问题和解决问题的能力。

本书既可作为高等学校经济管理类专业本科教材,也可作为在职经济管理人员理论学习用书,特别适合作为高等院校 ACCA、CFA、CMA 等方向班的教学用书。

图书在版编目(CIP)数据

会计学原理 / 张昌文,敬文举主编. --重庆:重庆大学出版社,2020.8(2024.7 重印)

高等院校会计专业本科系列教材

ISBN 978-7-5689-2197-8

Ⅰ.①会… Ⅱ.①张…②敬… Ⅲ.①会计学—高等学校—教材 Ⅳ.①F230

中国版本图书馆 CIP 数据核字(2020)第 134263 号

高等院校会计专业本科系列教材

会计学原理

主　编　张昌文　敬文举

副主编　谢坤语　潘晓宇　王　佳

姚宁馨　舒　敏　崔　磊

责任编辑:尚东亮　冷华维　　版式设计:尚东亮

责任校对:关德强　　责任印制:张　策

*

重庆大学出版社出版发行

出版人:陈晓阳

社址:重庆市沙坪坝区大学城西路 21 号

邮编:401331

电话:(023) 88617190　88617185(中小学)

传真:(023) 88617186　88617166

网址:http://www.cqup.com.cn

邮箱:fxk@ cqup.com.cn (营销中心)

全国新华书店经销

重庆市国丰印务有限责任公司印刷

*

开本:787mm×1092mm　1/16　印张:23.75　字数:537 千

2020 年 8 月第 1 版　　2024 年 7 月第 3 次印刷

印数:5 001—6 500

ISBN 978-7-5689-2197-8　定价:59.00 元

前言

会计工作是经济管理工作的重要组成部分。经济越发展,会计越重要。随着我国市场经济的迅猛发展,我国会计理论研究和会计改革也在不断深化。为了规范会计核算工作,提高会计信息质量,财政部于2006年2月系统颁布了企业会计准则,包括1项基本准则、38项具体准则,并陆续颁布了会计准则应用指南及解释公告,标志着我国在会计国际趋同的进程中迈出了一大步。2010年4月,财政部提出《中国企业会计准则与国际财务报告准则持续趋同路线图》,承诺中国企业会计准则的修订与制定将与国际财务报告准则项目保持同步。2014至2022年,财政部陆续对基本准则和11项具体准则进行了修订发布,同时新颁布了4项具体准则。截至2022年底,共发布1项基本准则、42项具体准则、35个应用指南及16项解释公告。为深化增值税改革,实施普惠性减税与结构性减税,财政部、税务总局分别于2018年4月、2019年3月先后两次发文将制造业等行业现行17%的税率降至16%再降至13%,将交通运输业、建筑业等行业现行11%的税率降至10%再降至9%,并继续向推进税率三档并两档、税制简化方向迈进。同时,为了加强企业产品成本核算,保证产品成本信息真实、完整,促进企业和经济社会可持续发展,2013年8月,财政部发布《企业产品成本核算制度(试行)》。另外,为了加强会计档案管理,有效保护和利用会计档案,2015年12月,财政部、国家档案局修订发布《会计档案管理办法》。会计工作规范化和国际化程度的提高,税制改革的持续推进,对会计人员的知识水平和业务素质提出了更高的要求,也为高等院校会计专业教学改革明确了新的目标。

本书具有以下特点:一是遵循"双一流"人才培养模式与教学规律,充分考虑应用型本科会计专业人才培养的实际情况,在内容安排上,由浅入深、循序渐进,将基本概念、基本理论、基础知识与实践应用紧密结合,增强教材的实践性和实用性;同时,为了与其他专业课程内容相衔接,本书力求精简,突出原理,不贪大求全,不面面俱到。二是充分考虑理论教学时间调整,强基础、宽口径培养人才的需要,在编写体例设计上力求创新。在每章开篇给出明确的学习目标与重点难点提示,涵盖教学大纲的重点或主要内容;在章后设置"本章小结""重要概念""同步测练",涵盖本章的重要知识点,以方便教学;考虑到会计工作具有较强的实践性,在教材的编写上理论联系实际,注重案例的引入,旨在通过案例教学,对课程重点难点进行深化分析和实操训练,强化学生分析问题、解决问题的能力以及动手操作的能力。三是严格以最新企业会计准则、应用指南及会计操作规范为准绳编写,在系统阐述会计理论的基础上,突出会计的实用性和会计工作的规范性,注重专业核心能力的培养。

本书系中南林业科技大学立项资助教材,也是湖南省普通高校"十三五"会计学专业综合改革项目系列成果之一。本书不仅可作为高等院校会计学、财务管理学、审计学,以及其他经济类、管理类专业学生学习会计的启蒙教科书,也可作为从事会计、财务管理和其他经济管理工作人员的自学、培训用书,特别适合作为高等院校ACCA、CFA、CMA等方向班的教学用书。

本书在写作过程中,参考了大量优秀文献,吸收了大量国内外学者的研究成果,在此一并表示衷心的感谢!由于编写人员水平有限,书中不当之处在所难免,恳请广大同仁和读者朋友批评指正,以便再版时更臻完善。

编　者

2020年2月于长沙

目录

第1章 总 论

【学习目标】

通过本章的学习,了解会计产生和发展的概况,在此基础上进一步了解会计的对象、任务、方法、核算的具体内容和一般要求以及基本程序;理解会计的概念、本质、职能、特点、目标;熟悉会计假设、会计信息质量要求,明确会计核算方法的组成内容和相互联系,理解和掌握两种会计事项处理基础。

【重点难点提示】

本章的重点是会计的概念、本质、目标、特点、职能,会计核算的方法和基本程序,难点在于理解和掌握会计假设、会计信息质量要求和会计事项处理基础。

1.1 会计的产生和发展

1.1.1 会计的起源

会计(Accounting)作为记录和控制生产过程的一种管理活动,是基于社会生产力的发展和加强经济管理的需要而产生和发展的。

人类要生存,社会要发展,就要进行物质资料的生产。生产活动是人类赖以生存和发展的基础,也是人类最基本的实践活动,它决定着人类所进行的其他一切活动。生产活动一方面要创造物质财富,取得一定的劳动成果;另一方面要发生劳动耗费,包括人力、物力和财力的耗费。在一切社会形态中,人们进行生产活动时,总是力求以尽可能少的劳动耗费,取得尽可能多的劳动成果,做到所得大于所费,提高经济效益。通过长期的生产实践,人们逐步认识到,有必要将生产过程中的劳动耗费和劳动成果进行记录和计算,并对投入和产出加以比较和分析,寻求生产的最佳效益。在对劳动耗费和劳动成果进行比较的过程中,产生了原始的计量、计算、记录行为。在文字产生之前,这种记录只是简单的"结绳记事""刻契记数"等原始的计量、记录活动。这种原始的核算行为,受当时生产力水平极其低下和生产规模极小的限制，表现得较为简单，加上劳动分工不细，也就仅仅作为“生产职能的附带部分”存在而没有形成独立的职能。因此，这种只作为生产附带职能的原始核算行为，显然不能表明会计已经产生，但作为会计的雏形却能说明会计的起源与社会生产活动有一种源远流长的密切联系。

随着社会生产力的不断发展，生产技术不断进步，生产过程日趋复杂，生产的产品日益增多，生产过程中需要计量和记录的内容逐渐多了起来。这时，会计只作为生产的附带职能已难于反映生产过程中所费与所得的全貌。随着剩余产品的出现，会计就从生产职能中分离出来，成为一种独立的职能，并逐步形成了由专职人员担任且具有独立职能的管理工作。社会生产的发展，尤其是社会生产商品化程度的不断提高，使会计有了一个从简单到复杂、从低级到高级的不断发展过程。会计所记录的内容也在不断丰富，会计记录的方法也在不断更新。

在经济活动更加复杂，生产日益社会化，人们的社会关系更加广泛的情况下，会计的地位和作用，会计的目标，会计所应用的原则、方法和技术都在不断发展、变化并日趋完善，并逐步形成自身的理论体系和方法体系。另外，科学技术水平的提高也对会计的发展起了很大的促进作用。现代数学、现代管理科学与会计的结合，特别是电子计算机在会计数据处理中的应用，使会计工作的效能发生了很大的变化，它扩大了会计信息的范围，提高了会计信息的准确性和及时性。到20世纪中叶，比较完善的现代会计就逐步形成了。

1.1.2 我国会计产生和发展的概况

我国是一个文明古国，会计的历史源远流长。早在原始社会末期，当人类社会生产出现了剩余产品，我们的祖先就会采用“结绳记事”和“刻契记数”来进行记录活动。进入奴隶社会以后，会计的独立职能更为充实，核算行为相对规范，并开始出现初级的会计管理机构和部门。《史记·大禹本纪》记载：“自虞、夏时，贡赋备矣。或言禹会诸侯江南，计功而崩，因葬焉，命曰会稽，会稽者，会计也。”据此记载，我国从公元前22世纪末到公元前17世纪初，即距今4 000多年前，从虞、夏时期开始，就已建立完备的贡纳赋税制度。大禹在江南召集诸侯，考核诸侯功绩，是中国历史乃至世界历史上第一次会计、审计工作大会。会后大禹病故，并就地安葬，诸侯们经过研究，将该地正式命名为“会稽山”。会稽，意即会计，即会集诸侯核计其功绩之意。西周时期，奴隶制经济发展达到鼎盛时期，农业、手工业、商业甚至经济制度都有了显著的发展，要求人们把会计提高到管理社会经济的工具的地位上来认识，由此“会计”意义随之加以明确。《周礼·天官》中记载“司会掌邦之六典、八法、八则……逆群吏之治而听其会计。”这是我国关于“会计”一词的最早明确记载。《周礼·天官》将其解释为：“会计，以参互考日成，以月要考月成，以岁会考岁成。”这里“日成”指十日成事之文书，相当于旬报；“月要”为一月成事之文书，相当于月报；“岁会”则是一年成事之文书，相当于年报。“零星算之为计，总和算之为会”（焦循《孟子正义》），两者合在一起，即为“会计”。同时，出于奴隶主政权管理的需要，西周还设立了“司会”一职和单独的会计部门，“掌国之官府郊野县都之百物财用”。作为专门管理钱粮赋税的官员和机构,掌管政府的全部会计账簿,定期对政府的收入和支出实行“月计”与“岁会”,以考核大小官吏管理地方的情况和经手的财务收支,体现了会计的监督职能。

在我国古代的会计核算中,以货币为计量单位,一直处于一个缓慢的量变过程。奴隶制时代,该变化还微乎其微,自春秋战国时代封建生产关系产生以后,伴随着商品货币经济的发展才开始有了一定的进步。其中,秦代币制的统一,使货币量度在会计核算中的运用迈出了关键的一步。到西汉,商业活动开始摆脱以物易物的交换形式,商业经营中货币成了衡量一切商品价值的对照物,此时,货币量度在会计核算中占据了主导地位。

唐、宋时期是我国封建经济社会的空前繁荣时期,我国会计更是获得全面发展,既有了比较健全的组织机构,如宋代的“会计司”;又有了比较严格的财计制度,如计账制度、预算制度、上计制度、审计制度等;同时,会计方法也得到长足的发展,会计账簿的设置日益完备,由流水账(日记账)和眷清账(总清账)组成的账簿体系已初步形成;记账方法和会计报表日趋完善,特别是创建和运用了“四柱结算法”,并编制“四柱清册”,形成了朴素的会计方程式,以此作为会计一系列核算方法的理论依据。这里的“四柱”,即“旧管”“新收”“开除”“实在”,其含义分别相当于近代会计中的“期初结存”“本期收入”“本期支出”“期末结存”。“四柱”之间的结算关系可构成会计方程式:旧管+新收=开除+实在。据此编制的“四柱清册”属于官府办理钱粮报销或移交手续时的会计报表,它依据各柱相互衔接形成的平衡关系,既可检查日常记账的正确性,又可全面、系统、综合地反映经济活动的全貌。作为我国古代会计的一个杰出成就,该方法的基本原理为通行多年的收付记账法奠定了理论基础。

到明、清两代,在“四柱结算法”原理的启发下,会计上出现了“龙门账”这一更为先进的核算方法。该方法将全部会计事项划分为“进”“缴”“存”“该”四大类。其中“进”指全部收入,“缴”指全部支出,“存”指全部资产,“该”指全部负债。四者之间的关系构成会计方程式:进-缴=存-该。每届年终结账时,可首先分别就等式两边进行盈亏的双轨计算,随后合起来看两边差额(盈亏)是否平衡。双轨计算的结果集中反映在两张报表上,即通过“进”与“缴”两类账目编制的“进缴表”,通过“存”与“该”两类账目编制的“存该表”。这种双轨计算盈亏并合计核对的方法被称为“合龙门”,“龙门账”也因此得名。这里的“进缴表”和“存该表”可以说是近代会计中“损益表”与“资产负债表”的雏形。

在以后的时期中,伴随我国资本主义经济关系的萌发,商品货币经济又有了进一步的发展,商业活动日益受到重视,民间会计也取得了长足的进步,在民间商业界出现了“四脚账”或叫“天地合”。这种方法要求对日常发生的一切账项,都同时对应登记其“来账”与“去账”两个方面,借以全面反映同一账项的来龙去脉。这种带有复式概念的做法,无疑表明了我国会计由单式记账向复式记账的过渡。

从我国会计发展的历史可知,无论作为生产附带职能的原始核算行为,还是以货币作为主要量度的古代会计,都曾经在世界上处于领先地位。但长达几千年的封建社会自然经济的羁绊,阻碍了生产力的发展,也导致了会计发展的滞后,并逐渐落后于西方资本主义会计的发展。直到资本主义输入中国,在西方会计的影响下,古老的中式会计才在与西式会计的结合中完成了向复式记账的过渡,进入了近代会计阶段。清代末年,一批从日本学成归国的青年学者将西式会计引入我国,并将其传播开来。1905年出版的蔡锡勇的遗著《连环账谱》,是中国第一部介绍和研究西式簿记(借贷复式簿记)的专著。1907年谢霖与孟森合编的《银行簿记学》出版,成为中国继《连环账谱》之后第二部系统介绍西方复式簿记的会计学著作。此后,徐永祚、潘序伦、安绍云、赵锡禹、奚玉书、朱国璋等会计学者又较系统地翻译介绍阐述了西方会计理论及思想。1933年上海出版界开始发行《会计杂志》《立信会计季刊》,并出版了《立信会计丛书》,进一步传播西方会计理论和方法。20世纪20年代至40年代,由于一些著名学者均有在美国学习的背景,翻译和介绍的西方会计学术著作以美国的为多,而其他国家的较少。其中,美国会计理论家佩顿(W.A.Paton)和利特尔顿(A.C.Littleton)合作撰写的《公司会计准则绪论》(*An Introduction to Corporate Accounting Standards*)由潘序伦翻译介绍到我国,对我国会计理论和实践产生了深远的影响。

新中国成立后,我国会计主要运用的是苏联模式。20世纪80年代初,为适应改革开放的需要,重新沿用西方会计。1985年5月1日颁布《中华人民共和国会计法》,并于1993年、1999年进行了两次修订,使会计工作真正纳入了法治化轨道。1992年11月30日颁布并于1993年7月1日开始实施《企业会计准则》和《企业财务通则》,其后陆续颁布实施《企业会计制度》《小企业会计制度》《金融企业会计制度》等,这是我国会计与国际会计接轨的重大举措。2006年2月15日发布1项基本会计准则和38项具体会计准则,进一步加快了本土会计的国际化进程,标志着我国会计进入了一个崭新的发展时期。

总之,我国会计历史悠久,它产生于西周,发展于唐宋,完善于明清。在我国市场经济飞跃发展、全球经济一体化和数字技术大变革的今天,会计核算工作也日益科学化、规范化、数字化、智能化、网络化、业务融合化和国际化。

1.1.3 西方会计产生和发展的概况

会计作为世界文化的产物,应该说无论在我国还是在西方都是一脉相传的。但由于我国历史发展的局限性和西方资本主义经济的较早兴起,使得原来基本同步发展的状况在近代会计形成的过程中拉开了距离。西方会计发展的优势主要表现在近代会计的萌发、形成、成熟和深化上。

同中国一样,会计在古埃及、古巴比伦、古印度、古希腊和古罗马都有着悠久的历史。在远古的印度公社中,已经有了农业记账员。公元前4000年左右,古巴比伦人与亚述人、苏美尔人的单式簿记是人类最早的序时账簿,并最早使用了加盖于账簿之上的印章。公元前3000年左右,埃及人成功地创造了纸草簿记记录,并把"国库簿记"推进到一个新的历史阶段。公元前5世纪,雅典人的"官厅簿记"制度与方法在世界上具有独特的价值,账目按期进行汇总,编制出月度、年度及三年一度的汇总表,使不同时期的账目始终保持其连续性。古罗马人不但进一步发展了"官厅簿记"制度与方法,而且更突出地表现在民间会计的发展方面。罗马的旧式金融机构已普遍采用了"人名账户",并在账户中划定了“借主”与“贷主”。民间金融机构的记账方法，突破了单式簿记的范围，为复式簿记的产生奠定了思想和技术基础。

在12世纪末和13世纪初，意大利的商业经济十分发达，商业交易活动日趋复杂，原来长期采用的单式记账法已不能满足充分反映交易事项的要求，于是首先在佛罗伦萨(Florence)的钱业庄中采用了复式记账法并设置了复式账簿，随后又在热那亚(Genoa)和威尼斯(Venice)相继出现了官厅复式账簿和商业复式账簿，这表明了复式记账法在会计中得到了普遍的运用。由于复式记账一开始仅停留在利用账簿来处理具体经济业务这一初级阶段，因此，它只表明西方近代会计开始萌发，故有人把这一时期称为“簿记阶段”。作为近代会计的萌发阶段，当时主要围绕着完善记账方法和改善账簿组织结构进行了有效的研究，这就为近代会计的最终形成创造了条件。西方近代会计形成的标志是1494年意大利数学家卢卡·帕乔利(Luca Pacioli)的数学著作《算术、几何、比与比例概要》的出版。该书第一次全面系统地总结了复式记账法，并从理论上给予了必要的阐述，在世界范围内为推广复式记账奠定了基础。因此，1494年被会计学家誉为西方会计发展史上的第一个重要的里程碑，标志着西方近代会计的开端，卢卡·帕乔利也因此被称为“会计学之父”。此后，复式记账法首先在欧洲得到了广泛传播，后来又传入美国、日本等，从而在资本主义国家得到普遍应用。

18世纪末至19世纪初的产业革命，使一些资本主义国家的生产力迅速提高，股份有限公司这种新的经济组织形式也应运而生。股份有限公司的所有权与经营权分离，公司的所有者和公司的管理者从不同角度关心公司的财务状况和经营成果。这种特殊的经济组织形式对会计提出了更高的要求。为了保护所有者权益，审查经理人员的履职情况，社会上出现了以查账为职业的注册会计师。1854年，英国苏格兰的会计师成立了第一个特许会计师协会——爱丁堡会计师协会。从此，扩大了会计的服务对象，发展了会计的职能，会计的作用获得了社会的广泛承认。这被认为是西方会计发展史上的第二个重要的里程碑。

从20世纪初到30年代，率先由美国开始出现并初步建立的“公认会计原则”，就成为会计在外向服务时能为社会公众接受的会计事务处理准绳。同时，伴随着股份制企业日渐普遍，市场竞争更趋激烈，会计作为加强内部管理的重要手段，被日益重视。随着泰勒(Frederick Winslow Taylor)科学管理思想和方法的推广，标准成本应运而生。20世纪30年代以后直至50年代，经济形势急速发展，科学技术突飞猛进，既要求会计突破传统的束缚进一步深化，又为会计的深入变革创造了客观条件，从而使会计进入了一个向传统挑战的阶段。一方面，传统会计中的原有部分，对外服务为主的财务会计，仍按会计循环的固有程序有条不紊地继续朝着规范化、通用化、系统化和理论化方向发展，会计原则不断完善。另一方面，企业为了在激烈的竞争中求生存，都会增强忧患意识并着重防患于未然，在利用会计加强内部控制的同时，将成本核算方法与预算管理理论相结合，由原先单纯的事后核算转向更为强调事前、事中核算，形成了以对内服务为主的管理会计。管理会计的兴起，是会计发展史上的第三个重要的里程碑。20世纪50年代以后，电子计算机技术被推广到会计领域，出现了会计电算化，引起并促进会计技术的彻底革命。

20 世纪 90 年代以来,以信息技术革命为中心的高新技术迅猛发展,全球经济一体化发展势不可挡。特别是 21 世纪以后,进入了数字技术大变革的时代。“大(大数据)智(人工智能)移(移动互联网)云(云计算)物(物联网)区(区块链)环(环境与生态文明)”等技术的出现和蓬勃发展,使会计环境发生了深刻的变化,会计正向数字化、网络化、智能化、业务融合化方向发展。

1.2 会计的概念和本质

1.2.1 会计的概念

会计的含义,自 20 世纪以来,是会计理论研究中最集中且分歧最大的问题,至今仍众说纷纭,没有定论。关于会计本质的认识最有代表性的观点有两种:一是“会计信息系统论”,二是“会计管理活动论”。

1)会计信息系统论

所谓会计信息系统论,就是把会计的本质理解为一个经济信息系统。具体而言,会计信息系统是指在企业或其他组织范围内,旨在反映和控制企业或组织的各种经济活动,由若干具有内在联系的程序、方法和技术所组成,由会计人员加以管理,用以处理经济数据、提供财务信息和其他有关经济信息的有机整体。

会计信息系统论的思想最早起源于美国会计学家利特尔顿。他在 1953 年出版的《会计理论结构》一书中指出:“会计是一种特殊门类的信息服务”,“会计的显著目的在于对一个企业的经济活动提供某种有意义的信息”。

20 世纪 60 年代后期,随着信息论、系统论和控制论的发展,美国的会计学界和会计职业界开始倾向于将会计的本质定义为会计信息系统。如 1966 年美国会计学会在其发表的《会计基本理论说明书》中明确指出:“实质地说,会计是一个信息系统。”从此,这个概念便开始广为流传。

20 世纪 70 年代以来,将会计定义为“一个经济信息系统”的观点,在许多会计著作中流行。如戴维森在其主编的《现代会计手册》一书的序言中写道:“会计是一个信息系统。它旨在向利害攸关的各个方面传输一家企业或其他个体的富有意义的经济信息。”此外,在《斐莱和穆勒氏会计原理——导论》、凯索和威基恩特合著的《中级会计学》等著作中也有类似的论述。

我国较早接受会计是一个信息系统的会计学家是余绪缨教授。他于 1980 年在《要从发展的观点看会计学的科学属性》一文中首先提出了这一观点。

我国会计界对“信息系统论”具有代表性的提法是由葛家澍、唐予华教授于 1983 年提出的。他们认为:“会计是为提高企业和各单位的经济效益,加强经济管理而建立的一个以提供财务信息为主的经济信息系统。”

2)会计管理活动论

会计管理活动论认为会计的本质是一种经济管理活动。它继承了会计管理工具论的合理内核,吸收了最新的管理科学思想,从而成为在当前会计学界具有重要影响的观点。

将会计作为一种管理活动并使用“会计管理”这一概念在西方管理理论学派中早已存在。“古典管理理论”学派的代表人物亨利·法约尔(Henry Fayol)把会计活动列为经营的六种职能活动之一;美国人卢瑟·古利克(Luther Halsey Gulick)则把会计管理列为管理功能之一;20世纪60年代后出现的“管理经济会计学派”则认为进行经济分析和建立管理会计制度就是管理。

我国最早提出会计管理活动论的当数杨纪琬、阎达五教授。1980年,在中国会计学会成立大会上,他们做了题为《开展我国会计理论研究的几点意见——兼论会计学的科学属性》的报告。在报告中,他们指出:无论从理论上还是从实践上看,会计不仅是管理经济的工具,它本身还具有管理的职能,是人们从事管理的一种活动。

在此之后,杨纪琬、阎达五教授对会计的本质又进行了深入探讨,逐渐形成了较为系统的“会计管理活动论”。杨纪琬教授指出,“会计管理”的概念是建立在“会计是一种管理活动,是一项经济管理工作”这一认识基础上的,通常讲的“会计”就是“会计工作”。他还指出,“会计”和“会计管理”是同一概念,“会计管理”是“会计”这一概念的深化,反映了会计工作的本质属性。

阎达五教授认为,会计作为经济管理的组成部分,它核算和监督的内容以及应达到的目的受不同社会制度的制约,“会计管理这个概念绝不是少数人杜撰出来的,它有充分的理论和实践依据,是会计工作发展的必然产物”。

自从会计学界提出“会计信息系统论”和“会计管理活动论”之后,针对两种学术观点展开了尖锐的交锋。前者将会计视为一种方法予以论证;而后者则将会计视为一种工作,从而视为一种管理活动来加以论证。其实,“会计管理活动论”的观点代表了我国会计改革的思路与方向,是对会计本质问题的科学论断。在“会计管理活动论”的前提下,会计是经济管理的重要组成部分,是以提供经济信息、提高经济效益为目的一种管理活动。

综上所述,会计是以货币为主要计量单位,运用专门的方法和程序,对企事业单位、机关、团体或其他经济组织的经济业务活动进行连续、系统、全面、综合的核算(反映)和监督,并参与经济预测和经济决策,旨在提供经济信息和提高经济效益的一种经济管理活动。

1.2.2　会计的基本特征

1)以货币作为主要计量单位

会计反映的是各单位日常所发生的各种经济业务活动,因此要从价值方面反映各单位经济活动的情况。会计对经济活动过程中使用的财产物资、发生的劳动耗费及劳动成果等以货币为主要计量单位,进行系统的记录、计算、分析和考核,以达到加强经济管理的目的。

会计虽然同时使用实物计量单位、劳动计量单位和货币计量单位,但却以货币计量单位为主要量度。这是由实物量度和劳动量度本身的缺陷和货币量度本身具备的功能决定的,当然,也是历史条件的局限所致。

实物量度虽然能够根据实物形态的不同,分别采用重量、体积、面积等计量单位具体计算、记录各种财产物资的数量,为管理提供有用的实物指标,以此加强财产物资的管理,但由于它没有统一的计量单位,也就不具有综合的能力,不能将形状不同且计量单位各异的实物相加,进行综合的汇总反映。劳动量度虽然以时间作为统一的计量单位,具有综合的能力,但在现时的商品经济条件下,价值规律依然发生作用,劳动耗费还无法广泛利用劳动量度进行计量,它也只是按社会必要劳动时间决定商品价值的原理,主要为产品成本的计算服务,这是历史的局限性。可见,这两种计量单位对于会计来说都是必要的,但由于它们本身的或历史的局限性,又使其不能成为会计的主要计量单位。

在商品经济条件下,各种形态不同的物资都可视为代表一定价值量的商品,由于形成商品价值的各种劳动耗费实质上是无差别从而是可比的,因此,对生产经营过程中财产物资和有关经济活动最理想的计量莫过于以价值形式来综合反映。而货币作为一般等价物的特殊商品,其价值计量功能正可以按照经营管理的要求,以统一的计量单位来综合表现各种不同的财产物资和经济活动。可见,货币计量单位能够将表现形式不同的各种实物和劳动,通过实质上相同的价值进行数量上的汇总,具有无可比拟的综合能力。因此,会计在商品经济条件下,应该而且也只能以货币作为主要计量单位。

2)会计核算具有连续性、系统性、全面性、综合性

会计的另一个基本特点,就是会计核算具有连续性、系统性、全面性和综合性。这四性贯穿于会计核算的全过程,并通过会计核算的一系列方法体现出来。

所谓连续性,是指在会计核算中,应按经济活动发生的时间顺序不间断地进行记录,使其得到连贯的反映。要保证会计核算的连续性,就一定要强调顺序,遵循会计核算的规律。既要注意核算内容在时间上的连续,也要注意核算程序在步骤上的连贯。

所谓系统性,是指在会计核算中,对各种经济活动既要进行必要的科学分类,又要进行相互联系的记录。各类经济活动自成体系又相互联系,这就要求首先要按科学的方法对会计对象的具体内容进行分类,然后将核算资料进行系统的加工整理并予以汇总,以便为经营管理提供各种信息资料。

所谓全面性,首先是指对属于会计核算和监督内容的全部经济活动都必须加以记录,不得有所遗漏;其次,对每一项经济活动所引起的资金变化的来龙去脉要完整反映,防止片面。做到这两点,会计核算方为全面。

所谓综合性,是指会计核算的全部内容都要通过货币计量尺度进行综合的计算、记录,以提供总括反映各项经济活动的价值指标。无论是会计凭证、账簿,还是会计报表,

都必须体现这一点,特别是作为所有经济活动整体价值表现的会计报表,其编制过程对综合性的体现尤为充分。

1.2.3　会计的本质

会计的本质,是指会计本身具有的性质,它是会计这一客观事物内在的、相对稳定的实质联系。它表明会计最终是什么。会计的本质是在人类长期社会生产过程中逐渐形成、完善并被人们逐步认识的。

物质资料的生产是人类社会生存和发展的基础,以尽可能少的劳动耗费创造尽可能多的劳动成果是社会生产发展的客观要求。因此,人们在长期生产实践中早就意识到,要使生产活动能够顺利进行并达到预期的目的,就必须关心生产活动中所发生的劳动耗费和取得的劳动成果。这种最初的意识,促使人类开始对生产活动的过程及结果进行计量、计算,以评价经济上的得失,而这种出于得失比较考虑的计量、计算行为,无疑是经济管理的最初形式,也是基本的会计实践活动。

随着生产力的发展和经济关系的复杂化,经济管理的内容和方式也随之变化,这从客观上要求会计应在社会生产过程中发挥更大的作用。当商品经济发展引起市场激烈竞争时,人类更是要求加强管理以对经济活动进行严格的控制和监督,从而促使其经济行为按照预定的目标进行,争取以最小的代价达到既定的目的。尽管各个商品生产者的具体目标不尽相同,但讲求经济效益、促进自身发展却是一致的追求,而这恰恰是整个人类社会发展的前提。与此相适应,会计的内容和形式也在不断地变化、完善,由单纯的记账、算账、报账等账务处理,发展为参与事前预测、决策,并对经济活动进行事中控制、考核,最后还运用核算资料进行事后分析、检查。会计这一系列业务活动的总目标,就是加强经营管理,提高经济效益。人类社会发展的历史已经证明,经济管理离不开会计,而且,经济越发展,会计越重要。即使在经济更为发达的将来,会计也将伴随着经济活动对管理提出的更高要求而不断拓宽自己的领域,发挥出更大的作用。

综上所述,无论是过去、现在还是将来,会计都是人们运用会计方法对社会生产过程进行管理的一项实践活动。其本质可主要理解为一种价值管理活动,它是人们对再生产过程中的价值方面进行管理的实践活动,属于经济管理的重要组成部分。会计的核算和监督职能,显然是属于管理职能而不是生产职能,也印证了这一点。

1.3　会计的职能和目标

1.3.1　会计的基本职能

所谓会计的职能(Functions of Accounting),就是指会计在经济管理中所具有的功能。对于这个问题,马克思在《资本论》中有精辟的论述:“过程越是按社会的规模进行,越是失去纯粹个人的性质,作为对过程的控制和观念总结的簿记就越是必要。”这里的“簿记”

指的就是会计,这里的“过程”指的是社会再生产过程。这段话包含两个意思:①搞经济离不开会计,经济越发展,会计越重要。②会计的基本职能是对再生产过程的“控制和观念总结”。我国会计界通常把“控制”理解为监督,把“观念总结”理解为反映(或核算),也就是说,对再生产过程的反映(或核算)和监督是会计最基本的两项职能。

会计的职能随着经济的发展和会计内容、作用的不断扩大而发展着。传统的会计主要是记账、算账、报账。随着市场经济的发展和科技水平的提高,现代会计的职能也有了新的发展,具有了新的特点。

1)会计的反映(或核算)职能

会计反映职能,是指会计通过确认、计量、记录、报告,从数量上反映各单位已经发生或完成的经济活动,为经营管理提供会计信息的功能。反映职能是会计的最基本职能。与统计核算、业务核算及传统会计相比较,现代会计的反映职能具有如下特点:

①会计主要是利用货币计量,综合反映各单位的经济活动情况,为经济管理提供可靠的会计信息。从数量方面反映经济活动,可以采用三种量度:实物量度、货币量度和劳动量度。在市场经济发达的条件下,为了有效地进行管理,就必须广泛地利用综合价值形式,以计算生产资料的占用、劳动的耗费、收入的取得和利润的实现与分配等。所以,主要利用货币计量,从数量方面综合反映各单位的经济活动情况,是现代会计的一个重要特点。所谓“观念总结”就是指用观念上的货币(货币的价值尺度职能)对各单位的经济活动进行综合的数量反映。此外,根据需要,会计有时也利用非货币量度提供一些非财务信息。

②会计反映不仅是记录已发生的经济业务,还应面向未来,为各单位的经营决策和管理控制提供依据。传统会计的反映职能,主要是对已发生的经济业务进行事后反映。随着社会经济的发展,市场规模的扩大和社会经济活动的日趋复杂,一个企业为谋求有效的经营,不仅要随时了解其经营现状,检查企业的经营活动是否符合既定的目标,还要周密地规划企业的未来。为此,不仅要求会计如实地提供已发生的经济业务的情况,还要预测企业的未来,对企业的发展提供一些具有前瞻性的会计信息,以此作为对未来经济活动的控制依据,并通过信息反馈,为会计控制功能的实现创造条件。

③会计反映应具有完整性、连续性和系统性。所谓完整性,是指凡属会计反映的内容都必须加以记录,不能遗漏。所谓连续性,是指对各种经济业务应当按照其发生的时间顺序依次进行登记,而不能有所中断。所谓系统性,是指会计提供的数据资料必须在科学分类的基础上形成相互联系的有序整体,而不能杂乱无章。只有依据完整的、连续的和系统的数据资料,才能全面、系统地反映各单位的经济活动情况,考核其经济效益。由此可以看出,完整性、连续性和系统性三者缺一不可、相辅相成,它们之间的有机结合使会计的反映职能与其他经济核算的反映职能相比有了鲜明的特点。

④随着电子计算机在会计数据处理中的应用,会计的传统工艺同现代电子技术相结合,会计反映的方式从手工簿记系统逐步发展为电子数据处理系统,极大地加强了会计获取信息和传递信息的能力,从而使会计信息变得更为完善,更加及时、灵敏、准确,更能满足多方面、多层次信息使用者的需求。

2)会计的监督(或控制)职能

会计监督职能,是指会计具有按照一定的目的和要求,利用会计反映所提供的信息,对各单位的经济活动进行控制,使之达到预期目标的功能。其特点是:

①会计监督主要是利用反映职能提供的各种价值指标进行的货币监督。前已述及,会计反映主要是通过货币计量,提供一系列综合反映各单位经济活动的价值指标,如资产、负债、所有者权益、收入、成本、费用、利润以及偿债能力、获利能力、营运能力等指标。会计监督就是依据这些价值指标进行的。例如,利用资产指标,可以了解企业一定日期的资产总额及其结构,考核企业资产的利用情况,以提高资产的使用效率;利用成本指标,可以综合考察各项生产费用支出情况,控制各项消耗,防止浪费的发生;利用收入、利润等经营成果指标与成本、费用、资产指标比对,可以考核劳动耗费和物质资料利用的经济效益,等等。通过这些价值量指标对各单位的经济活动进行监督,不仅可以比较全面地控制各单位的经济活动,还可以经常地和及时地对经济活动进行指导和调节。此外,根据需要,某些单位有时也利用实物量度进行实物监督。

②会计监督是在会计反映各项经济活动的同时进行的,包括事前、事中和事后监督。事前监督,是指会计部门在参与制定各种决策以及相关的各项计划和费用预算时,依据有关政策、法规、制度和经济活动的一般规律,对各项经济活动的可行性、合理性、合法性和有效性的审查,是对未来经济活动的指导。事中监督,是指在日常会计工作中,对已发现的问题提出建议,促使有关部门采取措施,调整经济活动,使其按照预定的目标和要求进行。事后监督,则是指以事先制定的目标、标准和要求为准绳,通过分析已取得的会计资料,对已进行的经济活动的合理性、合法性和有效性进行的考核和评价。

会计监督是我国经济监督体系的重要组成部分,包括内部监督和外部监督。其中外部监督又分为国家监督和社会监督。各单位应当建立、健全本单位内部会计监督制度,同时接受国家财政、审计、税务、银行、证券监管、保险监管等部门以及各社会中介机构如注册会计师审计等对本单位的会计资料实施监督检查。

需要指出的是,实行会计监督固然有监督各单位在国家有关财经法规、制度范围内进行正常经营活动的任务,但是,会计监督也是各单位内部管理的需要,是各单位自我约束的一种机制。也就是说,会计监督应当把贯彻执行本单位的经营方针,实行最优化管理,提高经济效益,实现经营目标作为重要任务。

3)会计基本职能的相互关系

会计的反映职能和监督职能是不可分割的,二者的关系是辩证统一的。反映职能是监督职能的基础,没有反映职能提供的信息,就不可能进行会计监督,因为没有会计反映提供可靠、完整的会计资料,会计监督就没有监督的客观依据,也就无法进行会计监督;而监督职能又是反映职能的保证,没有监督职能进行控制,提供有力的保证,就不可能提供真实可靠的会计信息,也就不能发挥会计管理的能动作用,会计反映就失去了存在的意义。但从二者在会计职能中所占的地位又可看出,会计反映居于主导地位,而会计监督则寓于会计反映的过程之中。

4）会计基本职能的外延

随着社会生产力的不断提高、科学技术的不断进步，经济关系的复杂化和管理理论的深入化，会计的基本职能得到了不断的完善和发展，会计的新职能不断出现。目前，在国内会计学界比较流行的是“六职能”论。其认为会计具有“反映经济情况、监督经济活动、控制经济过程、分析经济效果、预测经济前景、参与经济决策”等六项职能，并认为这六项职能是密切结合、相辅相成的。其中两项基本职能是四项新职能的基础，而四项新职能又是两项基本职能的延伸和拓展。

1.3.2 会计的目标

1）会计目标的含义

会计产生和发展的历史表明，人类在社会实践中运用会计的目的是要借助会计对经济活动进行反映和监督，为经营管理提供财务信息，并考核评价经营责任，从而取得最大的经济效益。这是由商品个别劳动时间和社会劳动时间的不同，以及人力、物力资源的有限等基本矛盾所决定的。不同经济主体为了追求经济利益，无不利用会计这项经济管理工作来达成。会计目标（Accounting Objective）概括来讲就是指会计工作所要达到的目的和要求，在很多情况下特指企业财务会计的目标，或者说财务会计报告的目标。

2）关于会计目标的两种学术观点

（1）决策有用观

决策有用观是 20 世纪 70 年代美国注册会计师协会的特鲁彼拉特委员会（Trueblood）在对会计信息使用者进行了大量的实证调查研究后得出的结论。该委员会在 1973 年提出的研究报告中，明确提出了十二项财务报表的目标，其基本目标是“提供据以进行经济决策所需的信息”。决策有用观的主要观点来自美国会计学会发表的《基本会计理论报告》，会计的目标是为了“作出关于利用有限资源的决策，包括确定重要的决策领域以及确定目的和目标”而提供有关的信息。1978 年，美国财务会计准则委员会在其《财务会计概念公告》中，对财务报表的目标作出了进一步的阐述：①财务报告应提供对现在和可能的投资者、债权人以及其他使用者作出合理的投资、信贷及类似决策有用的信息；②财务报告应提供有助于现在和可能的投资者、债权人以及其他使用者评估来自销售、偿付到期证券或借款等实得收入的金额、时间分布和不确定的信息；③财务报告应能提供关于企业的经济资源、对这些经济资源的要求权（企业把资源转移给其他主体的责任及业主权益）以及使资源和对这些资源要求权发生变动的交易、事项和情况影响的信息。决策有用观认为，会计的目标就是向会计信息使用者提供对其进行决策有用的信息，会计信息更多地强调相关性，会计计量除了采用历史成本计量以外还包括其他计量属性。

（2）受托责任观

受托责任是一种普遍的经济关系，也是一种普遍的、动态的社会关系。委托人将资源的经营管理权授予受托人，受托人接受委托后即承担所托付的责任，这种责任就是受托责任。受托责任观或称受托责任学派的主要代表人物有美国著名会计学家井鸠雄士(YujiIjiri)、恩里斯特·J.帕罗科(Ernest J. Parlock)等,其主要代表文献有井鸠雄士所著的《会计计量理论》。受托责任观的含义可以从三个方面理解:①资源的受托方接受委托,管理委托方所交付的资源,受托方承担有效地管理与应用受托资源,并使其保值增值的责任;②资源的受托方承担如实地向委托方报告受托责任履行过程及结果的义务;③资源受托方的管理当局负有重要的社会责任,如保持企业所处社区的良好环境、培养人力资源等。受托责任观认为会计目标就是以恰当的方式有效地协调委托和受托的关系,为了真实客观、公平公正地反映受托方的经营状况,就必须采用历史成本计量属性和历史成本计量模式。在会计处理上,强调可靠性胜过相关性。

从上述介绍可以看出,受托责任观重在受托者向委托者报告受托管理情况,主要是从企业内部来谈的,而决策有用观是从企业会计信息的外部使用者来谈的。实际上,两者并不矛盾,都暗含了"会计信息观",即会计目标是提供信息。在受托责任观下,会计目标是向资源委托者提供信息;在决策有用观下,会计的目标是向信息使用者提供有用的信息,不但向资源委托者,而且还向债权人、政府等和企业有密切关系的信息使用者提供决策有用的信息。同时,两者侧重的角度不同,受托责任观是从监督角度考虑,主要是为了监督受托者的受托责任;决策有用观侧重于信号角度,即会计信息能够传递信号,向信息使用者提供决策有用的信息。两者之间相互联系、相互补充。

《企业会计准则——基本准则》第四条规定:"企业应当编制财务会计报告。财务会计报告的目标是向财务会计报告使用者提供与企业财务状况、经营成果和现金流量等有关的会计信息,反映企业管理层受托责任履行情况,有助于财务会计报告使用者作出经济决策,财务会计报告使用者包括投资者、债权人、政府及其有关部门和社会公众等。"《企业会计准则——基本准则》关于会计目标的描述包括两个方面:①提供信息:向财务会计报告使用者包括投资者、债权人、政府及其有关部门和社会公众等提供与企业财务状况、经营成果和现金流量等有关的会计信息,这是全社会对会计信息的共同需求;②信息用途:一是反映企业管理层受托责任履行情况,二是有助于财务会计报告使用者作出经济决策。由此可见,《企业会计准则——基本准则》关于会计目标的确定,综合了受托责任学派和决策有用学派的合理内核。

1.4 会计的对象和任务

1.4.1 会计的对象

会计的对象(Accounting Objects),作为会计行为的客体,是指会计核算和监督的内容。马克思曾经把会计的对象高度概括为"(生产)过程",即生产、分配、交换、消费四个相互关联的环节构成的社会再生产过程。由于社会再生产过程包括多种多样的经济活动,会计不能也不应该核算和监督再生产过程中的所有经济活动,而应只核算和监督能够以货币表现的经济活动。在商品经济条件下,这部分经济活动既表现为实物运动,也表现为劳务活动,更构成价值运动。会计正是利用货币具有的价值尺度职能来衡量其他商品和劳务的价值,从而对再生产过程中的经济活动进行核算和监督。由于社会再生产过程中的财产物资等经济资源以货币表现,往往习惯叫作资金,它是价值的计量反映,因此,价值运动往往又叫作资金运动。会计对象的一般内容,就是社会再生产过程中的价值方面,即能以货币表现的经济活动或就叫资金运动。

由于各单位在社会再生产过程中所处的地位、担负的责任及经济活动的方式不同,经济业务的内容也不相同,具体的资金运动就有所区别。会计对象具体可以分为两类:企业单位的会计对象和行政事业单位的会计对象。

1)企业的资金运动

会计对象在企业中可表现为企业再生产过程中能以货币表现的经济活动,也就是企业再生产过程中的资金运动。

以制造业中的工业企业为例,工业企业是生产和销售产品的生产经营单位,为了进行生产经营活动,必须拥有一定数量的财产物资作为其物质基础,这些财产物资的货币表现(包括货币本身)称为资金。在工业企业存续期间,资金处于不断的运动之中,形成资金运动。工业企业的资金运动包括资金筹集、资金周转和资金退出三种形式。

(1)资金筹集

资金筹集是资金运动的起点。工业企业的资金筹集主要有接受投资获得资本(股本)金,从银行等金融机构取得借款,以及发行债券取得资金等。筹集的资金一般以货币资金形态为主,通过使用形成生产要素。

(2)资金周转

工业企业的资金,随着生产经营活动的进行不断地改变形态,经过供应、生产、销售三个过程,周而复始地循环与周转。在供应过程中,企业以货币资金购进原材料,为生产储备必要的物资,由货币资金转化为储备资金;在生产过程中,劳动者借助于劳动资料对劳动对象进行加工,生产出产成品,同时发生对各种耗费包括物化劳动和活劳动耗费(固定资产损耗、劳动报酬等)的补偿,使储备资金及一部分货币资金转化为生产资金,进而转化为成品资金;在销售过程中,企业出售产品,收回货款,又使成品资金转化为货币资金。工业企业的经营活动,经过供、产、销三个具体过程,使资金从货币资金依次经过储备资金形态、生产资金形态、成品资金形态再回复到货币资金形态的资金运动过程,称为资金循环。随着企业生产经营过程的不断进行,资金周而复始不断循环,称为资金周转。

(3)资金退出

企业通过出售产品取得货币资金收入,抵减费用支出后形成企业经营成果。经营成果按规定程序进行分配,留归企业的部分重新投入生产经营过程,分给投资者的部分称为分红。分红及上缴税金是资金退出企业的主要内容。另外,企业归还借款、偿还其他债务也会使资金退出企业。工业企业资金运动过程如图 1-1 所示。

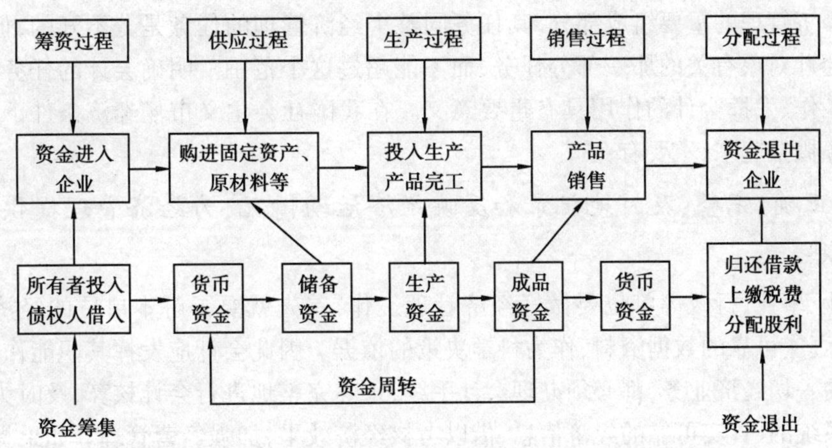

图1-1　工业企业资金运动过程

2)行政事业单位会计的对象

行政事业单位是行政单位和事业单位的总称。行政单位是人民行使国家权力、管理国家事务、进行各项行政管理工作的机关,它包括国家权力机关,国家行政机关,司法、检察机关,以及各党派和人民团体等。事业单位是指接受国家机关领导,直接或间接为上层建筑服务,为生产建设和改善人民生活服务的单位。它包括文化、教育、科学、卫生、工业、交通、商业、农业、林业、水利、社会福利救济等各个事业单位。一般来说,行政事业单位是非物质资料生产部门,不直接从事物质产品的生产和销售。但为了完成国家所赋予的任务,必须具备一定数量的财产物资,这些财产物资的货币表现(即其价值方面)包括货币本身,称为预算资金,行政单位及事业单位所需要的资金大部分由国家财政拨款。随着经济体制改革的深入进行,部分单位在核拨经费以外自行组织一些收入,增加经费来源。行政事业单位一方面按照预算规定从国家取得经费拨款,同时在国家规定的范围内取得事业收入,形成单位的预算资金来源;另一方面按照预算规定的用途、开支标准和各项财经制度办理各项经费支出,如人员工资、职工福利费、设备购置费、公务费、房屋修缮费等,形成单位预算资金运用,尚未使用的库存现金、银行存款、库存材料以及购建的固定资产,就是单位预算资金结存。因此行政事业单位预算会计的对象,就是行政事业单位预算资金领拨、使用及其结存。预算资金运动一般没有收回的概念,不形成循环和周转,行政事业单位预算会计的对象,可以概括为预算资金收支活动及其结果。至于实行企业化管理的事业单位,如自收自支管理的单位,资金需要进行循环周转,它的会计对象可以表述为"再生产过程中的资金运动"。

1.4.2　会计的任务

会计的任务(Targets of Accounting Activities),是根据会计职能而规定的会计应该完成的工作和所要达到的目的和要求。它是会计职能的具体化,也是发挥会计作用的前提。

会计的任务,取决于会计的职能和经济管理的要求,并受会计对象的特点所制约。

会计是经济管理的重要组成部分,其任务同整个经济管理的任务是分不开的,但它只能完成与会计对象有关的那一部分任务,而不能超过这个范围。明确会计的任务,对于做好会计工作、发挥会计的作用具有重要意义。在我国社会主义市场经济条件下,会计的基本任务概括起来,主要有:

1)正确、完整、及时地记录和反映经济活动情况,为经济管理提供系统的经济信息

企业、事业、行政等单位要做好经济管理工作,首先就要了解本单位的经济活动情况,掌握真实可靠的数据资料,作为科学决策的依据。因此会计应发挥其职能作用,各单位发生的一切经济业务,都必须办理会计手续,正确完整地进行会计核算,及时为管理决策提供系统的、真实可靠的经济信息,借以考核经济效果,加强经营管理。如果提供的会计信息不真实、不完整,反映的经济活动情况不及时,就不能正确考核单位的经营情况和预算执行情况,甚至导致决策失误;逐级汇总的会计报表资料不完整、不真实,提供的信息不及时,还会引起宏观决策的失误。因此各单位记录经济业务,必须以审核无误的合法凭证为依据,绝不允许弄虚作假,假账真算。

2)维护财经纪律,保护财产物资的安全完整

为了加强经济管理,讲求经济效益,国家根据宏观经济发展的要求和当前经济改革的需要,制定了一系列财政经济方针、政策、法令和制度,集中体现了国家和人民群众的根本利益,也是各企业、行政、事业等单位进行经济活动的准则,各单位必须认真贯彻执行。由于各单位的经济活动都要直接或间接地通过会计核算来反映,而会计人员既肩负着维护本单位利益,又担负着维护国家利益的双重任务,因此会计部门和会计人员在对经济业务核算的同时,必须遵守财经制度,维护财经纪律,加强会计监督。也就是监督各项财产物资的收发、转移、保管、使用和报废是否按照规定的程序和制度执行;各项资金收支是否按计划合理节约使用;成本和盈亏的计算是否真实、正确。对任意挪用国家资金、私分公物、挥霍国家资财、截留拖欠应上缴国家的税费等违反财经纪律的行为坚决制止,以维护国家、集体和个人利益。要按期进行财产清查,做到资金、物资家底清楚,保管使用经济责任明确,对于浪费、损毁、贪污盗窃公共财产的行为,要及时揭露,严厉打击,保护公共财产安全。

3)加强经济核算,提高经济效益

千方百计地提高生产、流通各个领域的经济效益,是快速发展社会主义经济的一个核心问题,也是考虑一切经济问题的根本出发点。提高经济效益,必须加强经济核算。所谓经济核算,就是对生产资料的占用、生产消耗和生产成果进行记录、计算和比较,要求以较少的生产消耗和生产资料占用,取得较多的生产成果,经济核算是提高经济效益的重要手段之一。会计是进行价值核算的,而能够反映经济效益大小的指标如资金、成本、利润等,都必须由会计来提供。因此会计在加强经济核算、讲求经济效益方面,担负着其他工作无可替代的任务。各单位对已发生的各项收支和经营成果,既要随时进行审核、记录和计算,又要定期进行比较和分析,查明超支、节约、盈亏形成的原因和存在的问

题,从而提出改进工作、提高经济效益的措施,以便挖掘增产节约、增收节支的潜力。会计不但要考核和分析已经发生的各项收支和经营成果,而且要分析和预测各项增产节约措施的经济效益。要根据积累的数据资料,如资金和物资占用情况以及收支盈亏情况,对各项增产节约、增收节支的措施在实施之前,进行事前的全面经济预测,从本单位和整个国民经济范围来分析其利弊得失,从而提出获得最佳经济效益的建议和方案以期获得最大的经济效果。

1.5 会计核算的具体内容和基本程序

1.5.1 会计核算的具体内容

会计核算和监督的内容是资金运动,通常,我们将各单位在日常生产经营和业务活动中的资金运动称为经济业务事项。经济业务事项包括经济业务和经济事项两类。经济业务又称为经济交易,是指某单位与其他单位或个人之间发生的各种经济利益的交换,如购买材料、销售商品等。经济事项是指在某单位内部发生的具有经济影响的各类事项,如支付职工工资、计提折旧等。这些经济业务事项的内容,就是会计核算(Financial Accounting)的具体内容。根据《中华人民共和国会计法》第十条的规定,下列经济业务事项,应当办理会计手续,进行会计核算。

1)款项和有价证券的收付

款项(Funds)是作为支付手段的货币资金,主要包括现金、银行存款以及其他视同现金和银行存款的银行汇票存款、银行本票存款等;有价证券(Value Securities)是指表示一定财产所有权或支配权的证券,如国库券、股票等。

款项和有价证券是流动性最强的资产,如果收付环节出现问题,不仅会使企业款项和有价证券受损,更会直接影响企业货币资金的供应,从而影响企业生产经营活动。企业必须按照国家统一会计制度的规定,加强监督管理,及时、如实地核算款项和有价证券的收付及结存。

2)财物的收发、增减和使用

财物(Property)是财产、物资的简称,企业的财产物资是企业进行生产经营活动且具有实物形态的经济资源,一般包括原材料、库存商品等流动资产,以及房屋、机器等固定资产。

财物本身就是一种资产,而且大多数都是企业组织生产经营活动所必需的生产设备和生产资料等,价值一般比较大,在企业的资产总额中占有较大比重,因此,企业对财物的收发、使用、增减变化等情况必须及时进行会计核算,全面反映企业财物的收发、结存和使用情况,发挥会计在控制和降低成本、保证财物安全完整、防止资产流失等方面的重要作用,维护企业正常的生产经营秩序。

3）债权、债务的发生和结算

债权（Creditors' s Rights）是企业收取款项的权利，一般包括各种应收和预付款项等。债务（Liability）是企业承担的需要偿付的现时义务，一般包括各种借款、应付和预收款项等。

债权和债务是企业在日常生产经营活动中经常出现的经济业务事项。债权、债务的发生和结算，涉及企业与其他企业以及企业与其他有关方面的经济利益，关系到企业自身的资金周转，影响企业的生产经营活动。因此，企业必须及时、真实、完整地核算其债权、债务，防止在解决债权、债务问题的环节发生非法行为。

4）资本的增减

资本（Capital）是投资者为开展生产经营活动而投入的本金。会计上的资本专指所有者权益中的投入资本，包括实收资本（股本）和资本公积。资本是企业进行生产经营活动的必要条件，是现代企业明晰产权关系的重要标志。

办理资本增减业务的政策性强，一般应以具有法律效力的合同、协议、董事会决议等为依据。资本的增减，直接影响企业的经营规模和收益分配，因此会计上要求对资本的增减必须及时进行会计核算。

5）收入、支出、费用、成本的计算

收入（Earnings）是指企业在日常活动中形成的，会导致所有者权益增加的，与所有者投入资本无关的经济利益的总流入，如销售商品收入、提供劳务收入以及销售多余材料、转让无形资产使用权取得的收入等。

支出（Expenditure）是指企业实际发生的各项开支，以及在正常生产经营活动以外的支出和损失。如企业购买原材料、固定资产、无形资产、对外投资、职工薪酬的支出以及在正常生产经营活动以外发生的对外捐赠、罚款及由自然灾害造成的损失等所形成的支出。以支出的属性为标准对支出进行划分时，如果一项支出符合资产的定义，则形成企业的资产，否则为当期费用或损失。

费用（Expense）是指企业在日常活动中发生的、会导致所有者权益减少的、与向所有者分配利润无关的经济利益的总流出，是为了取得收入而发生的资源耗费。费用通常包括营业成本和期间费用。企业为生产产品、提供劳务等发生的可归属于产品成本等的费用，应在确认商品销售收入、劳务收入等时确认为费用，计入当期损益，企业发生的支出不产生经济利益的，或即使能够产生经济利益但不符合或不再符合资产确认条件的，应当在发生时确认为费用，计入当期损益；企业发生的交易或事项导致其承担一项负债而又不确认为一项资产的，应当在发生时确认为费用，计入当期损益。

成本（Cost）是指企业为生产产品、提供劳务而发生的各种耗费，是按一定产品或劳务对象所归集的费用，是对象化了的费用。企业在一定时期内为生产一定种类、一定数量的产品所支出的各种费用的总和，就是这些产品的成本，也称为制造成本。

收入、支出、费用、成本是相互联系、密不可分的，都是计算和判断企业经营成果及其盈亏状况的主要依据，取得收入，必然要发生一定的成本、费用和支出。企业应当重视收入、支出、费用、成本环节的管理,按照国家统一会计制度的规定进行会计核算。

6)财务成果的计算和处理

财务成果主要是指企业在一定时期内通过从事生产经营活动而在财务上取得的结果,具体表现为盈利或亏损。

财务成果的计算和处理一般包括利润的计算、所得税的计算和缴纳、利润分配或亏损弥补等,涉及企业与所有者、国家等方面的利益关系,因此,企业必须按照国家统一会计制度和其他法规制度的规定,对财务成果进行正确的计算和处理。

7)需要办理会计手续、进行会计核算的其他事项

需要办理会计手续、进行会计核算的其他事项,是指除了以上所列举的六类经济业务事项外的,按照国家统一会计制度规定应办理会计手续和进行会计核算的其他经济业务事项。

1.5.2　会计核算的基本程序

会计核算的基本程序是指对发生的经济业务事项进行会计数据处理与信息加工的程序,包括会计确认、计量、记录和报告等程序。会计确认、计量、记录和报告作为一种基本程序或方法都有其具体内容,并需要采用一系列专门的方法。

1)会计确认

会计确认(Accounting Recognition)是指依据一定的标准,对企业单位发生的各项经济业务辨认并确定哪些数据能够和何时进入会计处理过程的工作。会计确认贯穿于会计核算的全过程。

(1)确认的基本标准是会计要素

企业单位发生的经济活动,伴随着大量的经济数据,但这些经济数据并非都是能够用货币表现的经济活动,不能全部由会计进行加工处理。因此首先必须进行必要的识别、判断,排除那些非会计对象的数据。这就是说,会计要确认的是属于资产、负债、所有者权益、收入、费用、利润等会计要素的具体内容。这是确认最基本的标准。

(2)确认的一般标准是会计假设和确认原则

对属于会计要素范围的内容,能否进行会计处理,何时进行会计处理,还要受到会计假设和确认原则的制约。例如,企业为外单位代保管的物资,虽属于会计要素的内容,但不能确认为本企业的资产;有些收入和费用,既可在本期确认,也可在下期确认;等等。

此外,会计确认的过程,同时也是会计监督的过程,因此,会计确认既是正确核算会计要素的基础,也是进行会计监督的基础,同时也是做好会计计量的前提。

2)会计计量

会计计量(Accounting Measurement)是对经济活动进行量化的过程,它是指在会计核算中运用一定的计量单位,选择被计量对象的合理属性,计算、确定应予记录的各项经济业务的金额的过程。

会计计量的对象是会计要素。对会计要素进行计量:一是要运用计量单位,即主要以货币为计量单位;二是选择计量标准,即计量属性,如历史成本、现值、重置成本、公允价值、可变现净值等计量标准。现在世界各国会计实务通行的是采用历史成本计量属性,在特定的情况下,也可采用其他计量属性,如现行成本等。

3)会计记录

会计记录(Accounting Record)是指根据一定的账务处理程序,对经过确认、计量的经济业务在账簿上进行登记,以便对会计数据进行进一步加工处理的过程,包括以原始凭证为依据编制记账凭证,再以记账凭证为依据登记账簿。会计记录包括序时记录和分类记录。在记录的生成方式上,又有手工记录和电子计算机记录等。

4)会计报告

会计报告(Accounting Reports)是指根据会计信息使用者的要求,按照一定的格式,把账簿记录加工成财务指标体系,提供给信息使用者,据以进行分析、预测和决策的文件。

1.6 会计的方法和会计核算的一般要求

1.6.1 会计的方法

会计方法是指从事会计工作所使用的各种技术方法,是用来核算和监督会计对象的手段。会计方法作为一个完整、科学的方法体系,应当包括财务会计的方法和管理会计的方法。财务会计的方法包括会计核算的方法、会计分析的方法和会计检查的方法。管理会计的方法主要包括会计预测、决策和控制的方法。本节主要介绍财务会计的方法。

会计核算方法,是对各单位已经发生的经济活动进行连续、系统、完整地反映和监督所应用的方法。

会计分析方法,是利用会计核算资料,主要是会计报表,结合具体情况,比较、研究、评定经济活动状况以及经济效益所运用的方法。一般包括趋势分析法、比率分析法、因素分析法等。

会计检查方法,是利用会计核算资料,主要是会计凭证,检查单位经济活动的合法性和合理性,以及会计记录的完整性和正确性的方法。一般包括核对法、审阅法、分析法、控制计算法等。

1.6.2 会计核算的方法

会计核算的基本方法(Method of Accounting Calculation),是对会计对象的具体内容进行完整、连续、系统地确认、计量、记录和报告所应用的方法。会计核算主要包括以下七种:

1)设置账户

设置账户是对会计对象的具体内容进行分类反映的一种专门方法。账户(Account)是根据会计科目在账簿中开设的专门账页,是分类、连续记录各项经济业务的平台。会计科目是对会计对象的具体内容进行分类核算的项目名称。由于会计对象十分复杂,为了系统、连续地进行反映和监督,企业除了设立会计科目进行分类以外,还必须根据规定的会计科目开设账户,分别登记各项经济业务,以便取得各种核算指标,并随时加以分析、检查和监督。

2)复式记账

复式记账法(Double-entry Bookkeeping)就是对任何一笔经济业务,都必须以相等的金额在两个或两个以上相互联系的账户中进行登记的一种专门方法。采用这种方法记账,使每项经济业务所涉及的两个或两个以上的账户发生对应关系,登记在对应账户上的金额相等。通过账户的对应关系及金额相等的平衡关系,可以完整地反映每项经济业务的来龙去脉及其相互关系,可以检查有关经济业务的记录是否正确。

3)填制和审核凭证

填制和审核凭证是保证会计记录客观真实和对经济业务进行监督的一种专门方法。会计凭证(Accounting Document)是记录经济业务、明确经济责任的书面证明,是登记账簿的依据。会计凭证按照填制的程序和用途可以分为原始凭证和记账凭证。原始凭证(Original Voucher)是经济业务发生或完成时填制或取得的凭证。记账凭证(Bookkeeping Voucher)是根据原始凭证编制,用以确认应记账户名称、方向和金额的凭证。填制和审核凭证是会计核算工作程序的第一环节。会计凭证必须经过审核正确无误,才能据以记账。通过凭证的填制和审核,可以保证经济业务的合法性、合理性和正确性。

4)登记账簿

会计账簿(Accounting Book)是由一定格式、相互联系的账页所组成,用来完整、连续和系统地登记各项经济业务的簿籍,是储存会计信息的重要载体。在账簿中要按规定和企业实际需要开设账户,以便分类记录经济业务。登记账簿就是将会计凭证中记录的经济业务序时、分类地登记到相关账户中形成账簿记录。通过账簿登记,可将分散的经济业务进行系统地归类和汇总,为成本计算和编制会计报表等提供总括和明细的会计数据。

5)成本计算

成本计算是对生产经营过程中所发生的各种费用,按照一定对象和标准进行归集和分配,以计算确定各对象的实际总成本和单位成本的一种专门方法。这一专门方法主要在企业会计中采用。通过成本计算,可确定各种产品和工程的分项成本,分析各成本计算对象的成本构成情况,控制和降低成本。

6)财产清查

财产清查(Property Inspection)是对各项财产物资进行实地盘点以及对各项往来款项

进行查询、核对,以保证账实相符的一种专门方法。通过财产清查,可以查明各项财产物资、债权债务、所有者权益情况,加强物资管理,监督财产是否完整,保证以账簿数据为依据编制的会计报表数字真实可靠。

7)编制财务会计报告

财务会计报告(Financial Accounting Report)是根据账簿记录定期编制的,总括反映会计主体特定日期的财务状况和一定时期的经营成果、现金流量及成本费用等的书面文件,由会计报表和会计报表附注、财务状况说明书三部分组成。通过编制财务会计报告,一方面可为外部的信息使用者,如债权人、投资者、政府管理部门等提供有助于其决策的重要信息;另一方面也可以为企业内部经营管理分析考核提供依据。

以上各种会计核算方法是互相联系、有机结合的一个完整的方法体系。其中,设置账户是进行会计核算的准备工作;复式记账是会计核算所使用的特有方法;填制和审核会计凭证、登记会计账簿和编制财务会计报告是会计核算工作的三个基本环节;成本计算和财产清查能够保证会计核算资料的正确可靠。任何单位进行会计核算都必须运用这七种方法,缺一不可。一般经济业务发生后,经办人员要按规定手续填制(或取得)和审核原始凭证;根据审核无误的原始凭证,按照设置的账户,采用复式记账法编制记账凭证,并据以在相关账簿中进行登记;一定时期(通常是月末、年末等)根据账簿资料进行实际成本计算;通过财产清查调整账簿记录,保证账实相符;最后在账实相符的基础上根据账簿资料编制财务会计报告。会计核算方法体系如图 1-2 所示。

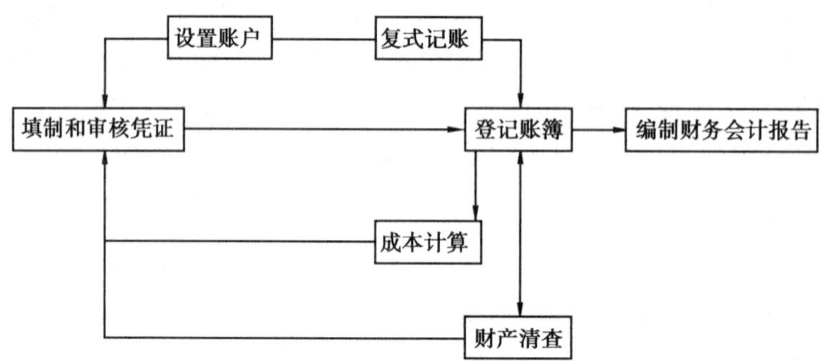

图 1-2 会计核算方法体系

1.6.3 会计核算程序和会计核算方法的关系

会计核算的四个基本程序和会计核算的七种基本方法,它们之间不是孤立存在的,而是相互联系,一环扣一环地构成了一个完整的会计信息加工处理的程序和方法体系。在这个体系中,会计核算的方法是通过会计基本程序来实现的。

①在确认过程中,首先确认某一项经济业务属于哪项会计要素及其具体科目,用文字加以描述,如××资产科目或××负债科目,并确定其记账方向,编制会计分录,然后用货币加以计量;同时还要对已确认属于会计要素的经济业务是否合法、合规进行确认。这个过程就是运用填制和审核会计凭证的方法。

如前所述,会计确认、计量两者虽是不同的概念,但关系密不可分,会计确认不仅为正确进行会计计量做准备,而且会计计量的过程也是会计确认的过程。

②经过确认、计量的经济业务,要进行选择分类,运用预先设置的账户,按照复式记账法的要求,根据会计凭证上所反映的分录,把经济业务分门别类地记录到账簿中去。通过会计记录,把会计对象的具体内容进行详细地描述和量化,又对会计数据进行分类汇总及加工处理,使之转化为初始的会计信息。总之,会计记录程序要运用设置账户、复式记账、登记账簿和成本计算等方法。

③会计的目标是把信息传递给使用者,其传递的手段就是会计报告。通过会计记录生成的信息,即账簿中的数据,信息量既多又很分散,不便于信息使用者直接使用,因此必须对账簿信息进行加工提炼,重新归类汇总,并按规定的格式编制会计报表。

为了保证会计报表的数字真实可靠,在会计报告程序中,除了动用编制会计报表的方法外,还要动用财产清查的方法。通过会计基本程序实现的会计核算方法体系,就其主要工作程序或工作过程来说,就是三个环节,即填制会计凭证、登记会计账簿和编制会计报表。在一个会计期间内,所有经济业务的发生,都要通过这三个环节来进行会计核算工作,前一个会计期间结束,后一个会计期间开始,这三个环节循环往复。因此,一般就把这三个会计核算工作的程序,称为会计核算工作循环,简称会计循环。所有的会计指标,都是通过这个会计循环来取得的。会计循环的基本内容是经济业务发生后,首先,由业务经办人填制原始凭证,并由会计人员遵循有关财政、财务制度的规定,认真加以审核和整理,按照所设置的账户运用复式记账法编制记账凭证。其次,根据审核的记账凭证,按照凭证上指明账户的名称(即会计科目)、记账方向、实际金额和对应关系,登记各种账簿。在会计期末,对账项进行调整和结算。在工业企业等单位还要进行产品成本计算。同时通过财产清查,将账面金额和实际金额进行核对,对核对发现的差异进行调整后结账,并编制试算平衡表。最后,在此基础上,定期编制财务会计报告。这样,一个会计期间的核算工作结束,下一会计期间的核算,又重新开始,如此周而复始,循环不已。会计核算程序和会计核算方法的关系如图1-3所示。

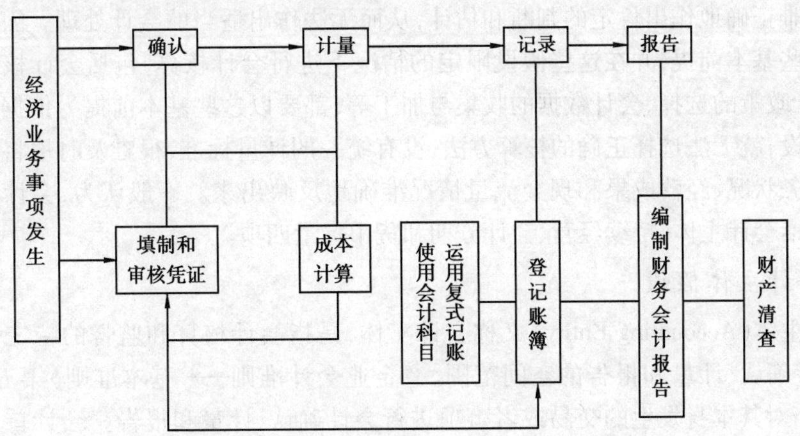

图1-3　会计核算程序和会计核算方法的关系图

1.6.4 会计核算的一般要求

①各单位必须按照国家统一会计制度的要求设置会计科目和账户，进行复式记账，填制会计凭证，登记会计账簿，进行成本计算、财产清查和编制财务会计报告。

②各单位必须根据实际发生的经济业务事项进行会计核算，编制财务会计报告。

③各单位发生的各项经济业务事项应当在依法设置的会计账簿上统一登记、核算，不得违反《会计法》和国家统一的会计制度的规定私设会计账簿进行登记、核算。

④各单位对会计凭证、会计账簿、财务会计报告和其他会计资料应当建立档案，妥善保管。

⑤使用电子计算机进行会计核算的，其软件及其生成的会计凭证、会计账簿、财务会计报告和其他会计资料，也必须符合国家统一的会计制度的规定。

⑥会计记录的文字应当使用中文。在民族自治地区，会计记录可以同时使用当地通用的一种民族文字。在中华人民共和国境内的外商投资企业、外国企业和其他外国组织的会计记录，可以同时使用一种外国文字。

1.7 会计假设和会计信息质量要求

1.7.1 会计假设

会计假设(Accounting Assumption)是会计确认、计量和报告的基本前提，是指为了保证会计工作的正常进行和会计信息的质量，对会计核算的范围、内容、基本程序和方法等所作出的合理假设。现实生活中的经济活动复杂多样，会计工作需要根据经济业务事项发生的不同情况，选择适当的会计方法进行处理。但是由于一些不确定因素的存在，会计人员很难正确地作出肯定的判断和估计，从而无法作出适当的会计处理。因此需要先行设定一些基本前提，并在这些假设限定的情况下进行会计核算，包括会计核算对象的确定、会计政策的选择、会计数据的收集与加工等，都要以这些基本前提为依据。如果离开这些假设，就无法选择正确的核算方法，没有统一的计量标准，很难及时地将某个特定单位的财务状况、经营成果和现金流量情况准确地反映出来。一般认为，会计核算的基本假设包括会计主体、持续经营、会计分期和货币计量四项。

1)会计主体假设

会计主体(Accounting Entity)又称会计实体，是指会计核算和监督的特定单位或组织，是会计确认、计量和报告的空间范围。《企业会计准则——基本准则》第五条规定："企业应当对其本身发生的交易或者事项进行会计确认、计量和报告。"会计首先要明确其反映的对象是谁的经济活动(即区分自身的经济活动与其他单位或个人的经济活动)，只有反映特定对象的经济活动才能予以确认，才能保证会计核算工作的正常开展，从而实现本单位的会计目标。会计人员只能核算和监督所在主体的经济业务，不能超越范围核算和监督其他主体的经济业务。

需要注意的是,会计主体与法律主体(法人)并不是同一个概念。一般来说,法律主体必然是会计主体,但会计主体并不一定是法律主体。会计主体可以是独立法人,也可以是非法人;可以是一个企业,也可以是企业内部的某一单位或企业中的一个特定部分,如企业的事业部;可以是单一企业,也可以是由几个企业组成的企业集团。

会计主体假设是持续经营、会计分期和其他会计核算前提的基础,因为,如果不划定会计的空间范围,则会计工作就无法进行,指导会计核算工作的有关要求也就失去了存在的意义。

2)持续经营假设

会计主体的经营活动通常可以持续进行,但在特定情况下,例如,当合同规定的经营期满进行清算,或者经营活动中出现问题而破产清算时,将终止经营。为了正确使用会计核算方法,有必要对经营情况作出人为假设,即持续经营假设。

持续经营(Going Concern)是指会计主体将会按当前的规模和状态无限期地延续下去,在可以预见的未来不会发生破产、清算、解散等。《企业会计准则——基本准则》第六条规定:“企业会计确认、计量和报告应当以持续经营为前提。”只有在持续经营这一前提下,企业才能有长远打算,在会计上才能按照预计的使用年限计提固定资产折旧,按照收益期摊提各项跨期费用。否则,资产的评估、费用在受益期中的分配、负债的按期偿还以及所有者权益和经营成果将无法确认。

在市场经济条件下,每个企业都存在经营失败的风险,都有可能出现资不抵债而被迫宣告破产和进行法律上的改组。如果企业发生破产清算,所有以持续经营为前提的会计程序与方法就不再适用,而应当采用破产清算的会计程序和方法。

3)会计分期假设

为了及时考核持续经营单位在经营活动中不同时期的财务状况和经营成果,及时改善经营管理,有必要将持续经营的生产经营活动人为地划分为若干较短的期间,即会计分期假设。

会计分期(Accounting Period)是指将一个会计主体持续经营的生产经营过程划分为一个个连续的、长短相同的期间,以便分期结算账目和编制财务会计报告。会计分期的目的在于通过对会计期间的划分,将持续经营的生产经营活动划分成连续、相等的期间,据以结算盈亏,按期编制财务报告,从而及时向会计信息使用者提供有关企业财务状况、经营成果和现金流量的信息。

《企业会计准则——基本准则》第七条规定:“企业应当划分会计期间,分期结算账目和编制财务会计报告。”会计分期为会计核算确定了时间范围。会计分期假设主要是确定会计年度。会计年度确定以后,一般按日历确定会计半年度、会计季度和会计月度,其中半年度、季度和月度称为会计中期。通过对会计期间的划分,据以结清账目、按期编制财务报告,从而及时地向会计信息使用者提供会计信息。

会计分期假设是持续经营假设的一个必要补充,它使会计能够及时地满足会计信息使用者的不同需求,并为帮助和促进会计主体有效经营和定期考核提供必要的条件。有了会计分期假设,产生了本期和非本期的区别,产生了收付实现制和权责发生制以及收益性支出和资本性支出的划分,产生了收入与费用配比等要求以及应收和应付等会计处理。只有正确划分会计期间,才能准确地提供财务状况和经营成果的有关信息,才能进行会计信息的对比。

在会计分期假设的前提下,会计期间通常是一年,称为会计年度。对于会计年度的起讫时间,各个国家的划分方式不尽相同,有的国家采用公历年度,有的国家则另设起止时间,如英国的会计年度为每年的 4 月 1 日至次年的 3 月 31 日。在我国,以公历年度作为企业的会计年度,即自公历 1 月 1 日起至 12 月 31 日止。会计年度确定后,一般按日历确定会计半年度、季度和月度。

4)货币计量假设

要衡量不同单位的经营业绩,最直接、最简单有效的方法是以货币进行计量,因而货币计量(Monetary Measurement)成为会计基本假设。《企业会计准则——基本准则》第八条规定:"企业会计应当以货币计量。"货币计量是指会计主体在会计确认、计量和报告时采用货币作为统一的计量单位,反映会计主体的生产经营活动。

在我国,单位的会计核算应以人民币作为记账本位币。业务收支以人民币以外的货币为主的单位,可以选定其中一种货币作为记账本位币,但编制的财务会计报告应当折算为人民币。在境外设立的中国企业向国内报送的财务会计报告,应当折算为人民币。

货币计量是会计核算的基本前提之一,它要求对所有会计核算的对象采用同一种货币作为统一的尺度进行计量,并将会计主体经营活动和财务状况的数据转化为按统一货币单位反映的会计信息。这一会计前提实际上包含了两层意义:一是以货币作为会计的统一计量单位;二是作为会计计量单位的货币,假定其币值是稳定不变的。在现实生活中,通货膨胀和通货紧缩是普遍存在的,它们使货币的购买力发生变动,对币值产生影响,从而使单位货币所包含的价值随着现行价格的波动而变化。这时币值不变假设的缺陷就显露出来:资产不能反映其真实价值。按照各国会计惯例,当币值波动不大或前后波动能抵消时,会计核算中仍认为币值是稳定的。但在发生恶性通货膨胀时,应采用特殊的会计原则如物价变动会计原则来处理有关的经济业务。

综上所述,会计假设虽然是人为确定的,但完全出于客观的需要,有充分的客观必然性,否则,会计核算工作就无法进行。这四项假设缺一不可,具有相互依存、相互补充的关系。会计主体假设明确了会计核算的空间范围,持续经营假设明确了会计核算的时间范围,会计分期假设是在会计主体和持续经营假设的基础上对实际会计工作在时间上作更具体的划分,货币计量假设则是进行会计核算的必要手段。因此,这四项会计假设共同为会计核算工作的开展奠定了基础。

1.7.2 会计信息质量要求

会计作为一项管理活动,其主要目的是向企业的利益相关者提供反映经营者受托责任和会计信息使用者决策有用的会计信息。要达到这个目的,就必须要求会计信息具有一定的质量特征。会计信息质量特征也称会计信息质量要求、会计信息质量标准等。根据《企业会计准则——基本准则》的规定,会计信息质量要求包括可靠性、相关性、可理解性、可比性、实质重于形式、重要性、谨慎性和及时性等。这些质量特征要求会计人员在处理会计业务、提供会计信息时,遵循这些对会计信息的质量要求,以便更好地为企业的利益相关者服务。

1)可靠性

《企业会计准则——基本准则》第十二条规定:“企业应当以实际发生的交易或者事项为依据进行会计确认、计量和报告,如实反映符合确认和计量要求的各项会计要素及其他相关信息,保证会计信息真实可靠、内容完整。”

可靠性,也称客观性、真实性,是对会计信息质量的一项基本要求。因为会计所提供的会计信息是投资者、债权人、政府及有关部门和社会公众等会计信息使用者的决策依据,如果会计数据不能客观、真实地反映企业经济活动的实际情况,势必无法满足各有关方面了解企业财务状况和经营成果以进行决策的需要,甚至可能导致错误的决策。可靠性具体包括以下要求:

①企业以实际发生的交易或者事项为依据进行确认、计量和报告,将符合会计要素定义及其确认条件的资产、负债、所有者权益、收入、费用和利润等如实反映在财务会计报告中,不得根据虚构的或者尚未发生的交易或者事项进行确认、计量和报告。

②企业在符合重要性和成本效益原则的前提下,保证会计信息的完整性,包括编报的报表及其附注内容等应当保持完整,不能随意遗漏或者减少应予以披露的信息,与会计信息使用者决策相关的有用信息都应当充分披露。

2)相关性

《企业会计准则——基本准则》第十三条规定:“企业提供的会计信息应当与财务会计报告使用者的经济决策需要相关,有助于财务会计报告使用者对企业过去、现在或者未来的情况作出评价或者预测。”

相关性,也称有用性,它也是会计信息质量的一项基本要求。会计信息是否具有价值,关键看它是否与使用者的决策需要相关,是否有助于决策或者提高决策水平。相关的会计信息应当有助于使用者评价企业过去的决策,证实或者修正过去的有关预测,因而具有反馈价值。相关的会计信息还应当具有预测价值,有助于使用者根据财务报告提供的会计信息预测企业未来的财务状况、经营成果和现金流量。例如,区分收入和利得、费用和损失,区分流动资产和非流动资产、流动负债和非流动负债等,都可以提高会计信息的预测价值,进而提升会计信息的相关性。

会计信息质量的相关性,要求企业在确认、计量和报告会计信息的过程中,充分考虑使用者的决策模式和信息需要。但是,相关性是以可靠性为基础的,两者之间并不矛盾,不应将两者对立起来。

3)可理解性

《企业会计准则——基本准则》第十四条规定:“企业提供的会计信息应当清晰明了,

便于财务会计报告使用者理解和使用。”

可理解性，也称明晰性，是对会计信息质量的一项重要要求。提供会计信息的目的在于使用，而要使会计信息使用者有效地使用会计信息，应当让其了解会计信息的内涵，明晰会计信息的内容，这就要求财务报告提供的会计信息清晰、明了，易于理解。只有这样，才能提高会计信息的有用性，实现财务报告的目标，满足向会计信息使用者提供决策有用信息的要求。

鉴于会计信息是一种专业性较强的信息产品，因此，在强调会计信息的可理解性要求的同时，还应假定会计信息使用者具有一定的有关企业生产经营活动和会计核算方面的知识，并且愿意付出努力去研究这些信息。对于某些复杂的信息，例如交易本身较为复杂或者会计处理较为复杂，但与会计信息使用者的经济决策相关的信息，应当在财务报告中予以披露，企业不能仅仅以该信息会使某些使用者难以理解而将其排除在财务报告应披露的信息之外。

4）可比性

《企业会计准则——基本准则》第十五条规定：“企业提供的会计信息应当具有可比性。”具体包括下列要求。

（1）同一企业不同时期的纵向可比

为了便于会计信息使用者了解企业财务状况、经营成果和现金流量的变化趋势，比较企业在不同时期的财务报告信息，从而全面、客观地评价过去，预测未来，并作出决策，会计信息质量的可比性要求同一企业对于不同时期发生的相同或者相似的交易或者事项，采用一致的会计政策，不得随意变更。当然，满足会计信息可比性的要求，并不意味着企业不得变更会计政策，如果企业按照规定或者在会计政策变更后可以提供更可靠、更相关的会计信息，就可以变更会计政策，以向会计信息使用者提供更为有用的信息，但是有关会计政策变更的情况，应当在附注中予以说明。

（2）不同企业相同会计期间的横向可比

为了便于投资者、债权人等会计信息使用者评价不同企业的财务状况、经营成果和现金流量及其变动情况，会计信息质量的可比性要求不同企业同一会计期间发生的相同或相似的交易或者事项，采用规定的会计政策，确保会计信息口径一致、相互可比，以使不同企业按照一致的确认、计量和报告要求提供有关会计信息。

5）实质重于形式

《企业会计准则——基本准则》第十六条规定：“企业应当按照交易或者事项的经济实质进行会计确认、计量和报告，不应仅以交易或者事项的法律形式为依据。”

如果要真实地反映所拟反映的交易或其他事项，那就必须根据它们的实质和经济现实，而不是仅仅根据它们的法律形式进行反映。企业发生的交易或事项，其经济实质和法律形式在多数情况下是一致的，但在有些情况下也会不一致。实质重于形式就是要求在对会计要素进行确认和计量时，应重视交易的实质，而不管其采用何种形式。

在这一方面，最典型的例子当数对融资租入固定资产的确认与计量。从形式上看，该项固定资产的所有权在出租方，承租企业只是拥有使用权和控制权。也就是说，该项固定资产并不是承租企业购入的固定资产。因此，不能将其作为承租企业的固定资产加以核算。但是，由于融资租入固定资产的租赁期限一般超过了固定资产可使用期限的大部分，而且租赁期满承租企业可以以一定的价格购买该项固定资产，因此，为了正确地反映企业的资产和负债状况，对于融资租入的固定资产一方面应作为承租企业的自有固定资产加以核算，另一方面应作为承租企业的一项长期负债加以反映。

再如，企业按照销售合同销售商品但又签订了售后回购协议，虽然从法律上看实现了收入，但如果企业没有将商品所有权上的风险和报酬转移给购货方，没有满足收入确认的各项条件，即使已经将商品交付给购货方，也不应当确认销售收入。

6）重要性

《企业会计准则——基本准则》第十七条规定："企业提供的会计信息应当反映与企业财务状况、经营成果和现金流量等有关的所有重要交易或者事项。"

重要性是指财务报告在全面反映企业的财务状况和经营成果的同时，应当区别经济业务的重要程度，采用不同的会计处理程序和方法。具体来说，对于重要的经济业务，应单独核算、分项反映，力求准确，并在财务报告中作重点说明；对于不重要的经济业务，在不影响会计信息可靠性的情况下，可适当简化会计核算或合并反映，以便集中精力抓好关键。

重要性的意义在于：对会计信息使用者来说，对经营决策有重要影响的会计信息是最需要的，如果会计信息不分主次，反而会有损于利用，甚至影响决策。而且，对不重要的经济业务简化核算或合并反映，可以节省人力、物力和财力，符合成本效益原则。

需要明确的是，重要性具有相对性，并不是同样的业务对不同的企业都是重要或不重要的事项。对某些会计事项判断其重要性，在很大程度上取决于会计人员的职业判断。一般来说，重要性可以从质和量两个方面进行判断。从性质方面来说，如果某会计事项发生可能对决策产生重大影响，则该事项属于具有重要性的事项；从数量方面来说，如果某会计事项的发生达到一定数量或比例可能对决策产生重大影响，则该事项属于具有重要性的事项。

7）谨慎性

《企业会计准则——基本准则》第十八条规定："企业对交易或者事项进行会计确认、计量和报告应当保持应有的谨慎，不应高估资产或者收益、低估负债或者费用。"

谨慎性，又称稳健性，是指在处理不确定性经济业务时，应持谨慎态度，如果一项经济业务有多种处理方法可供选择时，应选择不导致夸大资产、虚增利润的方法。企业在进行会计核算时，应当合理预计可能发生的损失和费用，而不应预计可能发生的收入和过高估计资产的价值。

在市场经济环境下，企业的生产经营活动面临着许多风险和不确定性，例如应收款项的可收回性、固定资产的使用寿命、无形资产的使用寿命、售出存货可能发生的退货或者返修等。会计信息质量的谨慎性要求，企业在面临不确定性因素的情况下，应保持谨慎小心的态度,充分估计各种风险和损失,既不高估资产或者收益,也不低估负债或者费用。

遵循谨慎性,对于企业存在的经营风险加以合理估计,对防范风险起到预警作用,有利于企业作出正确的经营决策,有利于保护投资者和债权人的利益,有利于提高企业在市场经济中的竞争能力。但是,企业在运用谨慎性时,不能滥用,不能以谨慎性为由任意计提各种准备,即秘密准备。例如,按照有关规定,企业应当计提坏账准备、存货跌价准备等减值准备。但是,在实际执行时,有些企业滥用会计准则给予的会计政策,在前一年度大量计提减值准备,待后一年度再予以转回。这种行为属于滥用谨慎性,计提秘密准备,是会计准则所不允许的。

8)及时性

《企业会计准则——基本准则》第十九条规定:"企业对于已经发生的交易或者事项,应当及时进行会计确认、计量和报告,不得提前或者延后。"

会计信息的价值在于帮助会计信息使用者作出经济决策,因此具有时效性。即使是可靠、相关的会计信息,如果不及时提供,也会失去时效性,对于使用者的效用就大大降低,甚至不再具有任何意义。在会计确认、计量和报告过程中贯彻及时性:一是要求及时收集会计信息,即在经济交易或者事项发生后,及时收集、整理各种原始单据或者凭证;二是要求及时处理会计信息,即按照企业会计准则的规定,及时对经济交易或者事项进行确认和计量,并编制财务报告;三是要求及时传递会计信息,即按照国家规定的有关时限,及时地将编制的财务报告传递给财务报告使用者,便于他们及时利用和决策。

1.8 会计准则和会计事项处理基础

1.8.1 会计准则

1)会计准则的概念

会计准则(Accounting Standard)是会计核算工作的基本规范,是进行会计工作所应遵循的权威性的标准,是正常开展会计工作的基本前提,是判断会计工作质量优劣的准绳。

会计准则是人们从长期会计实践中的一系列会计惯例基础上提炼、升华而成的。人们在会计实践中遇到了问题,获得了解决,于是,成功的实践被人们共同认为是行之有效且愿意遵循的,就相对固定下来,逐渐成为惯例。惯例进一步得到社会的普遍认可后,从理论上加以总结,并由一定的权威机构形成文字予以公布,就成了公认的会计原则或准则。

现代会计,主要是财务会计必须恪守会计准则。

2)会计准则的产生和发展

会计准则最早产生于20世纪30年代的美国。在20世纪初,由于生产资料的私有制,企业的会计核算行为完全是企业自己的事务。企业采用什么样的会计处理方法和会计核算程序,完全由企业自己决定。这样,当时的会计核算都是各行其是,没有统一的规范和标准,企业所采用的会计处理方法和会计核算程序也千差万别。由于各企业所采用的会计处理方法不同,不同企业提供的会计信息缺乏可比性。另外,由于没有统一的会计规范,一些企业出于自身利益的考虑或者经营者出于自身管理的需要,有时就在会计核算上做文章,编制虚假的财务会计报告。20世纪30年代的世界性经济危机中,由于部分企业所采用的会计处理方法不当,造成会计核算不实,以及企业利用会计核算弄虚作假,这在一定程度上引起和助长了社会经济秩序的混乱,对当时的经济危机起了推波助澜的作用。

1933年以后,美国国会相继通过《证券法》和《证券交易法》,规定证券上市企业都必须执行统一的会计处理方法。1938年美国注册会计师协会(American Institute of Certified Public Accountants,AICPA)为了在建立统一的会计制度问题上发表自己的见解,专门成立了会计程序委员会(Committee on Accounting Procedures,CAP)。该委员会在1939—1959年,共发表了51份《会计研究公报》(Accounting Research Bulletins,ARB),向社会推荐一些比较规范的会计处理方法和程序,供企业选择使用。

1959年会计程序委员会撤销,而代之以会计原则委员会(Accounting Principles Board,APB),另设会计研究分会(Accounting Research Division,ARD),二者都是美国注册会计师协会下属的组织。设置会计研究分会旨在拨出专门的研究经费,谋求制定权威性的原则,以加快工作的进程。会计原则委员会的成员基本上来自会计师事务所、全国各地区以及产业界和学术界,因而具有较广泛的代表性。APB所发布的会计准则文件称为《会计原则委员会意见书》(APB Opinions)。从1960年到1972年,APB共发表了31份"意见书",指导和规范企业的会计核算行为,以缩小会计实务中存在的差异。

1973年,美国又在会计原则委员会的基础上成立了财务会计准则委员会(Financial Accounting Standards Board,FASB),全面负责美国会计准则的制定工作。与APB不同的是,FASB不属于美国注册会计师协会的下属机构,其成员由会计界、企业界、学术界和政府部门等多方面的代表组成,因此具有了更大的权威性和相对独立的地位。财务会计准则委员会到2006年5月止,共发表了156份《财务会计准则公告》(Statements of Financial Accounting Standards)。这些公告对规范企业的会计核算发挥着重要的作用。

在美国制定和发布会计准则之后,西方一些发达的资本主义国家相继也制定和发布了自己的会计准则。许多发展中国家也积极制定本国需要的会计准则,以规范企业的会计核算。

1973年6月,美国、英国、德国、法国、日本、加拿大、澳大利亚、墨西哥、荷兰等国家的会计职业团体联合发起成立了国际会计准则委员会(IASC)。目前,其成员已发展到包括112个国家的153个会计职业团体。1997年中国加入了国际会计师联合会和国际会计准则委员会。迄今为止,IASC已发布了41项国际会计准则(目前29项有效),解释公告25项,国际财务报告准则8项。IASC从1997年开始改组为国际会计准则理事会(IASB),2001年4月1日正式运作。经过IASC的努力,国际会计准则日益完善并得到各国会计界的支持与认可。

会计准则作为会计核算工作的规范,在规范会计核算方面发挥着越来越重要的作用。会计准则的产生和发展,顺应了世界经济发展的大趋势,对促进各国企业在国际市场上的竞争,发挥了积极的作用。

我国会计准则最早于1992年11月30日由财政部制定并发布,于1993年7月1日起实施。这标志着我国企业会计核算模式从传统计划经济模式向市场经济模式的转换,实现了我国会计与国际会计惯例的初步接轨。随着我国经济和法律环境等发生的较大变化,原会计准则进行全面修订后,于2006年2月15日重新发布,包括1项基本准则和38项具体准则,自2007年1月1日起施行。2010年4月,财政部提出《中国企业会计准则与国际财务报告准则持续趋同路线图》,承诺中国企业会计准则的修订与制定将与国际财务报告准则项目保持同步。自2014至2022年,财政部陆续对基本准则和11项具体准则进行了修订发布,同时新颁布了4项具体准则。截至2022年底,共发布1项基本准则、42项具体准则、35个应用指南及16项会计准则解释公告。我国会计准则发布及修订情况如表1-1所示。

表1-1 我国具体会计准则发布及修订一览表

准则号	准则名称	发布/修订时间	准则号	准则名称	发布/修订时间
第1号	存货	2006	第11号	股份支付	2006
第2号	长期股权投资	2006/2014	第12号	债务重组	2006
第3号	投资性房地产	2006	第13号	或有事项	2006
第4号	固定资产	2006	第14号	收入	2006/2017
第5号	生物资产	2006	第15号	建造合同	2006
第6号	无形资产	2006	第16号	政府补助	2006/2017
第7号	非货币性资产交换	2006/2019	第17号	借款费用	2006
第8号	资产减值	2006	第18号	所得税	2006
第9号	职工薪酬	2006/2014	第19号	外币折算	2006
第10号	企业年金基金	2006	第20号	企业合并	2006

续表

准则号	准则名称	发布/修订时间	准则号	准则名称	发布/修订时间
第21号	租赁	2006	第32号	中期财务报告	2006
第22号	金融工具确认和计量	2006/2017	第33号	合并财务报表	2006/2014
第23号	金融资产转移	2006/2017	第34号	每股收益	2006
第24号	套期会计	2006/2017	第35号	分部报告	2006
第25号	原保险合同	2006	第36号	关联方披露	2006
第26号	再保险合同	2006	第37号	金融工具列报	2006/2014/2017
第27号	石油天然气开采	2006	第38号	首次执行企业会计准则	2006
第28号	会计政策、会计估计变更和差错更正	2006	第39号	公允价值计量	2014
第29号	资产负债表日后事项	2006	第40号	合营安排	2014
第30号	财务报表列报	2006/2014	第41号	在其他主体中权益的披露	2014
第31号	现金流量表	2006	第42号	持有待售的非流动资产、处置组和终止经营	2017

3)我国企业会计准则的结构

我国的企业会计准则,作为规范我国企业会计核算业务的法规,是一个由不同层次和部分组成的严密的结构体系,包括基本准则、具体准则和应用指南解释公告三个层次。

基本准则是关于会计核算的基本要求,主要规定了会计确认、计量和报告的基本原则和一般要求,包括会计目标、企业会计核算的基本假设、会计信息质量要求、会计要素的确认与计量和财务报告编制的基本要求。具体准则是以基本准则为依据,对各项会计核算业务和报告事项的具体规定,是企业组织会计核算业务的直接依据。具体准则分为三大类:①各行业共同经济业务的准则;②有关特殊经济业务的准则,其中包括各行业共有的特殊业务,也包括特殊行业的相关业务;③有关财务会计报告的准则。前两类具体准则主要涉及经济业务的核算对在财务报表及其附注中的揭示要求;后一类则主要规定财务报表应当披露哪些信息,如何披露这些信息及财务报表的基本格式。应用指南主要包括具体会计准则解释公告和会计科目及主要账务处理,如图1-4所示。

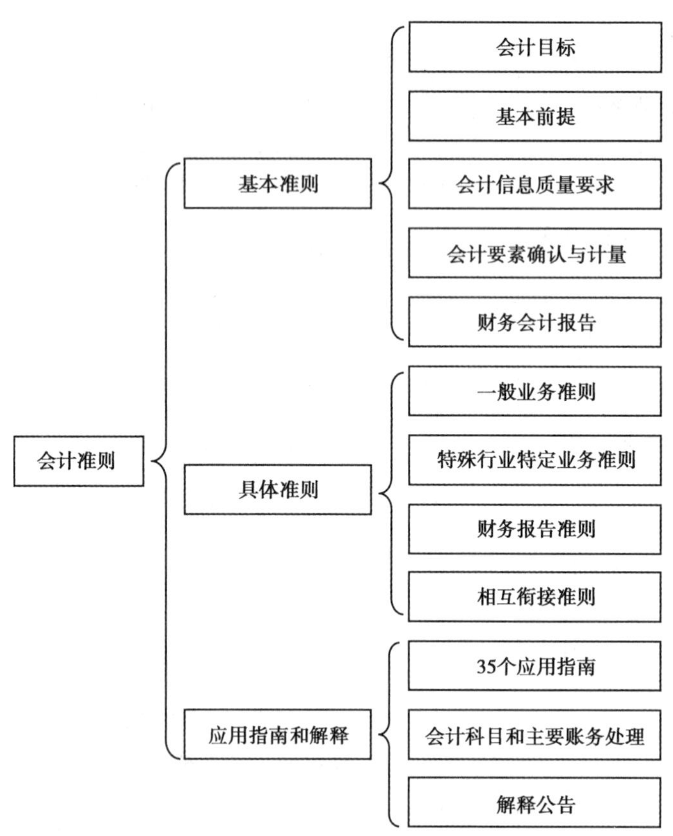

图 1-4 我国企业会计准则结构图

基本准则与具体准则之间有着非常密切的关系:一方面,基本准则是制定具体准则的理论依据和指导原则,具有覆盖面广、概括性强的特点,属于指导性原则;另一方面,具体准则根据基本准则的要求制定出有关财务会计核算业务和报告事项的具体规定,具有针对性强、便于操作的特点,属于应用性准则。

1.8.2 会计事项处理基础

会计事项处理基础,又称会计处理基础,是企业在会计确认、计量和报告过程中所采用的基础,是确认一定会计期间的收入和费用,从而确定损益的标准。企业在每一会计期间所发生的各项经济业务,会计部门都必须进行日常核算,并根据收入与费用的配比性在会计期末确定财务成果。配比性要求企业计算每一会计期间的损益时,应将当期收入与产生收入所发生的费用配比确定。会计分期假设,产生了本期与非本期的区别,因此,在实际工作中,企业在某一会计期间为生产经营而发生的各项收入与费用,有的归属于本期,有的则与本期无关。收入和费用的收支期间并不一定就是收入和费用的归属期间。所谓收入和费用的归属期间是指应该获得收入与应该负担费用的期间,只有分清收入和费用的归属期间,才能正确确定各期损益。会计事项的处理基础有两种:收付实现制和权责发生制。

1)收付实现制

收付实现制(Cash Basis)又称现收现付制或现金制基础,它是以款项是否实际收到或付出为标准来确定收入和费用的归属期间,并据以计算本期损益的会计处理基础。采用收付实现制处理会计事项,凡是本期实际收到的款项,不论其是否属于本期实现的收入,都作为本期的收入确认;凡是本期实际付出的款项,不论其是否属于本期负担的费用,都作为本期的费用确认。反之,凡是本期没有实际收到或付出款项,即使应该归属于本期,也不能作为本期的收入或费用处理。现举例说明收付实现制下会计处理的特点:

【例1-1】 企业于7月10日销售商品一批,7月25日收到货款,存入银行。

分析:这笔销售收入由于在7月份收到了货款,按照收付实现制的处理标准,应作为7月份的收入入账。

【例1-2】 企业于7月10日销售商品一批,8月10日收到货款,存入银行。

分析:这笔销售收入虽然属于7月份实现的收入,但由于是在8月份收到的货款,按照收付实现制的处理标准,应将其作为8月份的收入入账。

【例1-3】 企业于7月10日收到某购货单位支付的一笔货款,存入银行,但按合同规定于9月份交付商品。

分析:这笔货款虽然属于9月份实现的收入,但由于是在7月份收到的款项,按照收付实现制的处理标准,应将其作为7月份的收入入账。

【例1-4】 企业于12月30日以银行存款预付下年度全年的保险费。

分析:这笔款项虽然属于下年度各月负担的费用,但由于在本年12月份支付的款项,按照收付实现制的处理标准,应将其作为本年12月份的费用入账。

【例1-5】 企业于12月30日购入办公用品一批,但款项在下年的3月份支付。

分析:这笔费用虽然属于本年12月份负担的费用,但由于款项是在下年3月份支付,按照收付实现制的处理标准,应将其作为下年3月份的费用入账。

【例1-6】 企业于12月30日用银行存款支付本月水电费。

分析:这笔费用由于在本年12月份付款,按照收付实现制的处理标准,应作为本年12月份的费用入账。

从上面的举例可以看出,无论收入的权利和支出的义务归属于哪一期,只要款项的收付在本期,就应确认为本期的收入和费用,不考虑预收收入和预付费用,以及应计收入和应计费用的存在。到会计期末根据账簿记录确定本期的收入和费用,因为实际收到和付出的款项,必然已经登记入账,所以不存在对账簿记录于期末进行调整的问题。这种会计处理基础核算手续简单,但强调财务状况的切实性,不同时期缺乏可比性,所以它主要适用于行政事业单位。

2)权责发生制

权责发生制(Accrual Basis)又称应收应付制或应计制基础,它是以权利和责任是否发生即应收应付为标准来确定收入和费用的归属期间,并据以计算本期损益的会计处理基础。采用权责发生制处理会计事项,凡是本期实现的收入和已经发生或者应该负担的费用,不论款项是否收付,都应作为本期的收入和费用确认;凡是不属于本期的收入和费用,即使款项已在本期收付,也不应作为本期的收入和费用处理(即以本期是否有收款的权利或付款的义务为标准确认本期的收入和费用)。

在权责发生制下,【例 1-1】和【例 1-6】收入与费用的归属期和款项的实际收付期同属相同的会计期间,确认的收入与费用和收付实现制相同。

【例 1-2】应作为 7 月份的收入确认,因为收入的权利在 7 月份已经实现了。【例 1-3】应作为 9 月份的收入确认,因为 7 月份只是收到款项,并没有实现收入的权利。

【例 1-4】应作为下年度的费用确认,因为支出的义务应在下年度。【例 1-5】应作为本年 12 月份的费用确认,因为 12 月份已经发生支出的义务了。

3)两种会计处理基础的比较

收付实现制与权责发生制在对收入和费用的处理标准上是不同的,收付实现制是以款项的实际收付作为标准,而权责发生制是以款项的应收应付作为标准。在两种不同的处理标准下,同一经济业务的处理结果有可能是相同的,也有可能是完全不同的。为了进一步说明问题,下面再举例对两种会计处理基础加以比较,如表 1-2 所示。

表 1-2　权责发生制和收付实现制的比较

情　况	举　例	权责发生制	收付实现制
第 1 种情况	1 月份一次性收讫上半年出租房屋的租金	1 月份:租金收入为半年收入的 1/6;其余部分在 1 月份为预收款项	全部作为 1 月份的收入
第 2 种情况	1 月份一次性付讫全年的财产保险费	1 月份:保险费仅为整笔支出的 1/12;其余部分在 1 月份为预付款项	全部作为 1 月份的费用
第 3 种情况	与购货单位签订合同,分别在 1,2,3 月份销售三批产品,货款于 3 月末一次性收取	分别作为 1,2,3 月份的收入确认;1,2 月份应收而未收的收入为应计收入	全部作为 3 月份的收入
第 4 种情况	1 月份向银行借入期限为 3 个月的借款,利息到期于 3 月末一次性偿还	分别作为 1,2,3 月份的费用确认;1,2 月份应付而未付的费用为应计费用	全部作为 3 月份的费用
第 5 种情况	本期内收到的款项就是本期应获得的收入,本期内支付的款项就是本期应负担的费用,则按权责发生制和收付实现制确认收入和费用的结果是完全相同的		

上述可见,与收付实现制不同,在权责发生制下,必须考虑预收、预付和应收、应付。由于企业日常的账簿记录不能完全地反映本期的收入和费用,计账人员需要在会计期末对账簿记录进行调整,使未收到款项的应计收入和未付出款项的应付费用,以及收到款项而不完全属于本期的收入和付出款项而不完全属于本期的费用,归属于相应的会计期间,以便正确地计算本期的经营成果。采用权责发生制核算比较复杂,但反映本期的收

入和费用比较合理、真实,能够正确计算当期的经营成果,所以适用于企业。

因此,《企业会计准则——基本准则》第九条规定:“企业应当以权责发生制为基础进行会计确认、计量和报告。”

【本章小结】

本章介绍了会计产生和发展的概况,会计的对象、任务、方法,会计核算的具体内容和一般要求以及基本程序,重点阐述了会计的概念、特点、本质、职能、目标,详细阐述了会计假设、会计信息质量要求、会计准则、会计事项处理基础。

【重要概念】

会计　会计基本职能　会计目标　决策有用学派　受托责任学派　会计程序　会计假设　会计主体　持续经营　会计分期　货币计量　会计核算方法　会计准则　会计信息质量　收付实现制　权责发生制

【案例分析一】

你能够用400元(人民币,下同)或不足400元成功地创办一个企业吗？不管你相信与否,这的确能够做到。刘月娟是北京一所著名美术学院的学生,和其他大学生一样,她也常常为了补贴日常花销而不得不去挣一些零用钱。最初,她为了购买一台具有特别设计功能的计算机而烦恼。尽管她目前手头仅有400元,可决心还是促使她于2010年12月开始创办一个美术培训部。她支出120元在一家餐厅请朋友吃饭,帮她出主意,又根据她曾经在一家美术培训班兼职讲课的经验,首先向她的一个师姐借款4 000元,以备租房等使用。她购置了一些讲课所必备的书籍、物品,并支出一部分钱用于装修画室。她为她的美术培训部取名为“周围”。刘月娟支出100元印制了500份广告传单,用100元购置了信封、邮票等。8天后她已经有了17名学员,规定每人每月学费1 800元,并且找到了一位较具能力的同学作合伙人。她与合伙人分别为“周围”的发展担当着不同的角色(合伙人兼作“周围”的会计和讲课教师)并获取一定的报酬。至2011年1月末,她们已经招收了50个学员,除了归还师姐的借款本金和利息计5 000元、抵消各项必需的费用外,各获得讲课、服务等净收入30 000元和22 000元。她们用这笔钱又继续租房,扩大了画室面积,为了扩大招收学员的数量,她们甚至聘请了非常有经验的教授、留学归国学者作了2次免费讲座,为“周围”下一步的发展奠定了非常好的基础。

四个月下来,她们的“周围”平均每月招收学员39位,获取收入计24 000元。她们还以每小时200元的讲课报酬雇用了4名同学作兼职教师。至此,她们合算了一下,除去房租等各项费用,共获利67 800元。这笔钱足够她们各自购买一台非常可心的计算机并且还有一笔不小的结余。但更重要的是,她们通过四个月的锻炼,掌握了许多营销的技巧,也懂得了应该怎样与人合作和打交道,学到了不少与财务有关的知识,获得了比财富更为宝贵的工作经验。

案例要求：

1.会计在这里扮演了什么样的角色？

2.从中你是不是获得了有关会计方面的许多术语，如投资、价款、费用、收入、盈余、投资人投资以及独资企业、合伙企业和公司等。

案例提示：

首先，刘月娟需要考虑怎样组织她的企业（美术培训部）。“周围”是一个独资企业，即只有一个人拥有的企业，刘月娟是企业唯一的所有者。随后由于她同学的加入，“周围”便成为一个合伙企业。如果刘月娟毕业后仍想继续经营，她还可以组建公司。这就是现代企业的三种形式，即独资企业、合伙企业和公司。

其次，尽管刘月娟只是一个学生，可她却懂得创办企业必定要有一些前期投入，如请朋友吃饭帮她出主意的花销，这就是本课程中将会讲到的开办费。

再次，刘月娟需要有一笔足够的资金来创办“周围”，即她需要为企业筹集资金。她将她个人的财产400元进行了投资，并向她的师姐借入了4 000元。这就是我们在本课程中将讨论的为创办企业而进行的所有者投资和负债。

再次，刘月娟怎样才能知道企业的全部收入？怎样了解企业曾经发生的各项费用？企业会计记录提供了这些数据。否则，她只能依靠估计。收入、费用等概念是人们日常对话中经常使用的会计术语。本课程会向你对收入、费用这样的一些概念以及它的特征做出精确的解释。

最后，“周围”在四个月的时间里，共获得67 800元的盈余。什么是盈余？一般来讲，我们说“周围”在四个月里赚了67 800元。这就是说，在扣除了所有费用支出后，该企业获得利润67 800元。盈余和利润在会计上是同义词，它是会计学上的一个非常重要的会计名词。我们在本课程中会向你介绍许多诸如“利润”等重要概念，并且会帮助你学会企业常用的会计报表的编制方法。

会计在许多方面都影响着人们的日常行为，在此之前，也许你已经知道一些有关会计方面的术语，但本课程将会通过会计记账程序和会计工作方式让你对会计的理解更为清晰，随着课程的深入，你一定会恍然大悟：啊，原来这就是会计！

【案例分析二】

某会计师事务所是由张新、李安合伙创建的，最近发生了下列经济业务，并由会计做了相应的处理：

6月10日，张新从事务所出纳处拿了380元现金给自己的孩子购买玩具，会计将380元记为事务所的办公费支出，理由：张新是事务所的合伙人，事务所的钱也有张新的一部分。

6月15日，会计将6月1日至15日的收入、费用汇总后计算出半个月的利润，并编制了财务报表。

6月20日，事务所收到某外资企业支付的业务咨询费2 000美元，会计没有将其折算为人民币反映，而直接记入美元账户中。

6月30日，计提固定资产折旧，采用年数总和法，而本月前计提均采用直线法。

6月30日，事务所购买了一台计算机，价值12 000元，为了少计利润，少缴税，将12 000元一次性全部计入当期管理费用。

6月30日，收到达成公司的预付审计费用3 000元，会计将其作为6月份的收入处理。

6月30日，在事务所编制的对外报表中显示"应收账款"60 000元，但没有"坏账准备"项目。

6月30日，预付下季度报刊费300元，会计将其作为6月份的管理费用处理。

案例要求：

根据上述资料，分析该事务所的会计在处理这些经济业务时是否完全正确，若有错误，则主要是违背了哪些会计假设或会计信息质量要求。

案例提示：

该事务所的会计人员在处理经济业务时不完全正确，主要表现在：

1.张新从事务所取钱用于私人开支，不属于事务所的业务，不能作为事务所的办公费支出。这里，会计人员违背了会计主体假设。

2.6月15日，编制6月1日至15日的财务报表是临时性的。我国会计分期假设规定的会计期间为年度、半年度、季度和月份。

3.我国有关法规规定，企业应以人民币作为记账本位币，但企业业务收支以外币为主，可以选择某种外币作为记账本位币。而该事务所直接将2 000美元记账，需看其究竟以何种货币为记账本位币。

4.计提折旧，前后期采用不同的计算方法，违背了会计上的可比性会计信息质量要求。

5.购买计算机应作为资本性支出，分期摊销其成本，不能一次性记入当期费用，违背了划分收益性支出与资本性支出原则。

6.预收的审计费用不能作为当期的收入，应先记入负债，等为对方提供了审计服务后再结转，违背了权责发生制和配比性原则。

7.按照谨慎性会计信息质量要求，应对应收账款计提坏账准备，但该事务所未提。

8.预付报刊费，应在受益期间内摊销，不能计入支付当期的费用，违背了权责发生制。

【同步测练】

一、单项选择题

1.会计的基本职能是(　　)。

A.预算和核算　　B.核算和监督

C.核算与记录　　D.核算和控制

2.会计以(　　)为主要计量单位。

A.数量　　B.金额　　C.货币　　D.时间

3.唐宋时期我国就已发明了(　　)结账和报账的方法。

A.龙门账　　B.四柱清册

C.四脚账　　D.复式记账法

4.20 世纪,随着资本主义国家经济迅速发展,传统会计逐渐形成的相对独立的两大分支是(　　)。

A.基础会计和财务会计　　B.财务会计和管理会计

C.复式会计和单式会计　　D.记账算账会计和控制监督会计

5.会计的特点主要体现在(　　)阶段。

A.会计监督　　B.会计分析

C.会计核算　　D.会计决策

6.下列方法中,不属于会计核算方法的是(　　)。

A.复式记账　　B.财产清查

C.成本计算　　D.财务预测

7.企业会计进行确认、计量和报告的基础是(　　)。

A.收付实现制　　B.权责发生制

C.永续盘存制　　D.实地盘存制

8.下列关于会计核算基本前提正确的是(　　)。

A.会计主体明确了会计核算的空间范围

B.货币计量明确了会计核算的时间范围

C.会计分期是货币计量假设的必然结果

D.持续经营是对会计核算时间范围的具体划分

9.企业定期编制财务报告所依据的会计假设是(　　)。

A.会计主体　　B.持续经营

C.会计分期　　D.货币计量

10.会计中期不包括(　　)。

A.半年度　　B.年度　　C.季度　　D.月度

11.会计的基本职能是(　　)。

A.记录和计算　　B.考核收支

C.核算和监督　　D.分析和考核

12.财务会计核算经济活动、提供会计信息主要采用(　　)。

A.货币量度　　B.实物量度　　C.劳动量度　　D.时间量度

13.会计的目标是(　　)。

A.提供会计信息　　B.参与经济决策

C.控制经济活动　　D.进行价值管理

14.导致权责发生制原则的产生以及预提、待摊等会计处理方法的运用的基本前提是(　　)。

A.会计主体　　B.持续经营　　C.会计分期　　D.货币计量

15.(　　)要求同一时期不同企业所提供的信息应该相互可比。
A.可比性　　B.一致性　　C.谨慎性　　D.充分披露

16.会计主体假设解决并确定了(　　)。
A.会计核算的空间范围　　B.会计核算的时间范围
C.会计核算的计量问题　　D.会计核算的标准质量问题

17.下列各项中,体现谨慎性要求的是(　　)。
A.存货采用历史成本计价　　B.费用应与当期收入相配比
C.固定资产采用加速折旧法　　D.收入确认采用权责发生制

18.会计的一般对象是(　　)。
A.企业的生产经营活动
B.企业、行政事业单位的经济活动
C.社会再生产过程中的全部经济活动
D.社会再生产过程中发生的、能够用货币表现的经济活动

19.产生收付实现制和权责发生制的基本前提是(　　)。
A.会计主体　　B.持续经营　　C.会计分期　　D.货币计量

20.下列各项中,符合会计核算可靠性要求的是(　　)。
A.会计核算应有专人负责　　B.及时进行会计核算
C.合理进行会计核算　　D.以交易或事项为依据进行核算

二、多项选择题

1.在会计核算方法体系中,就其工作程序和过程而言,主要环节有(　　)。
A.复式记账　　B.登记账簿
C.编制会计报表　　D.填制和审核凭证

2.对于收入和费用归属期的确认,在会计处理上有(　　)。
A.权责发生制　　B.永续盘存制
C.实地盘存制　　D.收付实现制

3.关于会计目标的两个主要学派是(　　)。
A.决策有用学派　　B.受托责任学派
C.会计信息学派　　D.管理活动学派

4.构成我国企业会计准则体系内容的有(　　)。
A.基本准则　　B.具体准则
C.事业单位会计准则　　D.企业会计准则应用指南和解释公告

5.会计使用的计量单位包括(　　)。
A.货币计量单位　　B.实物计量单位
C.时间计量单位　　D.劳动计量单位

6.下列经济业务引起资产、负债同增或同减变化的是(　　)。
A.以银行存款偿还应付账款　　B.从银行借入短期借款存入存款户
C.从银行提取现金　　D.以银行存款购置固定资产

7.下列各项属于会计核算方法的是(　　)。

A.复式记账　　B.成本计算

C.试算平衡　　D.编制会计报告

8.会计核算信息质量要求是(　　)。

A.权责发生制　　B.可靠性　　C.相关性　　D.重要性

9.会计核算的前提条件包括(　　)。

A.会计核算　　B.会计主体　　C.持续经营　　D.会计期间

10.期间费用包括(　　)。

A.商品销售成本　　B.销售费用

C.管理费用　　D.财务费用

11.会计信息使用者有(　　)。

A.股东　　B.债权人

C.供应商　　D.政府管理部门

12.现代会计的两大分支是(　　)。

A.财务会计　　B.成本会计

C.管理会计　　D.税务会计

13.会计基本假设包括(　　)。

A.会计主体　　B.持续经营

C.会计分期　　D.货币计量

14.下列各项中,体现谨慎性要求的是(　　)。

A.应收账款计提坏账准备　　B.采用加速折旧法计提固定资产折旧

C.存货采用历史成本计价　　D.当期销售成本与销售收入配比

15.下列各项属于会计信息质量要求的是(　　)。

A.可靠性　　B.重要性

C.权责发生制　　D.可比性

E.实质重于形式

三、判断题

1.所有的法人都是会计主体,所有的会计主体也是法人。　(　　)

2.只要是特定对象能够以货币表现的经济活动,都是会计所核算和监督的内容。　(　　)

3.凡支出的效益与几个会计年度相关,应当作为收益性支出。　(　　)

4.以权责发生制作为记账基础,当月收到的款项才作为当月的收入,当月没有收到的款项不能作为当月收入。　(　　)

5.融资租入固定资产作为企业资产予以确认,体现的是实质重于形式的会计信息质量要求。　(　　)

6.会计目标会随着社会经济环境的变化而不同。　(　　)

7.会计核算所提供的信息是投资者作出持有或抛售股票决策的唯一有效信息。　(　　)

8.所有会计信息使用者对信息的需求内容是一致的。（　）

9.会计主体都应是法律主体。（　）

10.收入与费用配比也就是费用要由收入补偿。（　）

11.我国会计年度自公历1月1日起至12月31日止。（　）

12.谨慎性要求企业尽可能低估资产、少计收入。（　）

13.按照会计主体假设的要求，进行会计核算时必须划分主体的财产和主体所有者的财产。（　）

14.会计分期作为一种假设，它实际上是持续经营假设的补充。（　）

15.西方近代会计形成的标志是由单式记账法过渡到复式记账法。（　）

四、简答题

1.简述我国会计产生和发展的概况。

2.简述西方会计产生和发展的概况。

3.会计的职能有哪些？应如何理解其基本职能？

4.简述会计的对象。

5.什么是会计？会计的本质是什么？

6.简述会计的基本特征。

7.关于会计目标的观点有哪几种？如何理解？

8.会计核算的基本程序有哪些？

9.会计核算的方法有哪几种？它们之间的相互关系如何？

10.什么是会计假设？会计假设包括哪些？应如何理解？

11.会计信息的质量要求有哪些？应如何理解？

12.什么是会计准则？我国会计准则的内容框架由哪些层次组成？各层次之间的关系如何？

13.什么是会计处理基础？包括哪两种？

14.什么是权责发生制？什么是收付实现制？各自的特点如何？

15.简述会计循环的一般程序。

五、业务题

中信公司于20××年1月份发生下列经济业务：

1.销售产品一批，价款300 000元，其中200 000元当即收存银行，其余尚未收到。

2.用银行存款支付本月电费500元。

3.购入汽车一辆，共付款200 000元。

4.预付本年度1—6月的办公用房租金6 000元。

5.摊销应由本月负担的财产保险费800元。

6.收回某单位前欠货款150 000元存入银行。

7.预收货款60 000元存入银行。

8.预提应由本月负担的短期借款利息2 600元，但未支付。

【要求】

分别按权责发生制原则和收付实现制原则计算 A 公司本月的收入和费用,并将结果填入下表。

金额:元

业务号	权责发生制		收付实现制	
	收　入	费　用	收　入	费　用
1				
2				
3				
4				
5				
6				
7				
8				
合　计				

第2章　会计科目和账户

【学习目标】

通过本章的学习，熟悉会计要素、会计等式、会计科目和账户的基本概念；理解会计要素的确认及计量、会计等式的表现形式及作用、经济业务对会计恒等式的影响类型，掌握会计科目的设置及分类、账户的基本结构等。

【重点难点提示】

本章的重点是经济业务对会计恒等式的影响类型，会计科目的分类，账户的基本结构。难点在于理解和掌握会计要素的确认及主要内容。

2.1　会计要素

2.1.1　会计要素的确认

会计要素(Accounting Elements)是对会计对象进行的基本分类，是会计对象的具体化，是对资金运动第二层次的划分。这些基本要素在会计上独有特定的含义和特征，为会计分类核算提供了基础，也为会计报表构筑了基本框架。会计工作就是围绕着会计要素的确认、计量、记录和报告展开的。依据《企业会计准则——基本准则》，企业的会计对象具体划分为资产、负债、所有者权益、收入、费用和利润六大会计要素，其中资产、负债和所有者权益三项会计要素是资金运动的静态表现，反映企业的财务状况，是资产负债表的基本要素；收入、费用和利润三项会计要素是资金运动的动态表现，反映企业的经营成果，是利润表的基本要素。

1）资产

(1)资产的定义

资产(Assets)是指企业过去的交易或事项中形成的、由企业拥有或控制的、预期会给企业带来经济利益的资源。

(2)资产的特征

根据资产的定义,资产具有以下几个方面的特征:

①资产是由企业过去的交易或者事项形成的。资产应当由企业过去的交易或者事项形成,预期在未来发生的交易或者事项不形成资产。过去的交易或者事项包括购买、生产、建造行为和其他交易或者事项等。

②资产应为企业拥有或控制的资源。资产作为一项资源,应当为企业拥有或者控制,具体是指企业享有某项资源的所有权,或者虽然不享有某项资源的所有权,但该资源能够被企业所控制。

企业享有资产的所有权,通常表明企业能够排他性地从资产中获取经济利益。但是,在有些情况下,资产虽然不为企业所拥有,即企业并不享有其所有权,但实际控制了这些资产,这同样表明企业能够从该资产中获取经济利益,符合会计上对资产的定义。如企业以融资租入的固定资产,虽然不拥有其所有权,但由于租赁时间较长,接近于该资产的使用寿命,表明企业控制了该资产的使用及其所能带来的经济利益,应当将其作为资产予以确认、计量、记录和报告。

③资产预期会给企业带来经济利益。这里是指资产具有直接或间接导致现金或现金等价物流入企业的潜力。资产预期能给企业带来经济利益是资产的重要特征。如果某一项目预期不能给企业带来经济利益,就不能将其确认为企业的资产。前期已经确认为企业资产的项目,如果不能再给企业带来经济利益,也不能再确认为企业的资产,如不能继续使用的变质或毁损材料,已经无法用于生产经营过程,在市场上也不能变现,不能给企业带来经济利益,就不能作为企业资产。

(3)资产的分类

资产按照其变现能力或者流动性的大小可以分为流动资产和非流动资产。流动资产是指可以在一年或者超过一年的一个营业周期内变现或耗用的资产,包括库存现金、银行存款、交易性金融资产、应收票据、应收账款、预付账款、应收利息、应收股利、其他应收款、存货等;非流动资产是指除流动资产以外的资产,即指超过一年或者一个营业周期以上变现或者耗用的资产,包括债权投资、其他权益工具投资、长期股权投资、投资性房地产、固定资产、在建工程、工程物资、无形资产、长期待摊费用和其他非流动资产等。

(4)资产的确认条件

将一项资源确认为资产,首先应当符合资产的定义。除此之外,还需要同时满足以下两个条件:

①与该资源有关的经济利益很可能流入企业。根据资产的定义,能够带来经济利益是资产的一个本质特征,但是由于经济环境瞬息万变,与资产有关的经济利益能否流入企业或者能够流入多少,实际上带有不确定性。因此,资产的确认应当与经济利益流入的不确定性程度的判断结合起来。如果根据编制财务报表时所取得的证据判断,与该资源有关的经济利益很可能流入企业,那么就应当将其作为资产予以确认。

②该资源的成本或者价值能够可靠地计量。可计量性是所有会计要素确认的重要前提,资产的确认同样需要符合这一要求。只有当有关资源的成本或者价值能够可靠地计量时,资产才能予以确认。企业取得的许多资产一般都是发生了实际成本的,比如企

业购买或者生产的存货、企业购置的设备等,对于这些资产,只要实际发生的购买或者生产成本能够可靠地计量,就应视为符合资产的确认条件。在某些情况下,企业取得的资产没有发生实际成本或者发生的实际成本很小,如企业持有的某些衍生金融工具形成的资产,对于这些资产,尽管它们没有发生实际成本或者发生的实际成本很小,但是如果其公允价值能够可靠地计量,也被认为符合资产可计量性的确认条件。

符合资产定义和资产确认条件的项目,应当列入资产负债表;符合资产定义,但不符合资产确认条件的项目,不应当列入资产负债表。

2)负债

(1)负债的定义

负债(Liabilities)是指企业过去的交易或者事项中形成的、预期会导致经济利益流出企业的现时义务。

(2)负债的特征

根据负债的定义,负债具有以下几个方面的特征:

①负债是在过去的交易或者事项中形成的。负债应当由企业过去的交易或者事项形成。过去的交易或者事项包括购买货物、使用劳务、接受银行贷款等。即只有过去发生的交易或者事项才形成负债,企业在未来发生的承诺、签订的合同等交易或者事项不形成负债。

②负债是企业所承担的现时义务。负债必须是企业承担的现时义务,它是负债的一个基本特征。所谓现时义务,是指企业在现行条件下已承担的义务。未来发生的交易或者事项形成的义务不属于现时义务,不应当确认为负债。

现时义务可以是法定义务,也可以是推定义务。其中,法定义务是指具有约束力的合同或者法律、法规规定的义务,通常在法律意义上需要强制执行;推定义务是指根据企业多年的习惯做法、公开的承诺或者公开宣布的政策而导致企业承担的责任,这些责任也使有关各方形成了企业将履行义务解脱责任的合理预期。

③负债的清偿预期会导致经济利益流出企业。只有企业在履行义务时会导致经济利益流出企业的,才符合负债的定义。企业在履行现时义务清偿负债时,导致经济利益流出企业的形式多种多样。如以现金偿还,以实物资产偿还,以提供劳务偿还,以部分转移资产、部分提供劳务偿还,将负债转为资本,等等。在某些情况下,现时义务也可能以其他方式解除。如债权人放弃或者丧失了其要求清偿的权利等。

(3)负债的分类

负债按其流动性即偿还期限的长短可以分为流动负债和非流动负债。流动负债是指在一年或者超过一年的一个营业周期内偿还的债务,包括短期借款、应付票据、应付账款、预收账款、应付职工薪酬、应交税费、应付股利、应付利息、其他应付款和一年内到期的长期借款等;非流动负债是指在一年或者超过一年的一个营业周期以上偿还的债务,包括长期借款、应付债券、长期应付款等。

负债按偿还方式还可以分为货币性负债和非货币性负债。货币性负债是指未来需要以货币资金偿还的债务,如应付账款、应付票据、应付职工薪酬、应付股利、应交税费、短期借款、长期借款等;非货币性负债是指未来需要以提供劳务或商品的方式偿还的债务,如预收账款等。

(4)负债的确认条件

将一项现时义务确认为负债,首先应当符合负债的定义。除此之外,还需要同时满足以下两个条件:

①与该义务有关的经济利益很可能流出企业。根据负债的定义,预期会导致经济利益流出企业是负债的一个本质特征。鉴于履行义务所需流出的经济利益带有不确定性,尤其与推定义务相关的经济利益通常需要依赖大量的估计,因此,负债的确认应当与经济利益流出的不确定性程度的判断结合起来。如果根据编制财务报表时所取得的证据判断,与现时义务有关的经济利益很可能流出企业,那么就应当将其作为负债予以确认。

②未来流出的经济利益的金额能够可靠地计量。负债的确认也需要符合可计量性的要求,即对未来流出的经济利益的金额能够可靠地计量。对于与法定义务有关的经济利益流出金额,通常可以根据合同或者法律规定的金额予以确定。考虑到经济利益的流出一般发生在未来期间,有时未来期间的时间很长,在这种情况下,有关金额的计量通常需要考虑货币时间价值等因素的影响。对于与推定义务有关的经济利益流出金额,通常需要较大程度的估计。为此,企业应当根据履行相关义务所需支出的最佳估计数进行估计,并综合考虑有关货币时间价值、风险等因素的影响。

符合负债定义和负债确认条件的项目,应当列入资产负债表;符合负债定义,但不符合负债确认条件的项目,不应当列入资产负债表。

3)所有者权益

(1)所有者权益的定义

所有者权益(Owners' Equity)是指企业资产扣除负债后,由所有者享有的剩余权益,即所有者对企业净资产所拥有的权益。所有者权益反映了所有者对企业资产的剩余索取权,是企业资产中扣除债权人权益后应由所有者享有的部分。

(2)所有者权益的分类

所有者权益按其来源可以分为所有者投入的资本、直接计入所有者权益的利得和损失、留存收益等,通常划分为实收资本(或股本)、资本公积、盈余公积和未分配利润等项目。

所有者投入的资本是指所有者投入企业的资本部分,它既包括构成企业注册资本或者股本部分的金额,也包括投入资本超过注册资本或者股本部分的金额,即资本溢价或者股本溢价。

直接计入所有者权益的利得和损失是指不应计入当期损益、会导致所有者权益发生增减变动的、与所有者投入资本或者向所有者分配利润无关的利得或者损失。其中,利得是指由企业非日常经营活动形成的、会导致所有者权益增加的、与所有者投入资本无关的经济利益的流入;损失是指由企业非日常经营活动形成的、会导致所有者权益减少的、与向所有者分配利润无关的经济利益的流出。

留存收益是指企业历年实现的净利润留存于企业的部分,主要包括计提的盈余公积和未分配利润。

(3)所有者权益的确认条件

由于所有者权益体现的是所有者在企业中的剩余权益,因此,所有者权益的确认主要依赖于其他会计要素,尤其是资产和负债的确认;所有者权益金额的确定也主要取决于资产和负债的计量。例如,企业接受投资者投入的资产,在该资产符合企业资产确认条件时,也相应地符合所有者权益的确认条件。

所有者权益项目应当列入资产负债表。

4)收入

(1)收入的定义

收入(Income)是指企业在日常经营活动中形成的、会导致所有者权益增加的、与所有者投入资本无关的经济利益的总流入。

(2)收入的特征

①收入是企业在日常经营活动中形成的。所谓日常经营活动,是指企业为完成其经营目标所从事的经常性活动以及与之相关的活动。明确界定日常经营活动是为了将收入与利得相区分,因为企业非日常经营活动所形成的经济利益的流入不能确认为收入,而应当计入利得。

②收入应当会导致经济利益的流入,该流入不包括所有者投入的资本。收入应当会导致经济利益的流入,从而导致资产的增加或负债的减少。但是,企业经济利益的流入有时是由所有者投入资本的增加所导致的,所有者投入资本的增加不应当确认为收入,而应当将其直接计入所有者权益。因此,与收入相关的经济利益的流入应当将所有者投入的资本排除在外。

③收入应当最终会导致所有者权益的增加。与收入相关的经济利益的流入最终应当会导致所有者权益的增加,不会导致所有者权益增加的经济利益的流入不符合收入的定义,不应确认为收入。

(3)收入的分类

按照企业所从事的日常经营活动的性质,收入可以分为转让商品收入和提供服务收入。转让商品收入,是指企业通过销售产品或商品实现的收入,如工业企业销售产成品或半成品实现的收入、商品流通企业销售商品实现的收入、房地产开发企业销售自行开发的房地产实现的收入等。工业企业销售不需用的原材料、包装物等存货实现的收入,也视同转让商品收入。提供服务收入,是指企业通过提供各种服务实现的收入,如工业企业提供工业性劳务作业服务实现的收入、商品流通企业提供代购代销服务实现的收入、建筑企业提供建造服务实现的收入、金融企业提供各种金融服务实现的收入、交通运输企业提供运输服务实现的收入、咨询公司提供咨询服务实现的收入、软件开发企业为客户开发软件实现的收入、安装公司提供安装服务实现的收入、服务性企业提供客房餐饮等各类服务实现的收入等。

不同性质的收入,其交易过程和实现方式各具特点。企业应当根据收入确认和计量的要求,结合收入的性质,对各类收入进行合理的确认和计量。

按照日常经营活动在企业中所处的地位,收入可以分为主营业务收入和其他业务收入。主营业务是指企业为完成其经营目标而从事的日常活动中的主要活动,可根据企业营业执照上规定的主要业务范围确定。主营业务收入是指企业经常性的、主要的业务所产生的收入。不同行业主营业务收入所包括的内容各不相同。如工业企业的主营业务收入主要包括销售产成品、半成品和提供工业性劳务的收入;商品流通企业的主营业务收入主要包括销售商品所取得的收入;旅游服务企业的主营业务收入主要包括门票收入、客房收入、餐饮收入等。主营业务收入一般占企业营业收入的比重很大,对企业经济效益产生较大的影响。其他业务是指主营业务以外的其他日常活动,属于企业日常活动中次要的交易。其他业务收入是指企业非经常性的、兼营的业务所产生的收入,如工业企业除产品销售以外的材料销售、包装物出租、技术转让、投资性房地产出租和提供非工业性劳务等取得的收入。

划分主营业务收入和其他业务收入,主要是遵循重要性原则,在充分提供信息的同时,减少核算成本和核算工作量。

上述定义的收入为狭义的收入,即营业收入。广义的收入把所有的经营和非经营活动的所得均看成收入,即企业净资产增加的部分均看作收入。广义的收入包括营业收入、投资收益、公允价值变动收益、资产处置收益、其他收益和营业外收入等。营业外收入是指企业取得的与其日常生产经营活动无直接关系的各项利得,主要包括非流动资产报废利得、债务重组利得、罚没利得、政府补助利得、捐赠利得、盘盈利得、无法支付的应付款项等。

(4)收入的确认条件

收入的确认除了应当符合定义外,还应当满足严格的确认条件。当企业与客户之间的合同同时满足下列条件,企业应当在客户取得相关商品控制权时确认收入:

①合同各方已批准该合同并承诺将履行各自义务;

②该合同明确了合同各方与所转让的商品(或提供服务,以下简称转让商品)相关的权利和义务;

③该合同有明确的与所转让商品相关的支付条款;

④该合同具有商业实质,即履行该合同将改变企业未来现金流量的风险、时间分布或金额;

⑤企业因向客户转让商品而有权取得的对价很可能收回。

符合收入定义和收入确认条件的项目,应当列入利润表。

5)费用

(1)费用的定义

费用(Cost)是指企业在日常经营活动中发生的、会导致所有者权益减少的、与向投资者分配利润无关的经济利益的总流出。

(2)费用的特征

①费用应当是在日常经营活动中发生的。这些日常经营活动的界定与收入中涉及的日常经营活动相一致。将费用界定为日常经营活动中所形成的,是为了将其与损失相区分,因为企业非日常经营活动所形成的经济利益的流出不能确认为费用,应当确认为

损失。

②费用应当会导致经济利益的流出,该流出不包括向投资者分配的利润。费用导致经济利益的流出,从而导致资产的减少或者负债的增加(最终也会导致资产的减少),其表现形式包括:现金或者现金等价物的流出,存货、固定资产和无形资产等的流出或者消耗等。企业向投资者分配利润也会导致经济利益的流出,但该经济利益的流出属于所有者权益的抵减项目,因而不能将其确认为费用。

③费用应当会最终导致所有者权益的减少。与费用相关的经济利益的流出最终应当会导致所有者权益的减少,不会导致所有者权益减少的经济利益的流出不符合费用的定义,不应确认为费用。

(3)费用的分类

这里所说的费用其实包括成本和费用两方面内容。

①成本是指企业为生产产品、提供劳务等而发生的各种耗费,包括为生产产品、提供劳务而发生的直接材料费用、直接人工费用以及不能直接计入而按一定标准分配计入成本的各种间接费用,如制造费用等。企业应当在确认收入时,将已销售产品或已提供劳务的成本等从当期收入中扣除,即计入当期损益。

②费用一般是指企业在日常活动中发生的营业税费、期间费用、资产(信用)减值损失和资产处置损失等。

a.营业税费,也称销售税费,是指企业营业活动应当负担并根据有关计税基数和税率确定的各种税费,如消费税、城市维护建设税、教育费附加,以及车船税、房产税、城镇土地使用税和印花税等。

b.期间费用包括销售费用、管理费用和财务费用。

销售费用是指企业在销售商品过程中发生的各项费用,包括企业在销售商品的过程中发生的运输费、装卸费、包装费、保险费、展览费和广告费,以及为销售本企业的商品而专设的销售机构(含销售网点、售后服务网点等)的职工薪酬等经营费用。

管理费用是指企业为组织和管理生产经营活动而发生的各项费用,包括企业的董事会和行政管理部门的职工薪酬、修理费、办公费和差旅费等公司经费,以及聘请中介机构费、咨询费(含顾问费)、业务招待费等费用。管理费用的受益对象是整个企业,而不是企业的某个部门。

财务费用是指企业为筹集生产经营所需资金而发生的各项费用,包括应当作为期间费用的利息支出(减利息收入)、汇兑损失(减汇兑收益)以及相关的手续费等。

c.资产(信用)减值损失是指企业计提的各项金融资产减值准备(如坏账准备、债权投资减值准备等)、存货跌价准备、固定资产减值准备、无形资产减值准备、长期股权投资减值准备等所形成的损失。

费用与成本既有联系又有区别。二者都反映企业资源的耗费,都意味着企业经济利益的减少,也都是由过去已经发生的经济活动引起或形成的。费用是企业在一定期间内为了取得收入而发生的耗费,是和期间相联系的,只能期间化,而成本是为了生产或制造一定种类和数量的产品或提供劳务而发生的耗费,是和产品或劳务相联系的,是一种资源转换为另一种资源的量度,因而成本能够对象化(即有实物承担者)。

上面所定义的费用亦是狭义上的概念。广义的费用还包括直接计入当期利润的损失和所得税费用。

直接计入当期利润的损失,即营业外支出,是指企业发生的与其日常生产经营活动无直接关系的各项损失,包括盘亏固定资产损失、报废固定资产净损失、报废无形资产净损失、债务重组损失、捐赠支出、罚款支出和非常损失等。

所得税费用是指企业按照企业所得税法的规定向国家缴纳的并从当期利润总额中扣除的所得税。

(4)费用的确认条件

费用的确认除了应当符合定义外,还应当满足严格的确认条件。费用只有在经济利益很可能流出,从而导致企业资产减少或者负债增加,且经济利益的流出额能够可靠计量时才能予以确认。因此,费用的确认至少应当同时符合下列条件:

①与费用相关的经济利益很可能流出企业;

②经济利益流出企业的结果会导致企业资产的减少或者负债的增加;

③经济利益的流出金额能够可靠地计量。

值得注意的是:企业发生的支出不产生经济利益的,或者即使能够产生经济利益但不符合或者不再符合资产确认条件的,应当在发生时确认为费用,计入当期损益。企业发生的交易或者事项导致其承担了一项负债而又不确认为一项资产的,应当在发生时确认为费用,计入当期损益。

符合费用定义和费用确认条件的项目,应当列入利润表。

6)利润

(1)利润的定义

利润(Profit)是指在一定会计期间所取得的最终经营成果。利润包括收入减去费用的净额、直接计入当期利润的利得和损失等。利润通常是评价企业管理业绩的一项重要指标,也是投资者、债权人等财务报告使用者进行投资决策、信贷决策等的重要参考。

(2)利润的构成

在利润表中,利润分为营业利润、利润总额和净利润三个层次。

营业利润是指企业通过一定期间的日常活动取得的利润,是企业利润的主要来源,用公式表示如下:

营业利润=营业收入-营业成本-税金及附加-管理费用-财务费用-销售费用-研发费用-资产减值损失-信用减值损失+投资收益(-投资损失)+公允价值变动收益(-公允价值变动损失)+资产处置收益(-资产处置损失)+其他收益

利润总额是指企业一定期间的营业利润,加上营业外收入减去营业外支出后的所得税前利润总额,用公式表示如下:

利润总额=营业利润+营业外收入-营业外支出

净利润是指企业一定期间的利润总额减去所得税费用后的净额,用公式表示如下:

净利润=利润总额-所得税费用

(3)利润的确认条件

利润反映的是收入减去费用、利得减去损失后的净额,因此,利润的确认主要依赖于收入和费用以及利得和损失的确认,其金额的确定也主要取决于收入、费用、利得、损失金额的计算。

2.1.2　会计要素的计量

会计计量是根据被计量对象的计量属性,选择运用一定的计量基础和计量单位,确定应记录项目金额的会计处理过程。企业应当按照规定的会计计量属性进行计量,确定相关的金额。

企业在对会计要素进行计量时,一般应当采用历史成本。在某些情况下,为了提高会计信息质量,企业会计准则允许采用重置成本、可变现净值、现值、公允价值计量的,应当保证所确定的会计要素金额能够取得并可靠计量,如果这些金额无法取得或者可靠地计量,则不允许采用其他计量属性。

1)历史成本(Historical Cost)

历史成本又称实际成本,是指企业取得或建造某项财产物资时实际支付的现金及现金等价物。在历史成本计量模式下,资产按照购置时支付的现金或现金等价物的金额计量,或者按照购置资产时所付出的对价的公允价值计量。负债按照因承担现时义务而实际收到的款项或者资产的金额,或者承担现时义务的合同金额,或者按照日常活动中为偿还负债预期需要支付的现金或者现金等价物的金额计量。

2)重置成本(Replacement Cost)

重置成本是指如果在现时重新取得相同的资产或与其相当的资产将会支付的现金或现金等价物,或者说是指在本期重购或重置持有资产的成本,也叫现行成本。重置成本更具有相关性,有利于资本保全。在重置成本计量模式下,资产按照现在购买相同或者相似资产所需支付的现金或者现金等价物的金额计量。负债按照现在偿付该项债务所需支付的现金或者现金等价物的金额计量。

3)可变现净值(Net Realizable Value)

可变现净值是指资产在正常经营状态下可带来的未来现金流入或将要支付的现金流出,又称为预期脱手价格。在可变现净值计量模式下,资产按照其正常对外销售所能收到现金或者现金等价物的金额扣减该资产至完工时估计将要发生的成本、估计的销售费用以及相关税费后的金额计量。

4)现值(Present Value)

现值是指在正常经营状态下资产所带来的未来现金流入量的现值,减去为取得现金流入所需的现金流出量现值。在现值计量模式下,资产按照预计从其持续使用和最终处置中所产生的未来净现值流入量的折现金额计量。负债按照预计期限内需要偿还的未来净现金流出量的折现金额计量。该计量属性考虑了货币的时间价值,最能反映资产的经济价值,与经济决策更具有相关性,但其可靠性较差。

5)公允价值(Fair Value)

公允价值是指市场参与者在计量日发生的有序交易中,出售一项资产所能收到或者转移一项负债所需支付的价格。

市场参与者,是指在相关资产或负债的主要市场(或最有利市场)中,同时具备下列特征的买方和卖方:①市场参与者应当相互独立,不存在《企业会计准则第 36 号——关联方披露》所述的关联方关系;②市场参与者应当熟悉情况,能够根据可取得的信息对相关资产或负债以及交易具备合理认知;③市场参与者应当有能力并自愿进行相关资产或负债的交易。

有序交易,是指在计量日前一段时期内相关资产或负债具有惯常市场活动的交易。

企业以公允价值计量相关资产或负债,应当考虑该资产或负债的特征。相关资产或负债的特征,是指市场参与者在计量日对该资产或负债进行定价时考虑的特征,包括资产状况及所在位置、对资产出售或者使用的限制等。

企业以公允价值计量相关资产或负债,应当假定出售资产或者转移负债的有序交易在相关资产或负债的主要市场进行。不存在主要市场的,企业应当假定该交易在相关资产或负债的最有利市场进行。

主要市场,是指相关资产或负债交易量最大和交易活跃程度最高的市场。最有利市场,是指在考虑交易费用和运输费用后,能够以最高金额出售相关资产或者以最低金额转移相关负债的市场。其中,交易费用是指在相关资产或负债的主要市场(或最有利市场)中,发生的可直接归属于资产出售或者负债转移的费用。交易费用是直接由交易引起的、交易所必需的,而且不出售资产或者不转移负债就不会发生的费用。

需要指出的是,在各种会计计量属性中,历史成本通常反映的是资产或负债过去的价值,而重置成本、可变现净值、现值和公允价值通常反映的是资产或者负债的现时成本或者现时价值,是与历史成本相对应的计量属性。但它们之间具有密切联系,一般来说,历史成本可能是过去环境下某项资产或负债的公允价值,而在当前环境下某项资产或负债的公允价值也许就是未来环境下某项资产或负债的历史成本。公允价值可以是重置成本,也可以是可变现净值或以公允价值为计量目的的现值,但必须同时满足公允价值的三个条件。

2.2 会计等式

2.2.1 会计等式的概念

会计等式(Accounting Equation)又称为会计平衡式或会计方程式,它是表明各会计要素之间基本关系的数学表达式。

2.2.2　会计等式的表现形式

1）资产=负债+所有者权益

任何企业要从事生产经营活动，就必须拥有一定数量的资产，作为从事经济活动的基础。这些资产分布在经济活动中的各个方面，表现为不同的存在形态，如房屋建筑物、机器设备、原材料、库存商品、货币资金等资产。企业所拥有的资产均来源于资产的提供者：一是企业的投资者，即企业的所有者；二是企业的债权人。所有者和债权人不会将资产无偿提供给企业，而是对所提供的资产保留一定的求偿权。资产所有者的这种求偿权在会计上被称为权益。资产与权益是同一个事物的两个不同的表现方面，二者相互依存，没有无权益的资产，也没有无资产的权益，而且在客观上也必然存在着相等的关系。即从数量上看，有一定数额的资产，必然有一定数额的权益；反之，有一定数额的权益也必定有一定数额的资产。也就是说资产与权益在任何一个时点都必然保持恒等的关系。这种恒等关系用公式表示如下：

资产=权益

由于企业的资产来源于企业的债权人和投资者两个方面，所以，权益由债权人权益和所有者权益两部分构成。债权人权益在会计上被称为负债，所有者权益是企业投资者对企业资产减去负债后的净资产的所有权。由于企业的权益是由负债和所有者权益两部分组成，因此会计恒等式可以进一步表示为：

资产=负债+所有者权益

【例2-1】　中信公司由A，B两位投资者各出资100万元（A以50万元的设备和50万元的货币资金，B以50万元的存货和50万元的货币资金）于20××年1月1日设立。设立之日，A，B均履行了出资义务，同时，该公司还以投入资金为担保取得银行贷款50万元。所有款项的往来均通过银行办理。该公司在设立日的资产、负债及所有者权益以及它们的数量关系如表2-1所示。

表2-1　中信公司20××年1月1日资产、负债及所有者权益的数量关系

资　产	金　额	权　益	金　额
银行存款	1 500 000	负　债	
		借　款	500 000
存货	500 000	所有者权益	
设备	500 000	实收资本	2 000 000
合　计	2 500 000	合　计	2 500 000

从表2-1可以看出，该公司设立之日的资产为250万元，分别以银行存款、存货和设备三种形式存在。同时，也说明了当日该公司这250万元的资产来源于两个渠道：投资者投入200万元，从银行借入50万元；在此基础上，形成了有关方面对企业的权益总额为

250 万元，其中银行这个债权人的权益 50 万元，所有者权益 200 万元。用公式表示如下：

资产(150+50+50)= 负债(50)+所有者权益(200)

资产与负债和所有者权益的平衡关系是最基本的会计等式，表明会计主体在某一特定的时点所拥有的各种资产与债权人、所有者之间的静态关系。这一等式也是设置账户、进行复式记账和编制资产负债表的理论依据，在会计核算中有着非常重要的地位。

2)收入-费用=利润

企业作为营利组织，其经营的目的主要是实现利润。收入是实现利润的前提。企业在生产经营活动中，为了取得一定的收入，还要发生相应的费用。从某一会计期间来看，收入与费用的差额就是企业的利润，如果收入大于费用，经营成果就表现为盈利；反之，如果收入小于费用，经营成果就表现为亏损。通常用公式表示为：

收入-费用=利润

【例 2-2】 中信公司 20××年 1 月发生商品销售收入 100 万元，为取得该项收入发生营业成本 40 万元和期间费用 10 万元，共计 50 万元。通过收入与费用的比较，该公司本月就获得了利润 50 万元。其数量关系用公式表示如下：

收入(100)-费用(50)= 利润(50)

这一等式体现了收入、费用和利润三项会计要素之间的数量关系，由于这三项会计要素均是企业资金运动在同一会计期间的动态表现，因此其构成的会计等式通常称为动态会计等式。它反映企业一定期间的经营成果，是编制利润表的理论依据。

2.2.3 经济业务事项对会计恒等式的影响

经济业务事项是指发生于企业生产经营过程中，引起会计要素增减变化的事项，又称会计事项。如购买材料、支付薪酬、销售商品、上缴税费等。由于企业生产经营活动的复杂性，不同企业发生的经济业务不尽相同，即使是同一企业，其不同会计期间发生的经济业务也各有所异。但是，不论企业的经济业务多么复杂和千变万化，其引起的企业资金运动及其会计要素发生怎样的增减变化，在一定的会计日期，企业的资产总额总是等于权益总额。也就是说，任何经济业务的发生都不会破坏会计等式的平衡关系。

经济业务事项发生后，引起各项资产、负债和所有者权益的增减变动，不外乎以下四种类型：

1)等式两边同时增加，增加金额相等

此种类型又分以下两种情况：

①资产和负债要素同时等额增加：如中信公司 20××年 5 月 1 日向银行申请取得长期借款 400 000 元。该笔经济业务的发生，使等式左边的资产方银行存款增加 400 000 元，同时，等式右边的负债方长期借款也增加 400 000 元，等式两边同时等额增加，等式的平衡关系不变。

资产(+400 000)= 负债(+400 000)+所有者权益(0)

②资产和所有者权益要素同时等额增加:如中信公司 20××年 6 月 7 日收到新达公司追加投资 500 000 元。该笔经济业务的发生,使等式左边的资产方银行存款增加 500 000 元,同时,等式右边的所有者权益方实收资本也增加 500 000 元,等式两边同时等额增加,等式的平衡关系不变。

资产(+500 000)= 负债(0)+所有者权益(+500 000)

2)等式两边同时减少,减少金额相等

此种类型又分以下两种情况:

①资产和负债要素同时等额减少:如中信公司 20××年 9 月 1 日用银行存款偿还短期借款 200 000 元。该笔经济业务的发生,使等式左边的资产方银行存款减少 200 000 元,同时,等式右边的负债方短期借款也减少 200 000 元,等式两边同时等额减少,等式的平衡关系不变。

资产(-200 000)= 负债(-200 000)+所有者权益(0)

②资产和所有者权益要素同时等额减少:如中信公司 20××年 9 月 20 日向投资者发放现金红利 800 000 元。该笔经济业务的发生,使等式左边的资产方银行存款减少 800 000元,同时,等式右边的所有者权益方未分配利润也减少 800 000 元,等式两边同时等额减少,等式的平衡关系不变。

资产(-800 000)= 负债(0)+所有者权益(-800 000)

3)等式左边一增一减,增减金额相等

此种类型是等式左边资产要素内部项目一个增加,同时另一个减少,增加和减少的金额相等。如中信公司 20××年 9 月 25 日购入原材料一批 80 000 元,以银行存款支付。该笔经济业务的发生,使等式左边的资产方原材料增加 80 000 元,同时,银行存款减少 80 000元,资产总额未变,等式的平衡关系不变。

资产(+80 000-80 000)= 负债(0)+所有者权益(0)

4)等式右边一增一减,增减金额相等

此种类型又分以下四种情况:

①负债要素内部项目一增一减,增减金额相等,资产和所有者权益要素不变:如中信公司 20××年 9 月 30 日向银行申请取得短期借款 90 000 元直接支付以前所欠货款。该笔经济业务的发生,使等式右边的负债方短期借款增加 90 000 元,同时应付账款减少 90 000元,负债总额未变,等式的平衡关系不变。

资产(0)= 负债(+90 000-90 000)+所有者权益(0)

②所有者权益要素内部项目一增一减,增减金额相等,资产和负债要素不变:如中信公司 20××年 10 月 10 日经批准将其盈余公积 100 000 元转增资本。该笔经济业务的发

生,使等式右边的所有者权益方实收资本增加 100 000 元,同时盈余公积减少 100 000 元,所有者权益总额未变,等式的平衡关系不变。

资产(0)= 负债(0)+所有者权益(+100 000-100 000)

③负债要素增加,所有者权益要素减少,增减金额相等,资产要素不变:如中信公司 20××年 11 月 1 日经研究,决定进行利润分配,应付投资者股利 150 000 元。该笔经济业务的发生,使等式右边的负债方应付股利增加 150 000 元,同时,所有者权益方未分配利润减少 150 000 元,等式右边总额未变,等式的平衡关系不变。

资产(0)= 负债(+150 000)+所有者权益(-150 000)

④负债要素减少,所有者权益要素增加,增减金额相等,资产要素不变:如中信公司 20××年 12 月 8 日经协商将所欠乙公司货款 250 000 元转作乙公司对中信公司的投资。该笔经济业务的发生,使等式右边的所有者权益方实收资本增加 250 000 元,同时,负债方应付账款减少 250 000 元,等式右边总额未变,等式的平衡关系不变。

资产(0)= 负债(-250 000)+所有者权益(+250 000)

不管经济业务如何多种多样、纷繁复杂,其对资产、负债和所有者权益的影响不会超出上述四种类型。经济业务对资产、负债和所有者权益的影响可用图 2-1 表示。

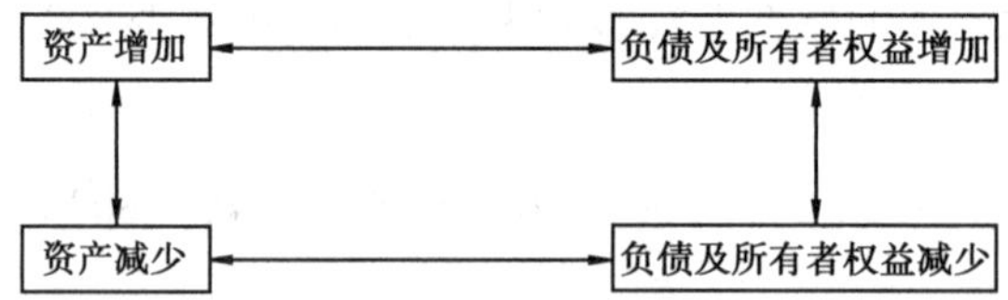

图 2-1　资产与负债及所有者权益增减变化的四种类型

2.3　会计科目

2.3.1　会计科目的概念

会计要素是对会计对象的具体化。会计科目是对会计要素的具体内容进行分类核算的项目。为了实现会计的基本职能,要从数量上核算各项会计要素的增减变化,不但需要取得各项会计要素增减变化及其结果的总括数据,而且要取得一系列更加具体的分类的数量指标。例如,固定资产和存货虽然都属于资产,但它们的经济内容,以及在经济活动中的周转方式和所起的作用各不相同;应付账款和长期借款虽然都是负债,但它们的形成原因和偿付期限各不相同;投资者的投入资本和未分配利润虽然都是所有者权益,但它们的形成原因和用途却不一样。所以,必须在六大会计要素的基础上,进一步将会计所要核算和监督的具体内容进行更加详细的分类,这种分类的项目,在会计上叫作会计科目(Accounting Title)。

通过设置科目,可以在账户中分门别类地核算各项会计要素具体内容的增减变化,能够为企业内部经营管理和外部有关方面提供一系列具体的分类指标。

2.3.2　会计科目的分类

1)按其所归属的会计要素分类

企业会计科目按其所归属的会计要素不同,通常可以分为资产类、负债类、所有者权益类、成本类、损益类五大类。

(1)资产类科目

资产类科目是用来核算和监督企业拥有或者控制的、能以货币计量的经济资源的增减变动及其结余情况的会计科目。按资产的流动性可以分为反映流动资产的科目和反映非流动资产的科目。

①反映流动资产的科目,如“库存现金”“银行存款”“交易性金融资产”“应收票据”“应收账款”“预付账款”“其他应收款”“原材料”“库存商品”等科目。

②反映非流动资产的科目,如“长期股权投资”“固定资产”“累计折旧”“无形资产”“长期待摊费用”等科目。

(2)负债类科目

负债类科目是用来核算和监督企业承担的能以货币计量、需以资产或劳务偿付的债务的增减变动和结余情况的会计科目。按负债的偿还期限可以分为反映流动负债的科目和反映非流动负债的科目。

①反映流动负债的科目,如“短期借款”“应付票据”“应付账款”“预收账款”“其他应付款”“应付职工薪酬”“应交税费”“应付股利”“应付利息”等科目。

②反映非流动负债的科目,如“长期借款”“应付债券”“长期应付款”等科目。

(3)所有者权益类科目

所有者权益类科目是用来核算和监督企业投资者对企业净资产所有权的增减变动和结余情况的科目。按所有者权益的形成和性质可以分为反映资本的科目和反映留存收益的科目。

①反映资本的科目,如“实收资本”“资本公积”等科目。

②反映留存收益的科目,如“盈余公积”“本年利润”“利润分配”等科目。

(4)成本类科目

成本类科目是用来归集费用、计算成本的会计科目。按成本的不同内容和性质可以分为反映制造成本的科目和反映劳务成本的科目。

①反映制造成本的科目,如“生产成本”“制造费用”等科目。

②反映劳务成本的科目,如“劳务成本”等科目。

(5)损益类科目

损益类科目是指其一定时期的发生额合计要在当期期末结转到“本年利润”账户,用以计算确定一定时期内损益的会计科目。按损益的不同内容可以分为反映收入的科目和反映费用的科目。

①反映收入的科目,如"主营业务收入""其他业务收入""投资收益""营业外收入"等科目。

②反映费用的科目,如"主营业务成本""其他业务成本""税金及附加""销售费用""管理费用""财务费用"等科目。

2)按其所提供信息的详细程度及其统驭关系分类

会计科目按其所提供信息的详细程度及其统驭关系,可以分为总分类科目、二级科目和明细科目。

①总分类科目,又称一级科目或总账科目,是对会计要素具体内容进行总括分类、提供总括信息的会计科目。它反映各种经济业务的概括情况,是进行总分类核算的依据。

②二级科目,又称子目,是介于总分类科目和明细科目之间的科目,它所提供的会计信息比总分类科目要明细比明细科目要总括,一般在总账科目所统驭的明细科目比较多时才需要设置二级科目。

③明细分类科目,又称细目,是对会计要素的具体内容进行详细分类的科目。

现以"原材料"科目为例(如表 2-2 所示),进一步说明总账科目与二级科目和明细科目之间的关系。

表 2-2　原材料各级科目之间的关系

<table>
<tr><th>一级科目</th><th>二级科目</th><th>明细科目</th></tr>
<tr><td rowspan="6">原材料</td><td rowspan="2">原料及主要材料</td><td>圆钢</td></tr>
<tr><td>碳钢</td></tr>
<tr><td rowspan="2">辅助材料</td><td>油漆</td></tr>
<tr><td>润滑油</td></tr>
<tr><td rowspan="2">燃料</td><td>汽油</td></tr>
<tr><td>烟煤</td></tr>
</table>

2.3.3　会计科目的设置

1)会计科目的设置原则

会计科目是设置账户、处理账务所必须遵守的规则和依据。一般来说,会计科目名称的规范、会计科目的多少、会计科目的分类、会计科目的解释口径等,决定着各单位会计核算的详细程度,决定着各单位编制会计报表的需求和内容,因此,会计科目的设置应努力做到科学、合理、简明、适用,且必须遵循以下原则:

①合法性原则,是指所设置的会计科目应当符合国家统一的会计制度的规定。总分类科目原则上由财政部统一制定,以保证会计信息的可比性;对于国家统一会计制度规定的会计科目,企业可以根据自身的生产经营特点,在不影响会计核算要求以及对外提供统一报表的前提下,可以自行增设、减设或者合并某些会计科目。

②相关性原则,是指所设置的会计科目应当为提供有关各方所需要的会计信息服务,满足对外报告与对内管理的要求。其目的主要是提高会计核算所提供会计信息的相关性,满足相关各方的信息需求。

③实用性原则,是指所设置的会计科目应符合单位自身特点,满足单位实际需要。例如,对于制造企业而言,由于其主要的经营活动是制造产品,因而需要设置反映生产耗费的科目,如“生产成本”;而对于商品流通企业而言,由于其主要的经营活动是购进和销售商品,不进行商品生产,因而不需要设置“生产成本”科目,但需要设置反映商品采购、商品销售,以及在购、销、存等环节发生的各项费用的会计科目。

2)常用会计科目

根据我国财政部在 2006 年颁布的《企业会计准则——应用指南》和 2014 年颁布的《企业会计准则——财务报表列报》以及截至 2022 年的准则变化,列示企业通用会计科目和企业常用会计科目如表 2-3、表 2-4 所示。

表 2-3　企业通用会计科目表

顺序号	编号	会计科目名称	顺序号	编号	会计科目名称
		一、资产类	14	1132	应收利息
1	1001	库存现金	15	1201	应收代位追偿款
2	1002	银行存款	16	1211	应收分保账款
3	1003	存放中央银行款项	17	1212	应收分保合同准备金
4	1011	存放同业	18	1221	其他应收款
5	1012	其他货币资金	19	1231	坏账准备
6	1021	结算备付金	20	1301	贴现资产
7	1031	存出保证金	21	1302	拆出资金
8	1101	交易性金融资产	22	1303	贷款
9	1111	买入返售金融资产	23	1304	贷款损失准备
10	1121	应收票据	24	1311	代理兑付证券
11	1122	应收账款	25	1321	代理业务资产
12	1123	预付账款	26	1401	材料采购
13	1131	应收股利	27	1402	在途物资

续表

顺序号	编号	会计科目名称	顺序号	编号	会计科目名称
28	1403	原材料	55	1541	存出资本保证金
29	1404	材料成本差异	56	1601	固定资产
30	1405	库存商品	57	1602	累计折旧
31	1406	发出商品	58	1603	固定资产减值准备
32	1407	商品进销差价	59	1604	在建工程
33	1408	委托加工物资	60	1605	工程物资
34	1411	周转材料	61	1606	固定资产清理
35	1421	消耗性生物资产	62	1611	未担保余值
36	1431	贵金属	63	1621	生产性生物资产
37	1441	抵债资产	64	1622	生产性生物资产累计折旧
38	1451	损余物资	65	1623	公益性生物资产
39	1461	融资租赁资产	66	1631	油气资产
40	1471	存货跌价准备	67	1632	累计折耗
41	1481	持有待售资产	68	1701	无形资产
42	1482	持有待售资产减值准备	69	1702	累计摊销
43	1483	合同资产	70	1703	无形资产减值准备
44	1484	继续涉入资产	71	1711	商誉
45	1485	应收退货成本	72	1801	长期待摊费用
46	1501	债权投资	73	1811	递延所得税资产
47	1502	债权投资减值准备	74	1821	独立账户资产
48	1503	其他权益工具投资	75	1901	待处理财产损溢
49	1504	其他债权投资			二、负债类
50	1511	长期股权投资	76	2001	短期借款
51	1512	长期股权投资减值准备	77	2002	存入保证金
52	1521	投资性房地产	78	2003	拆入资金
53	1531	长期应收款	79	2004	向中央银行借款
54	1532	未实现融资收益	80	2011	吸收存款

续表

顺序号	编号	会计科目名称	顺序号	编号	会计科目名称
81	2012	同业存放	108	2621	独立账户负债
82	2021	贴现负债	109	2701	长期应付款
83	2101	交易性金融负债	110	2702	未确认融资费用
84	2111	卖出回购金融资产款	111	2711	专项应付款
85	2201	应付票据	112	2801	预计负债
86	2202	应付账款	113	2901	递延所得税负债
87	2203	预收账款			三、共同类
88	2211	应付职工薪酬	114	3001	清算资金往来
89	2221	应交税费	115	3002	货币兑换
90	2231	应付利息	116	3101	衍生工具
91	2232	应付股利	117	3201	套期工具
92	2241	其他应付款	118	3202	被套期项目
93	2245	持有待售负债			四、所有者权益类
94	2246	合同负债	119	4001	实收资本
95	2247	继续涉入负债	120	4002	其他权益工具
96	2251	应付保单红利	121	4003	资本公积
97	2261	应付分保账款	122	4101	其他综合收益
98	2311	代理买卖证券款	123	4102	盈余公积
99	2312	代理承销证券款	124	4103	一般风险准备
100	2313	代理兑付证券款	125	4104	本年利润
101	2314	代理业务负债	126	4105	利润分配
102	2401	递延收益	127	4201	库存股
103	2501	长期借款			五、成本类
104	2502	应付债券	128	5001	生产成本
105	2601	未到期责任准备金	129	5101	制造费用
106	2602	保险责任准备金	130	5201	合同取得成本
107	2611	保户储金	131	5202	合同取得成本减值准备

续表

顺序号	编号	会计科目名称	顺序号	编号	会计科目名称
132	5301	研发支出	151	6401	主营业务成本
133	5401	合同履约成本	152	6402	其他业务成本
134	5402	合同结算	153	6403	税金及附加
135	5403	机械作业	154	6411	利息支出
		六、损益类	155	6421	手续费及佣金支出
136	6001	主营业务收入	156	6501	提取未到期责任准备金
137	6011	利息收入	157	6502	提取保险责任准备金
138	6021	手续费及佣金收入	158	6511	赔付支出
139	6031	保费收入	159	6521	保单红利支出
140	6041	租赁收入	160	6531	退保金
141	6051	其他业务收入	161	6541	分出保费
142	6061	汇兑损益	162	6542	分保费用
143	6101	公允价值变动损益	163	6601	销售费用
144	6111	投资收益	164	6602	管理费用
145	6115	资产处置损益	165	6603	财务费用
146	6116	其他收益	166	6604	勘探费用
147	6201	摊回保险责任准备金	167	6701	资产减值损失
148	6202	摊回赔付支出	168	6711	营业外支出
149	6203	摊回分保费用	169	6801	所得税费用
150	6301	营业外收入	170	6901	以前年度损益调整

表 2-4　企业常用会计科目表

顺序号	编号	会计科目名称	顺序号	编号	会计科目名称
		一、资产类	4	1101	交易性金融资产
1	1001	库存现金	5	1121	应收票据
2	1002	银行存款	6	1122	应收账款
3	1012	其他货币资金	7	1123	预付账款

续表

顺序号	编号	会计科目名称	顺序号	编号	会计科目名称
8	1131	应收股利	35	1603	固定资产减值准备
9	1132	应收利息	36	1604	在建工程
10	1221	其他应收款	37	1605	工程物资
11	1231	坏账准备	38	1606	固定资产清理
12	1401	材料采购	39	1701	无形资产
13	1402	在途物资	40	1702	累计摊销
14	1403	原材料	41	1703	无形资产减值准备
15	1404	材料成本差异	42	1711	商誉
16	1405	库存商品	43	1801	长期待摊费用
17	1406	发出商品	44	1811	递延所得税资产
18	1407	商品进销差价	45	1901	待处理财产损溢
19	1408	委托加工物资			二、负债类
20	1411	周转材料	46	2001	短期借款
21	1471	存货跌价准备	47	2101	交易性金融负债
22	1481	持有待售资产	48	2201	应付票据
23	1482	持有待售资产减值准备	49	2202	应付账款
24	1483	合同资产	50	2203	预收账款
25	1501	债权投资	51	2211	应付职工薪酬
26	1502	债权投资减值准备	52	2221	应交税费
27	1503	其他权益工具投资	53	2231	应付利息
28	1504	其他债权投资	54	2232	应付股利
29	1511	长期股权投资	55	2241	其他应付款
30	1512	长期股权投资减值准备	56	2245	持有待售负债
31	1521	投资性房地产	57	2246	合同负债
32	1531	长期应收款	58	2401	递延收益
33	1601	固定资产	59	2501	长期借款
34	1602	累计折旧	60	2502	应付债券

续表

顺序号	编号	会计科目名称	顺序号	编号	会计科目名称
61	2701	长期应付款	81	5202	合同取得成本减值准备
62	2702	未确认融资费用	82	5301	研发支出
63	2711	专项应付款	83	5401	合同履约成本
64	2801	预计负债	84	5402	合同结算
65	2901	递延所得税负债	85	5403	机械作业
		三、共同类			六、损益类
66	3001	清算资金往来	86	6001	主营业务收入
67	3002	货币兑换	87	6051	其他业务收入
68	3101	衍生工具	88	6101	公允价值变动损益
69	3201	套期工具	89	6111	投资收益
70	3202	被套期项目	90	6115	资产处置损益
		四、所有者权益类	91	6116	其他收益
71	4001	实收资本	92	6301	营业外收入
72	4003	资本公积	93	6401	主营业务成本
73	4101	其他综合收益	94	6402	其他业务成本
74	4102	盈余公积	95	6403	税金及附加
75	4104	本年利润	96	6601	销售费用
76	4105	利润分配	97	6602	管理费用
77	4201	库存股	98	6603	财务费用
		五、成本类	99	6701	资产减值损失
78	5001	生产成本	100	6711	营业外支出
79	5101	制造费用	101	6801	所得税费用
80	5201	合同取得成本	102	6901	以前年度损益调整

2.4 账　户

2.4.1 账户的概念

账户(Account)是根据会计科目设置的,具有一定的格式和结构,用于分类反映会计要素增减变动情况及其结果的载体。会计科目的名称就是账户的名称。设置账户是会计核算的重要方法之一。

2.4.2 设置账户的必要性

设置会计科目只是规定了对会计要素具体内容进行分类核算的项目。而为了序时、连续、系统地记录由于经济业务的发生而引起的会计要素的增减变动,提供各种会计信息,还必须根据规定的会计科目在账簿中开设账户。账户是对会计要素进行分类核算的工具。它应以会计科目作为它的名称,并具有一定的格式和结构。账户是能够提供有关会计要素增减变动情况及其结果的数据。

2.4.3 账户的基本结构

既然账户是用来分类记录经济业务的,因而必须具有一定的结构。账户的基本结构是由会计要素的数量变化情况决定的。由于经济业务发生所引起的各项会计要素的变动,从数量上看不外乎是增加和减少两种情况。因此,账户结构也相应地分为两个基本部分,划分为左右两方,一方登记增加额,另一方登记减少额。至于在账户的左右两方中,哪一方记增加额,哪一方记减少额,则取决于会计主体所采用的记账方法和所记录的经济业务内容。

为了便于说明问题,可以将账户简化为 T 型账户,即用一条水平线和一条平分的直线来表示账户。其格式如图 2-2 所示。

左方	账户名称（会计科目）	右方

图 2-2　T 型账户结构

账户的具体格式各异,但其基本结构一般应具备以下内容:

①账户名称,即会计科目。

②日期,即记录经济业务发生的日期。

③摘要,即概括说明经济业务的内容。

④凭证号数,即记录经济业务的凭证编号。

⑤金额的增加额、减少额和余额。

账户的一般格式如图 2-3 所示。

账户名称（会计科目）

年		凭证号数		摘要	借方发生额	贷方发生额	借或贷	余额
月	日	字	号					

图 2-3　三栏式账户结构

每个账户一般有四个金额要素，即期初余额、本期增加发生额、本期减少发生额和期末余额。账户中登记本期增加的金额，称为本期增加发生额；账户中登记本期减少的金额，称为本期减少发生额；账户本期的期末余额转入下期，即为下期的期初余额。在正常情况下，这四个金额要素之间的关系如下：

期末余额＝期初余额+本期增加发生额−本期减少发生额

例如：中信公司 20××年 3 月，“银行存款”账户的期初余额为 100 000 元，本期增加发生额为 70 000 元，本期减少发生额为 90 000 元，计算银行存款账户的期末余额，如图 2-4 所示。

左方		银行存款	右方
期初余额	100 000		
本期增加额	70 000	本期减少额	90 000
本期发生额	70 000	本期发生额	90 000
期末余额	80 000		

图 2-4　银行存款账户

2.4.4　账户与会计科目的关系

虽然账户是根据会计科目设置的，有什么样的会计科目就有什么样的账户，但两者并不是同一概念。账户与会计科目之间既有相同点又有不同点。

1)账户与会计科目的相同点

①分类对象相同，因而它们反映的经济业务内容是一致的。

②设置原则一致，会计科目一经制定，账户设置就必须遵循会计科目所作的规范。

2)账户与会计科目的不同点

①从时间上看，会计科目是在经济活动发生之前，事先对如何反映会计对象具体内

容作出的分类规范,而账户是在经济活动发生以后对其作出的分类记录。

②从分类上看,会计科目主要按经济内容分类,而账户在按经济内容分类的基础上还可以按用途和结构分类。

③从设置上看,会计科目是由国家有关部门统一设置的,具有统一性;账户则是企业、事业、行政等单位根据会计科目的规定和管理的需要在账簿中开设的,具有相对的灵活性。

【本章小结】

本章介绍了会计要素、会计等式、会计科目、账户的有关基础知识,重点阐述了会计要素以及经济业务对会计恒等式的影响。

【重要概念】

会计要素　资产　负债　所有者权益　收入　费用　利润　会计等式　会计科目　账户

【案例分析】

你的朋友是做杂货生意的,他向你提供了如下有关他企业的信息资料,旨在了解他在年末财务状况如何、当年的经营业绩怎样。

有关信息简表

有关信息	金额/元
支付给雇工的工资	3 744
年末货车价值	4 800
销售成本	70 440
自付薪金	15 600
销售收入	110 820
年末商店和土地的价值	60 000
钱柜里和存入银行的现金	2 100
电、水、电话等各项杂费	10 500
年末欠供应商的款项	2 400

从朋友处你还获知当年该地区的地产已经升值。但是,由于房屋经过一般修缮后又被损坏了,因此总的来说它的价值仍维持在一年前的相同水平上。另一方面,货车一年前的价值 6 000 元,但是,现在经过一年的折旧,价值比以前减少了。

案例要求:

1.评价该杂货商一年来的经营业绩。

2.告诉杂货商年末的财务状况。

3.如果不计算折旧,该杂货商一年的净收益应是多少?

案例提示：

该杂货商一年来的经营业绩是比较好的。其净收益为：

110 820 - 3 744 -(6 000 - 4 800) - 70 440 - 10 500 - 15 600 = 9 336(元)

该杂货商年末的财务状况如下：

资产:4 800+60 000+2 100=66 900(元)。

负债:2 400(元)。

业主权益:66 900-2 400=64 500(元)。

如果不计算折旧,该杂货商年末的净收益=9 336+1 200=10 536(元)。

【同步测练】

一、单项选择题

1.下列科目中属于损益类科目的费用科目是(　　)。

A.制造费用　　B.长期待摊费用

C.劳务成本　　D.所得税费用

2.总分类会计科目和明细分类会计科目之间有(　　)的关系。

A.相等　　B.名称一致

C.统驭和从属　　D.互相依存

3.通常把账户的典型结构简化为(　　)型账户。

A.X　　B.T　　C.M　　D.H

4.账户的基本结构是(　　)。

A.左方登记增加,右方登记减少

B.右方登记减少,左方登记增加

C.哪一方登记增加或登记减少,由所采用的记账方法和记录的经济业务内容确定

D.哪一方登记增加、哪一方登记减少,由会计人员自行确定

5.假设某账户本期期初余额为 5 600 元,本期期末余额为 5 700 元,本期减少发生额为 800 元,则该账户的本期增加发生额为(　　)元。

A.900　　B.10 500　　C.700　　D.12 100

6.某企业某天发生下列经济业务:①收到客户欠款 100 000 元;②向银行借入短期借款 50 000 元;③向银行提取现金 100 000 元,用于购买一批机器设备;④以银行存款支付广告费 10 000 元。试问,这天该企业资产(　　)元。

A.增加 90 000　　B.增加 260 000

C.增加 40 000　　D.减少 60 000

7.下列不属于资产类账户的是(　　)。

A.应收账款　　B.库存商品　　C.累计折旧　　D.预收账款

8.下列不属于流动负债类账户的是(　　)。

A.应付债券　　B.应付票据

C.应付股利　　D.应付职工薪酬

9.下列属于成本类账户的是(　　)。

A.原材料　B.生产成本　C.在建工程　D.材料采购

10.简单会计分录涉及账户方向的是(　　)。

A.一借多贷　B.一借一贷　C.多借一贷　D.多借多贷

11.企业以银行存款偿还所欠购货款,属于(　　)类型变化业务。

A.资产项目之间此增彼减　B.权益项目之间此增彼减

C.资产项目和权益项目同增　D.资产项目和权益项目同减

12.下列经济业务发生不会使会计等式两边总额发生变化的有(　　)。

A.收到应收账款存入银行

B.从银行取得借款存入银行

C.收到投资者以固定资产所进行的投资

D.以银行存款偿还应付账款

13.企业3月末的资产总额为200万元,4月1日发生下列三笔业务:①取得短期借款5万元存入银行;②收回应收账款2万元存入银行;③用银行存款偿还前欠货款2万元。这些业务发生后,该企业的资产总额应为(　　)万元。

A.209　B.207　C.205　D.203

14.下列属于资产要素项目的有(　　)。

A.应收账款　B.预收账款　C.实收资本　D.主营业务成本

15.下列项目属于流动负债的有(　　)。

A.预付账款　B.短期借款　C.应付债券　D.盈余公积

16.所有者权益总额等于(　　)。

A.流动资产总额减去流动负债总额　B.资产总额减去负债总额

C.长期资产总额减去负债总额　D.资产总额减去流动负债总额

17.对每一个账户来说,期末余额(　　)。

A.只能在借方　B.只能在账户的一方

C.只能在贷方　D.可能在借方或贷方

18.资产类账户的期末余额一般应在(　　)。

A.账户的借方　B.账户的贷方

C.有时在借方,有时在贷方　D.以上答案都对

19.会计科目是(　　)。

A.会计要素的名称　B.会计报表的项目名称

C.账簿的名称　D.账户的名称

20.下列引起资产和负债同时减少的经济业务是(　　)。

A.将现金存入银行　B.购进材料一批,货款暂欠

C.以银行存款偿还银行借款　D.以银行借款偿还应付账款

二、多项选择题

1.下列对资产特征表述正确的是(　　)。

A.预期会给企业带来经济利益　　B.是企业所拥有或控制的资源
C.能够可靠地计量　　D.由企业过去的交易或事项形成

2.会计恒等式是(　　)的理论依据。
A.设置账户　　B.编制会计报表
C.进行复式记账　　D.编制资产负债表

3.会计科目设置的原则包括(　　)。
A.客观性原则　　B.合法性原则
C.相关性原则　　D.实用性原则

4.账户是(　　)。
A.根据会计科目在一定结构的账页上开设的户头
B.按照规定的会计科目设置的
C.会计科目的名称
D.等同于会计科目的

5.会计科目与账户的联系是(　　)。
A.会计科目就是账户的名称
B.会计科目和账户的结构一致
C.会计科目和账户反映的经济业务内容是一致的
D.会计科目具有统一性,账户开设具有灵活性

6.下列属于账户基本结构内容的是(　　)。
A.账户名称　　B.日期　　C.凭证号数　　D.摘要

7.会计实务中会计科目按经济内容分类包括(　　)。
A.资产类　　B.负债类　　C.所有者权益类　　D.成本类
E.损益类

8.下列各项中,符合收入定义的有(　　)。
A.提供劳务收入　　B.处置固定资产收入
C.销售商品收入　　D.罚没收入

9.期间费用包括(　　)。
A.管理费用　　B.制造费用　　C.销售费用　　D.财务费用

10.企业所有者权益按其来源看,主要包括(　　)。
A.所有者投入的资本　　B.直接计入所有者权益的利得
C.直接计入所有者权益的损失　　D.留存收益

11.账户一般包括的基本内容有(　　)。
A.账户的名称　　B.摘要
C.日期和凭证号数　　D.余额及发生额

12.下列账户通常情况下期末没有余额(　　)。
A.制造费用　　B.主营业务收入
C.生产成本　　D.管理费用

13.下列经济业务发生,使会计等式两边项目同时减少的有(　　)。

A.收到短期借款存入银行　　B.以银行存款偿还应付账款

C.以银行存款支付预提费用　　D.以现金发放工资

14.下列属于所有者权益要素的项目的有(　　)。

A.应交税费　　B.实收资本　　C.盈余公积　　D.未分配利润

15.下列属于反映企业财务状况的会计要素有(　　)。

A.资产　　B.负债　　C.所有者权益　　D.收入

16.下列说法中不会使"资产=负债+所有者权益"这一会计等式两边总额发生变动的是(　　)。

A.资产内部项目有增有减　　B.资产和负债项目同增同减

C.负债和所有者权益项目有增有减　　D.资产和所有者权益项目同增同减

17.下列会计科目中,属于负债类的有(　　)。

A.坏账准备　　B.累计折旧　　C.预收账款　　D.应交税费

18.资产的确认应满足的条件有(　　)。

A.必须是能为企业提供未来经济利益的经济资源

B.必须是企业拥有或者控制的

C.必须是具有实物形态的

D.必须是过去的交易或事项形成的

19.下列经济业务,属于资产和权益同时减少的是(　　)。

A.出售固定资产

B.上缴税款

C.销售产品,货款未收

D.以银行存款归还银行借款

E.以银行存款归还应付账款

20.下列资产项目与权益项目之间的变动符合资金运动规律的有(　　)。

A.资产某项目增加与权益某项目减少　B.资产某项目减少与权益某项目增加

C.资产方某项目增加而另一项目减少　D.权益方某项目增加而另一项目减少

E.资产方某项目与权益方某项目同等数额的同时增加或同时减少

三、判断题

1.收入是指企业在非日常经营活动中所形成的经济利益的总流入。　(　　)

2.会计科目就是对会计要素的具体内容进行分类核算的项目。　(　　)

3.明细分类会计科目是对其所归属的总分类会计科目的补充和说明。　(　　)

4.制造企业和商品流通企业都必须设置"生产成本"科目。　(　　)

5.若某一项目预期不能给企业带来经济利益,就不能将其确认为企业的资产。

(　　)

6.债权人权益和所有者权益同属于所有者权益类。　(　　)

7.广义的费用包括所得税费用,但不包括营业外支出。　(　　)

8.对于国家统一会计制度规定的会计科目,企业在任何情况下都不能自行减少或合并。( )

9.所有账户的左方都记增加额,右方都记减少额。( )

10.总分类账户所属的明细账户较多,为了便于控制,不能增设二级账户。( )

11.对于不同性质的账户,借贷的涵义有所不同。( )

12.不能给企业未来带来预期经济利益的资源不能作为企业资产反映。( )

13.资产和权益在金额上始终是相等的。( )

14.任何流入企业的资产都可以定义为企业的收入。( )

15.所有经济业务的发生,都会引起会计等式两边发生变化。( )

16.任何经济业务发生都不会破坏会计等式的平衡关系。( )

17.所有总分类账户都要设置明细分类账户。( )

18.所有的账户都是依据会计科目开设的。( )

19.账户是根据会计对象开设的。( )

四、简答题

1.会计要素有哪些?这些要素之间存在什么关系?

2.简述会计科目与账户的联系和区别。

3.经济业务对会计恒等式的影响有哪些?

4.会计科目的设置要遵循哪些原则?怎样分类?

五、业务题

(一)熟悉会计等式

中信公司20××年期初及期末资产负债表列示的资产总额和负债总额如下:

	期初	期末
资产	768 000元	958 000元
负债	290 000元	360 000元

【要求】

根据下列各种情况,分别计算中信公司20××年度的有关数据:

1.中信公司20××年度内既未收回投资,也未增加投资,实现的各项收入为175 000元,计算该公司本年度实现的利润和发生的费用各是多少。

2.中信公司20××年度内甲投资者收回投资68 000元,乙投资者追加投资92 000元,计算该公司本年度利润。

3.中信公司20××年度内没有增加投资,但有收回投资72 000元,计算该公司本年度利润。

(二)熟悉经济业务类型

中信公司20××年8月31日资产总额为780 000元,9月份发生下列经济业务事项:

1.收到甲投资者交来转账支票一张,金额200 000元,作为其追加投资。

2.购入设备一批,支付价款130 000元。

3.向大众工厂赊购材料一批,价值12 000元。

4.收回销货款68 000元存入银行。

5.归还银行短期借款10 000元。

6.支付给甲投资者应得的现金股利1 000元。

7.以银行存款28 000元上缴税金。

8.接受捐赠设备一台,价值30 000元。

9.经批准,将40 000元盈余公积金转增资本。

10.销售商品取得收入50 000元存入银行。

【要求】

分析上述经济业务事项,说明其分别属于哪种经济业务类型及对资产总额、会计等式的影响。

(三)练习会计要素之间的相互关系

假设某企业12月31日资产、负债和所有者权益的情况如下表所示:

资　产	金　额	负债及所有者权益	金　额
库存现金	1 000	短期借款	10 000
银行存款	27 000	应付账款	32 000
应收账款	35 000	应交税费	9 000
原材料	52 000	长期借款	B
长期股权投资	A	实收资本	240 000
固定资产	20 000	资本公积	23 000
合　计	375 000	合　计	C

【要求】

根据上表回答:

1.表中应填的数据为:A.(　　　　)　　B.(　　　　)　　C.(　　　　)

2.计算该企业的流动资产总额。

3.计算该企业的负债总额。

4.计算该企业的净资产总额。

(四)分析账户的名称及其所归属的会计要素

中信公司20××年8月31日有关财务数据如下:

1.由出纳人员保管的款项500元。

2.存放在银行里的款项140 000元。

3.向银行借入6个月的款项180 000元。

4.仓库中存放的材料380 000元。

5.仓库中存放的已完工产品60 000元。

6.正在加工中的在产品75 000元。

7.向银行借入 1 年以上期限的借款 720 000 元。
8.房屋及建筑物 2 400 000 元。
9.所有者投入的资本 2 360 000 元。
10.机器设备 750 000 元。
11.应收外单位的货款 125 000 元。
12.应付给外单位的材料款 120 000 元。
13.以前年度积累的未分配利润 220 000 元。
14.欠交的税金 60 000 元。
15.采购员预借的差旅费 4 500 元。
16.本月实现的利润 140 000 元。
17.运输部门运货用的卡车 80 000 元。
18.专利权一项 220 000 元。
19.提取的职工福利费 100 000 元。
20.客户预付的购货款 15 000 元。
21.欠投资者的利润 200 000 元。
22.以前年度提取的盈余公积金 120 000 元。

【要求】

1.判断上列各会计事项的账户名称及所属的会计要素,将结果填入下表中。
2.计算该公司的资产总额、负债总额和所有者权益总额。

序　号	项　目	账户名称	会计要素		
			资　产	负　债	所有者权益
1					
2					
⋮					

第3章 复式记账

【学习目标】

通过本章的学习，理解复式记账原理、借贷记账法的基础知识，熟悉复式记账法的基本原则与种类，掌握借贷记账法下会计分录的编制及试算平衡。

【重点难点提示】

本章的重点是复式记账法的基本原则与种类、借贷记账法下的账户结构、在借贷记账法下编制会计分录的步骤、借贷记账法下的试算平衡。难点在于在理解经济业务的基础上，理解和掌握经济业务、会计分录与会计等式的关系。

3.1 复式记账原理

3.1.1 复式记账法的概念

为了对会计要素进行核算和监督，在按一定的原则设置了会计科目后，就需要用一定的记账方法将会计要素的增减变动情况登记在账户中。记账方法就是指在账户中记录经济业务或事项的具体方式。记账方法按其登记交易与事项的方式不同，可以分为单式记账法和复式记账法两种。

单式记账法(Single-entry Bookkeeping)是指对经济业务只在账上进行单方面记录的一种记账方法。如“用现金采购材料 800 元”的经济业务，就只记录现金减少 800 元，不记录材料增加 800 元。单式记账法的优点是会计处理简单。它的缺点是：不能全面、系统地反映每一笔经济业务的来龙去脉；账户设置不完整，没有完整的账户体系；每一笔经济业务只单方面记账，不能进行试算平衡，不能用来检查全部记录是否正确和完整。因此，这种方法主要被经济活动简单的单位所采用。

复式记账法(Double-entry Bookkeeping)是相对于单式记账法而言的。它是以会计恒等式为记账基础，对每一笔经济业务，以相等的金额在两个或两个以上相互联系的账户中进行登记,系统地反映资金运动变化结果的一种记账方法。如同样是“用现金采购材料 800 元”的经济业务,既要记录现金减少 800 元,同时又要记录材料增加 800 元。复式记账法的优点是:能全面、系统、完整地反映每一笔经济业务的来龙去脉;账户设置完整,有完整的账户体系;每一笔经济业务以相等的金额在两个或两个以上相互联系的账户中进行记录,能进行试算平衡,因而能用来检查全部记录是否正确和完整。它的缺点是会计处理比较复杂。

3.1.2 复式记账法的理论依据

复式记账法的理论依据是资金运动的内在规律性。资金运动中产生的各种经济业务,起码会影响会计等式中的两个要素或者同一会计要素中的两个项目发生增减变动,运用会计的方法把经济业务中两个或两个以上的变动方面记录下来,即复式记账。

根据经济业务形式的变化,我们从会计等式的角度将之归纳为四种类型九种变化(参见第 2 章 2.2 节)。这些业务中都体现两个规律:一是影响会计等式双方要素同增同减,增减金额相等;二是影响会计等式单方面要素有增有减,增减金额相等。

3.1.3 复式记账法的基本原则

所有的具体复式记账法都必须遵循以下几项基本原则:

1)以会计等式作为记账基础

会计等式是将会计对象的具体内容即会计要素之间的关系运用数学方程式的原理进行描述而成的。它是客观存在的必然规律性,同时也是资金运动规律的具体化。为了揭示资金运动的内在规律性,复式记账必须以会计等式作为其记账基础。

2)对每一项经济业务,必须在两个或两个以上相互联系的账户中进行等额记录

会计主体经济业务的发生,必然要引起资金的增减变动,而这种变动势必导致会计等式中至少两个要素或同一要素中至少两个项目发生等量变动。为反映这种等量变动关系,会计上就必须在两个或两个以上的账户中进行等额双重记录。

3)必须按经济业务对会计等式的影响类型进行记录

尽管会计主体发生的经济业务复杂多样,但对会计等式的影响不外乎两种类型:一类是使会计等式两边会计要素同时发生变化的经济业务,这类经济业务能够改变会计主体资产总额,使会计等式两边等额同增或等额同减;另一类是使会计等式某一边会计要素发生变化的经济业务,这类业务不改变会计主体资产总额,只会使会计等式某一边等额地有增有减。这就决定会计上对第一类经济业务,应在等式两边的账户中等额记录同增或同减;对于第二类经济业务,应在等式某一边的账户中等额记录有增有减。

4)定期汇总的全部账户记录必须平衡

通过复式记账对每一笔经济业务进行双重等额记录后,定期汇总的全部账户的数据必然保持会计等式的平衡关系。

3.1.4　复式记账法的种类

复式记账法主要包括三种,即借贷记账法、增减记账法、收付记账法。增减记账法是 1964 年由中国会计学家根据借贷记账法和收付记账法的特点创立的一种记账方法。20 世纪 60 年代末 70 年代初,该方法在我国的企业中广泛应用。但由于增减记账法不能解决特殊经济业务的核算,70 年代中期企业陆续改用借贷记账法。1992 年《企业会计准则》颁布施行后,增减记账法完成了其历史使命。收付记账法是适应我国事业单位、行政单位经济业务特点的一种复式记账法,但这种方法也不能解决事业单位、行政单位中的特殊业务,因此,1998 年事业单位、行政单位进行会计改革,也统一使用借贷记账法。借贷记账法本身具有相当高的科学性,不但能清晰地反映经济业务,而且能够进行试算平衡。因此,它是世界通用的一种复式记账法。

3.2　借贷记账法

3.2.1　借贷记账法的概念

借贷记账法(Debit-credit Bookkeeping)起源于 13—14 世纪的意大利,最早是为了适应借贷资本记账的需要而产生的。随着资本主义的发展,经济活动的内容日益复杂,记录的经济业务也不再局限于货币资金的借贷业务,逐渐扩展到财产物资、经营成果的增减变动。借贷记账法也随之扩展到企业生产经营的各个方面,并成为一种国际通用的商业语言。

借贷记账法是以“资产=负债+所有者权益”这一会计基本等式作为记账原理,以“借”和“贷”作为记账符号,反映会计主体资产、负债及所有者权益增减变化的一种复式记账法。

3.2.2　借贷记账法的记账符号

借贷记账法的记账符号是“借”和“贷”。对账户来说,它们是账户的两个部分,分别代表左方和右方,左方为借方,右方为贷方,即左借右贷。这一规定适用于所有类型的账户。

在借贷记账法中,当“借”和“贷”转化为记账符号后,就失去了其原来的字面意义,即其本身没有实际含义,就是一个纯粹的记账符号。

借贷记账法中的“借”和“贷”与具体的账户相结合,可以表示不同的意义:

第一,代表账户中的两个固定的部位。所有账户均需设两个部位记录数量上的增减变化,其中,左方一律称为借方,右方一律称为贷方。

第二,与不同类型的账户相结合,分别表示增加或减少。“借”和“贷”本身不等于增或减,只有当其与具体类型的账户相结合后,才可以表示增加或减少。例如,对资产类账户来说,借方表示增加,贷方表示减少;对于负债类账户而言则正好相反,贷方表示增加,借方表示减少。

第三,表示余额的方向。通常,资产、负债和所有者权益类账户期末都会有余额。其中,资产类账户的正常余额在借方,负债和所有者权益类账户的正常余额在贷方。

3.2.3 借贷记账法的账户结构

1)资产类账户的结构

在会计实践中,对于资产类账户,人们习惯用借方登记资产金额的增加,贷方登记资产金额的减少。在一个会计期间(月、季、年)内,借方登记的合计金额称作本期借方发生额,贷方登记的合计金额称为本期贷方发生额。在每一个会计期间的期末将本期借、贷方发生额进行比较,其差额称作期末余额;期末余额转到下一期就成为下一期的期初余额。资产类账户的期末余额一般在借方。用T型账户表示,如图3-1所示。

借方		贷方	
期初余额	×××		
本期增加发生额	×××	本期减少发生额	×××
期末余额	×××		

图3-1 资产类账户的基本结构

资产类账户的期末余额用公式表示如下:

资产类账户期末借方余额=期初借方余额+本期借方发生额-本期贷方发生额

2)负债类和所有者权益类账户的结构

负债和所有者权益都是会计主体资产的来源,所以,这两类账户的结构是相同的。负债类和所有者权益类账户的贷方登记负债和所有者权益的增加,借方登记负债和所有者权益的减少。这两类账户的期末余额一般在贷方。用T型账户表示,如图3-2所示。

借方		贷方	
		期初余额	×××
本期减少发生额	×××	本期增加发生额	×××
		期末余额	×××

图3-2 负债及所有者权益类账户的基本结构

负债及所有者权益类账户的期末余额用公式表示如下:

负债和所有者权益类账户期末贷方余额=期初贷方余额+本期贷方发生额-本期借方发生额

3)成本类账户的结构

成本是会计主体在生产经营中物化劳动和活劳动的耗费,是会计主体资产的转化形式,因此,成本类账户的结构与资产类账户的结构相同,即借方登记成本的增加(发生),贷方登记成本的减少(结转、转销)。如果该类账户期末有余额,就表示尚未完工的产品(在产品)应负担的成本,即期末在产品成本。在产品属于会计主体的资产。成本类账户的期末余额一般在借方。用T型账户表示,如图3-3所示。

借方			贷方
期初余额	×××		
本期增加发生额	×××	本期减少发生额	×××
期末余额	×××		

图3-3　成本类账户的基本结构

成本类账户的期末余额用公式表示如下:

成本类账户期末借方余额=期初借方余额+本期借方发生额-本期贷方发生额

4)损益类账户的结构

损益类账户包括收入类账户和费用类账户。

①收入类账户的结构。收入的增加可以增加利润,而未分配利润属于所有者权益,因此,收入类账户的结构与所有者权益类账户的结构相同。即收入类账户的贷方登记收入的增加,借方登记收入的减少(结转);期末,收入转入本年利润后,无余额。用T型账户表示,如图3-4所示。

借方			贷方
本期减少发生额或转出额	×××	本期增加发生额	×××
—		—	

图3-4　收入类账户的基本结构

②费用类账户的结构。费用类账户与成本类账户的结构相同。即费用类账户的借方登记费用的增加,贷方登记费用的减少,期末,费用转入本年利润后,无余额。用T型账户表示,如图3-5所示。

借方			贷方
本期增加发生额	×××	本期减少发生额或转出额	×××
—		—	

图3-5　费用类账户的基本结构

综上所述,借贷记账法下的账户结构可以归结为如表3-1所示。

表 3-1　借贷记账法下的账户结构

账户类别	借　方	贷　方	期末余额
资产类账户	增加	减少	借方
负债及所有者权益类账户	减少	增加	贷方
成本类账户	增加	减少或转出	借方
收入类账户	减少或转出	增加	结转后无余额
费用类账户	增加	减少或转出	结转后无余额

3.2.4　借贷记账法的记账规则

一个会计主体的经济业务千差万别，但是引起资产、负债和所有者权益发生增减变动的只有四种类型。根据借贷记账法下的账户结构，这四种类型的经济业务，运用借贷记账法登记到账户中，可以归纳为如图 3-6 所示。

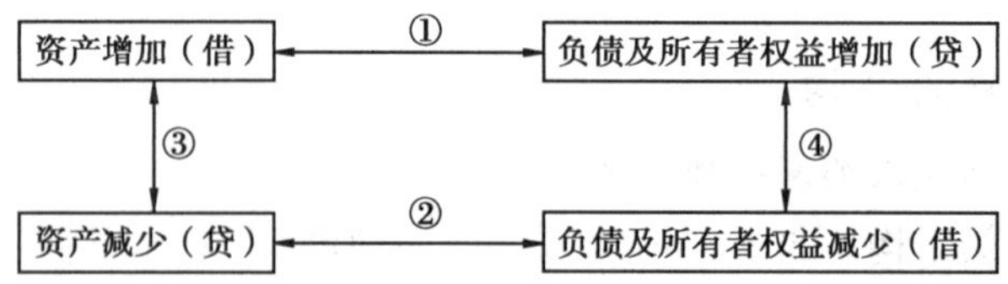

图 3-6　借贷记账法的记账规则

通过图 3-6 可以得出以下几条规则：

第一，任何一笔交易或事项的发生，都必然会同时导致至少两个账户发生变化。或者说，交易或事项发生后，应同时至少在两个相互联系的账户中进行记录。

第二，所记录的账户可以是会计恒等式同一方向的，也可以是不同方向的，但每一笔交易或事项发生后，必须至少记入一个账户的借方和另一个账户的贷方，即有借必有贷。

第三，所记入两个账户的金额，借方和贷方必须相等，即借贷必相等。

综上所述，借贷记账法的记账规则可以简单表述为“有借必有贷，借贷必相等”。

3.2.5　账户对应关系和会计分录

1）账户对应关系

根据借贷记账法“有借必有贷，借贷必相等”的记账规则登记每一笔经济业务时，在有关账户之间就形成了应借、应贷的相互关系。账户中这种应借、应贷的相互关系，称为账户的对应关系。存在对应关系的账户，称为对应账户。例如，从银行提取现金 3 000 元备用，对这项经济业务，应借记“库存现金”3 000 元，同时贷记“银行存款”3 000 元。在这项业务中，“库存现金”和“银行存款”之间的应借、应贷关系称为这两个账户的对应关系，这两个账户称为对应账户。

通过账户的对应关系，可以了解经济业务的具体内容，分析经济业务的来龙去脉；同时,还可以检查对经济业务的账务处理是否正确以及经济业务本身是否合理合法。

2)会计分录

(1)会计分录的概念

会计分录(Accounting Entry)是指对每笔经济业务标明其应借、应贷的账户名称及其金额的记录,简称分录。在实际工作中,会计分录是编制在记账凭证上的。

(2)会计分录的分类

按照所涉及账户的多少,会计分录分为简单会计分录和复合会计分录。简单会计分录是指只涉及一个借方账户和一个贷方账户的会计分录,即一借一贷的会计分录;复合会计分录是指由两个或两个以上对应账户所组成的会计分录,即一借多贷、一贷多借或多借多贷的会计分录。应注意的是,"多借多贷"复合会计分录的对应关系应从总体上实现借方和贷方金额的相等,一般只能在一笔经济业务或事项客观存在复杂关系时,才可以编制多借多贷的复合会计分录;不允许将不同类型的交易或事项合并编制多借多贷的会计分录。

(3)编制会计分录的步骤

①找出经济业务中所涉及的账户;

②判断经济业务中账户的性质(类别);

③判断账户在经济业务中的增减情况;

④计算并确定账户的记账金额;

⑤编制会计分录。

在编制会计分录时,应注意以下几个方面:

第一,"左借右贷,借贷错开",为了便于识别,每一个会计分录都是借方在左,贷方在右。或者说,贷方记账符号、账户、记账金额都要比借方往右错开一格。

第二,"上借下贷,借贷平衡",按照国际惯例,每一个会计分录都是借方在上,贷方在下,借方、贷方的金额要相等。

3.2.6　借贷记账法的具体运用

下面举例说明运用借贷记账法编制会计分录。

【例3-1】　中信公司20××年1月份发生以下经济业务(假定不考虑相关税费):

①1月1日,购入原材料10 000元,材料已验收入库,货款尚未支付。

分析:这项经济业务的发生,一方面使得中信公司的原材料增加了10 000元,应记入"原材料"账户的借方;另一方面使得中信公司应支付的货款增加了10 000元,应记入"应付账款"账户的贷方。这项经济业务应编制如下会计分录:

借:原材料　　10 000

　　贷:应付账款　　10 000

②1月8日,经批准增加注册资本,收到投资者投入的货币资金800 000元存入银行。

分析:这项经济业务的发生,一方面使得中信公司的货币资金增加了800 000元,应记入"银行存款"账户的借方;另一方面使得中信公司的投资者的投资增加了800 000元,

应记入“实收资本”账户的贷方。这项经济业务应编制如下会计分录:

借:银行存款　　800 000

　贷:实收资本　　800 000

③1 月 10 日,以银行存款 10 000 元偿还短期借款。

分析:这项经济业务的发生,一方面使得中信公司所欠银行的短期借款减少了10 000 元,应记入“短期借款”账户的借方;另一方面使得中信公司的银行存款减少了 10 000 元,应记入“银行存款”账户的贷方。这项经济业务应编制如下会计分录:

借:短期借款　　10 000

　贷:银行存款　　10 000

④1 月 12 日,因违反有关税收法规,以银行存款支付罚款 5 000 元。

分析:这项经济业务的发生,一方面使得中信公司的罚款支出增加了 5 000 元,应记入“营业外支出”账户的借方;另一方面使得中信公司的银行存款减少了 5 000 元,应记入“ 银行存款”账户的贷方。这项经济业务应编制如下会计分录:

借:营业外支出　　5 000

　贷:银行存款　　5 000

⑤1 月 12 日,以银行存款 120 000 元购入汽车一辆,已交付使用。

分析:这项经济业务的发生,一方面使得中信公司的汽车增加了 120 000 元,应记入“固定资产”账户的借方;另一方面使得中信公司的银行存款减少了 120 000 元,应记入“银行存款”账户的贷方。这项经济业务应编制如下会计分录:

借:固定资产　　120 000

　贷:银行存款　　120 000

⑥1 月 13 日,按有关规定,将盈余公积中的 100 000 元用于转增资本。

分析:这项经济业务的发生,一方面使得中信公司的盈余公积减少了 100 000 元,应记入“盈余公积”账户的借方;另一方面使得中信公司的资本增加了 100 000 元,应记入“实收资本”账户的贷方。这项经济业务应编制如下会计分录:

借:盈余公积　　100 000

　贷:实收资本　　100 000

⑦1 月 20 日,从某厂购入原材料 28 000 元,已验收入库,货款以银行存款支付 20 000 元,尚欠 8 000 元。

分析:这项经济业务的发生,一方面使得中信公司的原材料增加了 28 000 元,应记入“原材料”账户的借方;另一方面使得中信公司的银行存款减少了 20 000 元,应记入“银行存款”账户的贷方;同时使得中信公司所欠的货款增加了 8 000 元,应记入“应付账款”账户的贷方。这项经济业务应编制如下会计分录:

借:原材料　　28 000

　贷:银行存款　　20 000

　　应付账款　　8 000

此例为复合会计分录。复合会计分录是由几个简单会计分录组成的。此例复合会计分录可以分解为以下两个简单会计分录：

借：原材料　　　　20 000

　贷：银行存款　　　　20 000

借：原材料　　　　8 000

　贷：应付账款　　　　8 000

3.2.7　借贷记账法的试算平衡

1）试算平衡的概念

试算平衡（Trial Balancing）是指根据资产与权益的恒等关系及借贷记账法的记账规则，检查一定会计期间内所有账户记录是否正确的过程。

2）试算平衡的分类

试算平衡的具体方法分为发生额试算平衡法和余额试算平衡法两种。

①发生额试算平衡法。根据借贷记账法的记账规则，在每一笔会计分录中，借贷双方的金额完全相等，因此，一定会计期间内汇总全部经济业务的所有会计分录的发生额，必然形成全部账户的本期借方发生额合计等于全部账户的本期贷方发生额合计。用公式表示为：

全部账户本期借方发生额合计=全部账户本期贷方发生额合计

【例3-2】　根据【例3-1】中所列举的七笔经济业务编制的会计分录，可以汇总编制总分类账户发生额试算平衡表，如表3-2所示。

表3-2　总分类账户发生额试算平衡表

20××年1月份　　　　单位：元

账户名称	本期发生额	
	借　方	贷　方
银行存款	800 000(2)	155 000(3)(4)(5)(7)
原材料	38 000(1)(7)	
固定资产	120 000(5)	
短期借款	10 000(3)	
应付账款		18 000(1)(7)
实收资本		900 000(2)(6)
盈余公积	100 000(6)	
营业外支出	5 000(4)	
合　计	1 073 000	1 073 000

从表3-2可以看出，全部账户的本期借方发生额之和1 073 000元，与全部账户本期贷方发生额之和1 073 000元相等。这说明会计分录的编制和记账基本正确。如果借贷不相等，则应及时找出错误并加以纠正。当然，即使借贷金额相等，也不能肯定记账工作绝对正确。例如，某项经济业务漏记；某项经济业务重记；某项经济业务错记了账户；某项经济业务涉及的两个账户的借方和贷方都记错；某项经济业务涉及的借方和贷方账户均同时多记或少记相等的金额等。诸如此类错误，都不会影响发生额的平衡，都不可能通过发生额试算平衡表来发现，只能通过日常复核和检查来控制。

②余额试算平衡法。借贷记账法以“资产=负债+所有者权益”这一会计基本等式作为记账原理。同时，“借”和“贷”这一对记账符号，对于会计基本等式两边的两类不同性质的账户规定了相反的含义，使资产类账户的余额在借方，负债及所有者权益类账户的余额在贷方。因此，在某一特定时日，全部账户的期初(期末)借方余额之和，必然等于全部账户期初(期末)贷方余额之和。用公式表示为：

全部账户的期初借方余额合计=全部账户的期初贷方余额合计

全部账户的期末借方余额合计=全部账户的期末贷方余额合计

【例3-3】 根据【例3-1】中所列举的七笔经济业务编制的会计分录，补充期初余额资料，可以编制总分类账户发生额及余额试算平衡表，如表3-3所示。

表3-3 总分类账户发生额及余额试算平衡表

20××年1月份 单位：元

账户名称	期初余额		本期发生额		期末余额	
	借　方	贷　方	借　方	贷　方	借　方	贷　方
库存现金	500				500	
银行存款	205 000		800 000	155 000	850 000	
应收账款	20 000				20 000	
原材料	162 000		38 000		200 000	
库存商品	100 000				100 000	
固定资产	3 480 000		120 000		3 600 000	
短期借款		250 000	10 000			240 000
应付账款		300 000		18 000		318 000
实收资本		3 000 000		900 000		3 900 000
盈余公积		417 500	100 000			317 500
营业外支出			5 000		5 000	
合　计	3 967 500	3 967 500	1 073 000	1 073 000	4 775 500	4 775 500

从表 3-3 可以看到，该会计主体全部账户期初借方余额合计等于全部账户期初贷方余额合计；全部账户本期借方发生额合计等于全部账户本期贷方发生额合计；全部账户期末借方余额合计等于全部账户期末贷方余额合计。这说明账户记录基本正确。

【本章小结】

本章主要介绍了复式记账、借贷记账法的有关基础知识，重点阐述了借贷记账法下的账户结构、在借贷记账法下编制会计分录的步骤、借贷记账法的具体运用等内容。

【重要概念】

单式记账法　复式记账法　借贷记账法　会计分录　试算平衡

【案例分析】

小魏从某财经大学会计系毕业刚刚被聘任为广发公司的会计员。今天是他来公司上班的第一天。会计科里的那些同事忙得不可开交，一问才知道，大家正在忙于月末结账。“我能做些什么？”会计科长看他那急于投入工作的表情，也想检验一下他的工作能力，就问：“试算平衡表的编制方法在学校学过了吧？”“学过。”小魏很自然地回答。

“那好吧，趁大家在忙别的，你先编一下咱们公司这个月的试算平衡表。”科长帮他找到了本公司的总账账簿，让他开始工作。

不到一个小时，一张“总分类账户发生额及余额试算平衡表”就完整地编制出来了。看到表格上那三组相互平衡的数字，小魏激动的心情很难予以言表，兴冲冲地向科长交了差。

“呀！昨天销售的那批产品的单据还没记到账上去呢，这也是这个月的业务啊！”会计员李丽说道。还没等小魏缓过神来，会计员小王手里又拿着一些会计凭证凑了过来，对科长说：“这笔账我核对过了，应当计入‘应交税费’和‘银行存款’账户的金额是10 000元，而不是 9 000 元。已经入账的那部分数字还得更改一下。”

“试算平衡表不是已经平衡了吗？怎么还有错账呢？”小魏不解地问。

科长看他满脸疑惑的表情，就耐心地开导说：“试算平衡表也不是万能的，像在账户中把这些业务漏记或重记了，借贷金额记账方向彼此颠倒了，还有记账方向正确但记错了账户，这些都不会影响试算平衡表的平衡。小李发现的漏记了经济业务、小王发现的把两个账户的金额同时记少了，也不会影响试算表的平衡。”

小魏边听边点头，心里想：“这些内容好像老师在上会计学原理课程的时候也讲过。以后在实践中还得好好琢磨呀。”

经过调整，一张真实反映公司本月全部经济业务的试算平衡表又在小魏的手里完成了。

案例要求：

结合以上案例，运用学习过的试算平衡表的有关知识谈谈你的感受。

案例提示：

本案例中的事例表明，“总分类账户发生额及余额试算平衡表”只是用来检查一定会计期间全部账户的登记是否正确的一种基本方法，只有在所试算期间的经济业务全部登记入账的基础上才能利用该表进行试算平衡。但试算平衡表并不是万能的，试算表编制完毕，如果期初余额、本期发生额和期末余额三组数字是相互平衡的，只能说明账务处理过程基本正确，而不能保证账务处理过程万无一失的。这是由于通过编制“总分类账户发生额及余额试算平衡表”可能会发现账务处理过程中的某些问题，如在登记账户过程中，漏记了一笔经济业务的借方或贷方某一方的发生额，将借方或贷方某一方的发生额写多或写少，以及在记账或从账户向试算平衡表抄列金额的过程中将数字的位次搞颠倒，等等。但有些在账务处理过程发生的错账，如把整笔经济业务漏记或重记了，在登记账户过程中将借方、贷方金额的记账方向彼此颠倒了，或者记账方向正确但记错了账户等情况，并不会影响试算表的平衡关系。因此，一定要细心地处理好每一笔经济业务，只有保证每一笔经济业务处理的准确性，才有可能保证“总分类账户发生额及余额试算平衡表”编制上的正确性。

【同步测练】

一、单项选择题

1.借贷记账法是以“借”“贷”作为(　　)的一种复式记账法。

A.记账规则　　B.账户结构　　C.账户对应关系　　D.记账符号

2.下列各项中，不属于复式记账基本内容的是(　　)。

A.会计科目　　B.记账符号　　C.试算平衡　　D.会计账簿

3.在借贷记账法下，期末没有余额的账户类别是(　　)。

A.资产类　　B.损益类　　C.负债类　　D.成本类

4.在借贷记账法下，资产与所有者权益两大类账户的结构是(　　)。

A.相同　　B.不同　　C.不稳定　　D.基本相同

5.简单会计分录是指(　　)的会计分录。

A.一借多贷　　B.一贷多借　　C.一借一贷　　D.多借多贷

6.某资产类账户，期初借方余额为 8 700 元，本期贷方发生额为 13 000 元，期末借方余额为 14 000 元，该账户的本期借方发生额应为(　　)元。

A.18 300　　B.9 700　　C.7 700　　D.35 700

7.全部账户借方期初余额合计应等于(　　)。

A.全部账户本期借方发生额合计　　B.全部账户本期贷方发生额合计

C.全部账户贷方期初余额合计　　D.全部账户贷方期末余额合计

8.下列各项中，不会引起企业资产总额和所有者权益总额发生变动的是(　　)。

A.引起资产和负债同时增加的经济业务

B.引起资产和所有者权益同时减少的经济业务

C.引起资产项目之间此增彼减的经济业务

D.引起负债和所有者权益之间此增彼减的经济业务

9.应在账户借方核算的是(　　)。

A.负债类账户的增加额　　B.成本类账户的增加额

C.收入类账户的增加额　　D.所有者权益类账户的增加额

10.关于单式记账和复式记账的区别,下列表述正确的是(　　)。

A.单式记账只记一笔账,复式记账记两笔账

B.单式记账在一个账户中登记,而复式记账在两个或两个以上的账户中进行登记

C.单式记账只记增加或只记减少,复式记账既记增加也记减少

D.单式记账有平衡概念,复式记账没有反映来龙去脉

11.对账户记录进行试算平衡是根据(　　)。

A.会计要素划分的基本原理　　B.所发生经济业务的内容的基本原理

C.账户结构的基本原理　　D.会计等式的基本原理

12.若“实收资本”账户贷方期初余额为82 000元,贷方本期发生额为2 000元,借方本期发生额为5 000元,则该账户贷方期末余额为(　　)元。

A.3 000　　B.7 000　　C.79 000　　D.85 000

13.复式记账法对每项经济业务都以相等的金额在(　　)。

A.一个账户中进行登记　　B.两个账户中进行登记

C.全部账户中进行登记　　D.两个或两个以上账户中进行登记

14.借贷记账法下,账户哪一方记增加,哪一方记减少,是根据(　　)。

A.采用什么核算方法决定的

B.采用什么记账形式决定的

C.增加数记借方,减少数记贷方的规则所决定的

D.账户所反映的经济内容决定的

15.采用借贷记账法,账户的基本结构是指(　　)。

A.账户的具体格式　　B.账户应记的经济内容

C.账户应分为借方或贷方　　D.账户的增加方或减少方

16.资产类账户的期末余额一般在(　　)。

A.借方　　B.借方或贷方　　C.贷方　　D.借方和贷方

17.预收购货单位预付的购买产品款,应看作(　　)。

A.资产加以确认　　B.负债加以确认

C.所有者权益加以确认　　D.收入加以确认

18.存在对应关系的账户称为(　　)。

A.对应账户　　B.平衡账户　　C.总分类账户　　D.联系账户

19.下列分录形式中属于复合会计分录的有(　　)。

A.一借一贷的分录　　B.一贷一借的分录

C.一借多贷的分录　　D.按复式记账要求编制的分录

20.对于双重性质账户的期末余额,下列说法中正确的是(　　)。

A.一定有借方余额　　B.一定有贷方余额
C.一定没有余额　　D.可能为借方余额,也可能为贷方余额

二、多项选择题

1.复式记账的基本内容包括(　　)。
A.会计科目　　B.记账符号　　C.记账规则　　D.试算平衡

2.复式记账的方法包括(　　)。
A.借贷记账法　　B.增减记账法
C.分类记账法　　D.收付记账法

3.借贷记账法下,账户贷方登记(　　)。
A.资产增加　　B.资产减少
C.负债增加　　D.所有者权益增加

4."借""贷"二字作为借贷记账法的记账符号,其正确的含义有(　　)。
A."借"表示增加,"贷"表示减少
B."贷"表示增加,"借"表示减少
C."借""贷"二字只是一个符号,既不能代表增加,也不能代表减少
D."借""贷"二字依据账户不同,有时代表增加,有时代表减少

5.下列账户中,期末有贷方余额的有(　　)。
A.短期借款　　B.实收资本　　C.应付账款　　D.应收账款

6.下列各项中,属于资产与负债同时增加的经济业务有(　　)。
A.购买材料 8 000 元,货款暂欠
B.向银行借入长期借款 100 000 元存入银行
C.以银行存款 6 000 元偿还前欠货款
D.向某单位投资机器一台,价值 100 000 元

7.下列关于借贷记账法的说法中,正确的有(　　)。
A.有借必有贷　　B.借贷必相等
C.可一借多贷　　D.只可一借一贷

8.下列经济业务中,会导致所有者权益增加的有(　　)。
A.向投资者发放现金红利　　B.追加投资
C.盈余公积转增资本　　D.所欠货款转作投资

9.下列关于复式记账的说法中,正确的有(　　)。
A.以会计等式作为记账基础
B.对每一笔经济业务,必须在两个或两个以上相互联系的账户中进行等额记录
C.必须按经济业务对会计等式的影响类型进行记录
D.定期汇总的全部账户记录必须平衡

10.下列账户中,期末转入本年利润后无余额的有(　　)。
A.长期待摊费用　　B.所得税费用
C.管理费用　　D.投资收益

11.在借贷记账法下账户的借方登记(　　)。

A.资产的增加　　B.费用的增加

C.负债的增加　　D. 所有者权益的减少

12.下列借贷记账法试算平衡公式正确的有(　　)。

A.资产账户借方发生额合计=负债账户贷方发生额合计

B.全部账户的本期借方发生额合计=全部账户的本期贷方发生额合计

C.全部账户借方期末余额合计=全部账户贷方期末余额合计

D.资产账户借方发生额合计=资产账户贷方发生额合计

13.下列错误中不能通过试算平衡发现的有(　　)。

A.某项经济业务未登记入账

B.只登记借方金额,未登记贷方金额

C.应借应贷的账户中借贷方向相反

D.借贷双方同时多记或少记了相等的金额

14.根据借贷记账法的账户结构,账户贷方登记的内容有(　　)。

A.收入增加　　B.负债的增加

C.所有者权益增加　　D.费用的增加

15.每一笔会计分录都包括(　　)。

A.会计科目　　B.记账方向　　C.金额　　D.记账日期

16.通过账户对应关系可以(　　)。

A.进行试算平衡　　B.登记账簿

C.了解经济业务内容　　D.检查经济业务的合法性

17.下列有关借贷记账法记账规则的说法中,正确的是(　　)。

A.对任何类型的经济业务,都一律采用"有借必有贷,借贷必相等"的规则

B.不论是一借多贷、多借一贷,还是多借多贷,借贷双方的金额必须相等

C.运用借贷记账法记账,在有关账户之间会形成应借、应贷的相互关系

D.按照这一记账规则登账结果,账户的借方发生额合计与贷方发生额合计必然相等

E.记账规则,既是记账的规则,也是核对账目的规则

18.编制会计分录时,必须考虑(　　)。

A.经济业务发生涉及的会计要素是增加还是减少

B.登记在哪些账户的借方或者贷方

C.在账户中记录的金额

D.账户的余额是在借方还是在贷方

E.经济业务的发生是否有必要反映

19.复式记账法的优点是(　　)。

A.账户对应关系清楚,能全面、清晰地反映经济业务的来龙去脉

B.便于试算平衡,以检查账户记录是否正确

C.能全面、系统地反映经济活动的过程和结果

D.比单式记账法简单而完整

E.所记账户之间形成相互对应的关系

20.会计分录必须具备的要素包括(　　)。

A.记账方向　　B.记账手段　　C.记账科目　　D.记账金额

E.记账时间

三、判断题

1.一借多贷或一贷多借的会计分录不能反映会计科目的对应关系。(　　)

2.在《企业会计准则》中明确了会计记账要采用增减记账法。(　　)

3.如果借贷金额相等,可肯定记账工作毫无错误。(　　)

4.会计基本等式是“资产=负债+所有者权益”。(　　)

5.借贷记账法的记账规则是“有借必有贷,借贷必相等”。(　　)

6.依据会计恒等式原理,检查各账户记录是否正确的行为叫作试算平衡。(　　)

7.某一总分类账户与其所属明细分类账户核算的对象是相同的。(　　)

8.借贷记账法下账户的基本结构是:每一个账户的左边均为借方,右边均为贷方。(　　)

9.负债及所有者权益账户的结构应与资产类账户的结构一致。(　　)

10.借贷记账法要求,如果在一个账户中记借方,在另一个或几个账户中则一定记贷方。(　　)

11.会计分录是指确定每一笔经济业务应借、应贷的会计科目及其金额的一种记录。(　　)

12.在借贷记账法下,成本类账户的期末余额一般在贷方。(　　)

13.账户发生额试算平衡是根据借贷记账法的记账规则来确定的。(　　)

14.借贷方向记反可以通过试算平衡查找出来。(　　)

15.账户余额试算平衡是根据“资产=负债+所有者权益”确定的。(　　)

16.账户期末余额的方向(借方或贷方),与本期增加额登记的方向肯定是一致的。(　　)

17.账户本期借方和贷方发生额合计一定必然相等。(　　)

18.借贷记账法下,根据账户余额的方向,可以判定账户的性质。(　　)

19.资本公积是指企业实际收到投资者投入的资本,是所有者权益的主要内容。(　　)

20.“短期借款”账户是负债账户,其期末余额总在借方。(　　)

四、简答题

1.复式记账的理论依据是什么?它与单式记账相比有哪些优缺点?

2.什么是账户结构?借贷记账法下的账户结构有哪些特点?

3.借贷记账法的记账规则是什么?

4.在借贷记账法下如何进行试算平衡?

五、业务题

(一)练习账户的结构

中信公司20××年8月份各账户的有关资料见下表:

单位:元

账户名称	期初余额		本期发生额		期末余额	
	借　方	贷　方	借　方	贷　方	借　方	贷　方
库存现金	950		4 360	(　　)	960	
银行存款	2 690		(　　)	7 460	(　　)	
应收账款	(　　)		(　　)	18 400		
原材料	5 000		1 720	(　　)	4 100	
固定资产	(　　)		5 000		10 400	
短期借款		(　　)	2 000			
应付账款		3 700	4 400	(　　)		2 000
应付票据		(　　)	4 000	2 600		3 600
实收资本		20 000		(　　)		20 000
合　计	(　　)	(　　)	(　　)	(　　)	(　　)	(　　)

【要求】

根据上述资料,将正确的数字填入括号内。

(二)练习借贷记账法的应用及试算平衡表的编制

中信公司20××年10月初有关账户余额如下表所示:

单位:元

资　产	金　额	负债及所有者权益	金　额
库存现金	15 000	短期借款	195 000
银行存款	111 500	应付账款	142 500
原材料	90 000	应交税费	9 000
应收账款	47 700	长期借款	186 000
库存商品	60 000	实收资本	304 200
生产成本	22 500	资本公积	140 000
长期股权投资	100 000	盈余公积	70 000
固定资产	600 000		
合　计	1 046 700	合　计	1 046 700

该公司本月发生下列经济业务:

①购进机器设备一台,价值 10 000 元,以银行存款支付。

②到银行提取现金 1 000 元。

③投资者投入企业原材料一批,作价 20 000 元。

④生产车间向仓库领用材料一批价值 40 000 元,投入生产。

⑤以银行存款 22 500 元,偿还应付供货单位货款。

⑥向银行取得长期借款 150 000 元,存入银行。

⑦以银行存款上缴所得税 9 000 元。

⑧收到捐赠人赞助现金 5 000 元。

⑨收到购货单位前欠货款 18 000 元,其中 16 000 元存入银行,其余部分收到现金。

⑩以银行存款 48 000 元,归还银行短期借款 20 000 元和应付购货单位账款 28 000元。

【要求】

1.根据期初余额资料开设有关账户(以 T 型账代替),并登记期初余额。

2.根据本月发生的经济业务编制会计分录,并登记有关账户。

3.结出各账户的发生额和余额,并编制发生额及余额试算平衡表。

第 4 章 账户和借贷记账法的应用

【学习目标】

通过本章的学习，熟悉企业主要经济业务包括资金筹集、生产准备、产品生产、产品销售、财务成果等的经济内容和账务处理过程，进一步理解账户的设置和复式记账原理，并熟练掌握账户和借贷记账法的应用。

【重点难点提示】

本章的重点是各主要经济业务的账务处理，包括会计要素的确认与计量，账户的设置和应用。难点是对企业所发生的交易和事项进行会计核算时会计要素的确认与计量，特别是产品成本的计算、财务成果的形成和分配等。

4.1 工业企业的主要经济业务

企业是一种具有不同规模的经济组织，这个组织的存在主要是通过对各种资源的组合和处理向其他单位或个人（企业的顾客）提供所需要的产品或服务来体现的。企业能够将最原始的投入转变为顾客所需要的商品或服务，这个转变不仅需要自然资源、人力资源，而且还需要资本。作为一种重要的企业组织类型，现代企业制度下的工业企业即产品制造企业，不仅要将原始的材料转换为可以销售给单位或个人消费者的商品，而且要在市场竞争中不断谋求发展，对其拥有的资、财实现保值增值。这就决定并要求工业企业的管理将是复杂且应该是完善的，对过去的交易、事项的结果和计划中的未来经营的可能效果进行分析、评价，是管理职能的精粹所在，而企业的会计作为一个为其内、外部利益相关者提供信息的职能部门，通过对工业企业经营过程进行核算必定有助于这个过程的完善。

工业企业是产品的生产单位，其完整的生产经营过程由供应过程、生产过程和销售过程所构成。企业为了进行其生产经营活动，生产出适销对路的产品，必须拥有一定数量的经营资金，作为从事经营活动的物质基础。而这些经营资金都是从一定的渠道取得的，并在经营活动中被具体运用，表现为不同的占用形态。经营资金的占用形态，一般可以分为货币资金、储备资金、生产资金、成品资金形态等，而且随着生产经营过程的不断进行，这些资金形态不断转化，形成经营资金的循环与周转。

企业要从各种渠道筹集生产经营所需要的资金，其筹资的渠道主要包括接受投资人的投资和向债权人借入各种款项。资金筹集业务的完成意味着资金进入企业，企业就可以运用筹集到的资金开展正常的经营业务，进入供、产、销过程。

企业筹集到的资金最初一般表现为货币资金形态，也可以说，货币资金形态是资金运动的起点。企业筹集到的资金首先进入供应过程。供应过程是企业产品生产的准备过程，在这个过程中，企业用货币资金购买机器设备等劳动资料形成固定资产，购买原材料等劳动对象形成储备资金，为生产产品做好物资上的准备，货币资金分别转化为固定资金形态和储备资金形态。由于劳动资料大多是固定资产，一旦购买完成将长期供企业使用，因而供应过程的主要核算内容是用货币资金（或形成结算债务）购买原材料的业务，包括支付材料价款和税款、发生采购费用、计算采购成本、材料验收入库结转成本等。完成了供应过程的核算内容，为生产产品做好了各项准备，企业就可以进入生产过程。

生产过程是工业企业经营过程的中心环节。在生产过程中，劳动者借助劳动资料对劳动对象进行加工，生产出各种各样适销对路的产品，以满足社会的需要。生产过程既是产品的制造过程，又是物化劳动和活劳动的耗费过程，即费用、成本的发生过程。从消耗或加工对象的实物形态及其变化过程看，原材料等劳动对象通过加工形成在产品，随着生产过程的不断进行，在产品终究要转化为产成品；从价值形态来看，生产过程中发生的各种耗费，形成企业的生产费用，具体而言，为生产产品耗费材料就形成材料费用，耗费活劳动就形成工资及福利费等人工费用，使用厂房、机器设备等劳动资料就形成折旧费用等。生产过程中发生的这些生产费用总和构成产品的生产成本（亦称制造成本）。其资金形态从固定资金、储备资金和一部分货币资金形态转化为生产资金形态，随着生产过程的不断进行，产成品生产出来并验收入库之后，其资金形态又转化为成品资金形态。生产费用的发生、归集和分配，以及完工产品生产成本的计算等构成了生产过程核算的基本内容。

销售过程是产品价值的实现过程。在销售过程中，企业通过销售产品，并按照销售价格与购买单位办理各种款项的结算，收回货款，从而使得成品资金形态转化为货币资金形态，回到资金运动的起点状态，完成一次资金的循环。另外，销售过程中还要发生各种诸如包装、广告等销售费用，需要计算并及时缴纳各种销售税金，结转销售成本，这些都属于销售过程的核算内容。

对于工业企业而言，生产并销售产品是其主要的经营业务，即主营业务。在主营业务之外，工业企业还要发生一些诸如销售材料、出租固定资产等附营业务，以及进行对外投资以获得收益的投资业务。主营业务、其他业务以及投资业务构成了企业的全部经营业务。在营业活动之外，企业还会经常发生非营业业务，从而获得营业外的收入，或发生营业外的支出。企业在生产经营过程中所获得的各项收入遵循配比的要求抵偿了各项成本、费用之后的差额，形成企业的经营成果或称财务成果，即利润。企业实现的利润，一部分要以所得税的形式上缴国家,形成国家的财政收入;另一部分即税后利润,要按照规定的程序在各有关方面进行合理的分配,如果发生了亏损,还要按照规定的程序进行弥补。通过利润分配,一部分资金要退出企业,一部分资金要以公积金等形式继续参加企业的资金周转。上述这些业务内容综合在一起,形成工业企业的全部会计核算的内容。

综上所述,工业企业在经营过程中发生的主要经济业务内容包括:①资金筹集业务;②生产准备业务;③产品生产业务;④产品销售业务;⑤财务成果形成与分配业务;⑥资金退出业务。

4.2　资金筹集业务的核算

任何一个企业的创办和开设都需要一定的资金,以作为从事生产经营活动的物质基础,而这些资金的取得都来源于一定的渠道。企业筹集资金的渠道是多种多样的,主要有以下两种:一是吸收投资;二是取得借款。企业通过发行股票或签订投资协议等形式吸收投资所获得的资金,通常称为实收资本,其所有权归属于企业的投资者,它属于企业的所有者权益;企业通过向银行借款或发行债券等形式所获得的资金,体现了企业和债权人之间的债权与债务关系,它属于企业的负债。不同渠道筹集到的资金在会计上的处理也略有不同。

4.2.1　实收资本的核算

企业接受投资者作为资本投入的资金,对于企业而言,称为实收资本;对于投资者而言,为投入资本。二者在数量上相等,性质一样,只是角度不同。因此,企业的实收资本也常称为投入资本。企业接收投资者投入的资本,按照投资主体(即由谁投资)的不同,可分为国家投入资本、法人投入资本、个人投入资本和外商投入资本等;按投入资金的形态(即投入的是什么)的不同可分为货币资金投资、实物资产投资和无形资产投资等。

实收资本的构成比例即投资者的出资比例或股东的股份比例,通常是确定所有者在企业所有者权益中所占的份额和参与企业生产经营决策的基础,也是企业进行利润分配或股利分配的依据,同时还是企业清算时确定所有者对净资产的要求权的依据。

1)账户设置

为了反映和监督企业实收资本的增减变动情况及其结果,除股份有限公司以外的其他各类企业应设置"实收资本"账户进行总分类核算。该账户属于所有者权益类账户,其贷方反映企业实际收到投资者作为资本投入的资金数额,借方反映实收资本的减少额,期末余额在贷方,表示企业期末实有的资本数额(即期末投资者的实际投资数额)。该账户应按投资者设置明细账户,进行明细分类核算。对于股份有限公司的实收资本的核算,应将"实收资本"账户改为"股本"账户。股份有限公司设置"股本"账户用于核算公司在核定的股本总额及核定的股份总额范围内实际发行股票的数额。该账户贷方反映公司按核定的股份总额范围实际发行的股票面值总额,借方反映公司按照法定程序经批准减少的股本额,期末贷方余额反映公司期末股本实有额。

企业收到投资者超过其在注册资本或股本中所占份额的部分,作为资本溢价或股本溢价,在"资本公积"账户核算,不在"实收资本"或"股本"账户核算。

除上述账户外,企业还应按照投入资金的形态和用途分别设置"库存现金""银行存款""固定资产""无形资产"等资产类账户。

2)核算

(1)接受货币资金投资

①非股份有限公司接受货币资金投资。

企业接受投资者以货币资金投入的资本,应以实际收到或者存入企业开户银行的金额,借记"银行存款"账户,按其在注册资本或股本中所占份额,贷记"实收资本(股本)"账户,按其差额,贷记"资本公积——资本溢价或股本溢价"账户。

【例4-1】 中信公司为增值税一般纳税人(下同)于20××年12月1日收到甲公司作为资本投入的货币资金700 000元和乙公司作为资本投入的货币资金1 000 000元,款项已存入银行。投资后甲、乙公司在注册资本中占有的份额分别为700 000元和1 000 000元。

分析:这项经济业务的发生,一方面使得中信公司的银行存款增加了1 700 000元,应记入"银行存款"账户的借方;另一方面使得中信公司的投资者甲公司和乙公司的权益分别增加了700 000元和1 000 000元,应记入"实收资本(股本)"账户的贷方。这项经济业务应编制如下会计分录:

借:银行存款　　1 700 000

　贷:实收资本——甲公司　　700 000

　　　　　　——乙公司　　1 000 000

②股份有限公司接受货币资金投资。

股份有限公司与一般企业相比,其显著特点在于将企业资本划分为等额股份,并通过发行股票的方式来筹集资本。股票是企业签发的证明股东按其所持股份享有权利和承担义务的书面证明。由于股东按其所持的企业股份享有权利和承担义务,为了反映和便于计算各股东所持股份占企业全部股本的比例,企业的股本总额应按股票的面值与股份总数的乘积计算。股票的发行价格可能等于股票的面值(称为按面值发行或平价发行),也可能高于股票的面值(称为溢价发行),目前我国暂不允许企业按低于股票面值的价格发行股票(即折价发行)。股份有限公司发行股票的会计核算主要通过"股本"账户进行,该账户仅核算公司发行股票的面值金额。在"股本"账户下,按股票种类及股东名称设置明细账户进行明细分类核算。如果公司溢价发行股票,超出股票面值的溢价收入部分记入"资本公积——股本溢价"账户。这里需要指出的是,委托证券商代理发行股票而支付的手续费、佣金等,应从溢价发行收入中扣除,企业应按扣除手续费、佣金后的数额记入"资本公积——股本溢价"账户。

【例4-2】 某股份有限公司经批准于20××年3月1日发行普通股20 000 000股,每股面值1元,发行价每股1.5元,所得股款30 000 000元已全部收存银行。

分析:这项经济业务的发生,一方面使得公司的银行存款增加了30 000 000元,应记入“银行存款”账户的借方;另一方面使得公司股东对本公司的所有者权益增加了30 000 000元,其中股本投资增加20 000 000元,应记入“股本”账户的贷方,资本公积增加10 000 000元,应记入“资本公积——股本溢价”账户的贷方。这项经济业务应编制如下会计分录:

借:银行存款	30 000 000	
贷:股本		20 000 000
资本公积——股本溢价		10 000 000

(2)接受实物资产投资

企业接受投资者的实物投资,如原材料、固定资产等,应按投资合同或协议约定的价值确定材料物资或固定资产的价值(但投资合同或协议约定价值不公允的除外),借记“原材料”“固定资产”等账户,应按可抵扣增值税进项税额,借记“应交税费——应交增值税(进项税额)”账户,按其在注册资本或股本中所占份额,贷记“实收资本(股本)”账户,按其差额,贷记“资本公积——资本溢价或股本溢价”账户。

【例4-3】　中信公司于20××年12月2日收到丙公司作为资本投入的房屋一栋和不需安装设备一台,合同约定的价值分别为800 000元和200 000元,共计1 000 000元(与公允价值相同),增值税进项税额为130 000元。丙公司在注册资本中所占的份额为1 000 000元。

分析:这项经济业务的发生,一方面使得中信公司的固定资产增加了1 000 000元,应记入“固定资产”账户的借方,涉及可抵扣的增值税进项税额130 000元,应记入“应交税费——应交增值税(进项税额)”账户的借方;另一方面使得中信公司的投资者丙公司的权益增加了1 130 000元,其中1 000 000元应记入“实收资本”账户的贷方,另外130 000元应记入“资本公积——资本溢价”账户的贷方。这项经济业务应编制如下会计分录:

借:固定资产	1 000 000	
应交税费——应交增值税(进项税额)	130 000	
贷:实收资本——丙公司		1 000 000
资本公积——资本溢价		130 000

【例4-4】　中信公司于20××年12月3日收到丁公司作为资本投入的原材料一批,已验收入库,合同约定的价值(不含可抵扣的增值税)为200 000元(与公允价值相同),增值税进项税额为26 000元。丁公司在注册资本中所占的份额为226 000元。

分析:这项经济业务的发生,一方面使得中信公司的原材料增加了200 000元,应记入“原材料”账户的借方,涉及可抵扣的增值税进项税额26 000元,应记入“应交税费——应交增值税(进项税额)”账户的借方;另一方面使得中信公司的投资者丁公司的权益增加了226 000元,应记入“实收资本”账户的贷方。这项经济业务应编制如下会计分录:

借:原材料　　200 000

　应交税费——应交增值税(进项税额)　　26 000

　贷:实收资本——丁公司　　226 000

(3)接受无形资产投资

企业接受投资者以专利权、非专利技术、商标权、土地使用权、特许经营权等无形资产的投资,应按投资合同或协议约定的价值确定无形资产的价值(但投资合同或协议约定价值不公允的除外),借记"无形资产"账户,按其在注册资本或股本中所占份额,贷记"实收资本(股本)"账户,按其差额,贷记"资本公积——资本溢价或股本溢价"账户。

【例4-5】 中信公司于20××年12月4日收到A公司作为资本投入的专利权一项,合同约定的价值为400 000元(与公允价值相同)。A公司在注册资本中所占的份额为400 000元。

分析:这项经济业务的发生,一方面使得中信公司的无形资产(专利权)增加了400 000元,应记入"无形资产"账户的借方;另一方面使得中信公司的投资者A公司的权益增加了400 000元,应记入"实收资本"账户的贷方。这项经济业务应编制如下会计分录:

借:无形资产　　400 000

　贷:实收资本——A公司　　400 000

4.2.2 银行借款的核算

企业在生产经营过程中,为缓解企业资金紧张的状况,弥补生产周转资金的不足,经常需要向银行或其他金融机构等债权人借入资金。利用银行借款是企业筹集资金的又一重要方式。银行借款是企业根据与银行签订的借款合同向银行或其他金融机构借入的约定在一定期限内还本付息的款项。根据借款偿还期限的不同,可将银行借款分为短期借款和长期借款两大类。企业借入的各种款项应按期支付利息和按期归还。

1)账户设置

为了反映和监督企业的银行借款的取得、归还和企业遵守银行信贷纪律的情况,应设置"短期借款"账户和"长期借款"账户,它们都属于负债类账户。

(1)"短期借款"账户

该账户是用来反映企业向银行或其他金融机构等借入的期限在一年以下(含一年)的各种借款。短期借款一般是企业为维护正常的生产经营所需资金而借入的,或者是为抵偿某项债务而借入的,它属于企业的流动负债。企业向银行或其他金融机构取得的短期借款,应记入"短期借款"账户的贷方;归还的短期借款,应记入"短期借款"账户的借方;"短期借款"账户的期末余额在贷方,表示企业期末尚未归还的短期借款本金。该账户应按债权人设置明细账,并按借款种类进行明细分类核算。

(2)"长期借款"账户

该账户是用来反映企业向银行或其他金融机构等借入的期限在一年以上(不含一年)的各种借款。长期借款一般是企业为购建固定资产,扩大再生产规模或研究开发新技术等所需资金而借入的,它形成企业的长期负债。企业向银行或其他金融机构取得的长期借款,应记入"长期借款"账户的贷方;归还的长期借款,应记入"长期借款"账户的借方;"长期借款"账户的期末余额在贷方,表示企业期末尚未归还的长期借款本息。该账户应按债权人设置明细账,并按借款种类进行明细分类核算。

2)核算

(1)短期借款取得的核算

【例4-6】 中信公司于20××年12月1日向银行借入期限为3个月、年利率为6%的借款500 000元,所得款项存入银行。

分析:这项经济业务的发生,一方面使得中信公司的银行存款增加了500 000元,应记入"银行存款"账户的借方;另一方面又使得中信公司的短期借款增加了500 000元,应记入"短期借款"账户的贷方。这项经济业务应编制如下会计分录:

借:银行存款　　500 000
　贷:短期借款　　500 000

企业从银行借入的短期借款所应支付的利息,一般采用按季结算的办法。借款利息支出较大的企业可以采用按月预提的方式记入各月财务费用,按季结算,于季末一次支付。有关借款利息的计算和会计处理,将在本章4.6节财务费用核算中具体说明。

(2)长期借款取得的核算

【例4-7】 中信公司于20××年12月15日与银行签订的借款协议中规定:借款本金为900 000元,期限为5年,年利率为10%,按年支付利息。当日银行已将全部款项划入企业存款户。

分析:这项经济业务的发生,一方面使得中信公司的银行存款增加了900 000元,应记入"银行存款"账户的借方;另一方面又使得中信公司的长期借款增加了900 000元,应记入"长期借款"账户的贷方。这项经济业务应编制如下会计分录:

借:银行存款　　900 000
　贷:长期借款　　900 000

企业从银行借入的长期借款,应在资产负债表日确认当期的利息费用,并按以下原则计入有关成本、费用:属于筹建期间的,计入管理费用;属于生产经营期间的,计入财务费用。如果长期借款用于购建固定资产等符合资本化条件的资产,在资产尚未达到预定可使用状态前,所发生的应当资本化的利息支出,计入在建工程;在资产达到预定可使用状态后发生的利息支出,以及按规定不能予以资本化的利息支出,计入财务费用。应付未付的利息,确认为负债,计入应付利息。具体核算待后续课程说明。

4.3 生产准备业务的核算

企业通过一定的渠道依法筹集到所需资金后,应开展生产经营活动,进行产品的生产。在生产产品之前,必须为生产做好准备,这些准备工作包括建造厂房及其他建筑物、购置机器设备和进行材料采购等。因此,企业生产准备业务的核算主要包括固定资产购置业务和材料采购业务两方面的内容。

4.3.1　固定资产购置业务的核算

固定资产是指为生产商品、提供劳务、出租或经营管理而持有的使用寿命超过一个会计年度的有形资产。固定资产一般包括房屋、建筑物、机器、机械、运输工具以及其他与生产经营有关的设备、器具、工具等。固定资产应按取得时的实际成本(即原始价值)作为入账价值,取得时的实际成本包括买价、进口关税和其他税费,以及使固定资产达到预定可使用状态之前所发生的可归属于该项资产的费用,如场地整理费、运输费、装卸费、安装调试费和专业人员服务费等。

1)账户设置

为了反映和监督企业固定资产的增减变动情况以及变动后的结果,应设置"固定资产"账户,它属于资产类账户,核算企业固定资产的原始价值。该账户的借方登记增加的固定资产的原始价值,贷方登记减少的固定资产的原始价值,期末余额在借方,表示企业期末现有固定资产的账面原始价值。该账户应按固定资产的种类设置明细账,进行明细分类核算。

2)固定资产购入业务的核算

企业购入的固定资产,有的不需安装即可投入生产使用,而有的则需经过安装调试后才能交付使用。购入不需安装的固定资产,企业可以立即投入使用,因此,会计核算比较简单,只需按确认的入账价值增加固定资产即可。如果购入的是需安装的固定资产,则应将该固定资产在达到预定使用状态之前所发生的一切支出,先全部记入"在建工程"账户的借方;待安装完工交付使用时,再将已记入"在建工程"账户借方的金额作为固定资产的原始价值从其贷方转入"固定资产"账户的借方。

我国从2009年1月1日起对增值税的管理实行了生产型向消费型的转型,即在征收增值税时,允许企业将外购固定资产所含增值税进项税额一次性全部扣除,所以企业外购固定资产增值税专用发票所列应交增值税税额不能计入固定资产价值,而作为进项税额单独核算(个别特殊情况除外)。

(1)购入不需安装的固定资产

【例4-8】 20××年12月5日,中信公司购入一台不需安装的设备,增值税专用发票注明买价300 000元,增值税39 000元,运杂费和包装费19 000元,增值税1 710元(税率9%)全部款项以转账支票支付。该设备已运达企业并投入使用。

分析:这项经济业务的发生,一方面使得中信公司的固定资产增加了319 000元(300 000+19 000),应记入"固定资产"账户的借方,涉及的可抵扣增值税40 710元,应记入"应交税费——应交增值税(进项税额)"账户的借方;另一方面又使得中信公司的银行存款减少了359 710元,应记入"银行存款"账户的贷方。这项经济业务应编制如下会计分录:

借:固定资产　　　　　　　　　　　　　　　　319 000
　应交税费——应交增值税(进项税额)　　　　　40 710
　贷:银行存款　　　　　　　　　　　　　　　　359 710

(2)购入需安装的固定资产

【例4-9】 假定上例中的设备运回后需要安装才能使用,且在安装过程中,耗用原材料20 000元,发生安装人员工资6 000元,另以银行存款支付其他安装费4 000元。安装完毕,经验收合格交付使用。

分析:本例包括两项经济业务:

①购入固定资产的安装工程。这项经济业务的发生,一方面使企业的在建工程支出增加了349 000元(300 000+19 000+20 000+6 000+4 000),应记入"在建工程"账户的借方,涉及的可抵扣增值税40 710元,应记入"应交税费——应交增值税(进项税额)"账户的借方;另一方面使企业银行存款减少了363 710元(319 000+39 000+1 710+4 000),应记入"银行存款"账户的贷方,库存原材料减少了20 000元,应记入"原材料"账户的贷方,应支付安装人员工资6 000元,应记入"应付职工薪酬"账户的贷方。因此,这项经济业务涉及"在建工程""应交税费""银行存款""原材料""应付职工薪酬"五个账户。为了反映和监督固定资产在安装过程中的各项支出,计算工程成本,应开设"在建工程"账户。该账户属于资产类账户,借方登记在建工程支出的增加数,贷方登记工程完工达到预定可使用状态转入"固定资产"账户的工程支出数,期末余额在借方,反映企业尚未完工的在建工程的价值。该账户应按"建筑工程""安装工程"以及单项工程等进行明细分类核算。所以,这项经济业务,应编制如下会计分录:

购入时:

借:在建工程　　　　　　　　　　　　　　　　319 000
　应交税费——应交增值税(进项税额)　　　　　40 710
　贷:银行存款　　　　　　　　　　　　　　　　359 710

安装过程发生相关费用:

借:在建工程　　　　　　　　　　　　　　　　30 000
　贷:原材料　　　　　　　　　　　　　　　　　20 000
　　　应付职工薪酬　　　　　　　　　　　　　　6 000
　　　银行存款　　　　　　　　　　　　　　　　4 000

②安装完毕交付使用时,应将349 000元作为固定资产的原始价值从"在建工程"账户的贷方转入"固定资产"账户的借方。应编制如下会计分录:

借:固定资产　　　　　　　　　　　　　　　　349 000
　贷:在建工程　　　　　　　　　　　　　　　　349 000

4.3.2　材料采购业务的核算

企业要进行正常的生产经营活动,就必须购买和储备一定种类和数量的材料,材料是生产产品不可缺少的物资要素。在生产过程中,生产者利用其先进的生产技术,借助于机器设备和厂房，对材料进行加工并改变其原来的实物形态，从而生产出满足市场需求的产品。因此，企业应组织好材料的采购工作，既要保证能够及时、按量、按质地满足生产上的需要，又要避免储备过多，不必要地占用资金。

1）材料采购业务核算的主要内容

在材料采购过程中，一方面是企业从供应商购入各种材料并运回企业验收入库，另一方面是企业要为所购材料支付各种费用，并与供应商发生货款结算关系。因此，材料采购业务核算的主要内容包括计算材料采购的实际成本、货款的结算和材料的验收入库三方面。

（1）计算材料的采购成本

材料的采购成本由买价和采购费用组成。买价是指企业采购材料时，按发票价格支付的货款。采购费用是指企业在采购材料过程中所支付的各项费用，包括材料的运输费、装卸费、保险费、包装费、仓储费、运输途中的合理损耗以及入库前的挑选整理费等。但在会计实际工作中，为了简化核算，常把某些本应计入材料采购成本的采购费用，如采购人员的差旅费、市内采购材料的零星运杂费、专设采购部门的经费、仓库经费等，不计入材料采购成本，而是列作管理费用。在计算材料采购成本时，凡能分清是为采购哪种材料所支付的费用，应直接计入该种材料的采购成本；凡不能分清的，如为运输多种材料所支付的运输费，就应采用合理的分配标准（如按各种材料的重量比例、体积比例或价格比例等），分配计入各种材料的采购成本。

（2）与供应商的货款结算

企业采购材料后，与供应商之间的货款结算是必不可少的一项业务活动。货款结算的方式是多种多样的，常见的方式有以下几种：

第一，现款交易，即钱货两清。此种方式表现为企业购入材料后，即以现金或银行存款支付货款。

第二，票据结算。即企业购入材料后，以商业票据（如支票、商业汇票等）支付货款。

第三，赊购。即企业购入材料后，货款暂欠。

第四，从预付货款中抵扣。此种方式表现为企业在购买材料之前，先向供应商预付部分货款，待到以后购入材料时，其实际货款再从中进行抵扣。

（3）材料的验收入库

企业所购材料运回后，应根据事先签订好的购销合同进行验收，如符合合同要求，则应将材料验收存入仓库中储备保管。同时还应确认入库材料的价值，并在账面上予以反映。对于已验收入库的材料，其采购成本可以在平时每一批材料入库时进行结转，也可以平时不结转而在月末时将本月所有的已入库材料的采购成本一次性地进行结转。

2）账户设置

为了加强对材料采购业务的管理，反映和监督库存材料的增减变动和结存情况，以及因采购材料而与供应商发生的债权债务结算关系，核算中应设置如下账户：

(1)“在途物资”账户

该账户是用来反映和监督材料的实际采购成本的账户,它属于资产类账户。该账户的借方登记所购材料的实际采购成本;贷方登记已验收入库材料的实际采购成本,即对已验收入库的外购材料,在确定其采购成本后,按其成本,从“在途物资”账户的贷方结转记入“原材料”账户的借方。期末“在途物资”账户如有余额在借方,表示已结算货款但尚未运达企业或虽已运达企业而尚未办理验收入库手续的在途材料的实际采购成本。该账户应按供应单位和材料的类别设置明细账,进行明细分类核算。

(2)“原材料”账户

该账户是用来反映和监督企业库存各种材料增减变动和结存情况的账户,它属于资产类账户。该账户的借方登记已验收入库材料的实际成本;贷方登记发出材料的实际成本;期末余额在借方,表示期末结存材料的实际成本。该账户应按材料的保管地点(仓库)、材料的类别、品种和规格设置明细账(或材料卡片),进行明细分类核算。

(3)“应交税费——应交增值税(进项税额)”账户

该账户是用来反映和监督企业应交和实交增值税情况的账户,它属于负债类账户。增值税是国家税务部门就企业的货物或劳务的增值部分征收的一种税,一般纳税人增值税的计算采用抵扣的方式,即:应交增值税=销项税额-进项税额。企业购买货物时向供应商支付的增值税称为进项税额,记入该账户的借方;企业在销售商品时向购买单位收取的增值税称为销项税额,记入“应交税费-应交增值税(销项税额)”账户的贷方。“应交税费-应交增值税”账户的期末余额如果在贷方,表示企业应交而未交的增值税;期末余额如果在借方,则表示企业本期尚未抵扣留待下期继续抵扣的增值税。

(4)“应付票据”账户

该账户是用来反映和监督企业购买材料、商品或接受劳务供应等而开出的、承兑的商业汇票(包括银行承兑汇票和商业承兑汇票)的账户,它属于负债类账户。商业汇票实际上是企业延期付款的一种书面契约。企业开出承兑的商业汇票时,应按其面值记入该账户的贷方;商业汇票到期偿还票款时,记入该账户的借方;期末余额在贷方,则表示企业尚未到期的应付票据。企业应设置“应付票据备查簿”,详细登记每一应付票据的种类、签发日期、到期日、票面金额、票面利率、合同交易号、收款人以及付款日期和金额等资料。

(5)“应付账款”账户

该账户是用来反映和监督企业因购买材料、商品或接受劳务供应等而应付给供应单位的款项的账户,它属于负债类账户。该账户的贷方登记应付给供应单位的款项(包括买价、增值税进项税额、供应单位代垫的运杂费等);借方登记已偿还供应单位的款项;期末余额一般在贷方,表示企业尚未归还的应付账款;如为借方余额,表示企业预付的款项。该账户应按供应单位设置明细账,进行明细分类核算。

(6)“预付账款”账户

该账户是用来反映和监督企业按照购货合同规定预付给供应单位的款项以及购货后款项抵扣情况的账户,它属于资产类账户。企业向供应单位预付货款,表示企业债权的增加,应记入该账户的借方;收到供应单位提供的货物,冲销预付款时,表示企业债权的减少,应记入该账户的贷方;期末如有借方余额,表示实际预付的款项;如为贷方余额,表示企业应向供应单位补付的款项。该账户应按供应单位设置明细账,进行明细分类核算。预付款项情况不多的企业,也可以不设置“预付账款”账户,而将此业务并入“应付账款”账户中核算。

3)材料采购业务的核算

原材料的日常收发及结存,可以采用实际成本计价核算,也可以采用计划成本计价核算。本书主要介绍原材料采用实际成本计价核算的方法,即企业原材料的收发和结存,无论总分类核算还是明细分类核算,均按实际成本计价。

企业外购的原材料,由于采购地点远近及货款结算方式不同等原因,可能造成原材料验收入库和货款结算并不总是同步完成;同时,外购材料还可能采用预付货款方式、赊购方式等。因此,企业外购的原材料应根据具体情况,分别进行会计处理。

(1)货款已经支付或开出、承兑商业汇票,同时材料已验收入库(即单货同到)

【例4-10】 20××年12月2日,中信公司从大华工厂购入A材料1 000千克,收到大华工厂开出的增值税专用发票上注明:价款20 000元,增值税率13%,增值税额2 600元,合计22 600元;购入材料的运杂费2 000元,增值税额180元(增值税率9%)。上述款项共计24 780元以一张转账支票支付,材料已运达企业并验收入库。

分析:这项经济业务的发生,一方面使得中信公司的材料采购支出增加了22 000元(其中买价20 000元、运杂费2 000元),应作为材料采购成本记入“原材料”账户的借方;同时产生了增值税的进项税额支出2 780元,应记入“应交税费——应交增值税(进项税额)”账户的借方;另一方面使得中信公司的银行存款减少了24 780元,应记入“银行存款”账户的贷方。这项经济业务应编制如下会计分录:

借:原材料——A材料　　22 000
　　应交税费——应交增值税(进项税额)　　2 780
　　贷:银行存款　　24 780

【例4-11】 20××年12月6日,中信公司分别从新华公司和红星公司购入B材料共600千克。其中从新华公司购入100千克,价款10 000元,增值税款1 300元;从红星公司购入500千克,价款50 000元,增值税款6 500元。全部款项共计67 800元,尚未支付。材料已运达企业并验收入库。

分析:这项经济业务的发生,一方面使得中信公司的材料采购支出增加了60 000元,应作为材料采购成本记入“原材料”账户的借方;同时产生了增值税的进项税额支出7 800元,应记入“应交税费——应交增值税(进项税额)”账户的借方;另一方面因购料款项未付而使得中信公司的应付账款增加了67 800元,应记入“应付账款”账户的贷方。这项经济业务应编制如下会计分录:

借:原材料——B材料　　60 000
　　应交税费——应交增值税(进项税额)　　7 800
　　贷:应付账款——新华公司　　11 300
　　　　　　　　——红星公司　　56 500

(2)货款已经支付或开出、承兑商业汇票,材料尚未到达或尚未验收入库(即单到货未到)

【例 4-12】　20××年 12 月 7 日,中信公司从前进工厂购入 A,C 两种材料,前进工厂代垫材料的运杂费为 3 600 元,增值税额 324 元。全部款项共计 85 160 元,中信公司开出并承兑商业汇票支付,两种材料均未到达企业(材料的运杂费按材料的重量比例分配计入各种材料成本)。A,C 两种材料的买价和增值税如表 4-1 所示。

表 4-1

材　料	数量/千克	金额/元	税款/元	合计/元
A	2 000	30 000	3 900	33 900
C	4 000	40 000	5 200	45 200
合　计	6 000	70 000	9 100	79 100

分析:中信公司购入 A,C 两种材料时发生了共同的运杂费 3 600 元,增值税额 324 元(税率 9%),不能直接确认应该计入哪种材料的采购成本,因此应以材料的重量比例作为分配标准分配计入 A,C 材料的成本。

费用分配率=运杂费/材料重量总额

=3 600÷(2 000+4 000)=0.6(元/千克)

A 材料应分配的运杂费=A 材料的重量×费用分配率

=2 000×0.6=1 200(元)

C 材料应分配的运杂费=C 材料的重量×费用分配率

=4 000×0.6=2 400(元)

由以上计算可知,A 材料的采购成本为 31 200 元(其中买价 30 000 元、运杂费 1 200 元);C 材料的采购成本为 42 400 元(其中买价 40 000 元、运杂费 2 400 元)。这项经济业务的发生,一方面使得中信公司的材料采购支出增加了 73 600 元,应作为材料采购成本记入"在途物资"账户的借方;产生增值税进项税额支出 9 424 元,应记入"应交税费——应交增值税(进项税额)"账户的借方;另一方面使得中信公司的应付票据增加了 85 160 元,应记入"应付票据"账户的贷方。这项经济业务应编制如下会计分录:

借:在途物资——A 材料　　31 200

　　　　　　——C 材料　　42 400

　应交税费——应交增值税(进项税额)　　9 424

　贷:应付票据　　83 024

【例 4-13】　20××年 12 月 15 日,中信公司从前进工厂所购入的 A,C 两种材料,已收到,并如数验收入库。

分析:这项业务的发生,一方面使得中信公司的原材料增加了 73 600 元,应记入"原材料"账户的借方;另一方面又使得中信公司的在途材料减少了 73 600 元,应记入"在途物资"账户的贷方。这项经济业务应编制如下会计分录:

借:原材料——A 材料　　31 200
　　　　——C 材料　　42 400
　贷:在途物资——A 材料　　31 200
　　　　　　——C 材料　　42 400

【例 4-14】 20××年 12 月 19 日,中信公司向光明公司订购 C 材料一批,并用银行存款 50 000 元预付材料的货款。

分析:这项经济业务的发生,一方面使得中信公司获得了一项债权(要求对方提供 C 材料的权利)50 000 元,应记入“预付账款”账户的借方;另一方面又使得中信公司的银行存款减少了 50 000 元,应记入“银行存款”账户的贷方。这项经济业务应编制如下会计分录:

借:预付账款——光明公司　　50 000
　贷:银行存款　　50 000

【例 4-15】 20××年 12 月 28 日,中信公司收到光明公司发运的部分预定 C 材料 2 000千克,并验收入库。该材料的买价为 20 000 元,增值税进项税额 2 600 元。全部款项从其预付的货款中抵扣。

分析:这项经济业务的发生,一方面使得中信公司的材料采购支出增加了 20 000 元,且已验收入库,应记入“原材料”账户的借方;同时产生了增值税的进项税额支出 2 600 元,应记入“应交税费——应交增值税(进项税额)”账户的借方;另一方面又使得中信公司因抵扣而减少预付账款 22 600 元,应记入“预付账款”账户的贷方。这项经济业务应编制如下会计分录:

借:原材料——C 材料　　20 000
　应交税费——应交增值税(进项税额)　　2 600
　贷:预付账款——光明公司　　22 600

【例 4-16】 20××年 12 月 29 日,中信公司开出转账支票一张,偿还所欠华美公司的购料款 46 800 元。

分析:这项经济业务的发生,一方面中信公司因开出了转账支票而使得银行存款减少了 46 800 元,应记入“银行存款”账户的贷方;另一方面使得中信企业的应付账款也减少了 46 800 元,应记入“应付账款”账户的借方。这项经济业务应编制如下会计分录:

借:应付账款——华美公司　　46 800
　贷:银行存款　　46 800

(3)货款尚未支付,材料已经验收入库(即货到单未到)

在原材料已运到企业并验收入库,但发票账单等结算凭证尚未到达、货款尚未结算的情况下,平时可先不做账务处理。如果在本月内结算凭证能够到达企业,则应在支付货款或开出、承兑商业汇票后,按发票账单等结算凭证确定的原材料成本做出单货同到的会计处理。如果月末结算凭证仍未到达,为了全面反映资产及负债情况,应对收到的原材料按暂估价值入账,下月初,再编制相同的红字会计分录或者相反的会计分录予以冲回;待结算凭证到达,企业付款或开出、承兑商业汇票后,按发票账单等结算凭证确定的原材料成本做出单货同到的会计处理。

【例 4-17】　20××年 12 月 29 日，中信公司购入 A 材料 1 000 千克，已验收入库，但发票账单等结算凭证尚未到达。至 12 月 31 日，该原材料的结算凭证仍未到达。按暂估价 15 000 元入账。

分析：这项业务的发生，一方面使得中信公司的原材料增加了 15 000 元，应记入“原材料”账户的借方；另一方面又使得中信公司的应付账款增加了 15 000 元，应记入“应付账款”账户的贷方。这项经济业务应编制如下会计分录：

借：原材料——A 材料	15 000	
贷：应付账款		15 000

下月初编制红字会计分录将暂估入账原材料价值冲回：

借：原材料——A 材料	[15 000]	
贷：应付账款		[15 000]

【例 4-18】　接上例，上述 A 材料的发票账单于次月收到，增值税专用发票注明的价款为 15 000 元，增值税 1 950 元，对方代垫运杂费 450 元，增值税额 40.5 元（税率 9%）。当即开出面值为 17 440.5 元的银行承兑汇票支付，材料已于上月入库。

分析：这项业务的发生，一方面使得中信公司的原材料增加了 15 450 元，应记入“原材料”账户的借方，同时产生了增值税的进项税额支出 1 990.50 元，应记入“应交税费——应交增值税（进项税额）”账户的借方；另一方面又使得中信公司的应付票据增加了 17 440.50 元，应记入“应付票据”账户的贷方。这项经济业务应编制如下会计分录：

借：原材料——A 材料	15 450.00	
应交税费——应交增值税（进项税额）	1 990.50	
贷：应付票据		17 440.50

4.4　产品生产业务的核算

工业企业的主要经营活动就是生产出符合市场需求的产品，然后将其销售以便获得收益。生产过程是工业企业生产经营过程的第二阶段，也是生产经营过程的中心环节。在产品的生产过程中，企业通过劳动对象、劳动资料及活劳动的耗费，生产出产品。因此，生产过程既是产品的制造过程，又是物化劳动和活劳动的耗费过程。企业在生产经营过程中发生的各项耗费称为费用。费用按经济用途分类，可分为生产费用和期间费用两大类。生产费用是构成产品生产成本的费用，主要包括直接材料费用、直接人工费用和制造费用等，即为生产一定种类、一定数量的产品所发生的生产耗费，称为产品生产成本。期间费用是指不构成产品生产成本，而直接计入当期损益的费用，主要包括管理费用、销售费用和财务费用。所以，在产品生产过程中费用的发生、归集和分配，以及产品成本的形成，构成了产品生产业务核算的主要内容。

4.4.1 生产业务核算的账户设置

为了反映和监督各项生产费用的发生、归集和分配,正确计算产品的生产成本,应设置以下账户:

1)“生产成本”账户

该账户是用来归集和分配企业在产品生产过程中所发生的各项生产费用,并正确计算产品生产成本的账户,它属于成本类账户。该账户的借方登记生产过程中所发生的各项费用,包括直接材料费用、直接人工费用和经过分配计入产品生产成本的制造费用等;贷方登记结转完工入库产品的生产成本;期末该账户可能有余额,也可能没有余额。如果有余额,则余额在借方,表示企业尚未制造完工的产品(即在产品)的生产成本。该账户一般应按产品品种设置明细账,进行明细分类核算。

2)“制造费用”账户

该账户是用来核算企业的生产车间为生产产品而发生的各项间接生产费用,包括职工薪酬、折旧费、办公费、水电费、机物料消耗、劳动保护费、季节性和修理期间的停工损失等,但不包括企业行政管理部门为组织和管理生产经营活动而发生的费用。它是一个成本类账户。该账户借方登记实际发生的各项制造费用,贷方登记经过分配而转入“生产成本”账户的制造费用,期末结转后该账户一般无余额。该账户应按不同的车间部门设置明细账,进行明细分类核算。

4.4.2 生产过程主要业务核算

1)材料费用归集和分配的核算

工业企业通过供应过程采购的各种原材料,经过验收入库之后,就形成了生产产品的物资储备,生产产品及其他方面领用时,就形成了材料费用。直接材料,是指直接用于产品生产、构成产品实体的原料、主要材料以及有助于产品形成的辅助材料等。在确定材料费用时,应在根据领料凭证确定用途后,编制“发出材料汇总表”或“领料凭证汇总表”,按照确定的结果将发出材料的成本分别计入“生产成本”“制造费用”“管理费用”等账户和产品生产成本明细账。对于直接用于某种产品生产的材料费用,应直接计入该产品生产成本明细账中的直接材料费用成本项目;对于由几种产品共同耗用、应由这些产品共同负担的材料费用,应选择适当的标准(如产品的重量、体积、定额消耗量等)在各种产品之间进行分配之后,计入各种产品生产成本明细账中的直接材料费用成本项目中;对于车间一般性消耗的各种材料费用,应先在“制造费用”账户中进行归集,然后再同其他间接费用一起分配计入有关产品成本中;对于企业行政管理部门耗用的材料费用,应直接计入“管理费用”账户。总之,原材料是构成产品实体的一个重要组成部分,对材料费用归集与分配的核算是生产过程核算的重要内容。

【例4-19】 20××年12月31日,经汇总计算,中信公司本月车间领用的材料及其用途如表4-2所示。

表4-2　发出材料汇总表

20××年12月　　　　　　　　　　单位:元

项　目	甲材料	乙材料	丙材料	合　计
生产产品耗用	44 000	21 000	9 590	74 590
其中:A产品	28 000	13 000	7 860	48 860
B产品	16 000	8 000	1 730	25 730
车间一般耗用		620	180	800
合　计	44 000	21 620	9 770	75 390

分析:这项经济业务的发生,一方面使得中信公司的材料费用支出增加了75 390元,其中:直接用于A产品生产的材料48 860元,应作为其生产成本直接记入"生产成本——A产品"账户的借方;直接用于B产品生产的材料25 730元,应作为生产成本直接记入"生产成本——B产品"账户的借方,车间一般耗用的材料800元,应记入"制造费用"账户的借方;另一方面使得中信公司的库存原材料减少了75 390元,应记入"原材料"账户的贷方。这项经济业务应编制如下会计分录:

借:生产成本——A产品　　　　48 860
　　　　　——B产品　　　　25 730
　制造费用　　　　　　　　　800
　贷:原材料——甲材料　　　　　44 000
　　　　　——乙材料　　　　　21 620
　　　　　——丙材料　　　　　9 770

2)人工费用归集和分配的核算

人工费用,实际上就是指职工薪酬。根据《企业会计准则第9号——职工薪酬》(2014)的规定,职工薪酬是指企业为获得职工提供的服务或解除劳动关系而给予的各种形式的报酬或补偿。职工薪酬包括短期薪酬、离职后福利、辞退福利和其他长期职工福利。企业提供给职工配偶、子女、受赡养人、已故员工遗属及其他受益人等的福利,也属于职工薪酬。

职工薪酬中所指的职工,是指与企业订立劳动合同的所有人员,含全职、兼职和临时职工;还有虽未与企业订立劳动合同但由企业正式任命的人员;以及未与企业订立劳动合同或未由其正式任命,但向企业所提供服务与职工所提供服务类似的人员,包括通过企业与劳务中介公司签订用工合同而向企业提供服务的人员。

职工薪酬中的短期薪酬,是指企业在职工提供相关服务的年度报告期间结束后12个月内需要全部予以支付的职工薪酬,因解除与职工的劳动关系给予的补偿除外。短期薪酬是职工薪酬的主要形式,包括的内容如下:①职工工资、奖金、津贴和补贴;②职工福利费;③医疗保险费、工伤保险费等社会保险费(养老保险费和失业保险费按规定确认为离职后福利);④住房公积金;⑤工会经费和职工教育经费;⑥非货币性福利;⑦短期带薪缺勤;⑧短期利润分享计划。

由上可知,职工薪酬作为企业的一项支出,在实际发生时应根据职工提供服务的受益对象的不同,确认薪酬费用,分别形成企业的费用成本或应计入有关资产的成本,其中:直接进行产品生产的生产工人的薪酬,应记入“生产成本”账户,形成产品成本中的直接人工费用;车间管理人员的薪酬,应记入“制造费用”账户;企业行政管理人员的薪酬,应记入“管理费用”账户;在建工程人员薪酬,应记入“在建工程”账户;专设销售机构人员薪酬,应记入“销售费用”账户;研究开发人员的薪酬,应记入“研发支出”账户等。

实际工作中,在对企业职工的薪酬进行核算时,应于每月末根据工资结算汇总表或按月编制的“职工薪酬分配表”进行相关的账务处理,登记有关的总分类账户和明细分类账户。

为了核算职工薪酬的发生和分配等内容,需要设置“应付职工薪酬”账户,它属于负债类账户。该账户是用来反映和监督企业应付给职工的薪酬以及企业与职工薪酬结算情况的账户。该账户贷方登记本月计算的应付职工薪酬总额,同时应付的职工薪酬应被作为一项费用按其受益对象分配记入有关成本费用账户或相关资产账户;借方登记本月实际支付的职工薪酬数。月末如为贷方余额,表示本月应付职工薪酬大于实付职工薪酬的数额,即应付未付的职工薪酬;如为借方余额,表示本月实付职工薪酬大于应付职工薪酬的数额。(实际工作中,企业本月实际支付给职工的薪酬数是按照上月考勤记录计算确定的,故应付职工薪酬与实付职工薪酬可能有差额。)该账户应按“工资”“职工福利”“社会保险费”“住房公积金”“工会经费”“职工教育经费”“非货币性福利”等应付职工薪酬项目设置明细账户,进行明细分类核算。

【例 4-20】 20××年 12 月 10 日,中信公司签发现金支票向银行提取现金 97 000 元,备发工资。

分析:这项经济业务的发生,一方面使得中信公司库存现金增加了 97 000 元,应记入“库存现金”账户的借方;另一方面使得中信公司的银行存款减少了 97 000 元,应记入“银行存款”账户的贷方。这项经济业务应编制如下会计分录:

借:库存现金　　97 000

　贷:银行存款　　97 000

【例 4-21】 20××年 12 月 10 日,中信公司以现金发放本月份工资 97 000 元。

分析:这项经济业务的发生,一方面使得中信公司应付职工薪酬减少了 97 000 元,应记入“应付职工薪酬”账户的借方;另一方面使得中信公司的库存现金减少了 97 000 元,应记入“库存现金”账户的贷方。这项经济业务应编制如下会计分录:

借:应付职工薪酬——工资　　97 000

　贷:库存现金　　97 000

【例 4-22】 20××年 12 月 31 日,中信公司本月工资结算汇总表列示如下:生产工人工资 50 000 元,车间管理人员工资 7 000 元,企业行政管理人员工资 40 000 元,总计 97 000元。生产工人工资按产品生产工时比例在 A,B 两种产品之间分配,其中:A 产品生产工时为60 000小时,B产品生产工时为40 000小时。

分析:这项经济业务的发生,一方面使得中信公司本月应负担的工资费用增加了97 000元,这些工资费用应计入企业当期的成本费用,其中:生产工人工资50 000元,应记入“生产成本”账户的借方,车间管理人员工资7 000元,应记入“制造费用”账户的借方,企业行政管理人员工资40 000元,应记入“管理费用”账户的借方;另一方面使得中信工资的应付职工薪酬增加了97 000元,应记入“应付职工薪酬”账户的贷方。同时,记入“生产成本”账户的生产工人工资50 000元,应按照产品生产工时比例分配计入A、B产品成本,构成产品成本中的直接人工费用。

直接人工费用分配率=50 000/(60 000+40 000)=0.5(元/小时)

A产品应分配的人工费用=60 000×0.5=30 000(元)

B产品应分配的人工费用=40 000×0.5=20 000(元)

这项经济业务应编制如下会计分录:

借:生产成本——A产品　　30 000
　　　　　——B产品　　20 000
　　制造费用　　7 000
　　管理费用　　40 000
　贷:应付职工薪酬——工资　　97 000

【例4-23】　20××年12月31日,中信公司根据工资总额分别按30%、14%、8%的比例计提本月份社会保险费、职工福利费、住房公积金如表4-3所示。

表4-3　薪酬费用计提表

20××年12月　　单位:元

人员、部门	工资总额	社会保险费(30%)	职工福利费(14%)	住房公积金(8%)	计提费用合计
生产工人	50 000	15 000	7 000	4 000	26 000
其中:A产品	30 000	9 000	4 200	2 400	15 600
B产品	20 000	6 000	2 800	1 600	10 400
车间管理人员	7 000	2 100	980	560	3 640
企业行政管理人员	40 000	12 000	5 600	3 200	20 800
合　计	97 000	29 100	13 580	7 760	50 440

分析:这项经济业务的发生,一方面使得中信公司应负担的社会保险费、职工福利费、住房公积金方面的支出增加了50 440元,这些支出应计入企业当期的成本或费用,其中:按A产品生产工人工资计提的15 600元,应记入“生产成本——A产品”账户的借方,按B产品生产工人工资计提的10 400元,应记入“生产成本——B产品”账户的借方,按车间管理人员工资计提的3 640元,应记入“制造费用”账户的借方,按企业行政管理人员工资计提的20 800元,应记入“管理费用”账户的借方;另一方面中信公司的社会保

险费增加了 29 100 元,职工福利费增加了 13 580 元,住房公积金增加了 7 760 元,均增加了企业对职工所承担的一种应尽的责任或义务,所以应记入“应付职工薪酬”账户的贷方。这项经济业务应编制如下会计分录:

借:生产成本——A 产品　　15 600
　　　　　——B 产品　　10 400
　制造费用　　3 640
　管理费用　　20 800
　贷:应付职工薪酬——社会保险费　　29 100
　　　　　　　　——职工福利　　13 580
　　　　　　　　——住房公积金　　7 760

【例 4-24】 20××年 12 月 31 日,中信公司以现金支付职工王某生活困难补助费 1 000元。

分析:这项经济业务的发生,一方面使得中信公司的现金减少了 1 000 元,应记入“库存现金”账户的贷方;另一方面中信公司因实现了对职工在福利待遇方面的承诺而使得其应付福利费也减少了 1 000 元,应记入“应付职工薪酬——职工福利”账户的借方。这项经济业务应编制如下会计分录:

借:应付职工薪酬——职工福利　　1 000
　贷:库存现金　　1 000

3)制造费用归集和分配的核算

制造费用是工业企业为了生产产品和提供劳务而发生的各种间接生产费用。其主要内容是企业的生产部门(基本生产车间即产品生产车间)为组织和管理生产活动而发生的费用,如车间管理人员的薪酬费用,车间生产使用的照明费、取暖费、运输费、劳动保护费等。在生产多种产品的企业里,制造费用在发生时一般无法直接判定其应归属的成本核算对象,因而不能直接计入所生产的产品成本中,必须将上述各种费用按照发生的不同空间范围在“制造费用”账户中予以归集、汇总,然后采用一定的标准(如生产工人工资、生产工时等),在各种产品之间进行合理的分配,以便于正确确定各种产品应负担的制造费用额。在制造费用的归集过程中,要按照权责发生制核算基础的要求,正确地处理跨期间的各种费用,使其分摊于应归属的会计期间。

制造费用包括的具体内容又可以分为三部分:

第一部分是间接用于产品生产的费用,如机物料消耗费用,车间生产用固定资产的折旧费、保险费,车间生产用的照明费、劳动保护费等。

第二部分是直接用于产品生产,但管理上不要求或者不便于单独核算,因而没有单独设置成本项目进行核算的某些费用,如生产工具的摊销费、设计制图费、试验费以及生产工艺用的动力费等。

第三部分是车间用于组织和管理生产的费用,如车间管理人员的薪酬费,车间管理用的固定资产折旧费、车间管理用具的摊销费、车间管理用的水电费、办公费、差旅费等。

下面举例说明制造费用的归集(部分业务)与分配的总分类核算:

【例4-25】　20××年12月31日,中信公司以银行存款支付车间办公费500元、水电费96 000元、劳动保险费8 660元,共计105 160元。

分析:这项经济业务的发生,一方面使得中信公司本月制造费用增加了105 160元,应记入“制造费用”账户的借方;另一方面使得中信公司的银行存款减少了105 160元,应记入“银行存款”账户的贷方。这项经济业务应编制如下会计分录:

借:制造费用　　105 160

　　贷:银行存款　　105 160

【例4-26】　20××年12月1日,中信公司本月生产车间租入了机器设备一台,租期两年,租金共计48 000元当即以银行存款支付。

分析:这项经济业务的发生,一方面中信公司本月车间租入设备,租金48 000元应在两年的期限内按月摊销计入成本费用,应记入“长期待摊费用”账户的借方;另一方面使得中信公司的银行存款减少了48 000元,应记入“银行存款”账户的贷方。这项经济业务应编制如下会计分录:

借:长期待摊费用——设备租金　　48 000

　　贷:银行存款　　48 000

说明:“长期待摊费用”账户,用来核算企业已经发生但应由本期和以后各期负担的分摊期限在1年以上的各项费用,属于资产类账户。该账户的借方登记企业发生的各项长期待摊费用,贷方登记分期摊销的各项长期待摊费用,该账户期末借方余额,反映企业尚未摊销完的长期待摊费用的摊余价值。该科目应按费用项目设置明细账户,进行明细分类核算。

【例4-27】　20××年12月31日,中信公司摊销应由本月负担的生产车间租入机器设备租金2 000元。

分析:这项经济业务的发生,一方面中信公司本月车间应负担的设备租金增加了2 000元,应记入“制造费用”账户的借方;另一方面使得中信公司的长期待摊费用减少了2 000元,应记入“长期待摊费用”账户的贷方。这项经济业务应编制如下会计分录:

借:制造费用　　2 000

　　贷:长期待摊费用——设备租金　　2 000

【例4-28】　20××年12月31日,中信公司计提本月固定资产折旧15 400元,其中生产车间固定资产折旧6 400元,企业行政管理部门固定资产折旧9 000元。

分析:这项经济业务的发生,一方面使得中信公司当月车间发生的固定资产折旧费增加了6 400元,应记入“制造费用”账户的借方,企业行政管理部门发生的固定资产折旧费增加了9 000元,应记入“管理费用”账户的借方;另一方面中信公司本月固定资产在使用过程中发生损耗15 400元,从而使得固定资产价值减少,即折旧增加了15 400元,应记入“累计折旧”账户的贷方。这项经济业务应编制如下会计分录:

借:制造费用　　6 400

　　管理费用　　9 000

　　贷:累计折旧　　15 400

企业的固定资产由于使用等原因会发生损耗,既有机械磨损和自然力作用等有形损耗,也有因为科学技术的不断进步使得固定资产被提前淘汰等无形损耗。固定资产损耗的价值即折旧,对固定资产应通过提取折旧的方式将其损耗的价值计入当期成本费用中,形成企业的折旧费用。提取固定资产折旧时,一方面意味着当期的成本费用增加,应区分不同的用途记入不同的成本费用类账户,其中车间固定资产提取的折旧额应记入"制造费用"账户的借方,企业行政管理部门用固定资产提取的折旧额应记入"管理费用"账户的借方;另一方面,固定资产已提折旧额的增加,实际上是固定资产价值的减少,本应记入"固定资产"账户,但是由于"固定资产"账户只能记录固定资产的取得成本(在固定资产使用期内,一般是不变的),所以,对于固定资产提取的折旧额应记入"累计折旧"账户的贷方,表示固定资产已提折旧的增加。

为了核算固定资产的损耗价值,需要设置"累计折旧"账户。该账户的性质是资产类账户,用来核算企业固定资产已提折旧的累计数额。其贷方登记按月提取的折旧额,即累计折旧的增加,借方登记因减少固定资产而减少的累计折旧额。期末余额在贷方,表示已提折旧的累计额。该账户一般只进行总分类核算,不进行明细分类核算。如果要查明某项固定资产已提折旧的具体情况,一般通过固定资产卡片(台账)来确定。

关于固定资产的折旧需要注意:为了给固定资产的管理提供有用的会计信息,真实、正确地反映企业固定资产价值的增减变动及其结存情况,在会计核算过程中设置了"固定资产"账户。由于固定资产在其较长的使用期限内保持原有实物形态,而其价值却随着固定资产的损耗而逐渐减少,但其实物未被报废清理之前,总有一部分价值相对固定在实物形态上。固定资产管理要求原价与实物口径相一致,以考核固定资产的原始投资规模。固定资产由于损耗而减少的价值就是固定资产的折旧。固定资产的折旧应该作为折旧费用计入产品成本和期间费用,这样做不仅是为了使企业在将来有能力重置固定资产,更主要的是为了实现期间收入与费用的正确配比。实际工作中,计提固定资产折旧,通常是通过编制"固定资产折旧计算表",根据期初固定资产的原价和规定的折旧率按月计算提取的。

基于固定资产的上述特点,为了使"固定资产"账户能按固定资产的取得成本反映其增减变动和结存情况,并便于计算和反映固定资产的账面净值(折余价值),需要专门设置一个用来反映固定资产损耗价值(即折旧额)的账户,即"累计折旧"账户。每月计提的固定资产折旧记入该账户的贷方,表示固定资产因损耗而减少的价值;对于固定资产因出售、报废等原因引起的取得成本的减少,在注销固定资产的取得成本时,贷记"固定资产"账户,同时还应借记"累计折旧"账户,注销其已提取的折旧额。"累计折旧"账户期末应为贷方余额,表示现有固定资产已提取的累计折旧额。将"累计折旧"账户的贷方余额抵减"固定资产"账户的借方余额即可确定固定资产的净值。

【例 4-29】 20××年 12 月 31 日,中信公司将本月发生的制造费用按照生产工时比例分配计入 A,B 产品生产成本。其中 A 产品生产工时 60 000 小时,B 产品生产工时 40 000 小时。

企业发生的制造费用属于间接费用,所以需要采用一定的标准在各种产品之间进行合理的分配。制造费用可以采用的分配标准有:按生产工人工资比例分配;按生产工人工时比例分配;按机器设备运转台时分配;按耗用原材料的数量或成本分配;按产品产量分配等。企业可以根据自身管理的需要、产品的特点等选择采用某种标准,但是标准一经确定,应按照可比性的要求,不得随意变更。

分析:对于这项经济业务,首先归集本月发生的制造费用,即根据材料费用归集分配、人工费用归集分配、制造费用归集等业务内容可以确定公司本月发生的制造费用为125 000 元(800+7 000+3 640+105 160+2 000+6 400),然后按照生产工时比例进行分配,即:将分配的结果计入产品成本时,一方面使得产品生产费用增加 125 000 元,应记入"生产成本"账户的借方;另一方面使得公司的制造费用减少 125 000 元,制造费用的减少是费用的结转,应记入"制造费用"账户的贷方。实际工作中,制造费用的分配是通过编制"制造费用分配表"来进行的,如表 4-4 所示。

表 4-4　制造费用分配表

20××年 12 月　　单位:元

产　品	生产工时	分配率	分配额
A	60 000		75 000
B	40 000		50 000
合　计	100 000	1.25	125 000

这项经济业务应编制如下会计分录:

借:生产成本——A 产品　　75 000

　　　　　　——B 产品　　50 000

　贷:制造费用　　125 000

4.4.3　产品生产成本的计算及完工产品成本的结转

产品成本计算是产品生产业务核算的主要内容。进行产品生产成本计算,就是将企业生产过程中为制造产品所发生的各种费用,按照所生产产品的品种(即成本计算对象)进行分配和归集,计算各种产品的实际总成本和单位成本。计算产品生产成本,既为入库产成品提供了计价的依据,也是确定各会计期间盈亏的需要。

产品生产成本计算的一般程序:

1)确定成本计算对象

进行成本计算,首先要确定成本计算对象。所谓成本计算对象,就是指生产费用归属的对象,即通常所说的计算什么的成本。例如要计算各种产品的成本,那么产品品种就是成本计算对象。成本计算对象的确定,是设置产品成本明细账(或成本计算单),归集生产费用,正确计算产品成本的前提。不同类型的企业由于生产特点和管理要求不同,成本计算对象也不一样,而不同的成本计算对象又决定了不同成本计算方法的特点。但是,不论采用哪种方法,最终都要按照产品品种计算出产品成本,因而按照产品品种计算成本,是产品成本计算的最基本方法。

2)按成本项目分配和归集生产费用

计入产品成本的生产费用在生产过程中的用途是不同的。有的直接用于产品生产,如原材料、生产工人工资;有的间接用于产品生产,如制造费用。为了具体地反映产品成本的构成,还应该进一步将计入产品成本的生产费用按其用途划分为若干项目,即产品成本项目,然后将计入产品成本的生产费用按成本项目进行归集,计算产品的生产成本。

工业企业一般设立以下三个成本项目:

①原材料。亦称直接材料,是指直接用于产品生产、构成产品实体的原料、主要材料以及有助于产品形成的辅助材料等。

②薪酬费用。亦称直接人工,是指直接参加产品生产的工人的薪酬。

③制造费用。是指生产车间在组织和管理生产过程中发生的,应计入产品成本但没有专设成本项目的各项生产费用,其中大部分是间接用于产品生产的费用,如机物料消耗、辅助工人的工资、车间厂房和建筑物的折旧费,以及车间为组织和管理生产所发生的费用等。此外制造费用还包括一部分直接用于产品生产,但不便于直接计入产品成本,因而没有专设成本项目的费用,如机器设备的折旧费用等。至于企业行政管理部门为组织和管理生产经营所发生的管理费,以及专设销售机构为销售产品所发生的费用等,应作为期间费用直接计入当期损益,而不计入产品生产成本。

产品成本明细账就是按照上述成本项目设置专栏或专行,用来归集应计入各种产品的生产费用。

在以产品品种为成本计算对象的企业或车间,如果只生产一种产品,计算产品成本时,只需为这种产品开设一本明细账,账内按照成本项目设立专栏或专行。在这种情况下,发生的生产费用全部都是直接计入费用,可以直接计入产品成本明细账,而不存在在各种产品之间分配费用的问题。如果生产的产品不止一种,就应按照产品品种分别开设产品成本明细账,发生的费用中,凡能分得清为哪种产品所消耗的,应根据有关凭证直接计入该种产品成本明细账;凡分不清的,如制造费用或几种产品共同耗用的某种原材料费用、生产工人的计时工资等,则应采取适当的分配方法在各种产品之间进行分配,然后计入各产品成本明细账。

间接计入费用的分配方法有多种,例如,应由几种产品共同负担的生产工人计时工资和制造费用,一般是按各种产品耗用的生产工时(实际工时或定额工时)比例进行分配。

3)计算产品生产成本

按照产品品种来计算产品的生产成本,一般是月末进行。到月末,企业生产的某一种产品可能会出现全部完工,也可能只是部分完工,还有可能是全部未完工。完工的产品称为产成品,未完工的产品称为在产品。如果月末某种产品全部完工,该种产品成本明细账所归集的费用总额,就是该种完工产品的总成本,除以该种产品的总产量即可计算出该种产品的单位成本;如果月末某种产品全部未完工,该种产品成本明细账所归集的费用总额,就是该种产品在产品的总成本;如果月末某种产品一部分完工一部分未完工,这时,归集在产品成本明细账中的费用总额,还要采用适当的分配方法在完工产品和在产品之间进行分配,然后才能计算出完工产品的实际总成本和单位成本。生产费用如何在完工产品和在产品之间进行分配,是成本计算中的一个既重要而又复杂的问题,关于这方面的问题将在成本会计课程中详细讲述。

完工产品成本的简单计算公式为:

期初在产品成本+本期发生的生产费用=本期完工产品生产成本+期末在产品成本

本期完工产品生产成本=期初在产品成本+本期发生的生产费用-期末在产品成本

期初在产品成本,也即"生产成本"账户的期初余额;本期发生的生产费用,也即本期经过归集分配记入"生产成本"账户的借方发生额;期末在产品成本,也即"生产成本"账户的期末余额。本期完工产品成本,就是已经完成全部生产过程并已验收入库的产成品的成本。所谓产成品是指已经完成全部生产过程并已验收入库、符合标准规格和技术条件,可以按照合同规定的条件送交订货单位,或可以作为商品对外销售的产品。根据完工产品生产成本计算单的资料就可以结转完工、验收入库产品的生产成本。

为了核算完工产品成本结转及其库存商品成本情况,需要设置"库存商品"账户。该账户的性质是资产类账户,用来核算企业库存的外购商品,自制产品即产成品、自制半成品、存放在门市部准备出售的商品、发出展览的商品以及寄存在外的商品等的实际成本的增减变动及其结存情况。其借方登记验收入库商品成本的增加,包括外购、自产、委托加工等;贷方登记库存商品成本的减少(发出),期末借方余额,表示库存商品成本的期末结余额。"库存商品"账户应按照商品的种类、品种和规格等设置明细账,进行明细分类核算。

本例,假定月末A产品全部完工、B产品全部未完工。将前面所述的有关产品生产的各项费用直接计入或分配计入A,B两种产品的成本明细账(如表4-5、表4-6所示,年月日及凭证字号等略)之后,即可据以计算出A种产品的完工产品总成本和单位成本以及B种产品的在产品成本。

表4-5 产品成本明细账

产品名称:A产品

项 目	产量/件	直接材料/元	直接人工/元	制造费用/元	合计/元
本月发生生产费用		48 860	45 600	75 000	169 460
完工产品总成本	1 000	48 860	45 600	75 000	169 460
完工产品单位成本		48.86	45.6	75	169.46

表 4-6 产品成本明细账

产品名称:B 产品

项　目	产量/件	直接材料/元	直接人工/元	制造费用	合计/元
本月发生生产费用		25 730	30 400	50 000	106 130
月末在产品成本		25 730	30 400	50 000	106 130

【例 4-30】 20××年 12 月 31 日,中信公司经计算,本月生产的 A 产品全部完工并已验收入库,结转完工 A 产品的生产成本 169 460 元。

分析:中信公司本月生产的 A 产品的总生产成本为 169 460 元,因其全部完工验收入库,所以库存的 A 产品的价值也为 169 460 元;完工产品验收入库时,一方面应记入“库存商品”账户的借方,另一方面应记入“生产成本”账户的贷方。这项经济业务应编制如下会计分录:

借:库存商品——A 产品　　169 460

　　贷:生产成本——A 产品　　169 460

4.5　产品销售业务的核算

企业经过了产品生产过程,生产出符合市场需求、可供对外销售的产品,形成了商品存货,接着便进入销售过程。销售过程是企业产品价值和经营成果的实现过程,企业只有将生产出来的产品通过销售提供给消费者,才能将产品资金形态转换为货币资金形态,完成资金的一次循环,从而为企业的持续经营和再生产规模的扩大提供物质保障。因此,企业需要加强和重视销售过程的管理组织及会计核算。

4.5.1　产品销售业务核算的主要内容

追求利润最大化是企业开展生产经营活动的主要目标,而收入是利润的来源,没有收入就无所谓盈利。工业企业在销售产品、提供劳务等经营业务中所产生的收入称为营业收入。由于企业提供的各种产品和劳务,有的属于企业的主要经营范围,有的属于企业附带经营业务,因而与之相联系的营业收入也分为主营业务收入和其他业务收入两大类。工业企业销售产品的收入属于主营业务收入(其他业务收入略)。企业只有通过产品的对外销售获取的收入,来补偿为此而发生的支出后,才可能获得一定的利润。因此,在产品销售过程中,企业确认产品销售收入的实现、与购货方办理款项结算并收回货款、结转产品销售成本、发生产品销售费用、计算和缴纳销售税金等,便构成了销售业务核算的主要内容。

1)产品销售收入的确认与计量

销售过程的核算首先需要解决的就是销售收入的确认和计量问题。收入的确认实际上就是解决收入在什么时间入账的问题,而收入的计量就是收入以多大的金额入账的问题。企业生产经营活动所取得的收入应当按照权责发生制的要求,根据收入实现原则加以确认和计量。由于产品销售收入是工业企业收入的重要组成部分,作为企业经营业绩的重要表现形式,对产品销售收入到底应该如何确认和计量,直接关系到企业经营成果和财务状况能否得到准确报告的问题。

按照《企业会计准则第14号——收入》(财会〔2017〕22号)的要求,企业应当在履行了合同中的履约义务,即在客户取得相关商品的控制权时确认收入。这里的合同是指双方或多方之间订立有法律约束力的权利义务的协议。合同有书面形式、口头形式以及其他形式。这里的客户是指与企业订立合同以向该企业购买日常活动产出的商品或服务并支付对价的一方。取得相关商品控制权是指能够主导该商品的使用并从中获得几乎全部的经济利益,也包括有能力阻止其他方主导该商品的使用并从中获得经济利益。

企业在确认和计量收入时需要遵循一定的判断依据与流程。根据收入准则第9条的规定,合同开始日,企业应当对合同进行评估,识别该合同所包含的各单项履约义务,并确定各单项履约义务是在某一时段内履行,还是在某一时点履行,然后,在履行了各单项履约义务时分别确认收入。具体分为以下五个步骤:

第一步,识别与客户订立的合同。企业与客户之间的合同同时满足下列条件的,企业应当在客户取得商品控制权时确认收入:①合同各方已批准该合同并承诺将履行各自义务;②该合同明确了合同各方与所转让商品或提供劳务相关的权利和义务;③该合同有明确的与所转让商品相关的支付条款;④该合同具有商业实质,即履行该合同将改变企业未来现金流量的风险、时间分布或金额;⑤企业因向客户转让商品而有权取得的对价很可能收回。

对于不符合上述规定的合同,企业只有在不再负有向客户转让商品的剩余义务,且已向客户收取的对价无须退回时,才能将已收取的对价确认为收入,否则,应当将已收取的对价作为负债进行会计处理。

第二步,识别合同中的单项履约义务。履约义务,是指合同中企业向客户转让可明确区分商品的承诺。以下的承诺可作为单项履约义务:①企业向客户转让可明确区分商品(或者商品或服务的组合)的承诺。企业向客户承诺的商品同时满足下列条件的,应当作为可明确区分商品:一是客户能够从该商品本身或者从该商品与其他易于获得的资源一起使用中受益;二是企业向客户转让该商品的承诺与合同中的其他承诺可单独区分。②企业向客户转让一系列实质相同且转让模式相同的、可明确区分商品的承诺。企业应当将实质相同且转让模式相同的一系列商品作为单项履约义务。

第三步,确定交易价格。交易价格是指企业因向客户转让商品而预期有权收取的对价金额。企业代第三方收取的款项如增值税、企业预期将退还给客户的款项等不计入交易价格,而是作为负债进行处理。企业应当根据合同条款并结合以往的习惯做法确定交易价格。在确定交易价格时,企业应当考虑可变对价、合同中存在的重大融资成分、非现金对价、应付客户对价等因素的影响。

第四步,将交易价格分摊至各单项履约义务。当合同中包含两项或多项履约义务时,为了使企业分摊至每一单项履约义务的交易价格能够反映其因向客户转让已承诺的相关商品而预期有权收取的对价金额,企业应当在合同开始日按照各单项履约义务所承诺商品的单独售价的相对比例,将交易价格分摊至各单项履约义务。企业不得因合同开始日之后单独售价的变动而重新分摊交易价格。单独售价是指企业向客户单独销售商品的价格。

第五步,履行每一单项履约义务时确认收入。企业应当在履行了合同中的履约义务,即在客户取得相关商品控制权时确认收入。企业应当根据实际情况,首先判断履约义务是否满足在某一时段内履行的条件,如不满足,则该履约义务属于在某一时点履行的履约义务。

对于在某一时段内履行的履约义务,企业应当在该段时间内按照履约进度确认收入,企业在确定履约进度时应当考虑商品的性质,采用产出法或投入法确定恰当的履约进度。产出法是根据已转移给客户的商品对于客户的价值确定履约进度。投入法是根据企业为履行履约义务的投入确定履约进度。当履约进度不能合理确定时,企业已经发生的成本预计能够得到补偿的,应当按照已经发生的成本金额确认收入,直到履约进度能够合理确定为止。

对于在某一时点履行的履约义务,企业应当综合分析控制权转移的迹象,判断其转移时点:①企业就该商品享有现时收款权利;②企业已将该商品的法定所有权转移给客户;③企业已将该商品实物转移给客户;④企业已将该商品所有权上的主要风险和报酬转移给客户;⑤客户已接受该商品;⑥其他表明客户已取得商品控制权的迹象。

2)与购货方的款项结算

企业将产品销售给购货方后,应及时办理款项的结算并收回货款。货款结算的方式是多种多样的,常见的方式有以下几种:

①现款交易。即钱货两清,此种方式表现为企业销售产品后,马上收到购货方支付的现款。

②票据结算。即企业销售产品后,收到购货方提交的商业票据(如支票、商业汇票等)来结算货款。

③赊销。即企业销售产品后,约定以后收取货款。

④从预收货款中抵扣。此种方式表现为企业在销售产品之前,已向购货方预收部分货款,待到根据合同规定向购货方发出产品时,其实际销货款再从中进行抵扣。

3)产品销售成本、费用的确认

根据会计核算的配比原则,一个会计期间的产品销售收入与其相关的成本和费用,应当在同一个会计期间进行确认、计量和记录。产品的销售成本、销售过程中发生的费用和税金支出,都是企业为获取销售收入而必须付出的代价。因此这些支出也就必须从销售收入中获得补偿,并在销售收入确认的会计期间内同时予以确认。企业只有正确地核算产品的销售成本、销售费用以及销售税金,并将它与销售收入相配比,才能合理地计算出当期销售利润,从而为企业的生产经营决策提供必要的信息。

4.5.2　产品销售业务的核算

1)账户设置

产品销售业务属于工业企业的主营业务,为了反映和监督工业企业主营业务收入的实现、与购买单位之间发生的货款结算、销售成本的计算和结转、销售税金的计算和确定、销售费用的发生等内容,应设置以下账户:

(1)“主营业务收入”账户

该账户用来核算企业根据收入准则确认的销售商品、提供劳务等主营业务的收入。该账户属于损益类中的收入账户,其贷方登记企业销售商品、提供劳务等主营业务实现的收入,借方登记发生销售退回和销售折让时,应冲减本期的主营业务收入和期末转入“本年利润”账户的主营业务收入。期末结转后该账户应无余额。为了反映主营业务收入的具体情况,该账户应按主营业务的种类(产品或劳务)设置明细账,进行明细分类核算。

(2)“主营业务成本”账户

该账户核算企业根据收入准则确认销售商品、提供劳务等业务时应结转的成本。工业企业的主营业务成本就是指产品的销售成本。该账户属于损益类中的费用账户,其借方登记企业计算确定的从“库存商品”账户结转的本期已销售产品的生产成本,贷方登记需冲减的产品销售成本和期末转入“本年利润”账户的已销售产品的生产成本,期末结转后该账户应无期末余额。该账户应按主营业务的种类(产品或劳务)设置明细账,进行明细分类核算。

(3)“税金及附加”账户

该账户核算企业经营活动发生的消费税、城市维护建设税、资源税和教育费附加,以及车船税、房产税、城镇土地使用税和印花税等相关税费。该账户属于损益类中的费用账户,其借方登记企业按照规定计算确定的与经营活动相关的税费,贷方登记期末转入“本年利润”账户的税费,期末结转后该账户应无余额。该账户应按税费的种类设置明细账,进行明细分类核算。

(4)“应交税费”账户

该账户核算企业按照税法规定计算应交纳的各种税费,包括增值税、消费税、所得税、资源税、土地增值税、城市维护建设税、房产税、城镇土地使用税、车船使用税、教育费附加、耕地占用税、契税等。该账户属于负债类账户,贷方登记企业按规定计算出来的各种应交纳的税费,借方登记企业实际向税务部门交纳的各种应交税费。该账户期末贷方余额,反映企业尚未交纳的税费;期末如为借方余额,反映企业多交或尚未抵扣的税金。该账户应按应交税费的种类设置明细账,进行明细分类核算。有的税金在发生时直接缴纳,不需要预计应交数,如印花税等,不通过“应交税费”账户核算。

关于增值税,前已述及,它是以商品(含应税劳务、应税行为)在流转过程中的增值额作为计税依据而征收的一种流转税。按照我国现行增值税法的规定,增值税的纳税人是在我国境内销售货物、进口货物、提供加工修理修配劳务、服务、无形资产和不动产的单位和个人。其中,“服务”是指提供交通运输服务、建筑服务、邮政服务、电信服务、金融服务、现代服务、生活服务等。根据企业经营规模的大小及会计核算的健全程度,增值税纳税人分为一般纳税人和小规模纳税人。其中,一般纳税人增值税的计算采用抵扣的方式,即:应交增值税=销项税额-进项税额。企业购买货物、加工修理修配劳务、服务、无形资产和不动产时向供应商或劳务服务提供方支付的增值税称为进项税额,企业在销售货物、加工修理修配劳务、服务、无形资产和不动产时向购买方或接受方收取的增值税称为销项税额。增值税销项税额应按照增值税专用发票记载的货物或劳务服务售价和规定的税率计算,即:

增值税销项税额=销售货物或提供劳务服务的不含税售价×增值税税率

增值税销项税额计算出来后,销售货物或提供劳务服务时,应在“应交税费——应交增值税”账户的贷方登记,以便用以抵扣其借方的增值税进项税额,确定应交的增值税额。为了核算增值税的进、销项税额以及增值税的已交和欠交情况,需要在应交增值税明细账中设置“进项税额”“销项税额”“进项税额转出”“已交税金”等专栏分类核算。应交增值税明细账格式如表4-7所示。

表4-7 应交税费——应交增值税明细账

年		凭证号数	内容摘要	借方				贷方				借或贷	余额
月	日			进项税额	已交税金	…	合计	销项税额	进项税额转出	…	合计		

(5)“应收账款”账户

该账户用来核算企业因销售商品、产品、提供劳务等经营活动应收取的款项。该账户属于资产类账户,其借方登记企业因销售商品、产品、提供劳务等经营活动应收回的款项,贷方登记已收回的应收账款和已冲转的应收账款。期末余额在借方,表示企业尚未收回的应收账款。该账户应按不同的购货单位或接受劳务单位设置明细账,进行明细分类核算。

(6)“应收票据”账户

该账户用来核算企业因销售商品、产品、提供劳务等而收到的商业汇票,包括银行承兑汇票和商业承兑汇票。该账户属于资产类账户,其借方登记企业因销售商品、产品、提供劳务等而收到商业汇票的金额,贷方登记企业因商业汇票到期时收回票款或背书转让等情况而减少的商业汇票的金额。期末余额在借方,表示企业持有的尚未到期的商业汇票的金额。企业应设置“应收票据备查簿”,逐笔登记每一商业汇票的种类、号数和出票日、票面金额、交易合同号和付款人、承兑人、背书人的姓名或单位名称等详细资料，商业汇票到期结清票款或退票后，应在备查簿内逐笔注销。

商业汇票是由收款人或付款人（或承兑申请人）签发，由承兑人承兑，并于到期日向收款人或持票人无条件支付票款的票据。商业汇票结算方式适用于企业先发货后收款或者双方约定延期付款的具有真实的交易关系或债权债务关系等款项的结算。商业汇票的付款期限由交易双方商定，但最长不得超过 6 个月。采用商业汇票结算方式，可以使企业之间的债权债务关系表现为外在的票据，使商业信用票据化，具有较强的约束力，有利于维护和发展市场经济。商业汇票按承兑人的不同，可以分为商业承兑汇票和银行承兑汇票两种。

(7)“预收账款”账户

该账户用来核算企业按照合同规定向购货单位预收的款项。该账户属于负债类账户，其贷方登记企业向购货单位的预收款项，借方登记企业按合同规定用产品或劳务抵偿的预收账款。期末余额在贷方，表示企业已预收还尚未抵扣的款项。该账户应按不同的购货单位设置明细账，进行明细分类核算。

2)销售业务的核算

(1)产品销售收入的实现及其款项结算的核算

【例 4-31】　20××年 12 月 7 日，中信公司收到华中公司预定 A 产品的货款 30 000 元存入银行。

分析：这项经济业务的发生，一方面使中信公司的银行存款增加了 30 000 元，应记入“银行存款”账户的借方；另一方面使预收账款增加了 30 000 元，预收款项是一种负债，应记入“预收账款”账户的贷方。这项经济业务应编制如下会计分录：

借：银行存款　　30 000

　贷：预收账款——华中公司　　30 000

【例 4-32】　20××年 12 月 13 日，中信公司向某公司销售 A 产品 100 件，每件售价 300 元。开出的增值税专用发票上注明：价款 30 000 元，增值税款 3 900 元；全部款项共计 33 900 元已通过银行转账收讫。

分析：这项经济业务的发生，一方面使中信公司的银行存款增加了 33 900 元，应记入“银行存款”账户的借方；另一方面因销售产品而获得 30 000 元的收入，应记入“主营业务收入”账户的贷方；另外，中信公司代国家向某公司收取的 3 900 元的增值税，则应作为一项负债记入“应交税费”账户的贷方。这项经济业务应编制如下会计分录：

借：银行存款　　33 900

　贷：主营业务收入　　30 000

　　应交税费——应交增值税（销项税额）　　3 900

【例 4-33】　20××年 12 月 17 日，向宏远公司销售 A 产品 50 件，增值税专用发票上注明价款 15 000 元，税款 1 950 元；并在产品发运时以银行存款代垫运杂费 500 元，增值税额 45 元（税率 9%）。上述款项暂未收到。

分析：这项经济业务的发生，一方面使中信公司因赊销产生的应收账款增加了 17 495

元(15 000+1 950+500+45),应记入“应收账款”账户的借方;另一方面因销售产品而获得了收入15 000元,应记入“主营业务收入”账户的贷方,而中信公司代国家向宏远公司收取的1 950元的增值税,则应作为一项负债记入“应交税费”账户的贷方,因代垫运杂费而使银行存款减少了500元应记入“银行存款”账户的贷方。这项经济业务应编制如下会计分录:

借:应收账款——宏远公司　　17 495
　贷:主营业务收入　　15 000
　　应交税费——应交增值税(销项税额)　　1 995
　　银行存款　　500

【例4-34】 20××年12月20日,中信公司采用商业汇票结算方式向南海公司销售B产品150件,每件售价240元,共计价款36 000元,应收取的增值税销项税额4 680元,收到南海公司签发的一张金额为40 680元、期限为6个月的银行承兑汇票一份。

分析:这项经济业务的发生,使得中信公司一方面因销售收到票面金额40 680元的商业汇票,应记入“应收票据”账户的借方;另一方面因销售产品而获得收入36 000元,应记入“主营业务收入”账户的贷方;而中信公司代国家向南海公司收取的4 680元的增值税,则应作为一项负债记入“应交税费”账户的贷方。这项经济业务应编制如下会计分录:

借:应收票据　　40 680
　贷:主营业务收入　　36 000
　　应交税费——应交增值税(销项税额)　　4 680

【例4-35】 20××年12月23日,中信公司按合同规定,向华中公司发运其预定的A产品100件,每件售价250元,开具的增值税专用发票注明:价款25 000元,税款3 250元,价税合计28 250元。上述款项从华中公司预付的货款30 000元中抵扣,同时以现金退还多收货款1 750元。

分析:这项经济业务的发生,一方面使得中信公司因抵扣销货款28 250元和退还预收的余款1 750元而减少了预收货款30 000元,应记入“预收账款”账户的借方;另一方面使得中信公司因销售产品而获得收入25 000元,应记入“主营业务收入”账户的贷方;而中信公司代国家向华中公司收取的3 250元的增值税,则应作为一项负债记入“应交税费”账户的贷方,因退还多收货款而使现金减少了1 750元,应记入“库存现金”账户的贷方。这项经济业务应编制如下会计分录:

借:预收账款——华中公司　　30 000
　贷:主营业务收入　　25 000
　　应交税费——应交增值税(销项税额)　　3 250
　　库存现金　　1 750

【例4-36】 20××年12月31日,中信公司持有的一张商业汇票到期,收回票款70 000元存入银行。

分析:这项经济业务的发生,一方面使中信公司的银行存款增加了70 000元,应记入

“银行存款”账户的借方；另一方面因商业汇票到期而使债权减少了 70 000 元，应记入“应收票据”账户的贷方。这项经济业务应编制如下会计分录：

借：银行存款　　70 000

　贷：应收票据　　70 000

【例 4-37】　20××年 12 月 31 日，中信公司收到宏远公司偿还所欠货款 18 050 元转账支票一张，当即存入银行。

分析：这项经济业务的发生，一方面使中信公司的银行存款增加了 18 050 元，应记入“银行存款”账户的借方；另一方面因收回欠款而使债权减少了 18 050 元，应记入“应收账款”账户的贷方。这项经济业务应编制如下会计分录：

借：银行存款　　18 050

　贷：应收账款——宏远公司　　18 050

(2)产品销售成本的计算和结转

企业在销售过程中销售产品，一方面减少了库存的商品存货，另一方面作为取得销售收入而垫支的资金，表明企业发生了费用，我们把这项费用称为产品销售成本，即主营业务成本。将销售发出的产品成本结转为主营业务成本，应遵循配比的要求，即不仅主营业务成本的结转应与主营业务收入在同一会计期间加以确认，而且应与主营业务收入在销售产品的数量上保持一致。主营业务成本的计算公式如下：

本期应结转的主营业务成本＝本期销售产品数量×单位产品生产成本

上式中单位产品生产成本的确定，应考虑期初库存商品成本和本期入库的商品成本情况，可以分别采用先进先出法、加权平均法、移动平均法和个别计价法等方法加以确定，方法一经确定，不得随意变更，以保证可比性会计信息质量。

【例 4-38】　20××年 12 月 31 日，中信公司结转本月已销售的 A、B 产品的生产成本，其中 A 产品的单位成本为 130 元，B 产品的单位成本为 120 元。

分析：首先需要计算确定已销售的 A、B 产品的生产成本。由于本期销售 A 产品 250 件(100+50+100)，其销售成本为 32 500 元(130×250)，本期销售 B 产品 150 件，其销售成本为 18 000 元(120×150)。这项经济业务的发生，一方面使得中信公司的产品销售成本增加了 50 500 元(32 500+18 000)，应记入“主营业务成本”账户的借方；另一方面因为产品销售而使得库存商品的成本减少了 50 500 元，应记入“库存商品”账户的贷方。这项经济业务应编制如下会计分录：

借：主营业务成本　　50 500

　贷：库存商品——A 产品　　32 500

　　　　　　——B 产品　　18 000

(3)税金及附加的核算

企业在销售商品过程中，实现了商品的销售额，就应该向国家税务机关缴纳各种销售税金及附加，包括消费税、资源税、城市维护建设税和教育费附加，以及车船使用税、房产税、城镇土地使用税和印花税等相关税费。实际工作中，这些税费一般是根据当月销

售额或税额,按照规定的税率计算,于下月初缴纳的。其中:

应交消费税=应税消费品的销售额(或销售量)×消费税税率(或单位消费税额)

应交城市维护建设税=(当期应交增值税+当期应交消费税)×城建税税率

应交教育费附加=(当期应交增值税+当期应交消费税)×教育费附加率

由于实际工作中这些税金及附加是在当月计算而在下月缴纳的,因而计算税金及附加时,一方面作为企业发生的一项费用支出,另一方面形成企业的一项负债。

【例 4-39】 20××年 12 月 31 日,中信公司经计算本月销售 A,B 产品应缴纳的消费税为 6 000 元,城市维护建设税 420 元,教育费附加 180 元(假设 A,B 产品为应税消费品)。

分析:这项经济业务的发生,一方面使得中信公司的税金及附加增加了 6 600 元,应记入"税金及附加"账户的借方;另一方面使得公司的应交税费增加了 6 600 元。应记入"应交税费"账户的贷方。这项经济业务应编制如下会计分录:

借:税金及附加	6 600	
贷:应交税费——应交消费税		6 000
——应交城建税		420
——应交教育费附加		180

企业在销售过程中,为了销售产品,还会发生各种销售费用,如广告费等。按照企业会计准则的规定,销售费用应作为期间费用直接计入当期损益,因而关于销售费用的核算,将在下一节关于期间费用的核算中阐述。

4.6 财务成果业务的核算

企业作为一个独立的经济实体,其经营活动的主要目的就是要不断地提高企业的盈利水平,增强企业的获利能力。利润就是一个反映企业获利能力的综合指标,利润水平的高低不仅反映企业的盈利水平,而且还反映企业向社会所做贡献的大小,同时也是各有关方面对本企业进行财务预测和投资决策的重要依据。

所谓财务成果(Financial Outturn)是指企业在一定会计期间所实现的最终经营成果,也就是企业所实现的利润或亏损总额。利润是按照配比的要求,将一定时期内存在因果关系的收入和费用进行配比而产生的结果,收入大于费用支出的差额部分为盈利,反之则为亏损。利润是综合反映企业在一定时期生产经营成果的主要指标。企业各方面的情况,诸如劳动生产率的高低、产品是否适销对路、产品成本和期间费用的节约与否,都会通过利润指标得到综合反映。因此,获取利润就成为企业生产经营的主要目的之一。财务成果是一个计算的结果,而正确计算盈亏的关键在于合理地确认企业的收入和费用,并使二者正确地配比。企业实现的利润,要按照国家的有关规定进行分配。因此,利润形成和利润分配,便成了财务成果核算的主要内容。

4.6.1　利润的构成与计算

利润是一个综合指标,它综合了企业在经营过程中的所得与所费,因而对于利润的确认与计量,是以企业生产经营活动过程中所实现的收入和发生的费用的确认和计量为基础的,同时还包括通过投资活动而获得的投资收益,以及与生产经营活动没有直接关系的营业外收支等。由此可见,反映企业财务成果的利润,就其构成内容来看,既有通过生产经营活动而获得的,也有通过投资活动而获得的,还有那些与生产经营活动没有直接关系的各项收入和支出等。按照我国会计准则的规定,工业企业的利润一般包括营业利润和营业外收支等内容。

1)利润总额的计算

利润(或亏损)总额=营业利润+营业外收入-营业外支出

其中:营业利润=营业收入-营业成本-税金及附加-管理费用-财务费用-销售费用-研发费用-资产减值损失-信用减值损失+投资收益(-投资损失)+公允价值变动收益(-公允价值变动损失)+资产处置收益(-资产处置损失)+其他收益

营业收入=主营业务收入+其他业务收入

营业成本=主营业务成本+其他业务成本

2)净利润的计算

净利润=利润总额-所得税费用

从以上计算过程可以发现,企业在一定会计期间形成的利润(或发生的亏损)取决于该期间全部收入和全部费用的对比,因而正确计算某一会计期间盈亏的关键在于合理确认该会计期间的收入和费用。其中有关销售过程的核算已在上一节说明,本节主要介绍期间费用、营业外收支、所得税费用的核算内容,以便说明企业在一定时期内的净利润的形成过程,并在此基础上,进一步阐述净利润分配的核算。

4.6.2　利润形成的核算

1)期间费用的核算

期间费用是指不能直接归属于某个特定的产品成本,而应直接计入当期损益的各项费用。它是企业在经营过程中随着时间的推移而不断发生的与产品生产活动的管理和销售有一定的关系,但与产品的制造过程没有直接关系的各种费用。一般而言,能够很容易地确定期间费用应归属的会计期间,但难以确定其应归属的产品。所以,期间费用不计入产品的生产成本,而是从当期损益中予以扣除。

期间费用包括为管理企业的生产经营活动而发生的管理费用,为销售产品而发生的销售费用,为筹集生产经营资金而发生的财务费用等。这些费用的发生对企业取得收入有很大的作用,但很难与各类收入直接配比,所以将其视为与某一期间的营业收入相关的期间费用按其实际发生额予以确认。

管理费用是指企业行政管理部门为组织和管理企业的生产经营活动而发生的各种费用,包括企业在筹建期间发生的开办费、董事会费和行政管理部门在企业的经营管理中发生的或者应由企业统一负担的公司经费(包括行政管理部门职工薪酬、物料消耗、低值易耗品的摊销、办公费和差旅费等)、工会经费、董事会费(包括董事会成员津贴、会议费等)、聘请中介机构费、咨询费(含顾问费)、诉讼费、业务招待费、技术转让费、研究费用、排污费以及行政管理部门发生的固定资产折旧费、车间和行政管理部门发生的固定资产修理费等。

销售费用是指企业在销售商品和材料、提供劳务等日常经营过程中发生的各项费用,包括保险费、包装费、展览费、广告费、商品维修费、预计产品质量保证损失、运输费、装卸费以及为销售本企业商品而专设的销售机构(含销售网点、售后服务网点等)的职工薪酬、业务费、折旧费等经营费用。

财务费用是指企业为筹集生产经营所需资金而发生的筹资费用,主要包括利息净支出(利息支出减利息收入)、汇兑净损失(汇兑损失减汇兑收益)以及金融机构手续费等。

为了核算期间费用的发生情况,监督各项费用支出的合法性、合理性,应设置以下账户:

①“管理费用”账户。该账户用来核算企业行政管理部门为组织和管理企业的生产经营活动而发生的各项费用,它属于损益类中的费用账户。其借方登记企业发生的各项管理费用,贷方登记需冲减的管理费用和期末转入“本年利润”账户的管理费用,结转后该账户应无余额。该账户应按费用项目设置明细账,进行明细分类核算。

②“销售费用”账户。该账户用来核算企业在销售商品和材料、提供劳务的过程中发生的各种费用,它属于损益类中的费用账户。其借方登记企业发生的各种销售费用;贷方登记期末转入“本年利润”账户的销售费用,结转后该账户应无余额。该账户应按费用项目设置明细账,进行明细分类核算。

③“财务费用”账户。该账户用来核算企业为筹集生产经营所需资金而发生的筹资费用,它属于损益类中的费用账户。其借方登记本期发生的各项财务费用,如利息支出等;贷方登记需冲减的财务费用(如利息收入)和期末转入“本年利润”账户的财务费用,结转后该账户应无余额。该账户应按费用项目设置明细账,进行明细分类核算。

【例 4-40】 20××年 12 月 1 日,中信公司开出转账支票支付产品广告费 4 000 元。

分析:这项经济业务的发生,一方面使得中信公司的销售费用增加了 4 000 元,应记入“销售费用”账户的借方;另一方面使得银行存款减少了 4 000 元,应记入“银行存款”账户的贷方。这项经济业务应编制如下会计分录:

借:销售费用　　　　4 000
　贷:银行存款　　　　4 000

【例 4-41】 20××年 12 月 3 日,中信公司以银行存款支付产品销售过程中发生的运输费和装卸费 1 060 元。

分析:这项经济业务的发生,一方面使中信公司的销售费用增加了 1 060 元,应记入

“销售费用”账户的借方；另一方面使企业的银行存款减少了 1 060 元，应记入“银行存款”账户的贷方。这项经济业务应编制如下会计分录：

借：销售费用　　　　1 060
　贷：银行存款　　　　1 060

【例 4-42】　20××年 12 月 9 日，中信公司的行政管理部门耗用仓库的甲材料 50 千克，价值为 950 元。

分析：这项经济业务的发生，一方面行政管理部门耗用了材料 950 元，应记入“管理费用”账户的借方；另一方面库存原材料减少了 950 元，应记入“原材料”账户的贷方。这项经济业务应编制如下会计分录：

借：管理费用　　　　950
　贷：原材料——甲材料　　　　950

【例 4-43】　20××年 12 月 11 日中信公司用转账支票购入办公用品 1 500 元，其中企业行政管理部门领用 1 000 元，专设销售机构领用 500 元。

分析：这项经济业务的发生，一方面中信公司行政管理部门办公用品费用增加了 1 000元，应记入“管理费用”账户的借方，专设销售机构办公用品费用增加了 500 元，应记入“销售费用”账户的借方；另一方面因开出转账支票而使得银行存款减少了 1 500 元，应记入“银行存款”账户的贷方。这项经济业务应编制如下会计分录：

借：管理费用　　　　1 000
　销售费用　　　　500
　贷：银行存款　　　　1 500

【例 4-44】　20××年 12 月 17 日，中信公司王经理预借差旅费 5 000 元，以现金支票支付。

分析：这项经济业务的发生，一方面中信公司产生了一项债权（应收王经理的借款）5 000元，应记入“其他应收款”账户的借方；另一方面企业的银行存款减少了 5 000 元，应记入“银行存款”账户的贷方。这项经济业务应编制如下会计分录：

借：其他应收款——王经理　　　　5 000
　贷：银行存款　　　　5 000

【例 4-45】　20××年 12 月 25 日，中信公司王经理报销差旅费 4 750 元，冲转原借支，余款退回现金。

分析：这项经济业务的发生，一方面王经理报销差旅费使得管理费用增加了 4 750 元，应记入“管理费用”账户的借方，退回的现金使得现金增加了 250 元，应记入“库存现金”账户的借方；另一方面企业因王经理的报销而使得应收王经理的欠款减少了 5 000 元，应记入“其他应收款”账户的贷方。这项经济业务应编制如下会计分录：

借：管理费用　　　　4 750
　库存现金　　　　250
　贷：其他应收款——王经理　　　　5 000

【例 4-46】　依上例，若中信公司王经理报销差旅费 5 200 元，冲转原借支，并以现金补付 200 元。

分析：这项经济业务的发生，一方面王经理报销差旅费使得管理费用增加了 5 200 元，应记入"管理费用"账户的借方；另一方面企业因王经理的报销而使得应收王经理的欠款减少了 5 000 元，应记入"其他应收款"账户的贷方；因补付现金而使企业的库存现金减少了 200 元，应记入"库存现金"账户的贷方。这项经济业务应编制如下会计分录：

借：管理费用	5 200	
贷：其他应收款——王经理		5 000
库存现金		200

【例 4-47】 20××年 12 月 28 日，中信公司以银行存款支付业务招待费 30 000 元。

分析：这项经济业务的发生，一方面使得中信公司业务招待费增加了 30 000 元，应记入"管理费用"账户的借方；另一方面企业的银行存款减少了 30 000 元，应记入"银行存款"账户的贷方。这项经济业务应编制如下会计分录：

借：管理费用	30 000	
贷：银行存款		30 000

【例 4-48】 20××年 12 月 31 日，中信公司以银行存款支付本月份水电费 22 000 元，其中企业行政管理部门水电费 18 000 元，专设销售机构水电费 4 000 元。

分析：这项经济业务的发生，一方面使得中信公司行政管理部门水电费增加了18 000 元，应记入"管理费用"账户的借方，专设销售机构水电费增加了 4 000 元，应记入"销售费用"账户的借方；另一方面企业的银行存款减少了 18 000 元，应记入"银行存款"账户的贷方。这项经济业务应编制如下会计分录：

借：管理费用	18 000	
销售费用	4 000	
贷：银行存款		22 000

【例 4-49】 20××年 12 月 31 日，中信公司接银行转来收款通知，本月银行存款利息收入 50 000 元已入账。

分析：这项经济业务的发生，一方面使得中信公司银行存款增加了 50 000 元，应记入"银行存款"账户的借方；另一方面企业的利息收入增加了 50 000 元，应记入"财务费用"账户的贷方。这项经济业务应编制如下会计分录：

借：银行存款	50 000	
贷：财务费用		50 000

【例 4-50】 20××年 12 月 31 日，中信公司计提本月固定资产折旧 7 000 元，其中行政管理部门所使用的固定资产折旧 5 000 元，专设销售机构所使用的固定资产折旧 2 000元。

分析：这项经济业务的发生，一方面使得中信公司须负担的行政管理部门固定资产的折旧费增加了5 000 元，应记入"管理费用"账户的借方，专设销售机构固定资产的折旧费增加了 2 000 元，应记入"销售费用"账户的借方；另一方面使得中信公司的固定资产的损耗增加了7 000 元，应记入"累计折旧"账户的贷方。这项经济业务应编制如下会

计分录:

借:管理费用 5 000

　销售费用 2 000

　贷:累计折旧 7 000

【例4-51】 20××年12月31日,中信公司结算和分配本月应付行政管理人员工资100 000元,应付专设销售机构人员工资60 000元。

分析:这项经济业务的发生,一方面使得中信公司须负担的行政管理部门职工的工资费用增加了100 000元,应记入"管理费用"账户的借方,专设销售机构人员工资费用增加了60 000元,应记入"销售费用"账户的借方;另一方面使得中信公司对行政管理部门职工和专设销售机构职工的债务增加了160 000元,应记入"应付职工薪酬"账户的贷方。这项经济业务应编制如下会计分录:

借:管理费用 100 000

　销售费用 60 000

　贷:应付职工薪酬——工资 160 000

【例4-52】 依【例4-6】20××年12月31日,中信公司计提本月银行短期借款的利息。

分析:这项经济业务的发生,一方面中信公司借款的利息支出增加了2 500元(500 000×6%÷12),应记入"财务费用"账户的借方;另一方面企业应付欠银行的利息增加了2 500元,应记入"应付利息"账户的贷方。这项经济业务应编制如下会计分录:

借:财务费用 2 500

　贷:应付利息 2 500

2)营业外收支的核算

企业的营业外收支是指企业发生的与日常活动无直接关系的各项利得和损失,包括营业外收入和营业外支出。营业外收入是指企业取得的与其日常生产经营活动无直接关系的各项利得,主要包括非流动资产毁损报废利得、债务重组利得、罚没利得、政府补助利得、确实无法支付而按规定程序经批准后转作营业外收入的应付款项、捐赠利得、盘盈利得等。营业外支出是指企业发生的与其日常生产经营活动无直接关系的各项损失,主要包括固定资产盘亏损失、固定资产报废净损失、无形资产报废净损失、债务重组损失、捐赠支出、罚没支出和非常损失等。

营业外收支虽然与企业正常的生产经营活动没有直接关系,但从企业主体考虑,营业外收支同样能够增加或减少企业的利润,对企业财务成果产生一定的影响。在会计核算过程中,一般按照营业外收支具体项目发生的时间,按其实际数额在当期作为利润的加项或减项分别予以确认和计量。

为了反映和监督营业外收支的具体内容,需设置"营业外收入"和"营业外支出"账户。

①"营业外收入"账户。该账户属于损益类中的收入账户。该账户的贷方登记企业发生的各项营业外收入,借方登记期末转入"本年利润"账户的营业外收入,结转后该账

户应无余额。该账户应按收入项目设置明细账,进行明细分类核算。

②“营业外支出”账户。该账户属于损益类中的费用账户。该账户的借方登记企业发生的各项营业外支出,贷方登记期末转入“本年利润”账户的营业外支出,结转后该账户应无余额。该账户应按支出项目设置明细账,进行明细分类核算。

【例 4-53】 20××年 12 月 8 日,中信公司收到某单位的违约罚款收入 50 000 元存入银行。

分析:这项经济业务的发生,一方面使中信公司的银行存款增加了 50 000 元,应记入“银行存款”账户的借方;另一方面使企业增加了收入 50 000 元,应记入“营业外收入”账户的贷方。这项经济业务应编制如下会计分录:

借:银行存款　　50 000

　贷:营业外收入——罚没利得　　50 000

【例 4-54】 20××年 12 月 19 日,中信公司开出转账支票向希望工程捐款 20 000 元。

分析:这项经济业务的发生,一方面中信公司因开出转账支票而使得银行存款减少了 20 000 元,应记入“银行存款”账户的贷方;另一方面中信公司的无偿捐赠支出增加了 20 000 元,应记入“营业外支出”账户的借方。这项经济业务应编制如下会计分录:

借:营业外支出——捐赠支出　　20 000

　贷:银行存款　　20 000

【例 4-55】 20××年 12 月 29 日,中信公司开出转账支票支付税收滞纳金 2 000 元。

分析:这项经济业务的发生,一方面中信公司因开出转账支票而使得银行存款减少了 2 000 元,应记入“银行存款”账户的贷方;另一方面中信公司的罚没支出增加了 2 000 元,应记入“营业外支出”账户的借方。这项经济业务应编制如下会计分录:

借:营业外支出——罚没支出　　2 000

　贷:银行存款　　2 000

3)所得税费用的核算

所得税是企业按照国家税法的有关规定,对企业某一经营年度的所得,按照适用的所得税税率计算交纳的税款。企业所得税通常是按年计算、分期预交、年末汇算清缴的,其计算公式为:

应交所得税=应纳税所得额×适用税率

应纳税所得额=利润总额±所得税前利润中予以调整的项目

公式中的所得税前利润中的调整项目包括纳税调整增加项目和纳税调整减少项目两部分。纳税调整增加项目主要包括税法规定允许扣除的项目,企业已计入当期费用但超过税法规定扣除标准的金额,如超过税法规定标准的业务招待费支出、超过标准的职工福利费支出、工会经费支出、职工教育经费支出、税收罚款滞纳金、非公益性捐赠支出等;纳税调整减少项目主要包括按税法规定允许弥补的亏损和准予免税的项目,如 5 年内未弥补完的亏损、国债利息收入等。由于纳税调整项目比较复杂,在本教材中,为了简化核算起见,假设纳税调整项目为零,即无纳税调整项目,因此就可以以会计上的利润总额为基础计算所得税额。

分期预交所得税的计算：

当期累计应交所得税=当期累计应纳税所得额×所得税适用税率

当期应交所得税=当期累计应交所得税-上期累计已缴纳所得税

企业所得税是指企业应计入当期损益的所得税费用,是企业的一项费用支出。因此,按照权责发生制和收入与费用配比的原则,所得税作为一项费用支出,应在净利润前扣除。

为了反映和监督企业按规定从本期损益中扣除的所得税费用,应开设“所得税费用”账户,该账户属于损益类中的费用账户。其借方登记企业应计入本期损益的所得税费用额;贷方登记期末转入“本年利润”账户的所得税费用额,结转后该账户应无余额。

【例 4-56】　20××年 12 月 31 日,假设中信公司本月实现的利润总额为 500 000 元,适用的所得税税率为 25%,假设无纳税调整项目,计算本期所得税费用。

分析:本期应交所得税为 125 000 元(500 000×25%)。这项经济业务的发生,一方面使得中信公司须承担的所得税费用增加了 125 000 元,应记入“所得税费用”账户的借方;另一方面使得中信公司应交纳的税金增加了 125 000 元,应记入“应交税费”账户的贷方。这项经济业务应编制如下会计分录:

借:所得税费用　　　　125 000

　贷:应交税费——应交所得税　　　　125 000

4)利润形成的核算

企业在经营过程中实现了各项收入,相应地也发生了各项支出,对于这些收入和支出都已经在各有关的损益类账户中得到了相应的反映。企业的利润总额、净利润额是由企业的收入与其相关的支出进行配比、抵减而确定的,这里就涉及何时配比、抵减和怎样配比、抵减的问题。

按照我国统一会计制度的要求,企业一般应当按月核算利润,按月核算利润有困难的,经批准,也可以按季或者按年核算利润。企业计算确定本期利润总额、净利润和本年累计利润总额、累计净利润的具体方法有“账结法”和“表结法”两种。其中,账结法是在每个会计期末(一般是指月末)将各损益类账户记录的金额全部转入“本年利润”账户,通过“本年利润”账户借、贷方的记录结算出本期损益总额和本年累计损益额,在这种方法下需要在每个会计期末通过编制结账分录,结清各损益类账户;表结法是在每个会计期末(月末)各损益类账户余额不做转账处理,而是通过编制利润表进行利润的结算,根据损益类项目的本期发生额、本年累计数额填报会计报表(主要是指利润表),在会计报表中直接计算确定损益额,即利润总额、净利润额,年终,在年度会计决算时再用账结法,将各损益类账户全年累计发生额通过编制结账分录转入“本年利润”账户。“本年利润”账户集中反映了全年累计净利润的实现或亏损的发生情况。

为了核算企业一定时期内财务成果的具体形成情况,在会计上需要设置“本年利润”账户,该账户属于所有者权益类账户,用来核算企业一定时期内净利润的形成或亏损的发生情况。其贷方登记会计期末转入的各项收入,包括主营业务收入、其他业务收入、投资净收益、公允价值变动收益、资产处置收益、营业外收入等;借方登记会计期末转入的各项费用,包括主营业务成本、税金及附加、其他业务成本、资产减值损失、信用减值损失、管理费用、财务费用、销售费用、投资净损失、公允价值变动损失、资产处置损失、营业外支出和所得税费用等。该账户年内期末余额如果在贷方,表示自年初起至本期末止实现的累计净利润,如果在借方,表示累计发生的亏损。年末应将该账户的余额转入"利润分配"账户(如果是净利润,应自该账户的借方转入"利润分配"账户的贷方,如果是亏损,应自该账户的贷方转入"利润分配"账户的借方),经过结转之后,该账户年末无余额。

【例 4-57】 20××年 12 月 31 日,中信公司结账前各损益类账户余额如表 4-8 所示(该公司年末一次结转损益类账户)。

表 4-8 结账前损益类账户余额表 单位:元

账户名称	借方余额	贷方余额
主营业务收入		10 000 000
主营业务成本	5 000 000	
税金及附加	400 000	
销售费用	600 000	
管理费用	800 000	
财务费用	200 000	
营业外收入		300 000
营业外支出	100 000	
所得税费用	800 000	

①结转各项收入。

分析:这项业务的发生,一方面使得中信公司的有关损益类账户所记录的各项收入减少了,应记入各收入账户的借方;另一方面使得公司的利润额增加了,应记入"本年利润"账户的贷方。这项经济业务应编制如下会计分录:

借:主营业务收入 10 000 000
　　营业外收入 300 000
　　贷:本年利润 10 300 000

②结转各项费用。

分析:这项业务的发生,一方面使得中信公司的有关损益类账户所记录的各项费用减少了,应记入各费用账户的贷方;另一方面使得公司的利润额减少了,应记入"本年利润"账户的借方。这项经济业务应编制如下会计分录:

借:本年利润　7 900 000
　贷:主营业务成本　5 000 000
　　税金及附加　400 000
　　销售费用　600 000
　　管理费用　800 000
　　财务费用　200 000
　　营业外支出　100 000
　　所得税费用　800 000

通过期末对各损益类账户进行结转后,本期实现的全部收入和发生的全部费用都汇集在“本年利润”账户,将收入和费用对比,其差额即为本期实现的净利润或发生的净亏损。本例中,中信公司的净利润为 2 400 000 元(10 300 000-7 900 000)。

4.6.3　利润分配的核算

投资者投入企业的资金,作为股本或实收资本,参与企业的生产经营活动。企业在生产经营活动过程中取得各种收入,补偿了各项耗费之后形成盈利,并按照国家规定缴纳所得税以后,形成企业的净利润,即税后利润,对于税后利润需要按照规定在各有关方面进行合理的分配。

利润分配就是企业根据股东大会或类似权力机构批准的、对企业可供分配利润指定其特定用途和分配给投资者的行为。股份公司实现的净利润应按公司法、公司章程以及股东大会决议的要求进行分配。利润分配的过程和结果不仅关系到每个股东的权益是否得到保障,而且还关系到企业的未来发展问题,所以必须做好企业利润分配工作,正确地对利润分配的具体内容进行核算和监督。

1)利润分配的内容和程序

企业实现的净利润,应按照国家的规定和投资者的决议进行合理的分配。企业净利润的分配涉及各个方面的利益关系,包括投资者、企业以及企业内部职工的经济利益,所以必须遵循兼顾投资者利益、企业利益以及企业职工利益的原则对净利润进行分配。根据《公司法》等有关法规的规定,企业当年实现的净利润,首先应弥补以前年度尚未弥补的亏损,对于剩余部分,应按照下列顺序分配:

(1)提取法定盈余公积

法定盈余公积金应按照本年实现净利润的一定比例提取。《公司法》规定公司制企业按净利润的 10%提取;其他企业可以根据需要确定提取比例,但不得低于 10%。企业提取的法定盈余公积金累计额超过注册资本 50%以上的,可以不再提取。

(2)向投资者分配利润或股利

企业实现的净利润在扣除上述项目后,再加上年初未分配利润和其他转入数(盈余公积金弥补的亏损等),形成可供投资者分配的利润,用公式表示为:

可供投资者分配的利润=净利润-弥补以前年度的亏损-提取的法定盈余公积+以前年度未分配利润+盈余公积转入数

可供投资者分配的利润,应按下列顺序进行分配:

①支付优先股股利,是指企业按照利润分配方案分配给优先股股东的现金股利,优先股股利是按照约定的股利率计算支付的。

②提取任意盈余公积,任意盈余公积一般按照股东大会决议提取。

③支付普通股现金股利,是指企业按照利润分配方案分配给普通股股东的现金股利,普通股现金股利一般按各股东持有股份的比例进行分配;如果是非股份制企业则为分配给投资者的利润。

④转作资本(或股本)的普通股股利,是指企业按照利润分配方案以分派股票股利的形式转作的资本(或股本)。

可供投资者分配的利润经过上述分配之后,为企业的未分配利润(或未弥补亏损),年末未分配利润可按下列公式计算:

年末未分配利润=可供投资者分配的利润-优先股股利-提取的任意盈余公积-普通股股利-转作资本(或股本)的普通股股利

未分配利润是企业留待以后年度进行分配的利润或等待分配的利润,它是所有者权益的一个重要组成部分。相对于所有者权益的其他部分来说,企业对于未分配利润的使用有较大的自主权。

2)账户设置

为了核算企业利润分配的具体过程及结果,全面贯彻企业利润分配政策,以便于更好地进行利润分配业务的核算,需要设置以下几个账户。

(1)"利润分配"账户

用来核算企业一定时期内净利润的分配或亏损的弥补以及历年结存的未分配利润(或未弥补亏损)情况,该账户属于所有者权益类账户。其借方登记实际分配的利润额,包括提取的盈余公积金和分配给投资者的利润以及年末从"本年利润"账户转入的全年累计亏损额;贷方登记用盈余公积金弥补的亏损额等转入数以及年末从"本年利润"账户转入的全年实现的净利润额。年内期末余额在借方,表示已分配的利润额;年末余额如果在借方,表示未弥补的亏损额;年末余额如果在贷方,表示未分配利润额。"利润分配"账户一般应设置"盈余公积补亏""提取法定盈余公积""提取任意盈余公积""应付现金股利""转作资本(或股本)的普通股股利""未分配利润"等明细账户,进行明细分类核算。年末,应将"利润分配"账户下的其他明细账户的余额转入"未分配利润"明细账户,经过结转后,除"未分配利润"明细账户有余额外,其他各个明细账户均无余额。

必须注意,企业对实现的净利润进行利润分配,意味着企业实现的净利润这项所有者权益的减少,本应在"本年利润"账户的借方进行登记,表示直接冲减本年已实现的净利润额。但是如果这样处理,"本年利润"账户的期末贷方余额就只能表示实现的利润额减去已分配的利润额之后的差额,即未分配利润额,而不能提供本年累计实现的净利润额这项指标,而累计净利润指标又恰恰是企业管理上需要提供的一个非常重要的指标。因此,为了使“本年利润”账户能够真实地反映企业一定时期内实现的净利润数据,同时又能够通过其他账户提供企业未分配利润数据,在会计核算中,专门设置了“利润分配”账户,用以提供企业已分配的利润额。这样就可以根据需要,将“本年利润”账户的贷方余额,即累计净利润与“利润分配”账户的借方余额,即累计已分配的利润额相抵减,以求得未分配利润这项管理上所需要的指标。

(2)“盈余公积”账户

用来核算企业从税后利润中提取的盈余公积金,包括法定盈余公积、任意盈余公积的增减变动及其结余情况,该账户属于所有者权益类账户。其贷方登记提取的盈余公积金,即盈余公积金的增加,借方登记实际使用的盈余公积金,即盈余公积金的减少。期末余额在贷方,表示结余的盈余公积金。“盈余公积”应设置“法定盈余公积”“任意盈余公积”等明细账户,进行明细分类核算。

(3)“应付股利”账户

用来核算企业按照股东大会或类似权力机构决议分配给投资者的现金股利或利润的增减变动及其结余情况,该账户属于负债类账户。其贷方登记应付给投资者现金股利或利润的增加,借方登记实际支付给投资者的现金股利或利润,即应付股利的减少。期末余额在贷方,表示尚未支付的现金股利或利润。这里需要注意的是企业分配给投资者的股票股利不在本账户核算。

【例 4-58】 接上例,20××年 12 月 31 日,中信公司全年实现净利润 2 400 000 元,经股东大会批准,按净利润的 10%提取法定盈余公积金。

分析:中信公司本年实现的净利润为 2 400 000 元,因而提取的法定盈余公积金为 240 000 元(2 400 000×10%)。这项经济业务的发生,一方面使得公司的已分配的利润额增加 240 000 元,应记入“利润分配”账户的借方;另一方面使得公司的盈余公积金增加了 240 000 元,应记入“盈余公积”账户的贷方。所以这项经济业务应编制如下会计分录:

借:利润分配——提取法定盈余公积　　　　240 000
　贷:盈余公积——法定盈余公积　　　　　　240 000

【例 4-59】 20××年 12 月 31 日,中信公司全年实现净利润 2 400 000 元,经股东大会决议,按净利润的 60%分配给投资者现金股利。

分析:中信公司应分配投资者现金股利 1 440 000 元(2 400 000×60%)。这项经济业务的发生,一方面使得中信公司的已分配的利润额增加 1 440 000 元,即应记入“利润分配”账户的借方;另一方面使得公司应向投资者支付的股利增加了 1 440 000 元,应记入“应付股利”账户的贷方。这项经济业务应编制如下会计分录:

借:利润分配——应付现金股利　　　　1 440 000
　贷:应付股利　　　　　　　　　　　　1 440 000

【例 4-60】 20××年 12 月 31 日,中信公司决定以盈余公积 100 000 元和资本公积 200 000 元转增资本。

分析:这项经济业务的发生,引起中信公司所有者权益要素发生了结构的变化,一方面使得企业的盈余公积减少了 100 000 元,应记入“盈余公积”账户的借方,资本公积减少了 200 000 元,应记入“资本公积”账户的借方;另一方面企业的实收资本增加了 300 000 元,应记入“实收资本”账户的贷方。这项经济业务应编制如下会计分录:

借:盈余公积　　100 000
　资本公积　　200 000
　贷:实收资本　　300 000

【例 4-61】 20××年 12 月 31 日,中信公司年末结转全年实现的净利润。

分析:中信公司本年实现的净利润为 2 400 000 元。这项经济业务的发生,一方面使得中信公司记录在“本年利润”账户的累计净利润减少了 2 400 000 元,应记入“本年利润”账户的借方;另一方面使得公司可供分配的利润增加了 2 400 000 元,应记入“利润分配”账户的贷方。这项经济业务应编制如下会计分录:

借:本年利润　　2 400 000
　贷:利润分配——未分配利润　　2 400 000

(若为亏损,则分录相反)

【例 4-62】 20××年 12 月 31 日,中信公司年末结转利润分配账户所属的明细账户。

分析:通过前述有关业务的处理,可以确定中信公司“利润分配”账户所属有关明细账户的记录分别为:“提取法定盈余公积”明细账户余额 240 000 元,“应付现金股利”明细账户的余额为 1 440 000 元。结转时,应将各个明细账户的余额从其相反方向分别转入“未分配利润”明细账户中。也即借方的余额从贷方结转,贷方的余额从借方结转。这项经济业务应编制如下会计分录:

借:利润分配——未分配利润　　1 680 000
　贷:利润分配——提取盈余公积　　240 000
　　　　　　——应付现金股利　　1 440 000

4.7 资金退出业务的核算

由于种种原因,企业的某些资金将不再参加周转,这时要按照规定的程序使资金退出企业,从而形成企业资金退出的业务,如银行借款的偿还、税金的解缴、利润或股利的分派等。

4.7.1 银行借款偿还的核算

企业在到期偿还银行借款时,根据借款合同的规定,需要用货币资金来归还借款的本金和一定期限内的利息。这种业务的发生,一般会使得企业资产减少,同时又使得企业的债务减少。会计处理时所设置的账户主要有“短期借款”“长期借款”“应付利息”“银行存款”“库存现金”等账户。

【例4-63】　20××年12月27日,中信公司开出转账支票,支付4个月前所借的现已到期的银行借款本金40 000元和全部已预提的利息800元。

分析:这项经济业务的发生,一方面使得中信公司的银行存款共减少了40 800元,应记入"银行存款"账户的贷方;另一方面又使得中信公司借款本金减少了40 000元,应记入"短期借款"账户的借方,同时也使得中信公司所欠银行的借款利息减少了800元,应记入"应付利息"账户的借方。这项经济业务应编制如下会计分录:

借:短期借款　　40 000

　应付利息　　800

　贷:银行存款　　40 800

【例4-64】　20××年12月30日,接银行通知,中信公司向银行借入的长期借款已到期,本金和利息共计95 200元已直接从存款户中划转。

分析:这项经济业务的发生,一方面使得中信公司用于偿还借款本息的银行存款共减少了95 200元,应记入"银行存款"账户的贷方;另一方面又使得中信企业所欠银行的长期借款的本金和利息共减少了95 200元,应记入"长期借款"账户的借方。这项经济业务应编制如下会计分录:

借:长期借款　　95 200

　贷:银行存款　　95 200

4.7.2　税金缴纳的核算

企业在生产经营的过程中,根据国家税收法规的规定,应依法向国家缴纳各种应缴纳的税金,以保证国家的财政收入。企业纳税的过程中,一般是先根据税法的规定计算出应纳税额,然后再按确定的税额将货币资金支付给税务部门。由于纳税的义务是贯穿在企业的整个生产经营期间的,而且是强制性的,因此企业也有可能是在确定应纳税额之前先向税务部门预缴税金。但不管怎样,企业在依法纳税时都会引起资产的减少,进行会计处理时设置的账户主要有"应交税费""银行存款""库存现金"等账户。

【例4-65】　20××年12月31日,中信公司开出转账支票,缴纳本月所得税125 000元。

分析:这项经济业务的发生,一方面使得中信公司因纳税而减少了债务125 000元,应记入"应交税费"账户的借方;另一方面使得中信公司的存款减少了125 000元,应记入"银行存款"账户的贷方。这项经济业务应编制如下会计分录:

借:应交税费——应交所得税　　125 000

　贷:银行存款　　125 000

4.7.3　股利或利润支付的核算

前已述及,企业资金的来源主要是两方面:一是吸收投资,二是向银行借款。也就是说,投资者和债权人是企业资产的提供者,他们对企业都有不同的要求(即权益),其中投资者的权益主要表现为要分享企业的利润。因此,企业在生产经营中取得利润之后,根据协议的规定应该向投资者分配利润,即满足投资者的要求权,这也是企业的一种责任和义务。这样一来,就会使得资金从企业中退出,从而减少企业的资金。但需注意的是,这种资金的减少并不是因为企业向投资者归还其投入的本金,而是向投资者分配其投入的货币资金在企业生产经营过程中所产生的增值。这类业务进行会计处理时设置的账户主要是"应付股利""银行存款""库存现金"等账户。

【例 4-66】 20××年 12 月 31 日,中信公司通过银行向投资者转账支付本年度应付股利 1 440 000 元。

分析:这项经济业务的发生,一方面使得中信公司因向投资者支付利润而减少债务 1 440 000元,应记入"应付股利"账户的借方;另一方面也使得中信公司的存款减少了 1 440 000元,应记入"银行存款"账户的贷方。这项经济业务应编制如下会计分录:

借:应付股利　　1 440 000

　贷:银行存款　　1 440 000

【本章小结】

本章进一步结合工业企业的主要经济业务,系统地阐述了账户和借贷记账法的具体应用。重点阐述了资金筹集业务、生产准备业务、产品生产业务、产品销售业务、财务成果业务、资金退出企业及其他业务的核算过程。此外,在材料采购、产品生产和产品销售业务核算中,还举例说明了成本计算方法的应用。

【重要概念】

资本　银行借款　固定资产　销售成本　期间费用　成本项目　表结法　账结法　折旧　营业利润　利润总额　营业外收入　营业外支出　所得税　增值税　产品成本　收入　费用　营业外收入　营业外支出　财务成果　利润分配

【案例分析一】

利得股份公司的张红,在出纳、材料会计等岗位上经过几年的磨炼之后,又接手了会计稽核工作。在近半年的稽核工作实践中,张红由自视清高到虚心学习,业务能力和职业素养有了很大的提高。张红在对利得股份公司 2019 年 12 月份的有关凭单审核中,发现了如下的一些记录:

①利得股份公司在新产品发布会上公布了一款新研制的产品,该产品将在三个月后投产。在会上收到了两项客户订单及客户预交的订货款 500 000 元,记账凭证和账簿记录为:

借:银行存款　　500 000

　应收账款　　65 000

　贷:主营业务收入　　500 000

　　应交税费——应交增值税(销项税额)　　65 000

②财务处新购进两台计算机,总价 16 800 元,记账凭证和账簿记录为:

借:管理费用　　16 800

　贷:银行存款　　16 800

③公司新安装一台设备,发生工人工资费用 25 000 元,记账凭证和账簿记录为:

借:生产成本　　25 000

　贷:应付职工薪酬　　25 000

④利得股份公司新购进生产设备一套。购进价格为 350 000 元,增值税为 45 500 元,安装费(工人工资)为 12 000 元,有关记账凭证和账簿记录为:

借:在建工程　　407 500

　贷:银行存款　　395 500

　　应付职工薪酬　　12 000

借:固定资产　　407 500

　贷:在建工程　　407 500

张红认为,上述记录的执行人员在损益确认的观念上存在问题,在会计主管人员的坚持下,张红和相关业务处理人员进行了座谈。在座谈会上,相关人员对上述财务处理的理由陈述如下:

对于业务 1,相关人员认为,这样处理的原因有二:一是这 500 000 元终究是由于销售产品而引起的,作为销售收入来处理并无太大的不当之处;二是这样处理有利于国家税收。

对于业务 2,相关人员认为,计算机使用率很高,同时也是高淘汰率产品,他自己在三年前购买了一台台式计算机,由于住处电压问题,买回的第二天即被击毁。无奈之下,他又重新购买了一台,但当时价格不菲的配置,今天已成"原始武器",计算机的贬值非常之大,因此作为当期费用处理是可以的。

对于业务 3,相关人员认为,由于是本企业的生产工人进行的设备安装,将这些生产工人的工资按惯例计入生产成本无可厚非。

对于业务 4,相关人员认为,固定资产购入时支付的增值税,是不能抵扣的。

张红听了相关人员对上述账务处理的陈述后,根据自己在学校中学到的会计理论知识和工作实践经验,对上述问题做出了全面的阐述。相关人员在听了张红的论述后,心悦诚服,感到收获很大,认为张红不愧为大学毕业生,他们愉快地接受了张红的意见,并做了相应的错账纠正。

案例要求:

你知道张红是怎样阐述自己的观点的吗?假如你是张红,请你指出同事们账务处理的错误之处及改正方法。

案例提示:

对于本案例中的有关问题的处理,涉及一系列会计原则的运用,包括"权责发生制"原则、"配比"原则、"划分资本性支出与收益性支出"原则以及"谨慎性"原则等。企业在确认损益额时必须遵循上述原则,除此之外,还要受到收入准则、费用开支标准等限制。另外,对于一个公司而言,损益确认是否正确,是一个非常重要的问题,它不仅涉及企业管理当局受托责任的完成情况,而且还涉及会计信息可靠性的问题,同时还涉及检查和控制计划的执行情况、企业经营趋势的预测等。因而,必须准确把握经营损益的确认。

对于第一笔业务,公司相关人员的看法及其处理是错误的。会计是对已经发生的经济业务进行核算,而在新闻发布会上收到的500 000元款项,属于客户交来的定金,也就是公司的预收款,按照权责发生制原则的要求,对于预收的款项,在货物(或劳务)没有提供之前,是不能确定收入的。所以公司的会计将其作为收入入账是错误的,这不仅加大了公司的经营风险,而且,从长远来看,不但不利于国家的税收,反而会破坏税源。应对此项错误作如下的纠正:

借:银行存款 500 000

应收账款 65 000

贷:主营业务收入 500 000

应交税费——应交增值税(销项税额) 65 000

借:银行存款 500 000

贷:预收账款 500 000

对于第二笔业务,公司会计人员的看法存在一定的错误,其处理方法也是错误的。计算机确实属于高淘汰率资产,但是,国家在制定计算机折旧年限时已经对此作了考虑,计算机的折旧年限是比较短的,所以,不能因为其淘汰速度快而将其等同于流动资产看待。另外,计算机在使用过程中的意外毁损,只是偶然,不能因此而更改计算机作为固定资产的性质。根据上述理由,应作如下的纠正:

借:管理费用 16 800

贷:银行存款 16 800

借:固定资产 16 800

贷:银行存款 16 800

对于第三笔业务,公司会计人员的处理也是错误的,违背了费用开支范围的规定,也不符合资本性支出与收益性支出划分原则的要求。设备属于公司的固定资产,为形成固定资产而发生的支出应作为资本性支出计入固定资产价值,不能因为是本企业工人安装的,就可以将这些工人的工资计入生产成本。如果这样处理了,一方面会使得公司固定资产价值虚减;另一方面,又会使得公司本期的生产费用虚增。应作如下的纠正:

借:生产成本 25 000

贷:应付职工薪酬 25 000

借:在建工程 25 000

贷:应付职工薪酬 25 000

对于第四笔业务,公司会计人员对增值税进、销项税额的理解是错误的,导致其账务也是错误的。对于一般纳税人企业而言,购入的材料如果用于进一步加工产品,该产品销售时又属于应税业务,则增值税方可作为进项税额抵扣销项税额,否则,如果购入的材料改变了上述用途,由于不会产生销项税额,其进项税额是不得抵扣的。公司购入固定资产时所支付的增值税额允许抵扣销项税额,因此不应计入固定资产成本,而应作进项税额处理。应作如下的纠正:

借:在建工程　　407 500

　　贷:银行存款　　395 500

　　　　应付职工薪酬　　12 000

借:固定资产　　407 500

　　贷:在建工程　　407 500

借:在建工程　　350 000

　　应交税费——应交增值税(进项税额)　　45 500

　　贷:银行存款　　395 500

　　　　应付职工薪酬　　12 000

借:固定资产　　350 000

　　贷:在建工程　　350 000

【案例分析二】

利和股份公司所属的滨城工厂是一家一般纳税人企业,生产 A 产品,其产品主要在国内各大城市销售。该企业的所得税按月计算,适用的所得税税率 25%。2019 年 11 月初,该企业的税务专管员张涛到滨城工厂检查 10 月份的纳税情况,会计刘毅提供了下述有关资料:

1.反映存货的有关项目的期初、期末余额(单位:元)分别为:

	10 月 1 日	10 月 31 日
原材料	137 600	124 000
产成品	6 450	7 680
库存商品	82 180	94 450

2.本月发生的各项收入与支出如下:

生产工人的工资:73 600 元

车间管理人员的工资:27 500 元

行政管理人员的工资:14 320 元

车间一般消耗材料:14 800 元

折旧费用——机器设备:16 500 元

　　　　——生产部门房屋:11 000 元

——行政办公用房:8 500 元

本期购入材料:356 200 元

本期销售收入:596 920 元

保险费用:520 元

利息费用:2 400 元

销售费用:6 450 元

邮电费用:100 元

销售税金:29 130 元

差旅费:600 元

所得税:8 920 元

案例要求:

经过简单查对,税务专管员张涛认为滨城工厂的所得税计算有错误,请帮助会计刘毅找出错误所在,正确的所得税额应该是多少?

案例提示:

企业所得税的计算,首先应该确定应纳税所得额,在没有纳税调整事项时,即为利润总额。利润总额是由营业利润和营业外收支净额组成的,式子中最重要的项目就是营业利润,而营业利润计算得准确与否,除了受收入确认的影响之外,还取决于销售成本的结转是否正确。销售成本=期初结存的产成品+本期完工的产成品-期末库存的产成品,本期完工的产成品=期初的在产品+本期发生的生产费用-期末的在产品。题中期初的在产品和期末的在产品成本资料都已给定,所以只需要对本期发生的生产费用予以正确的归集,而本期的生产费用包括直接材料、直接人工和制造费用,这些项目需要根据题中的资料进行正确的计算。由以上的分析可以看出,本题的关键就在于本期完工产品制造成本、本期销售产品成本的计算和结转是否正确。

首先,应计算本月完工产品成本。本月完工产品成本=期初在产品成本+本期发生的生产费用-期末在产品成本。式中期初期末在产品成本题中已给定,只要把本月发生的生产费用计算出来即可,而本月发生的生产费用包括直接材料费、直接人工费和制造费用,分别计算如下:本期消耗的材料=期初库存的材料成本+本期购入的材料成本-期末库存材料成本=137 600+356 200-124 000=369 800(元),本期消耗的材料包括生产产品消耗和车间一般性消耗的材料两部分,题中已知车间一般性消耗的材料为 14 800 元,故生产产品消耗的直接材料为 369 800-14 800=355 000(元);直接人工费为 73 600 元;根据题中所给各个费用项目可知本月发生的制造费用=27 500+14 800+16 500+11 000=69 800(元),故而可知本期为生产产品而发生的生产费用总额=355 000+73 600+69 800=498 400(元)。由此可以计算出本月完工产品成本=6 450+498 400-7 680=497 170(元)。

其次,计算本期销售产品成本。本期销售产品成本=期初库存产成品成本+本月完工入库产品成本-期末库存产品成本=82 180+497 170-94 450=484 900(元)。根据题中所给项目,本月实现的销售收入为 596 920 元,本月发生的销售费用为 6 450 元,销售税金为29 130元,则产品销售利润=596 920-484 900-6 450-29 130=76 440(元)。本月发生的管理费用为14 320+8 500+520+100+600=24 040(元),财务费用为2 400元,所以可以计算出营业利润=产品销售利润-管理费用-财务费用=76 440-24 040-2 400=50 000(元)。由于该企业没有投资收益和营业外收支项目,所以营业利润即为利润总额。另外根据题中所给资料,没有其他纳税调整项目,因而利润总额就是应纳税所得额,计算出的所得税=50 000×25%=12 500(元),而该企业会计计算出的所得税税额为8 920元,显然是会计刘毅在计算上出现了错误。我们可以采取倒推的方法来寻找错误;按照刘毅的计算,所得税额为8 920元,即应纳税所得额为8 920/25%=35 680(元),与正常的利润总额相差14 320元,而这个数字恰好是该企业行政管理人员的工资,也就是说会计张群在计算利润总额时重减了行政管理人员的工资费用,导致了利润总额虚减14 320元。

【同步测练】

一、单项选择题

1.企业收到投资人投入的资本时,应贷记(　　)账户。

A.银行存款　　B.实收资本

C.固定资产　　D.原材料

2.企业结转入库材料的实际采购成本时,应借记(　　)账户。

A.材料采购　　B.原材料

C.生产成本　　D.制造费用

3.期末结算工资时,应贷记(　　)账户。

A.制造费用　　B.生产成本

C.应付职工薪酬　　D.应付账款

4.期末计提固定资产折旧时,应贷记(　　)账户。

A.管理费用　　B.制造费用

C.生产成本　　D.累计折旧

5.期末按规定税率计算本期应交消费税时,应借记(　　)账户。

A.主营业务成本　　B.税金及附加

C.所得税费用　　D.应交税费

6.本期应交所得税额是依据(　　)乘以规定的所得税税率计算的。

A.利润总额　　B.营业利润额

C.应纳税所得额　　D.净利润额

7.结转已售产品成本时,应贷记(　　)账户。

A.主营业务成本　　B.库存商品

C.原材料　　D.本年利润

8.年终结转后,"利润分配"账户的贷方余额表示(　　)。

A.实现的利润　　B.发生的亏损

C.未分配利润　　D.未弥补亏损

9.企业的各项罚款支出应计入(　　)。

A.主营业务成本　　B.其他业务成本

C.营业外支出　　D.期间费用

10."固定资产"账户是反映企业固定资产的(　　)。

A.磨损价值　　B.累计折旧

C.原始价值　　D.净值

11.企业为维持正常的生产经营所需资金而向银行等机构借入借款期在一年以内的款项一般称为(　　)。

A.长期借款　　B.短期借款

C.长期负债　　D.流动负债

12.与"制造费用"账户不可能发生对应关系的账户是(　　)。

A.长期待摊费用　　B.管理费用

C.应付职工薪酬　　D.库存商品

13.已经完成全部生产过程并已验收入库,可供对外销售的产品即为(　　)。

A.已销产品　　B.生产成本　　C.销售成本　　D.产成品

14.下列属于其他业务收入的是(　　)。

A.利息收入　　B.出售材料收入

C.投资收益　　D.清理固定资产净收益

15.在权责发生制下,下列货款应列作本期收入的是(　　)。

A.本月销货款存入银行

B.上个月销货款本月收存银行

C.本月预收下月货款存入银行

D.本月收回上月多付给供应单位的预付款存入银行

16.在下列各项税金中,不应在利润表中的"税金及附加"项目反映的是(　　)。

A.车船使用税　　B.城市维护建设税

C.印花税　　D.增值税

17.下列不属于营业外支出的项目是(　　)。

A.固定资产盘亏损失　　B.非常损失

C.自然灾害损失　　D.坏账损失

18.下列费用中,不构成产品成本的有(　　)。

A.直接材料费　　B.直接人工费

C.期间费用　　D.制造费用

19."本年利润"账户年内的贷方余额表示(　　)。

A.利润分配额　　B.未分配利润额

C.净利润额　　D.亏损额

20."固定资产"账户的借方余额减去"累计折旧"账户的贷方余额的差额表示(　　)。

A.固定资产的损耗价值　　B.固定资产的原始价值
C.固定资产的折余价值即净值　　D.固定资产的重置完全价值

21.短期借款所发生的利息,一般应计入的科目是(　　)。
A.管理费用　　B.投资收益
C.财务费用　　D.营业外支出

22.当企业投资者的投入资本超过在注册资本中应享有的份额时,超过的部分应当记入企业的(　　)。
A.实收资本　　B.资本公积
C.盈余公积　　D.营业外收入

23.下列税金中,不属于"税金及附加"的是(　　)。
A.消费税　　B.资源税
C.城市维护建设税　　D.所得税

24.管理费用不包括(　　)。
A.开办费　　B.业务招待费
C.研发费　　D.广告费

25.下列各项税费,与企业的利润总额无关的是(　　)。
A.印花税　　B.消费税
C.所得税费用　　D.教育费附加

二、多项选择题

1.制造企业的主要经济业务包括(　　)业务。
A.资金筹集　　B.生产准备
C.产品生产　　D.产品销售

2.材料的采购成本包括(　　)。
A.材料买价　　B.增值税进项税额
C.采购费用　　D.采购人员差旅费

3."税金及附加"账户借方登记的内容有(　　)。
A.增值税　　B.消费税
C.城市维护建设税　　D.所得税费用

4.下列项目应在"管理费用"中列支的有(　　)。
A.工会经费　　B.劳动保险费
C.业务招待费　　D.车间管理人员的工资

5.企业实现的净利润应进行下列分配(　　)。
A.计算缴纳所得税　　B.支付职工教育经费
C.提取法定盈余公积金　　D.向投资人分配利润

6.企业的资本金按其投资主体不同可以分为(　　)。
A.货币投资　　B.国家投资
C.个人投资　　D.法人投资

7.产品生产成本计算的一般程序包括(　　)。

A.确定成本计算对象　　B.按成本项目归集生产费用

C.分配生产费用　　D.计算产品生产成本

8.为了具体核算企业利润分配及未分配利润情况,“利润分配”账户应设置的明细账户有(　　)。

A.提取资本公积　　B.应付股利

C.提取盈余公积　　D.未分配利润

9.关于“本年利润”账户,下列说法正确的有(　　)。

A.借方登记期末转入的各项支出　　B.贷方登记期末转入的各项收入

C.贷方余额为实现的净利润额　　D.借方余额为发生的亏损额

E.年末经结转后该账户没有余额

10.在权责发生制下,需要设立的账户有(　　)。

A.银行存款　　B.固定资产

C.长期待摊费用　　D.应付利息

11.按权责发生制原则要求,下列应作为本期费用的是(　　)。

A.预付明年保险费

B.摊销以前付款应由本期负担的报刊费

C.尚未付款的本月借款利息

D.采购员报销差旅费

12.下列账户中,月末一般应该没有余额的是(　　)。

A.生产成本　　B.制造费用

C.管理费用　　D.应付职工薪酬

13.关于实收资本,下列说法正确的有(　　)。

A.是企业实际收到投资人投入的资本

B.是企业进行正常经营的条件

C.是企业向外投出的资产

D.应按照实际投资数额入账

E.在生产经营中取得的收益不得直接增加实收资本

14.与营业收入相配比的成本、费用包括(　　)。

A.主营业务成本　　B.销售费用

C.税金及附加　　D.管理费用

15.下列采购费用不计入材料采购成本,而是列作管理费用的有(　　)。

A.采购人员差旅费　　B.专设采购机构经费

C.市内采购材料的零星运杂费　　D.运输途中的合理损耗

16.在材料采购业务核算时,与“在途物资”账户的借方相对应的贷方账户一般有(　　)。

A.应付账款　　B.应付票据

C.银行存款　　　　D.预付账款

17.关于"制造费用"账户,下列说法正确的是(　　)。

A.借方登记实际发生的各项制造费用

B.贷方登记分配转入产品成本的制造费用

C.期末余额在借方,表示在产品的制造费用

D.期末结转"本年利润"账户后没有余额

E.期末一般没有余额

18.下列各项中,应通过"应付职工薪酬"科目核算的是(　　)。

A.职工工资奖金津贴补贴　　　　B.职工福利费

C.社会保险费　　　　D.住房公积金

19.下列税金中,不能通过"税金及附加"科目核算的有(　　)。

A.增值税　　B.所得税　　C.消费税　　D.印花税

20.下列各项列入税金及附加的是(　　)。

A.房产税　　　　B.土地使用税

C.车船税　　　　D.印花税

21.下列各项计入销售费用的有(　　)。

A.广告费　　　　B.展览费

C.专设销售机构经费　　　　D.预计产品质量保证损失

22.下列各项属于期间费用的有(　　)。

A.管理费用　　　　B.制造费用

C.财务费用　　　　D.销售费用

23.购入固定资产的原始价值包括(　　)。

A.买价　　　　B.运输费

C.相关税费　　　　D.专业人员服务费

24.下列账户中,期末没有余额的有(　　)。

A.销售费用　　　　B.财务费用

C.生产成本　　　　D.制造费用

25.下列费用中,最终归集到生产成本的有(　　)。

A.销售费用　　　　B.制造费用

C.直接人工工资　　　　D.直接材料费用

26.税金及附加包括(　　)。

A.增值税　　　　B.消费税

C.资源税　　　　D.城市维护建设税

27.下列各项属于管理费用的是(　　)。

A.开办费　　　　B.董事会费

C.业务招待费　　　　D.研究费

28.下列项目中,属于营业外收入的有(　　)。

A.固定资产盘盈　　B.固定资产转让收益
C.政府补助　　D.捐赠利得

29.下列项目中,应计入营业外支出的有(　　)。
A.非常损失　　B.债务重组损失
C.公益救济性捐赠支出　　D.固定资产处置损失

30.计入财务费用的有(　　)。
A.利息支出　　B.利息收入
C.汇兑损益　　D.金融机构手续费

三、判断题

1.企业为生产产品而购进材料时需要向供货方支付增值税额,称为进项税,计入所购商品成本。(　　)

2.提取盈余公积金和收到外商投入设备的业务都会引起资产和所有者权益同时增加。(　　)

3.材料的采购成本包括:材料买价、采购费用、采购人员差旅费和市内材料运杂费等。(　　)

4.“税金及附加”是企业的费用类账户,它用来反映企业应交税费的增加数。(　　)

5.“管理费用”是用来核算生产和非生产管理部门发生的工资、福利费、折旧费等的账户。(　　)

6.企业的应纳税所得额=净利润+按税法规定予以调整的项目。(　　)

7.当企业投资者投入的资本高于其注册资本时,应当将高出部分记入营业外收入。(　　)

8.尽管所有者权益和负债都是企业资产的要求权,但是它们的性质是不一样的。(　　)

9.收入能够导致企业所有者权益增加,但导致所有者权益增加的不一定都是收入。(　　)

10.企业计提的固定资产折旧,应根据固定资产的使用地点和用途,计入有关成本费用。(　　)

11.短期借款利息可以按照借款合同规定的支付利息办法,分别采用待摊和直接计入当期费用的方法对其进行核算。(　　)

12.应付账款是企业购买材料、商品等支付给供货者的款项,应以实际收到货物的时间作为其入账时间。(　　)

13.企业购进原材料或商品所支付的增值税税款,与购买原材料或商品的货款不同,应当直接计入“应交税费——应交增值税”科目的贷方,而不是作为应付账款处理。(　　)

14.小规模纳税企业购买货物或接受应税劳务所支付的增值税,直接计入相关货物或劳务的成本,不计列相关进项税额;销售商品或对外提供应税劳务所发生的增值税,也不计列销项税额,其发生的应交增值税额在利润表中作为“税金及附加”。(　　)

15.股份有限公司溢价发行股票,股票溢价净收入应计入企业的营业外收入。（　）

四、简答题

1.企业筹集资金的方式有哪几种？如何进行会计核算？

2.企业购入的固定资产应如何进行会计核算？

3.说明材料采购成本的构成,说明“在途物资”账户反映的经济内容。

4.为什么要分别设置“生产成本”和“制造费用”账户来归集生产费用？

5.月末如何进行制造费用的分配？其分配的标准有哪些？

6.说明销售业务核算中收入账户和费用账户之间的关系。

7.简述利润的构成。

8.什么是营业外收入和营业外支出？二者之间是否存在配比关系？

9.企业应如何进行利润分配？会计上又应怎样反映其分配情况？

10.什么是成本计算？简述其计算程序。

五、业务题

(一)练习资金筹集业务核算

保洁公司 2 月份发生下列筹资业务：

1.收到昌盛公司投入款项一笔 40 000 元,已存入本公司存款账户。

2.收到发明人阳光投入专利权一项,确认价值 30 000 元。

3.收到方圆公司投入新设备一台,价值 28 000 元,设备已交付使用。

4.收到昌盛公司投入原材料一批,价值 5 000 元,增值税 650 元,材料已验收入库。

5.向银行取得 6 个月的周转借款 8 000 元,利率 3%,已转入本公司存款户。

6.向银行借入 3 年期的 100 000 元款项,准备用于建造办公用房,利率 5%,该笔款项已转入本公司存款户。

7.本月归还到期的临时周转借款本金 200 000 元,支付利息 5 000 元(利息以前均未预提)。

【要求】

编制上述经济业务的会计分录。

(二)练习材料采购业务核算

常青机械厂为增值税一般纳税人,7 月份发生下列材料采购业务：

1.常青厂向达成工厂购入 A 材料 8 000 千克,单价 12 元。收到达成工厂开来的增值税专用发票,价款 96 000 元,增值税 12 480 元,货款及增值税均以银行存款支付,A 材料已验收入库。

2.常青厂用银行存款支付上述购入 A 材料的运费 2 000 元,增值税额 180 元(税率 9%)。

3.常青厂向创新工厂购入 B 材料 4 000 千克,单价 5 元,C 材料 1 000 千克,单价 15 元。收到创新工厂开来的增值税专用发票,货款 35 000 元,增值税 4 550 元,货款及增值税均未支付,B,C 两种材料均已验收入库。

4.常青厂以银行存款支付上述 B,C 两种材料的运费 300 元,增值税额 27 元(税率 9%)。(运费按材料重量比例分配)

5.常青厂以银行存款偿还前欠新兴工厂货款 31 080 元。

6.常青厂根据合同规定预付龙强工厂购买 D 材料款 31 590 元。

7.常青厂收到龙强工厂发来预付款购买的 D 材料 3 000 千克,单价 9 元,增值税3 510 元,材料已验收入库。

【要求】

1.编制上述经济业务的会计分录。

2.编制“材料采购成本计算表”。

(三)练习产品生产业务的核算

常青机械厂生产甲、乙两种产品,7 月初在产品成本见下表:

名　称	数量 /件	直接材料 /元	直接人工 /元	制造费用 /元	合计 /元
甲产品	200	7 417	3 090	2 420	12 927
乙产品	75	4 726	1 610	1 288	7 624
合　计		12 143	4 700	3 708	20 551

7 月份发生下列生产业务:

1.生产甲产品领用 A 材料 500 千克,单价 12.25 元,领用 B 材料 300 千克,单价 5.06 元,仓库已发料。

2.用银行存款支付生产车间办公费 500 元。

3.用银行存款 2 400 元支付第三季度车间房租,并相应摊销应由本月负担的部分。

4.生产车间领用 D 材料 200 千克,单价 9 元,用于生产设备维修,仓库已发料。

5.开出转账支票支付本月生产车间水电费 900 元。

6.生产乙产品领用 C 材料 600 千克,单价 15.06 元,仓库已发料。

7.月末,计算本月应付职工工资 16 800 元,其中:甲产品生产工人工资 8 000 元,乙产品生产工人工资 6 000 元,车间管理人员工资 1 800 元,厂部管理人员工资 1 000 元。

8.月末,以存款支付本月车间固定资产修理费 320 元。

9.月末,计提本月车间固定资产折旧 628 元。

10.月末,将 15 800 元转入职工工资存折。

11.月末,将本月发生的制造费用按生产工人的工资比例分配转入生产成本。

12.月末,甲产品 200 件,乙产品 75 件全部完工验收入库,均无期末在产品,计算并结转完工产品的实际生产成本。

【要求】

编制上述经济业务的会计分录。

(四)练习产品销售业务的核算

常青机械厂 7 月份发生下列销售业务:

1.销售给五羊公司甲产品 40 件,单位售价 450 元,乙产品 10 件,单位售价 390 元,增值税额 2 847 元,货款及增值税已存入银行。

2.以银行存款支付销售甲、乙两种产品运费 500 元,增值税额 45 元(税率 9%)。

3.销售给铁一公司乙产品 20 件,单位售价 390 元,增值税 1 014 元,用银行存款代垫运杂费 180 元,增值税额 16.2 元(税率 9%),货款、增值税及运费均未收到。

4.预收二建公司购买甲产品款 8 700 元存入银行。

5.计算本月应交已售产品消费税 1 600 元。

6.结转本月已售甲、乙两种产品的成本,甲产品单位成本 280.75 元,乙产品单位成本 265 元。

【要求】

编制上述经济业务的会计分录。

(五)练习期间费用和营业外收支的核算

常青机械厂 7 月份发生下列有关业务:

1.用现金 300 元支付厂部办公费。

2.以银行存款 6 000 元支付产品广告费。

3.摊销应由本月负担的保险费 150 元。

4.预提本月短期借款利息 180 元。

5.计提厂部管理部门使用固定资产折旧 1 900 元。

6.工厂人力资源部张为报销差旅费 1 560 元,其曾预支现金 2 000 元,余款退回。

7.由于对方违约,收取罚款 3 000 元存入银行。

8.向灾区捐赠现金 1 500 元。

9.以银行存款 750 元缴纳税收滞纳金。

10.应付 A 单位货款 4 000 元,因其撤销无法支付,经批准转入营业外收入。

【要求】

编制上述经济业务的会计分录。

(六)练习利润形成及分配业务的核算

常青机械厂发生下列有关利润业务:

1.将本期实现的主营业务收入 29 700 元,营业外收入 7 000 元,发生的主营业务成本 19 180 元,税金及附加 1 600 元,销售费用 1 100 元,管理费用 3 340 元,财务费用 230 元,营业外支出 2 250 元,转入“本年利润”账户。

2.按 25%的所得税率计算并结转本期应交所得税(假设本期无纳税调整项目)。

3.“本年利润”账户有贷方期初余额 154 670 元,按税后利润的 10%提取法定盈余公积金。

4.决定向投资者分配利润 40 000 元。

【要求】

编制上述经济业务的会计分录。

(七)综合练习工业企业主要经营过程的核算

利达工厂为增值税一般纳税人,20××年 11 月 30 日各总分类账户余额及有关明细账户资料如下表:

单位:元

账户名称	借方余额	账户名称	贷方余额
库存现金	1 300	短期借款	42 900
银行存款	139 200	应付账款	1 000
应收账款	3 000	其他应付款	300
原材料	125 000	应交税费	1 000
库存商品	150 000	应付利息	500
长期待摊费用	14 000	实收资本	1 000 000
固定资产	882 000	盈余公积	14 000
利润分配	326 800	本年利润	427 000
		累计折旧	154 600
合　计	1 641 300	合　计	1 641 300

“库存商品”账户余额 150 000 元,其中:

库存商品——A,4 000 件,单位成本 20 元,计 80 000 元。

库存商品——B,7 000 件,单位成本 10 元,计 70 000 元。

“应收账款”账户余额 3 000 元系达成工厂欠款。

“应付账款”账户余额 1 000 元系欠创新工厂货款。

本年 12 月发生下列经济业务:

1.仓库发出材料 42 000 元,用于生产 A 产品 21 900 元,B 产品 18 100 元,车间辅助用料 2 000 元。

2.向慧明工厂购入甲材料 15 000 元,增值税 1 950 元,该厂垫付运杂费 1 000 元,增值税额 90 元(税率 9%),货款及运费以银行存款支付。材料已验收入库,按其实际采购成本转账。

3.向创新厂购入乙材料 40 000 元,增值税 5 200 元,货款暂欠,材料已到达并验收入库。

4.收到达成工厂还来欠款 3 000 元存入银行。

5.以银行存款支付上月应交税费 1 000 元。

6.以银行存款预付下年度报刊订阅费 1 200 元。

7.本月份职工工资分配如下：

A 产品生产工人工资	10 000 元
B 产品生产工人工资	10 000 元
车间职工工资	3 000 元
管理部门职工工资	1 000 元
合　计	24 000 元

8.从银行存款中提取现金 24 000 元,备发工资。

9.以现金支付职工工资 24 000 元。

10.计提本月固定资产折旧 3 160 元,其中车间使用固定资产折旧 2 380 元,管理部门用固定资产折旧 780 元。

11.本月应计入制造费用的原已预付的费用 1 400 元。

12.将制造费用按生产工人工资比例摊配到 A、B 两种产品成本中。

13.A 产品已全部完成,共 2 000 件,按其实际生产成本结转。

14.出售产成品给达成工厂,计 A 产品 1 800 件,每件售价 28 元,B 产品 4 400 件,每件售价 14 元,货款共计 112 000 元,增值税 14 560 元,货款及增值税均未收到。

15.结转上述出售产成品生产成本,计 A 产品每件 20 元,B 产品每件 10 元,共计 80 000元。

16.用现金支付销售产品包装费、装卸费等销售费用 1 100 元。

17.以银行存款支付临时借款利息 5 000 元。

18.本月应计入管理费用的长期待摊费用 1 200 元。

19.按售价计算应交已售产品的消费税 5 600 元。

20.出售多余材料 2 000 元,价款存入银行。同时结转该材料的实际成本 1 500 元。

21.将本月份各损益账户余额转至本年利润账户。

22.按本月利润总额的 25%计算应交所得税,并将“所得税费用”账户余额转入“本年利润”。

23.按本年税后利润 10%提取盈余公积金。

24.企业决定向投资者分配利润 120 000 元。

25.年末,将“本年利润”账户余额转入“利润分配——未分配利润”账户。

【要求】

编制上述经济业务会计分录。

第5章 账户的分类

【学习目标】

通过本章的学习，了解账户分类的意义和标志，理解各账户之间以及各账户与整体账户体系之间的区别与联系，熟练掌握账户按所反映的经济内容进行的分类和账户按结构和用途进行的分类。

【重点难点提示】

本章的重点是账户的分类，主要是账户按经济内容分类和账户按用途和结构分类。难点在于理解各类账户之间的区别和联系，掌握各类账户在提供核算指标方面的规律性。

5.1 账户分类的意义和标志

5.1.1 账户分类的意义

账户是指根据会计科目开设的，具有一定格式的，用来连续、分类记录经济业务的核算工具。每一个账户都有其特定的核算内容，只对特定的经济业务进行核算，从某一个角度来反映会计要素和资金变化的情况及其结果；同时，这些账户之间又密切联系，相互依存，作为一个完整的账户体系而发挥作用。

1)有利于理解各账户的作用及其相互之间的联系

账户分类的依据在于各账户之间的区别和联系，不同的分类依据就是从不同的角度入手抓住账户的某种共性，有助于系统地理解各个账户的结构、用途以及账户之间的关系，以便准确、灵活地在会计核算中加以运用。

2)有利于企业内部的财务处理

第一，有利于正确设置和运用账户。每一个账户都有其自身的经济性质、用途和结构,都可以针对某项经济业务的数据资料进行会计记录,因此,正确设置和运用账户,可以有效进行会计核算。第二,有利于选择会计账簿的账页格式。不同类型的账户具有不同的结构形式,提供不同的指标以满足管理上的要求,会计人员根据账户的分类,正确选择账簿的账页格式,可以提高会计核算的效率。第三,有利于编制会计报表。账户体系的各类账户的数据资料是编制会计报表各项指标的直接来源,掌握账户分类及各类账户反映的经济内容、用途和结构,便于编制会计报表。

3)有利于会计信息使用者经济有效地获取信息

进行会计核算的目的就是给会计信息使用者提供决策所需的财务及其他相关的经济信息,了解账户分类是信息使用者准确接收会计信息的前提。譬如了解企业财务状况,会计信息使用者可以直接从资产负债表的有关项目获取数据。因此,科学的账户分类能够帮助信息使用者快速、有效地从会计资料中搜寻有用的会计信息。

5.1.2　账户分类的标志

运用不同的标志对账户进行分类,可以从不同的角度全方位观察整个账户体系。

1)以经济内容作为分类标志

账户按其所反映的经济内容进行分类是最基本的分类标志,即按会计要素来划分。企业会计对象因其各自经济特征的不同被划分为资产、负债、所有者权益、收入、费用、利润六大会计要素。因此,按所反映的经济内容分为资产类账户、负债类账户、所有者权益类账户、成本类账户和损益类账户。以经济内容作为分类标志便于理解每一类账户以及每一类账户下的金额所反映经济内容的实质,掌握如何根据企业经营活动的特征和经营管理的要求设置账户,为企业的管理提供一套完整的会计核算指标体系。

2)以用途和结构作为分类标志

由于各类账户的使用方法不同,在账户体系中起着不同的作用,从不同的角度反映经济活动的某一侧面,提供不同的信息,因此,在对账户按会计要素分类的基础上,还可以以用途和结构为分类标志对账户进行分类。账户的用途和结构是账户分类的一个主要标志。账户按用途分类,可以了解其所提供的信息及所起的作用,解决在什么条件下使用哪一类账户的问题;账户按结构分类,可以明确账户的借方、贷方所登记的具体内容和余额表示的含义,有利于掌握各类账户的使用方法,解决各类账户具体提供何种信息的问题。

3)以统驭与被统驭关系作为分类标志

账户按其提供统驭与被统驭关系,可以分为总分类账户和明细分类账户。这种分类标志表明会计资料具有不同的层次和等级,各层次会计资料具有控制与被控制、统驭与被统驭的关系。

5.2 账户按经济内容的分类

账户的经济内容是指账户所核算和监督的具体内容,它决定着账户的本质特征。企业需要设置和运用哪些账户,主要取决于该企业会计核算对象的具体内容。因此,账户的经济内容是账户分类的基础。对账户的经济内容进行研究和分析,将有助于确切地了解每一个账户所反映和监督的内容,把握各个账户的经济实质,从而建立一套能够适应企业经营特点、满足经济管理需要的账户体系。账户按经济内容分类,一般可分为资产类账户、负债类账户、所有者权益类账户、成本类账户和损益类账户,如图5-1所示。

5.2.1 资产类账户

资产类账户(Asset Accounts)是用来反映企业资产的增减变动及其结存情况的账户。资产类账户按资产的流动性可以分为反映流动资产的账户和反映非流动资产的账户。反映流动资产的账户主要有:库存现金、银行存款、交易性金融资产、应收票据、应收账款、预付账款、其他应收款、应收利息、应收股利、原材料、库存商品等账户。反映非流动资产的账户主要有:长期股权投资、固定资产、累计折旧、无形资产、长期待摊费用等账户。

5.2.2 负债类账户

负债类账户(Liability Accounts)是用来反映企业负债的增减变动及其结存情况的账户。负债类账户按负债的流动性可以分为反映流动负债的账户和反映非流动负债的账户。反映流动负债的账户主要有:短期借款、应付票据、应付账款、预收账款、应付职工薪酬、应交税费、应付利息、应付股利、其他应付款等账户。反映非流动负债的账户主要有:长期借款、应付债券、长期应付款等账户。

5.2.3 所有者权益类账户

所有者权益类账户(Owner's Equity Accounts)是用来反映企业所有者权益的增减变化及其结存情况的账户。按所有者权益来源不同可以分为反映所有者投入资本的账户和反映由利润转化而形成的所有者权益账户。反映所有者投入资本的账户主要有:实收资本、资本公积等账户。反映由利润转化而形成的所有者权益账户主要有:本年利润、利润分配、盈余公积等账户。

5.2.4 成本类账户

成本类账户(Costing Accounts)是用来反映企业生产经营过程某一阶段发生的各项成本的账户。在制造企业按生产经营过程的阶段划分,用来归集、核算成本的账户又可以分为反映制造成本的账户和反映劳务成本的账户。反映制造成本的账户有生产成本、制造费用等;反映劳务成本的账户有劳务成本。

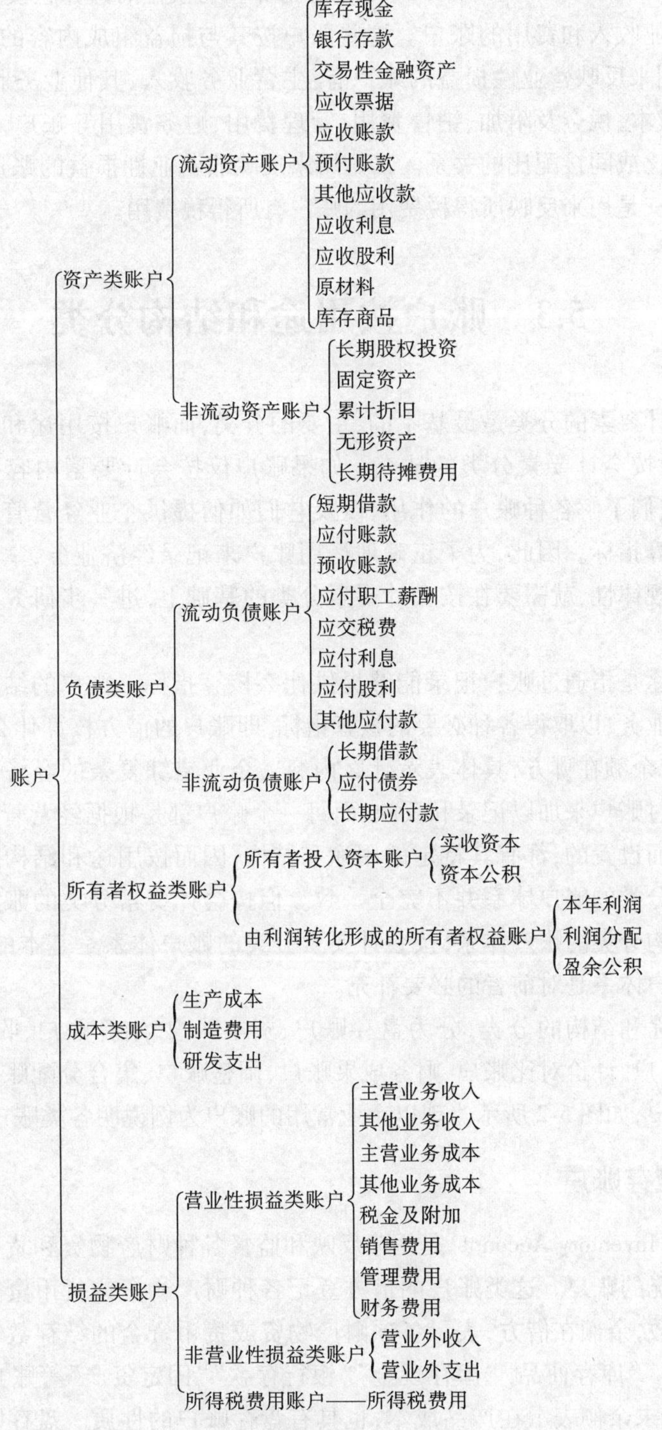

图 5-1　账户按经济内容分类

5.2.5 损益类账户

损益类账户(Profit And Loss Accounts)是指那些与损益的计算直接相关的账户,主要指用来反映企业收入和费用的账户。这些账户按其与损益组成内容的关系可以分为以下三类:一是用来反映营业性损益的账户有:主营业务收入、其他业务收入、主营业务成本、其他业务成本、税金及附加、销售费用、管理费用、财务费用等账户,其收入和费用之间有着直接配比或间接配比的关系。二是用来反映非营业性损益的账户有营业外收入、营业外支出。三是用来反映所得税费用的账户有所得税费用。

5.3 账户按用途和结构分类

账户按会计要素的分类是最基本的、主要的分类,而账户按用途和结构分类也是必要的,并且是对按会计要素分类的补充。如果账户仅按会计要素内容分类建立账户体系,还不能使我们了解各种账户的作用,以及它们如何提供企业经营管理和对外报表所需要的各种核算指标。因此,为了正确地运用账户来记录经济业务,掌握账户在提供核算指标方面的规律性,就需要在按会计要素分类的基础上,进一步研究按用途和结构的分类。

账户的用途是指通过账户记录能够提供什么核算指标。账户的结构是指在账户中如何记录经济业务,以取得各种必要的核算指标,即账户的借方核算什么内容,贷方核算什么内容,期末余额在哪方,具体表示什么内容。企业错综复杂的经济活动的会计数据资料都需要通过账户来加以记录和反映,而每一个账户都是根据经营管理和对外报告会计信息的需要而设置的,都有其特定的用途和结构,因而按用途和结构分类的账户体系与按会计要素分类的账户体系并不完全一致。但按会计要素分类的账户体系并不能代替按用途和结构分类的账户体系,按会计要素分类的账户体系是基本的体系,按用途和结构分类的账户体系是对前者的必要补充。

账户按用途和结构的分类,分为盘存账户、资本账户、结算账户、收入账户、费用账户、成本计算账户、计价对比账户、财务成果账户、调整账户、集合分配账户和跨期摊提账户共十一类账户,如图 5-2 所示。现以企业常用的账户为例说明各类账户的特点。

5.3.1 盘存账户

盘存账户(Inventory Account)是用来反映和监督各种财产物资和货币资金的增减变动及其结存情况的账户。这类账户的借方登记各种财产物资或货币资金的增加数。贷方登记其减少数,余额在借方,表示各项财产物资或货币资金的结存数额。属于盘存账户的有“原材料”“库存商品”“库存现金”“银行存款”“固定资产”等账户。“生产成本”账户的期初、期末余额表示在产品成本,也具有盘存账户的性质。盘存账户的结构如图 5-3 所示。

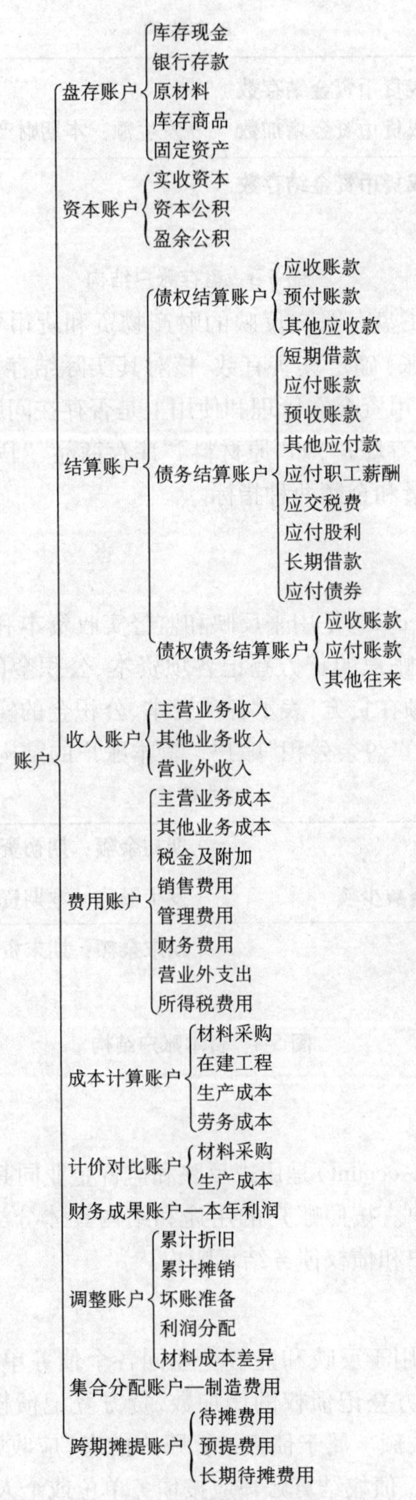

图 5-2　账户按用途和结构分类

借方	盘存账户 贷方
期初余额：期初财产物资或货币资金结存数 发生额：　本期财产物资或货币资金增加数	发生额：本期财产物资或货币资金减少数
期末余额：期末财产物资或货币资金结存数	

图 5-3　盘存账户结构

盘存账户的特点是:①盘存账户反映的财产物资和货币资金,都是可以通过财产清查的方法(实地盘点或对账)确定其实有数,核对其实际结存数与账面结存数是否相符,检查实存的财产物资和货币资金在管理和使用上是否存在问题。②除"库存现金"和"银行存款"账户以外,其他盘存账户,如"原材料""库存商品""固定资产"等账户,通过设置明细账,可以提供实物数量和金额两种指标。

5.3.2　资本账户

资本账户(Capital Account)是用来反映和监督实收资本和提取公积金的增减变动及其实有情况的账户。这类账户的贷方登记各项资本、公积金的增加数或形成数,借方登记其减少数或使用数,余额在贷方,表示各项资本、公积金的实有数额。属于这类账户的有"实收资本""资本公积""盈余公积"账户。资本账户的结构如图 5-4 所示。

借方	资本账户 贷方
发生额：本期资本和公积金减少额	期初余额：期初资本和公积金的结存额 发生额：　本期资本和公积金增加额
	期末余额：期末资本和公积金的结存额

图 5-4　资本账户结构

5.3.3　结算账户

结算账户(Settlement Account)是用来反映和监督企业同其他单位或个人之间发生的债权、债务结算情况的账户。按照账户的用途和结构具体分类,结算账户又可以分为债权结算账户、债务结算账户和债权债务结算账户。

1)债权结算账户

债权结算账户是专门用于反映和监督企业同各个债务单位或个人之间发生结算业务的账户。这类账户的借方登记债权的增加数,贷方登记债权的减少数,余额一般在借方,表示期末债权的实有数额。属于债权结算账户的有"应收账款""应收票据""预付账款""其他应收款"等账户。债权结算账户应按债务单位或个人设明细账,进行明细核算。债权结算账户的结构如图 5-5 所示。

借方	债权结算账户 贷方
期初余额：期初尚未收回的应收款项及未结算的预付款 发生额：本期应收款项或预付款项增加数	发生额：本期应收款项或预付款项减少数
期末余额：期末尚未收回的应收款项及未结算的预付款项	

图 5-5　债权结算账户结构

2）债务结算账户

债务结算账户是专门用于反映和监督企业同各个债权单位或个人之间发生结算业务的账户。这类账户的贷方登记债务的增加数，借方登记债务的减少数，余额一般在贷方，表示期末债务的实有数。属于债务结算账户的有"短期借款""长期借款""应付债券""应付账款""应交税费""应付职工薪酬""应付股利""预收账款"和"其他应付款"等账户。债务结算账户应按债权单位或个人设明细账，进行明细核算。债务结算账户的结构如图 5-6 所示。

借方　债务结算账户	贷方
发生额：本期应付款项或预收款项的减少数	期初余额：期初应付款项数及未结算的预收款项 发生额：本期应付款项和预收款项的增加数
	期末余额：期末应付款项及未结算的预收款项

图 5-6　债务结算账户结构

3）债权债务结算账户

需要指出的是，将结算账户分为债权结算账户和债务结算账户两类，主要是便于初学者掌握两类结算账户在用途和结构上的特点。但是，由于企业之间债权债务结算关系往往会相互转化，因此对这种分类的理解也不要绝对化。上面在阐述债权结算账户结构特点时，之所以说这类账户的期末余额一般在借方，表示债权，就是说这类账户也可能出现贷方余额，变为债务。如应收账款是债权，如果多收了，多收部分就转化成应退还对方的款项，变为债务。同样，"应付账款"账户余额一般在贷方，表示债务，就是说也可能出现借方余额，变为债权。因此，上述的两类结算账户实际上都是既反映债权，又反映债务的双重性质账户，即债权债务结算账户。这类账户的结构特点是，借方登记债权（应收款项和预付款项）的增加额和债务（应付款项和预收款项）的减少额；贷方登记债务（应付款项和预收账款）的增加额和债权（应收款项和预付款项）的减少额，期末账户余额可能在借方，也可能在贷方，如在借方，表示尚未收回的债权净额，即尚未收回的债权大于尚未偿付的债务的差额；如在贷方，表示尚未偿付的债务净额，即尚未偿付的债务大于尚未收回的债权的差额。该账户所属明细账的借方余额之和与贷方余额之和的差额，应当与总账的余额相等。债权债务结算账户的结构如图 5-7 所示。

借方	债权债务结算账户	贷方
期初余额：期初债权大于债务的差额 发生额：（1）本期债权的增加额 （2）本期债务的减少额		期初余额：期初债务大于债权的差额 发生额：（1）本期债权的增加额 （2）本期债务的减少额
期末余额：期末债权大于债务的差额		期末余额：期末债务大于债权的差额

图 5-7　债权债务结算账户结构

我国统一会计制度规定，如果企业预收款项的业务不多，可以不单设“预收账款”账户，而用“应收账款”账户同时反映企业应收款项和预收款项的增减变动及其变动结果，此时的“应收账款”账户就是一个债权债务结算账户；如果企业预付款项的业务不多，可以不单设“预付账款”账户，而用“应付账款”账户同时反映企业应付款项和预付款项的增减变动及其变动结果，此时的“应付账款”账户就是一个债权债务结算账户。需要指出的是，这样固然可以集中反映企业与某一个单位的债权债务结算情况，但是，当企业用“应收账款”账户反映预收款项业务时，就会出现账户名称与其反映的业务内容不一致，因而不便于对账户的理解和运用。因此，在开设和运用这类账户时应指明其双重性质的特点。在我国过去的会计制度中，对于企业采购业务中的债权和债务，曾设置“供应单位往来”账户进行反映；对于企业销售业务中的债权和债务，曾设置“购买单位往来”账户进行反映。在这两个总分类账户下，分别按采购和销售业务中的往来单位设置明细账，进行明细分类核算。这种做法，不仅可以集中反映企业与同一单位的债权和债务的结算情况，减少了账户的数量，简化了会计核算工作，而且账户名称与其反映的内容保持一致，有“往”有“来”，概念明确，便于对账户的理解和运用。实际上，这种“往来”账户就是将“应收账款”账户和“预收账款”账户合二为一，将“应付账款”账户和“预付账款”账户合二为一。类似情况的还有将“其他应收款”账户和“其他应付款”账户合并开设的“其他往来”账户。

需要指出的是，债权债务结算账户（总账）的借方余额或贷方余额只是表示债权和债务增减变动后的差额，并不一定表示企业债权债务的实际余额。这是因为一个企业在某一时点可能同时存在债权和债务。

因此，在编制资产负债表时，应根据债权债务结算账户（总账）所属明细账的余额方向，分析判断余额的性质，而不能直接根据总账余额填列有关项目，以便真实地反映企业债权债务的结算情况。

在借贷记账法下，结算账户中许多是双重性质的账户，除上述的“应收账款”“预付账款”“应付账款”和“预收账款”等账户外，“应交税费”“应付职工薪酬”等也都具有双重性质。例如“应交税费”账户，从账户名称看，应属债务结算账户，实际上税金往往是按计划预交，预交时，作为资产的增加（或负债的减少），应记入“应交税费”账户的借方；月末计算出应交纳的税金，作为负债的增加，应记入“应交税费”账户的贷方。如果预交数小于应交数,出现贷方余额,为债务(负债);如果预交数与应交数相等,账户没有余额;如果预交数大于应交数,出现借方余额,就转化为债权(资产)了。

5.3.4　收入账户

收入账户(Revenue Accounts)是专门用于归集企业在经营过程中的各项收入的账户。这类账户的贷方登记一定会计期间发生的收入数,借方登记转入"本年利润"账户的转出数额或销货退回数额。由于各期间收入都要在期末转入"本年利润"账户,所以这类账户期末结转后应无余额。属于收入账户的有"主营业务收入""其他业务收入""营业外收入"等账户。收入账户的结构如图 5-8 所示。

借方　　　　　　收入账户	贷方
发生额：本期收入和收益的减少额或结转到"本年利润"账户的数额	发生额：本期各项收入和收益的增加额

图 5-8　收入账户结构

5.3.5　费用账户

费用账户(Expense Account)是专门用于归集企业在生产经营过程中发生的各项费用的账户。这类账户的借方登记一定会计期间发生的费用数,贷方登记转入"本年利润"账户的费用数。费用账户在期末全部转入"本年利润"账户后,应无余额。属于费用账户的有"主营业务成本""其他业务成本""销售费用""管理费用""财务费用""营业外支出""所得税费用"等账户。费用账户结构如图 5-9 所示。

借方　　　　　　费用账户	贷方
发生额：本期各项费用的增加额	发生额：本期费用的减少额或转入"本年利润"账户的数额

图 5-9　费用账户的结构

5.3.6　成本计算账户

成本计算账户(Costing Account)是用来反映和监督企业在生产经营过程中某一经营阶段所发生的全部费用,并借以确定该过程各成本计算对象实际总成本和单位成本的账户,如"材料采购""生产成本""在建工程"等账户。

在借贷记账法下,成本计算账户的借方登记应计入成本计算对象的全部费用,表示费用的发生;贷方登记结转已完成某阶段应记入成本计算对象的费用,表示成本费用的转销数。该账户余额在借方,反映尚未结束的某经营阶段上的成本计算对象的实际成本。成本计算账户的结构如图 5-10 所示。

借方	成本计算账户	贷方
期初余额：期初尚未完成某个阶段的成本计算对象的实际成本 发生额：归集经营过程中某阶段发生的全部费用	发生额：结转已完成某个阶段的成本计算对象的实际成本	
期末余额：尚未完成该阶段的成本计算对象的实际成本		

图 5-10　成本计算账户结构

5.3.7　计价对比账户

计价对比账户(Matching Account)是用来核算经营过程中某项经济业务按照两种不同的计价标准进行计价、对比,以确定其业务成果的账户。如按计划成本进行材料日常核算的企业所设置的"材料采购"账户和按计划成本进行产成品核算的企业所设置的"生产成本"账户,就属于计价对比账户。以"材料采购"账户为例,其结构特点是,借方登记材料的实际采购成本(第一种计价),贷方登记入库材料的计划成本(第二种计价),将借贷两方两种计价对比,就可以确定材料采购的业务成果是超支还是节约。由于确定的材料成本差异,无论是超支还是节约,都要从"材料采购"账户结转记入"材料成本差异"账户,因此,当采购的材料均已全部运达企业并验收入库和材料成本差异已结转记入"材料成本差异"账户后,"材料采购"账户应无余额。如有余额一定是在借方,表示期末尚有一部分材料未运达企业,或虽已运达企业但尚未验收入库,即在途材料的实际成本。这类账户的特点是:①借贷双方的计价标准不一致。②期末确定成果转出后,一般没有余额,如有余额应在借方。计价对比账户的结构如图 5-11 所示。

借方	计价对比账户	贷方
发生额：本期发生的实际成本（第一种计价） 贷差（计划成本大于实际成本的差额），转入差异账户的贷方	发生额：本期发生的计划成本（第二种计价） 借差（实际成本大于计划成本的差额），转入差异账户的借方	

图 5-11　计价对比账户结构

5.3.8　财务成果账户

财务成果账户(Finacial Results Account)用来反映和监督企业在一定时期内全部经营活动最终成果的账户,并通过此账户确定本期实现净利润或净亏损。财务成果账户将一定时期内形成或确认的收入和该时期内发生的各项费用支出对比计算,把经营业务活动的最终成果以货币形式表示出来,因此,从账户体系中各账户的关系看,财务成果账户是联结一切收入和费用账户的纽带。这类账户的贷方登记一定期间发生的各项收入数;

借方汇集一定期间内发生的、与收入相配比的各项费用数。期末如为贷方余额，表示收入大于费用的差额，为企业实现的净利润；如为借方余额，表示收入小于费用的差额，即为企业发生的净亏损。属于这类的账户有“本年利润”账户，财务成果账户的结构如图 5-12 所示。

借方　　　　　财务成果账户	贷方
发生额：　应转入本期损益的各项费用	**发生额：　应转入本期损益的各项收入**
期末余额：本期发生的净亏损	**期末余额：本期实现的净利润**

图 5-12　财务成果账户结构

5.3.9　调整账户

调整账户（Adjustment Account）是用来调整被调整账户的余额，以求得被调整账户实际余额而设置的账户。在实际工作中，经济活动的发生会使会计要素发生增减变化。出于经营管理上的需要，要求某些账户既要反映最初发生的原始数据，又要反映其变化后的数据，用两种数据从不同的方面进行反映。在这种情况下，就需要在会计核算中设置两个账户，一个用来反映其原始数字，另一个用来反映对原始数字的调整数字，将原始数字和调整数字相加或相减，即可求得调整后的实际数字。如固定资产由于使用，其价值不断减少，但经营管理制度规定“固定资产”账户反映固定资产的原始价值。为反映固定资产不断减少的价值，需开设“累计折旧”账户。通过“累计折旧”账户对“固定资产”账户进行调整，反映固定资产的净值。反映原始数据的账户，称为被调整账户；对被调整账户进行调整的账户，称为调整账户。

调整账户按其调整方式的不同，可以分为备抵账户、附加账户和备抵附加账户三类。

1）备抵账户

备抵账户又称为抵减账户，是用来抵减被调整账户的余额，以求得被调整账户实际余额的账户。其调整方式可用下列计算公式表示：

被调整账户的实际余额=被调整账户余额-备抵账户余额

被调整账户的余额与备抵账户的余额一定是在相反的方向，上述公式才能成立。按照被调整账户的性质，备抵账户又可分为资产备抵账户和权益备抵账户两类。

（1）资产备抵账户

资产备抵账户是用来抵减某一资产账户余额，以求得该资产账户实际余额的账户。例如，“累计折旧”账户是“固定资产”账户的备抵账户，“累计摊销”账户是“无形资产”账户的备抵账户，“坏账准备”账户是“应收账款”账户的备抵账户等。资产账户与资产备抵账户的关系，可通过以下公式表示：

被调整账户的实际余额=被调整账户的借方余额-备抵账户的贷方余额

(2)权益备抵账户

权益备抵账户是用来抵减某一权益账户的余额,以求得该权益账户实际余额的账户。例如,“利润分配”账户就是“本年利润”账户的备抵账户,用“本年利润”账户的贷方余额减去“利润分配”账户借方余额,其差额表示企业期末尚未分配的利润数额。权益账户与权益备抵账户的关系可通过以下公式表示:

被调整账户的实际余额=被调整账户的贷方余额-备抵账户的借方余额

2)附加账户

附加账户是用来增加被调整账户的余额,以求得被调整账户实际余额的账户。在我国会计实务中,纯粹的附加账户很少使用。其调整方式可用下列计算公式表示:

被调整账户的实际余额=被调整账户余额+附加账户余额

被调整账户的余额与附加账户的余额一定是在相同方向,上述公式才能成立。即,如果被调整账户的余额在借方,附加账户的余额一定在借方;如果被调整账户的余额在贷方,附加账户的余额一定在贷方。被调整账户与附加账户之间的关系,可通过以下公式表示:

被调整账户的实际余额=被调整账户的借(贷)方余额+附加账户的借(贷)方余额

3)备抵附加账户

备抵附加账户是指既可以用来抵减,又可以用来附加被调整账户的余额,以求得被调整账户实际余额的账户。这类账户属于双重性质账户,兼有备抵账户和附加账户的功能,但不能同时起两种作用。工业企业采用计划成本进行材料的日常核算时,所设置的“材料成本差异”账户就属于备抵附加账户。

5.3.10 集合分配账户

集合分配账户(Clearing Account)是用来归集和分配企业为生产产品和提供劳务而发生的各种费用,反映和监督有关费用预算执行情况以及费用分配情况的账户。企业在生产过程中会发生一些间接费用,这些间接费用不能直接由某一个成本计算对象负担,而是由多个成本计算对象共同负担的,所以需要设置集合分配账户来归集和分配这些费用,这类账户期末通常没有余额。集合分配账户具有明显的过渡性质,属于这类账户的有“制造费用”账户,其结构如图5-13所示。

借方　　　　　　　　集合分配账户	贷方
发生额:本期各种费用的发生额	**发生额:本期各种费用的分配额**

图5-13　集合分配账户

5.3.11　跨期摊提账户

跨期摊提账户(Inter-period Allocation Account)是用来反映和监督应由几个会计期间共同负担的费用,并将这些费用在各个会计期间进行分摊和预提的账户。为了正确计算各个会计期间的损益,必须按照权责发生制的要求,即按照受益的原则严格划分费用的归属期。为此,需要设置跨期摊提账户来实现这一过程。根据我国《企业会计准则应用指南》,"长期待摊费用"账户和一些预收、预付类账户具有这类账户的功能。如果企业增设"待摊费用"账户和"预提费用"账户,则属于典型的跨期摊提账户。虽然"待摊费用"和"预提费用"这两个账户的经济性质不同,"待摊费用"账户属于资产类账户,"预提费用"账户属于负债类账户,但它们却有着相同的用途和结构:它们都是为了划清各个会计期间的费用界限而设置的,借方都是用来登记费用的实际发生数或支出数;贷方都是用来登记应由某个会计期间负担的费用摊配数或预提数,期末如为借方余额,表示已支付尚未摊配的待摊费用,如为贷方余额,则表示已预提而尚未支付的预提费用。跨期摊提账户的结构如图 5-14 所示。

借方　　　　　　跨期摊提账户	贷方
期初余额：期初已支付而尚未摊配的待摊费用数 发生额：　本期待摊费用或预提费用的支付数	期初余额：期初已预提而尚未支用的预提费用数 发生额：　本期待摊费用的摊配数或预提费用的预提数
期末余额：已支付而尚未摊配的待摊费用	期末余额：已预提而尚未支付的预提费用

图 5-14　跨期摊提账户

需要说明的是,如果企业增设"待摊费用"账户和"预提费用"账户,且期末有余额,那么,在编制资产负债表时,应分别在"其他流动资产"和"其他流动负债"项目反映。

【本章小结】

本章阐述了账户按不同标志进行的分类。重点阐述了账户按经济内容分为资产类账户、负债类账户、所有者权益类账户、成本类账户和损益类账户共五类,账户按用途和结构分为盘存账户、资本账户、结算账户、收入账户、费用账户、成本计算账户、计价对比账户、财务成果账户、调整账户、集合分配账户和跨期摊提账户共十一类账户。

【重要概念】

账户的经济内容　账户的结构　账户的用途　盘存账户　结算账户　集合分配账户　计价对比账户　调整账户　成本计算账户　跨期摊提账户

【案例分析】

2018 年 2 月,利和股份公司的张红在做了一段时间的会计稽核工作之后,会想起自己以前工作中存在的种种错误,决定对自己担任材料会计时期的会计记录进行稽核,看看是否存在错误。在对2017年10月份的会计记录稽核中,张红发现下面一些会计记录:

1.2017年10月,公司购进并入库了一批价值为250 000元的甲材料,按国家消费税税法的规定,交纳了12 500元的消费税。另外,这种原材料加工成产品后国家不再征收消费税,该批原材料在2017年已全部加工成产品,并已全部对外销售。当时张红认为,增值税作为购进环节的流转税可以抵扣,消费税按可比性原则也应当可以抵扣。故张红做了如下账务处理:

借:原材料　250 000
　应交税费——应交消费税　12 500
　贷:银行存款　262 500

2.2017年11月,公司在购进乙、丙材料时,共支付了6 800元的外地杂运费,为简化核算起见,张红把它作为管理费用,其会计处理为:

借:管理费用　6 800
　贷:银行存款　6 800

3.按利和股份公司规定,丁材料按计划成本计价核算,到2017年11月末,其账面余额为320 000元,材料成本差异账面余额为贷方8 500元,张红当时认为,按历史成本原则要求,原材料应按实际成本反映,因而2017年11月末,张红做如下账务处理:

借:材料成本差异　8 500
　贷:原材料　8 500

4.2017年11月份,在购进另一批甲材料时,由于途中的自然损耗,验收时发现应入库1 000千克的甲材料只入库了960千克,该批材料单位购进成本为120元。张红认为没有验收入库(短缺)的原材料应作为当期损失,做账务处理如下:

借:原材料　115 200
　贷:在途物资　115 200
借:管理费用　4 800
　贷:在途物资　4 800

案例要求:

张红发现上面的会计记录后,认为这些会计记录是错误的,并做了必要的调整。你认为张红是怎样调整的?

案例提示:

对于张红担任材料会计期间的错误原因及其纠正方法说明如下:

1.由于增值税存在销项税额,所以,购进(或加工等)材料完成入库时的增值税方可作为进项税额进行反映,以待将来抵扣销项税额。而消费税没有销项税,无法抵扣,因而不可滥用可比性原则,擅自将其计入应交税费账户。这样处理,一方面使得公司的损益计算不正确,另一方面也影响了国家的税收。应作如下纠正:

借:原材料　[250 000]
　应交税费——应交消费税　[12 500]

　　贷:银行存款　　　　　　　　　　　　　　　　　　　　262 500

借:原材料　　　　　　　　　　　　　　　　　　262 500

　　贷:银行存款　　　　　　　　　　　　　　　　　　　　262 500

2.购进材料支付的外地运杂费按照会计准则规定应作为材料采购成本的组成部分,而不能随意将其作为期间费用处理,只有某些特殊的支出如采购人员差旅费、采购机构经费、市内小额运杂费等可以作为期间费用。另外,对于应由几种材料共同负担的采购费用,要采取适当的方法,将其在各种材料之间进行合理分配。应作如下纠正:

借:管理费用　　　　　　　　　　　　　　　　　　6 800

　　贷:银行存款　　　　　　　　　　　　　　　　　　　　6 800

借:在途物资　　　　　　　　　　　　　　　　　　6 800

　　贷:银行存款　　　　　　　　　　　　　　　　　　　　6 800

3.按照会计准则规定,公司对原材料可以按实际成本核算,也可以按计划成本核算。在对材料按计划成本核算的情况下,会计报表上反映的应是材料的实际成本,但在账簿中,则是以计划成本进行反映,同时反映材料的成本差异。通过材料的计划成本与材料成本差异的结合,最终确定材料的实际成本。当公司材料的种类比较多、价格变化又比较频繁时,对材料按计划成本进行核算有利于对材料的管理,所以,如果在账簿上取消了材料的计划成本资料,必然使按计划成本对材料计价的作用消失。应对这项错误做如下纠正:

借:材料成本差异　　　　　　　　　　　　　　　　8 500

　　贷:原材料　　　　　　　　　　　　　　　　　　　　　8 500

4.原材料在购买过程中发生的自然损耗(定额内损耗),按规定构成材料的采购成本,但对于该批材料而言,并没有因发生损耗而额外付出代价,也就是没有改变原材料的总成本,只是由于发生损耗而提高了该种原材料的单位成本,即总成本不变而数量减少。所以,对于该项错误应作如下纠正:

借:原材料　　　　　　　　　　　　　　　　　　115 200

　　贷:在途物资　　　　　　　　　　　　　　　　　　　　115 200

借:管理费用　　　　　　　　　　　　　　　　　　4 800

　　贷:在途物资　　　　　　　　　　　　　　　　　　　　4 800

借:原材料　　　　　　　　　　　　　　　　　　120 000

　　贷:在途物资　　　　　　　　　　　　　　　　　　　　120 000

【同步测练】

一、单项选择题

1.下列账户中,期末结转后无余额的账户是(　　)。

A.实收资本　　　　　　　　　　B.应付账款

C.固定资产　　D.管理费用

2.下列账户中,不属于资产类账户的是(　　)。

A.应收账款　　B.累计折旧

C.预收账款　　D.预付账款

3.成本类账户期末如有余额,这个余额属于企业的(　　)。

A.资产　　B.负债　　C.损益　　D.权益

4.按用途和结构分类时,"材料成本差异"账户属于(　　)。

A.债权结算账户　　B.集合分配账户

C.虚账户　　D.备抵附加账户

5.下列账户期末结转时,应转入"本年利润"账户贷方的是(　　)。

A.营业外支出　　B.营业外收入

C.财务费用　　D.所得税费用

6.下列账户中,期末无余额的是(　　)。

A.生产成本　　B.营业外收入

C.应付职工薪酬　　D.盈余公积

7.债权债务结算账户的借方余额或贷方余额表示(　　)。

A.债权的实际金额　　B.债权和债务增减变动后的差额

C.债务的实际金额　　D.债权和债务的实际余额之和

8.在账户按用途和结构的分类中,"本年利润"账户属于(　　)。

A.损益账户　　B.经营成果账户

C.权益账户　　D.财务成果账户

9.根据账户按用途和结构的分类,下列账户中不属于调整账户的是(　　)。

A.累计折旧　　B.利润分配

C.主营业务成本　　D.材料成本差异

10.关于盘存账户,下列说法中错误的是(　　)。

A.期初余额表示财产物资和货币资金的期初实存数

B.期末余额可以在借方,也可以在贷方

C.借方登记各项财产物资和货币资金的增加数

D.贷方登记各项财产物资和货币资金的减少数

11.关于调整账户,下列说法错误的是(　　)。

A.调整账户与被调整账户反映的经济内容相同

B.调整账户与被调整账户的用途和结构相同

C.被调整账户反映会计要素的原始数据,调整账户反映的是同一要素的调整数字

D.调整方式取决于被调整账户与调整账户的余额是在同一方向还是在相反方向

12.下列账户中,属于集合分配账户的是(　　)。

A.管理费用　　B.制造费用

C.财务费用　　D.待摊费用

13.按照账户的用途和结构分类,“累计折旧”账户属于(　　)。

A.调整账户　　B.盘存账户

C.集合分配账户　　D.计价对比账户

14.按照用途和结构分类,“制造费用”账户属于(　　)。

A.费用账户　　B.集合分配账户

C.跨期摊提账户　　D.成本计算账户

15.下列每组账户,属于经济内容不同而用途和结构相同的是(　　)。

A.固定资产、利润分配　　B.累计折旧、利润分配

C.累计折旧、固定资产　　D.本年利润、利润分配

16.“银行存款”账户按其用途和结构划分,属于(　　)。

A.结算账户　　B.收入账户

C.所有者投资账户　　D.盘存账户

17.下列账户中,属于权益备抵账户的是(　　)。

A.累计折旧　　B.坏账准备

C.材料成本差异　　D.利润分配

18.“长期待摊费用”账户(　　)。

A.借方为实际发生(支出)数,贷方为计入当期费用数

B.月末无余额

C.属于损益类账户

D.贷方记增加,借方记减少

19.“利润分配”账户按用途和结构分类属于(　　)账户。

A.财务成果类　　B.备抵调整类

C.附加调整类　　D.备抵附加类

20.账户按用途和结构分类,“材料成本差异”账户属于(　　)账户。

A.计价对比　　B.备抵附加

C.附加调整　　D.备抵调整

二、多项选择题

1.“库存股”账户属于(　　)。

A.资产类账户　　B.所有者权益类账户

C.权益备抵账户　　D.资产备抵账户

2.下列不属于计价对比账户的是(　　)。

A.主营业务成本　　B.实收资本

C.生产成本　　D.材料采购

3.下列账户属于负债类账户的是(　　)。

A.应付账款　　B.预付账款

C.应付职工薪酬　　D.所得税费用

4.下列项目中,属于成本类账户是(　　)。

A.生产成本　　B.管理费用

C.制造费用　　D.长期待摊费用

5.通过设置和运用明细账,可以提供实物和金额两种指标的盘存账户有(　　)。

A.原材料　　B.库存商品

C.库存现金　　D.银行存款

6.下列业务中,应确认为债权的是(　　)。

A.预收销货款　　B.预付购货款

C.应收销货款　　D.应付购货款

7.下列费用中,应计入期间费用的是(　　)。

A.行政管理部门人员工资　　B.销售产品的运输费

C.提取车间管理人员的福利费　　D.采购人员的差旅费

8.关于"利润分配"账户,下列表述中正确的是(　　)。

A.平时,贷方一般不作登记

B.借方登记实际分配的利润数额

C.年末结转后,本账户应无余额

D.年末结转后,借方余额表示未弥补亏损

E.年末结转后,贷方余额表示未分配利润

9.下列账户中,按经济内容分类,属于所有者权益类账户的是(　　)。

A.实收资本　　B.本年利润

C.资本公积　　D.利润分配

10.按账户的经济用途和结构分类,下列账户中属于调整账户的有(　　)。

A.累计折旧　　B.坏账准备

C.预提费用　　D.利润分配

11.下列账户中,期末结转后无余额的是(　　)。

A.生产成本　　B.制造费用

C.销售费用　　D.管理费用

12.下列关于"本年利润"账户的表述中,正确的有(　　)。

A.属于损益类账户

B.年末结转后无余额

C.月末贷方余额表示本月实现的利润数

D.贷方登记从有关损益类账户转入的各项收入数

E.借方登记从有关损益类账户转入的各项费用数

13.债权债务结算账户的特点有(　　)。

A.属于双重性质的账户

B.借方登记债权增加额和债务减少额

C.贷方登记债务增加额和债权减少额

D.期末余额在借方表示尚未收回的债权净额

E.期末余额在贷方表示尚未偿还的债务净额

14.下列账户中,按经济内容分类属于损益类账户的是(　　)。

A.管理费用　　B.财务费用

C.长期待摊费用　　D.主营业务成本

15.“生产成本”账户按用途和结构分类,可以归类为(　　)。

A.盘存账户　　B.集合分配账户

C.成本计算账户　　D.费用账户

E.资产账户

16.下列账户中按经济内容分类属于损益类账户的是(　　)。

A.本年利润　　B.利润分配

C.所得税费用　　D.管理费用

17.备抵账户与被调整账户两者之间(　　)。

A.用途不同　　B.用途相同

C.结构不同　　D.结构一致

E.余额方向相反

18.调整账户按其调整方式的不同,可分为(　　)。

A.备抵账户　　B.附加账户

C.坏账准备　　D.备抵附加账户

E.本年利润

19.调整账户一般包括(　　)。

A.销售费用　　B.累计折旧

C.财务费用　　D.利润分配

20.调整类账户的特点是(　　)。

A.调整账户与被调整账户反映的经济内容相同

B.调整账户不能离开被调整账户而独立存在

C.调整方式是被调整账户余额加或减调整账户余额

D.附加调整账户与被调整账户余额方向相反

E.备抵调整账户与被调整账户余额方向相同

三、判断题

1.“所得税费用”账户的余额期末时应转入“利润分配”账户。(　　)

2.“生产成本”账户和“制造费用”账户均属于集合分配账户。(　　)

3.“制造费用”账户和“管理费用”账户均属于期间费用账户。(　　)

4.盘存账户的明细分类账户均可提供实物和货币两种指标。(　　)

5.按账户的用途和结构划分,“本年利润”账户和“利润分配”账户均属于财务成果账户。(　　)

6.“应收账款”账户可能出现贷方余额,因而属于负债类账户。(　　)

7.账户按反映的经济内容分类,“本年利润”账户属于损益类账户。(　　)

8.“长期待摊费用”账户是基于权责发生制要求而设置的账户，属于负债类账户。
（　）

9.“以前年度损益调整”账户属于损益类账户，因此，期末应转入“本年利润”账户。
（　）

10.成本计算账户用于计算各阶段成本计算对象的实际成本，因而期末一般无余额。
（　）

四、简答题

1.简述账户分类的意义和标志。

2.账户按经济内容分为哪几类？每类账户主要包括哪些具体账户？

3.账户按用途和结构分为哪几类？每类账户主要包括哪些具体账户？

4.什么是备抵账户？试举例说明备抵账户与被调整账户的关系。

5.试述为什么要设置债权债务结算账户，其结构如何。

6.简述盘存账户的特点。

7.为什么要设置跨期摊提账户？跨期摊提账户有哪些？

8.什么是调整账户？调整账户可分为几类？

第 6 章 会计凭证

【学习目标】

通过本章的学习，理解会计凭证的概念，熟悉会计凭证的种类，熟练掌握原始凭证和记账凭证的内容、填制及审核方法；了解会计凭证的作用及会计凭证传递与保管的一般要求。

【重点难点提示】

本章的重点包括会计凭证的概念和种类，原始凭证和记账凭证的内容、填制及审核，会计凭证的传递和保管。难点在于掌握各种原始凭证和记账凭证的填制方法和审核内容等。

6.1 会计凭证的意义和种类

6.1.1 会计凭证的意义

会计凭证(Accounting Document)是记录经济业务、明确经济责任并据以登记会计账簿的书面证明。

任何单位，为了保证会计信息的真实、完整，对所发生的每一项经济业务都必须由经办业务的有关人员填制或取得会计凭证，记录经济业务发生或完成的日期，注明经济业务的内容，并在凭证上签名或盖章，明确经济责任。

会计凭证必须经过会计机构、会计人员严格的审核，经确认无误后，才能作为登记账簿的依据。填制和审核会计凭证，是会计核算工作的起点，也是会计核算的基本方法之一。其作用主要表现在以下几个方面：

1）正确、及时地反映各项经济业务的完成情况

任何一项经济业务，都必须按照规定的程序和要求，及时取得和填制会计凭证，真实、详细地记录经济业务的发生和完成情况。会计凭证是重要的会计档案，通过会计凭

证的填制,不仅可以了解各项经济业务发生或完成的情况,还为进行会计分析和会计检查提供了重要依据。

2)为登记会计账簿提供依据

会计凭证是登记账簿的依据,无论是总分类账还是明细分类账,都必须根据审核无误的会计凭证进行登记。在业务量大、会计凭证多的单位,通过对凭证的整理、汇总,还可以简化登记账簿的工作。

3)通过会计凭证审核,可以有效地发挥会计的监督作用

通过对会计凭证的审核,可以检查会计凭证的合法性,检查会计凭证所记录的经济业务是否符合国家的有关法规、制度,是否符合企业计划,有无违法乱纪行为,从而在会计的初始阶段,发挥会计的监督作用,这对贯彻会计核算基本原则,制止和纠正经济管理工作中的问题和制度的漏洞具有重要意义。

4)加强经济管理上的责任制

一切会计凭证都必须按照规定的手续办理,经办部门和人员都要签名盖章,对会计凭证内容的真实性、合法性负责,明确各自的经济责任。这样,不仅将所有经办人员联系在一起,而且有利于划清经济责任,即使发生了问题,也易于弄清情况,区分责任,作出正确判断。

6.1.2 会计凭证的种类

会计凭证多种多样,按其填制的程序和用途不同可以分为原始凭证和记账凭证两大类。

1)原始凭证

原始凭证(Original Document)是在经济业务发生或完成时取得或填制的,用来载明经济业务的发生或完成情况的书面证明。它是进行会计核算的原始资料和主要依据。

原始凭证按其来源不同,可以分为自制原始凭证和外来原始凭证两种。

(1)自制原始凭证

自制原始凭证,是指由本单位内部经办业务的部门和人员,在某项经济业务发生或完成时自行填制的凭证。自制原始凭证按其填制手续不同,分为一次凭证、累计凭证、汇总原始凭证和记账编制凭证四种。

①一次凭证(Single-record Document),是指只反映一项经济业务,或者同时反映若干项同类性质的经济业务,其填制手续是一次完成的会计凭证。如企业购进材料验收入库,由仓库保管员填制的“收料单”(格式与内容见表 6-1 所示),车间或班组向仓库领用材料时填制的“领料单”等(格式与内容见表 6-2 所示)。

②累计凭证(Multiple-record Document),是指在一定时期内连续记载若干项同类经济业务的会计凭证。这类会计凭证的填制手续是随着经济业务发生而分次进行的。如“限额领料单”就是累计原始凭证(格式与内容见表 6-3 所示)。

③汇总原始凭证(Cumulative Source Document),是指将一定时期内若干份记录同类

经济业务的原始凭证汇总编制的,用以集中反映某项经济业务总括情况的会计凭证。如"发料凭证汇总表"(格式与内容见表6-4所示)、"收料凭证汇总表"、"现金收入汇总表"等都是汇总原始凭证。

④记账编制凭证(Accounting Voucher),是指会计人员根据账簿记录加以整理后重新编制的原始凭证。如"制造费用分配表"(格式与内容见表6-5所示)、"固定资产折旧计算表"等。记账编制凭证与上述其他原始凭证的不同点主要在于,其他原始凭证一般都是依据实际发生的经济业务编制的,而记账编制凭证则是根据账簿记录加以整理后编制的。

(2)外来原始凭证

外来原始凭证(Source Document From Outside),是指在经济业务发生或完成时,从外部单位或个人处取得的凭证。外来原始凭证都是一次凭证,如购买货物取得的发货票(格式与内容见表6-6所示)、增值税专用发票(格式与内容见表6-7所示)、银行为企业代收款项的收款通知单等。

2)记账凭证

记账凭证(Accouting Document),又称记账凭单,是由会计人员根据审核无误的原始凭证或汇总原始凭证编制的,用来确定会计分录,作为登记账簿直接依据的会计凭证。由于经济业务的种类和数量繁多,与其相关原始凭证的格式和内容也各不相同,加上原始凭证一般都不能具体表明经济业务应记入的账户及其借贷方向,直接根据原始凭证登记账簿容易发生差错。因此,在记账之前需要根据审核无误的原始凭证,经过归类整理,填制具有统一格式的记账凭证,确定经济业务应借、应贷的会计科目和金额,并将相关的原始凭证附在记账凭证的后面。这样既方便了记账、减少了差错,也有利于原始凭证的保管,提高对账和查账的效率。

①记账凭证按其适用的经济业务,分为专用记账凭证和通用记账凭证两类。

A.专用记账凭证。

专用记账凭证(Special-purpose Voucher),是指专门用来记录某一类经济业务的记账凭证。专用记账凭证按其所记录的经济业务是否与现金和银行存款收付业务有关,分为收款凭证、付款凭证和转账凭证。

a.收款凭证。

收款凭证是指专门用于登记现金和银行存款收入业务的记账凭证。收款凭证分为现金收款凭证和银行存款收款凭证(格式与内容见表6-8所示)。

b.付款凭证。

付款凭证是指专门用于登记现金和银行存款付出业务的记账凭证。付款凭证分为现金付款凭证和银行存款付款凭证(格式与内容见表6-9所示)。

c.转账凭证。

转账凭证是指专门用于登记现金和银行存款收付业务以外的转账业务的记账凭证。转账凭证根据有关转账业务的原始凭证填制,是登记有关总分类账及明细分类账的依据(格式与内容见表6-10所示)。

B.通用记账凭证。

通用记账凭证(General Purpose Voucher),是指适用于各类经济业务、具有统一格式的记账凭证,也称标准凭证。通用记账凭证的格式,不再分为收款凭证、付款凭证和转账凭证,而是以一种格式记录全部经济业务的凭证(格式与内容见表6-11所示)。

②记账凭证按其包括的会计科目是否单一,分为复式记账凭证和单式记账凭证两类。

A.复式记账凭证。

复式凭证(Multiple Account Titles Voucher)又叫作多科目记账凭证,是指将某项经济业务所涉及的会计科目集中填列在一张记账凭证上。上述专用记账凭证和通用记账凭证都是复式记账凭证。

复式记账凭证具有账户对应关系清楚,便于了解经济业务的全貌,可以减少记账凭证的数量,减轻登记账簿工作的优点,同时,也便于查账。但复式记账凭证不便于汇总计算每一会计科目的发生额,不便于分工记账。

B.单式记账凭证。

单式记账凭证(Single Account Title Voucher)又叫作单科目记账凭证,是指将某项经济业务所涉及的每个会计科目分别填制的记账凭证。每张记账凭证中只填列一个会计科目,其对方科目只供参考,不凭以记账。填列借方科目的称为借项记账凭证,填列贷方科目的称为贷项记账凭证。这样,每笔会计分录至少要填制两张单式记账凭证,用编号将其联系起来,以便查对(格式与内容见表6-12至表6-14所示)。

单式记账凭证反映的科目单一,便于分工记账和按会计科目进行汇总;但一张凭证不能反映每一项经济业务的全貌,填制记账凭证的工作量也比较大,而且出现差错不易查找。

③记账凭证按其是否经过汇总,可以分为汇总记账凭证和非汇总记账凭证两类。

A.汇总记账凭证。

汇总记账凭证(Summarized Voucher)是根据非汇总记账凭证按一定的方法汇总填制的记账凭证。汇总记账凭证按汇总方法不同可分为分类汇总记账凭证和全部汇总凭证。

a.分类汇总凭证。

分类汇总凭证是根据一定期间的记账凭证按其种类分别汇总填制的,如根据现金或银行存款的收款凭证汇总填制的“现金汇总收款凭证”和“银行存款汇总收款凭证”;根据现金或银行存款的付款凭证汇总填制的“现金汇总付款凭证”和“银行存款汇总付款凭证”;以及根据转账凭证汇总填制的“汇总转账凭证”都是分类汇总凭证(格式和内容见第9章)。

b.全部汇总凭证。

全部汇总凭证是根据一定期间的记账凭证全部汇总填制,如“科目汇总表”就是全部汇总凭证(格式与内容见第9章)。

B.非汇总记账凭证。

非汇总记账凭证(Non-summary Accounting Vouchers),是没有经过汇总的记账凭证,前述收款凭证、付款凭证和转账凭证以及通用记账凭证都是非汇总记账凭证。

会计凭证的分类见图 6-1 所示。

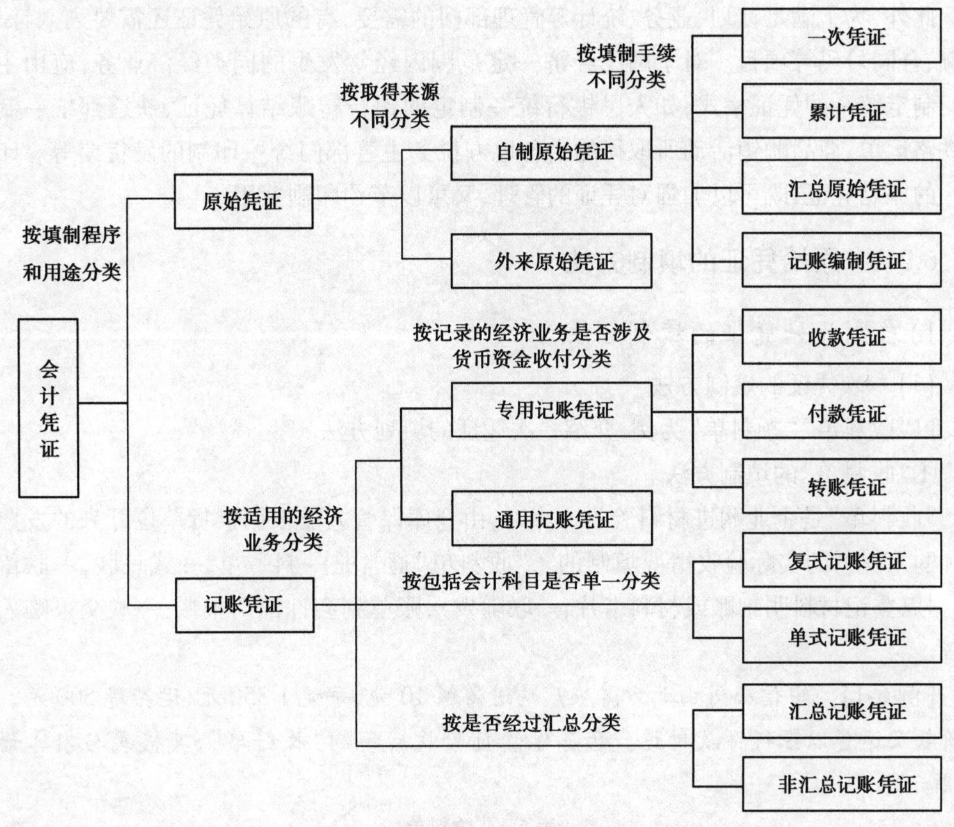

图 6-1　会计凭证的分类

6.2　原始凭证的填制和审核

6.2.1　原始凭证的基本内容

由于经济业务内容和经济管理要求不同，各种原始凭证的名称、格式和内容也是多种多样的。但是，为了满足会计工作的需要，无论哪一种原始凭证都必须详细地反映有关经济业务发生或完成情况，明确经办单位和经办人员的经济责任。因此，各种原始凭证都应该具备以下共同的基本内容，通称为凭证要素，主要有：

①原始凭证的名称。

②填制凭证的日期。

③填制凭证单位名称或者填制人姓名。

④经办人员的签名或者盖章。

⑤接受凭证单位名称。

⑥经济业务内容(含数量、单价和金额)。

此外,为了满足计划、业务、统计等管理部门的需要,有的原始凭证还需要列入计划、定额、合同号码等项目。对于国民经济一定范围内经常发生的同类经济业务,应由主管部门制定统一的凭证格式,如人民银行统一制定的银行转账结算凭证、铁道部统一制定的铁路运单、商品购销活动所取得的由各地方税务主管部门统一印制的发货票等。印制统一的原始凭证,既可以加强对凭证的管理,又可以节约印刷费用。

6.2.2 原始凭证的填制方法

1)自制原始凭证的填制方法

(1)一次凭证的填制方法

以"收料单""领料单"为例,介绍一次凭证的填列方法。

①"收料单"的填制方法。

"收料单"是企业购进材料验收入库时,由仓库保管人员根据供货单位开来的发票账单和购入材料的实际验收情况填制的。"收料单"通常是一料一单,一式三联,一联留仓库,据以登记材料明细账或材料卡片;一联随发票账单到会计部门报账;一联交采购人员存查。

【例6-1】 中信公司由北方薄板厂购进薄板10吨,每吨1 350元,运杂费500元。材料价款及运费以银行存款付讫。仓库保管员验收后填制"收料单",其格式与内容如表6-1所示。

表6-1 收料单

(企业名称)

收 料 单

供货单位:北方薄板厂　　　　凭证编号 0203

发票编号:2456　　　　20××年10月25日　　　　收料仓库:3号库

材料类别	材料编号	材料名称及规格	计量单位	数量		金额(元)			
				应收	实收	单价	买价	运杂费	合计
板材	4018	薄板	吨	10	10	1 350	13 500	500	14 000
备注:						合计			14 000

仓库保管员:刘雯　　　　收料人:赵杰

②"领料单"的填制方法。

"领料单"是车间或部门从仓库中领用各种材料时,由领料经办人员根据需要材料的情况填写的一次性原始凭证,并经该单位主管领导批准到仓库领用材料。仓库保管员根据“领料单”，审核材料的用途，认真计量和发放材料，并在领料单上签章。“领料单”一般都是一料一单。通常都是一式三联，一联留领料单位备查，一联留仓库据以登记材料明细账，另一联转交财会部门作为材料总分类核算的依据。

【例6-2】 中信公司的三车间，生产A产品需领用¢13毫米圆钢350千克，单位价格1.50元。由经办人填制“领料单”，经车间有关领导批准后到仓库领料，仓库保管员审核后据以发料，在“实发栏”填写实发数量，领发料双方在“领料单”上签章。“领料单”的格式与内容如表6-2所示。

表6-2 领料单

<table>
<tr><td colspan="8">（企业名称）
领　料　单</td></tr>
<tr><td colspan="3">领料单位：三车间</td><td colspan="3"></td><td colspan="2">凭证编号　3618</td></tr>
<tr><td colspan="2">用途：A产品</td><td colspan="4">20××年10月5日</td><td colspan="2">发料仓库：2号库</td></tr>
<tr><td rowspan="2">材料类别</td><td rowspan="2">材料编号</td><td rowspan="2">材料名称及规格</td><td rowspan="2">计量单位</td><td colspan="2">数　量</td><td rowspan="2">单　价</td><td rowspan="2">金　额</td></tr>
<tr><td>请　领</td><td>实　发</td></tr>
<tr><td>钢材类</td><td>052</td><td>¢13毫米圆钢</td><td>千克</td><td>350</td><td>350</td><td>1.50</td><td>525</td></tr>
<tr><td colspan="6">备注：</td><td>合计</td><td>525</td></tr>
</table>

记账：李耘　　发料：张平　　领料部门主管：夏波　　领料：魏宏

(2)累计凭证的填制方法

典型的累计凭证是企业的“限额领料单”。

“限额领料单”是多次使用的累计领发料凭证。在有效期间内（一般为一个月），只要领用数量不超过限额就可以连续使用。“限额领料单”是由生产计划部门根据下达的生产任务和材料消耗定额按每种材料用途分别开出，一料一单，一式两联，一联交仓库据以发料，一联交领料部门据以领料；领料单位领料时，在该单内注明请领数量，经负责人签章批准后，持往仓库领料。仓库发料时，根据材料的品名、规格在限额内发料，同时将实发数量及限额余额填写在限额领料单内，领发料双方在单内签章。月末在此单内结出实发数量和金额转交会计部门，据以计算材料费用，并作材料减少的账务处理。使用限额领料单领料，全月不能超过生产计划部门所下达的全月领用限额量。因增加产量，或由于产品报废等其他原因超限额用料而需要追加领料时，应由用料部门向生产计划部门提出申请，经批准后，应另填一张追加领料的“领料单”。“限额领料单”的格式与内容见表6-3所示。

【例6-3】 中信公司五车间生产甲产品，20××年度计划生产300台，10月份¢40毫米圆钢的领用限额为6 000千克，每千克圆钢的单价为5元。生产计划部门下达“限额领料单”后，车间在该月份内领用¢40毫米圆钢情况如表6-3所示。

表 6-3　限额领料单

领料部门:五车间　　　　　　　　　　　　　　　　　　　　　　　领料编号:3541

领料用途:制造甲产品　　　　　20××年 10 月份　　　　　　　　　发料仓库:3 号库

<table>
<tr><td rowspan="2">材料类别</td><td rowspan="2">材料编号</td><td rowspan="2">材料名称及规格</td><td rowspan="2">计量单位</td><td rowspan="2">单位价格</td><td rowspan="2">全月领用数量限额</td><td colspan="2">全月实际领用</td></tr>
<tr><td>数　量</td><td>金　额</td></tr>
<tr><td>钢材</td><td>18260</td><td>¢40 毫米圆钢</td><td>千克</td><td>5.00</td><td>6 000</td><td>5 900</td><td>29 500</td></tr>
</table>

供应部负责人:丁永节　　　　　　　　　　　生产计划部门负责人:崔利奇

<table>
<tr><td colspan="2">20××年</td><td colspan="3">请　领</td><td colspan="4">实　发</td><td colspan="2">退　库</td></tr>
<tr><td>月</td><td>日</td><td>数量</td><td>累计</td><td>领料单位负责人</td><td>数量</td><td>发料人</td><td>领料人</td><td>限额结余</td><td>数量</td><td>退料单金额</td></tr>
<tr><td>10</td><td>5</td><td>2 000</td><td>2 000</td><td>刘刚</td><td>2 000</td><td>陈尔洞</td><td>赵之环</td><td>4 000</td><td></td><td></td></tr>
<tr><td>10</td><td>10</td><td>1 000</td><td>3 000</td><td>刘刚</td><td>1 000</td><td>陈尔洞</td><td>赵之环</td><td>3 000</td><td></td><td></td></tr>
<tr><td>10</td><td>15</td><td>1 500</td><td>4 500</td><td>刘刚</td><td>1 500</td><td>徐笛</td><td>胡枫</td><td>1 500</td><td></td><td></td></tr>
<tr><td>10</td><td>20</td><td>1 000</td><td>5 500</td><td>刘刚</td><td>1 000</td><td>徐笛</td><td>胡枫</td><td>500</td><td></td><td></td></tr>
<tr><td>10</td><td>31</td><td>400</td><td>5 900</td><td>刘刚</td><td>400</td><td>徐笛</td><td>胡枫</td><td>100</td><td></td><td></td></tr>
</table>

仓库负责人:张菊花

从以上“限额领料单”的记录可知,五车间在当月 5 日、10 日、15 日、20 日和 31 日五次领用 ¢40 毫米圆钢,实际累计领用 5 900 千克,与领用限额 6 000 千克对比,节约 100 千克,节约材料费用 500 元。“限额领料单”不仅起到事先控制领料的作用,而且还可以减少原始凭证的数量和简化填制凭证的手续。

(3)汇总原始凭证的填制方法

常用的汇总原始凭证有:发料凭证汇总表、工资结算汇总表、差旅费报销单等。

【例 6-4】 中信公司领发材料比较频繁,同类凭证也较多。为了简化核算手续,由材料会计将各车间、部门的领料凭证按旬汇总,每月编制一份“发料凭证汇总表”,送交会计部门进行账务处理。发料凭证汇总表格式与内容如表 6-4 所示。

表 6-4　发料凭证汇总表　　　　　　　第 10 号

20××年 10 月　　　　　　单元:元　附件 24 张

<table>
<tr><td colspan="2" rowspan="2">应借科目</td><td colspan="3">应贷科目</td></tr>
<tr><td>原材料</td><td>燃　料</td><td>合　计</td></tr>
<tr><td rowspan="4">生产成本</td><td>1—10 日</td><td>4 000</td><td></td><td>4 000</td></tr>
<tr><td>11—20 日</td><td></td><td>1 200</td><td>1 200</td></tr>
<tr><td>21—31 日</td><td>2 100</td><td>800</td><td>2 900</td></tr>
<tr><td>小计</td><td>6 100</td><td>2 000</td><td>8 100</td></tr>
</table>

续表

应借科目		应贷科目		
		原材料	燃　料	合　计
制造费用	1—10 日	1 600	500	2 100
	11—20 日	1 000		1 000
	21—31 日		500	500
	小计	2 600	1 000	3 600
管理费用	1—10 日		500	500
	11—20 日	400		400
	21—31 日	1 000		1 000
	小计	1 400	500	1 900
合计		10 100	3 500	13 600

主管:韩莲　　审核:姜欣　　制表:郭凯　　保管:刘峰

(4)记账编制凭证的填制方法

以"制造费用分配表"为例介绍记账编制凭证的填制方法。

【例6-5】　中信公司二车间生产A,B两种产品,本月发生制造费用30 000元。按A、B产品生产工时比例在A,B产品之间进行分配,根据制造费用明细账,编制的"制造费用分配表"如表6-5所示。

表6-5　制造费用分配表

20××年10月31日

单位:元

产品名称	分配标准（产品生产工时）	分配率	分配金额
A B	4 000 6 000		12 000 18 000
合计	10 000	3	30 000

主管:韩莲　　审核:姜欣　　制表:郭凯

2)外来原始凭证的填制方法

(1)普通发票的填制方法

【例6-6】　湖南慧财国际教育有限公司支付滴滴公司打车费28.58元。收到滴滴公司填制的增值税电子普通发票,其格式与内容如表6-6所示。

表 6-6　增值税普通发票

湖南增值税电子普通发票

机器编号：499098785251

发票代码：043001900111
发票号码：30988011
开票日期：2019年11月18日
校 验 码：07696 62358 02519 87354

购买方	名　　称：湖南慧财国际教育有限公司 纳税人识别号：91430105MA4L9DYY2T 地 址、电 话： 开户行及账号：	密码区	036028<*211/99*640>*15</+64* +45+1<7<*0-*30/32<9557>531+0 6>151>+3+9><3888232/-<*3<470 5>1+3*2*3701667+1988<+9690+<

货物或应税劳务、服务名称	规格型号	单位	数量	单价	金额	税率	税额
*运输服务*客运服务费	无	次	1	27.75	27.75	3%	0.83
合　　计					¥27.75		¥0.83
价税合计（大写）	⊗贰拾捌圆伍角捌分					（小写）¥28.58	

销售方	名　　称：湖南滴滴出行科技有限公司 纳税人识别号：91430100MA4Q93MR6Q 地 址、电 话：长沙高新开发区延农路72号九天银河产业园4栋3楼0731-82270331 开户行及账号：招商银行股份有限公司长沙四方坪支行731907514710666	备注	厦门差旅

收 款 人：张力强　　复 核：蔡静　　开 票 人：王秀丽　　销 售 方：（章）

(2)增值税专用发票的填制方法

增值税专用发票是一般纳税人于销售货物时开具的销货发票，一式四联，销货单位和购货单位各执两联。销货单位的两联中，一联留存有关业务部门，一联为会计机构的记账凭证；购货单位的两联中，一联作为购货单位的结算凭证，一联为税款抵扣凭证。

【例 6-7】　中信公司 20××年 10 月 10 日从中兴钢厂购进甲材料一批，款项均以银行存款支付，收到中兴钢厂开具的"增值税专用发票"的格式与内容如表 6-7 所示。

表 6-7　增值税专用发票

湖南增值税专用发票

发票代码：043001900222
发票号码：30988022

开票日期：20××年 10 月 10 日
校验码：07696 62358 02519 98855

机器编号：499098785252

购货单位	名称 纳税人识别号 地址、电话 开户行及账号	中信公司 ××××××××××××××× 长沙市韶山南路××号85588789 铁建韶山路支行123456789121112	密码区	略			
货物或应税劳务、服务名称		规格型号	单位	数量	单价	金额	税率	税额
甲材料			千克	1 200	35	42 000	13%	5 460
合　计						¥42 000		¥5 460
价税合计（大写）		⊗肆万柒仟肆佰陆拾元整				（小写）¥47 460.00		
销货单位	名称 纳税人识别号 地址、电话 开户行及账号	中兴钢厂 ××××××××××××××× 长沙市劳动东路××号86678588 工行树木岭支行123456789332211	备注	略				

收款人：刘红　　复核：李明　　开票人：张静　　销货单位：（章）

外来原始凭证一般由税务部门统一印制，或经税务部门批准由经济单位印制，在填制时加盖出具凭证单位公章方有效。

6.2.3　原始凭证的填制要求

一个单位的会计工作是从取得或填制原始凭证开始的，原始凭证填制的正确与否，直接影响会计核算的质量。因此，填制原始凭证必须符合规定的要求，应当做到内容真实、要素齐全、填制及时、书写清楚。

①凭证所反映的经济业务必须合法，必须符合国家有关政策、法令、规章、制度的要求，否则不能列入原始凭证。

②凭证填写的内容和数字要真实可靠。原始凭证上所填写的经济业务发生的日期、内容、数量和金额等项目必须与实际情况完全符合，不能填写估计数和匡算数，不允许有任何歪曲和弄虚作假行为。

③各种凭证的基本内容即构成要素必须填写齐全，不得遗漏和省略，手续要完备，同时，经办业务的有关部门和人员要认真审核，签名盖章，对凭证的真实性和合法性负完全责任。

④各种凭证要填制及时。当每一项经济业务发生或完成时，应及时填制原始凭证，并按规定的程序及时送交会计部门，经会计部门审核无误后，据以编制记账凭证。

⑤凭证书写要规范，文字要简明，字迹要清楚，易于辨认，应该按规定格式逐项认真填写，不得随意简化或省略。同时注意以下几点：

a.除了用圆珠笔复写的一式几联的原始凭证外，单页凭证要用钢笔或签字笔填写。

b.一式几联的原始凭证，必须注明各联的用途；复写时要用双面复写纸，上下联要对齐，应一次套写清楚。不得上面清楚，下面模糊。

c.填写凭证时，文字数字要规范。不得使用未经国务院公布的简化字；对阿拉伯数字要逐个书写清楚，不得连笔书写；在阿拉伯金额数字前，应填写相应的货币符号，如人民币符号“¥”，人民币符号“¥”与阿拉伯金额数字之间不得留有空白，阿拉伯数字前写有人民币符号“¥”的，数字后面不再写“元”字；所有以元为单位的阿拉伯数字，除表示单价等情况外，一律写到角分，无角分的，角位和分位应写“00”或符号“—”，有角无分的，分位应写“0”，不得用符号“—”表示；汉字大写金额数字，一律用壹、贰、叁、肆、伍、陆、柒、捌、玖、拾、佰、仟、万、亿、元、角、分、零、整等，不得乱造简化字；金额数字中间有“0”字时，如小写金额¥1 001.50，大写金额中可以只写一个“0”字，为“壹仟零壹元伍角整”；大写金额数字到元或角为止的，在“元”或“角”字的后面应当写“整”字；大写金额数字有分的，“分”字后面不写“整”字；大写金额数字前应有“人民币”三字，“人民币”三字与金额数字之间不得留有空白。银行结算制度规定的结算凭证、预算的缴款凭证、拨款凭证、企业的发票、收据、提货单、运单、合同、契约，以及其他规定需要填列大写金额的各种凭证，必须有大写的金额，不得只填写小写金额。

d.填写凭证时，不能随意省略。如年、月、日必须全部填齐，不得只填月、日，不填年份;填制凭证和接受凭证的单位名称必须写明省、市、县和单位的全称。

e.各种原始凭证不得涂改、刮擦、挖补。提交银行的各种结算凭证大小写金额一律不得更改。

f.各种原始凭证必须连续编号,以便查考。各种凭证如果已预先印定编号,应按顺序连接使用,不得跳号。写错作废时,应加盖"作废"戳记,连同存根一起保存,不得撕毁。

6.2.4 原始凭证的审核

对原始凭证进行审核,是确保会计信息质量,充分发挥会计监督作用的重要环节,也是会计机构、会计人员的法定职责。各种原始凭证除由经办业务部门审核外,财务部门还必须进行认真、严格的审查和核对。只有经过审核无误的原始凭证,才能作为编制记账凭证和登记账簿的依据。原始凭证的审核,主要包括以下六个方面:

1)原始凭证合法性的审核

原始凭证合法性的审核,包括内容的合法性和形式的合法性两个方面。审核原始凭证内容的合法性,主要审核原始凭证所反映的经济业务是否符合国家的方针、政策、法律、法规及财政、财务、会计制度的规定;审核原始凭证形式上的合法性,主要审查原始凭证的形式是否符合《中华人民共和国发票管理办法》的规定。根据《中华人民共和国发票管理办法》的规定,除某些专业票据如车船票等以外,其他一切发票和收款收据都必须印有税务机关的全国统一发票监制章。

2)原始凭证真实性的审核

原始凭证真实性的审核,即审查原始凭证所反映的经济业务的本来面貌,有无掩盖、伪造、歪曲和颠倒。

对于自制的原始凭证,如收料单、领料单、工资结算单等,应审查收料单所列材料是否确已验收入库;领料单所列领料用途是否虚构,是否将与生产无关的领料作为生产用料;工资结算单中姓名、出勤天数、加班天数是否真实等。

对于外来原始凭证,如发票、运单、银行结算凭证等,真实性的审查应当包括以下四个方面的内容:

①经济业务的双方当事单位和当事人必须是真实的。

②经济业务发生的时间、地点和填制原始凭证的日期必须是真实的。

③经济业务的内容必须是真实的。

④经济业务的"量"必须是真实的。这里所说的"量",包括实物量、劳动量和价值量三种度量单位。

3)原始凭证合理性的审核

以国家的有关方针、政策、法律、法规、制度和相关的计划、合同等为依据,审核原始凭证所记录经济业务是否符合企业生产经营活动的需要,是否符合有关的计划和预算等。

4) 原始凭证正确性的审核

原始凭证正确性的审核,主要审核原始凭证的填制方法和数字的计算是否正确。例如,原始凭证中的数量乘以单价是否等于金额,分项金额之和是否等于合计金额;差旅费报销时有关补贴的计算是否正确;工资结算单中工资计算是否正确等。

5) 原始凭证完整性的审核

原始凭证完整性的审核,主要审查原始凭证的内容(构成要素)是否完整、手续是否完备。具体来说,要注意以下几点:

①原始凭证的内容(构成要素)必须齐备,如凭证的名称、填制凭证的日期、填制和接受凭证的单位或个人、经济业务的内容和有关人员的签章等都应齐备。

②从外单位取得的原始凭证,必须有填制单位的公章;从个人取得的原始凭证,必须有填制人员的签名或盖章;自制原始凭证必须有经办单位负责人或其指定人员的签名或盖章;对外开出的原始凭证,必须加盖本单位公章。

③凡填有大写和小写金额的原始凭证,大写和小写金额必须相符。购买实物的原始凭证,必须有数量、单价和金额,金额的计算应当正确,并且有验收证明。支付款项的原始凭证,必须有收款单位和收款人的收款证明。

④一式几联的原始凭证,应当注明各联用途,只能以其中一联作为报销凭证。

⑤发生销货退回时,除填制退货发票外,退款时,必须取得对方的收款收据或汇款银行的结算凭证,不得以退货发票代替收据。

⑥职工因公出差的借款借据,必须附在记账凭证后。收回借款时,应另开收据或退还借据副本,不得退还原借款借据。

⑦经过上级批准的经济业务,应将批准文件作为原始凭证附件。如果批准文件需要单独归档,应在原始凭证上注明批准机关名称、日期和文件字号。

⑧从外单位取得的原始凭证如有遗失,应取得原签发单位盖有公章的证明,并注明原凭证的号码、所载金额等内容,由经办单位会计机构负责人、会计主管人员和单位负责人批准后,可以代作原始凭证;对于确实无法取得证明的,如火车票、轮船票、飞机票等,应由当事人写明详细情况,由经办单位会计机构负责人、会计主管人员和单位负责人批准后,才能代作原始凭证。

6) 原始凭证及时性的审核

原始凭证的填制和取得应当与所发生的经济业务的时间基本保持一致。审核时,重点审查各种原始凭证是否及时填写,是否按规定程序及时交会计机构、会计人员进行审核。审查原始凭证的及时性,可以及时发现经济业务发生的差错,防止和纠正财经违法、违规事件的发生,对于维护国家财经纪律,保护投资人、债权人的合法权益具有重要意义。

对于经审核的原始凭证,应根据下列不同情况分别处理:

①对于完全符合要求的原始凭证,应当及时据以编制记账凭证入账。

②对于真实、合法、合理但内容不够完整、记载不够准确的原始凭证，应退回给有关经办人员。由其负责将有关凭证补充完整、更正错误或重开后，再办理正式会计手续。

③对于不真实、不合法的原始凭证，会计机构和会计人员有权不予接受，并向单位负责人报告。

④原始凭证记载的各项内容均不得涂改；原始凭证有错误的，应当由出具单位重开或者更正，更正处应当加盖出具单位印章。原始凭证金额有错误的，应当由出具单位重开，不得在原始凭证上更正（具体规定参见2017年11月4日颁布的《中华人民共和国会计法》第十四条）。

6.3 记账凭证的填制和审核

6.3.1 记账凭证的基本内容

记账凭证的主要作用，在于对原始凭证进行分类、整理，按照借贷记账法的要求，运用会计科目，编制会计分录，据以登记账簿。因此，记账凭证必须具备下列基本内容（也称记账凭证要素）：

①填制记账凭证的日期；

②记账凭证的种类和编号；

③经济业务摘要；

④会计科目（包括一级科目、二级科目和明细科目）、应记方向及金额；

⑤所附原始凭证的张数；

⑥填制人员、稽核人员、记账人员和会计主管人员（收款凭证和付款凭证还应增加出纳人员）的签章。

6.3.2 记账凭证的填制方法

1）专用记账凭证的填制方法

（1）收款凭证的填制方法

收款凭证是用来记录货币资金收款业务的凭证，它是由会计人员根据审核无误的原始凭证填制的。在借贷记账法下收款凭证的设证科目是借方科目（“库存现金”或“银行存款”科目）。在凭证内所反映的贷方科目，应填列与“库存现金”或“银行存款”相对应的科目。金额栏填列实际收入的数额，在凭证的右侧填写所附原始凭证张数，有关人员应签名或盖章。

【例6-8】 中信公司20××年10月15日销售甲产品一批，价款50 000元，增值税销项税额6 500元，收到购买单位支票一张，收讫56 500元存入银行。会计人员根据审核无误的原始凭证填制银行存款收款凭证，其格式与内容如表6-8所示。

表 6-8　收款凭证

借方科目　　银行存款　　20××年 10 月 15 日　　银收字第 18 号

摘　要	贷方总账科目	明细科目	借或贷	金额									
				千	百	十	万	千	百	十	元	角	分
销售甲产品 30 件	主营业务收入	（略）	贷				5	0	0	0	0	0	0
	应交税费	（略）	贷					6	5	0	0	0	0
合　计						¥	5	6	5	0	0	0	0

附单据×张

财务主管：程镇　　记账：董运　　出纳：刘力　　审核：王伟　　制单：吴兼

（2）付款凭证的填制方法

付款凭证是用来记录货币资金付款业务的凭证，是由会计人员根据审核无误的原始凭证填制的。在借贷记账法下，付款凭证的设证科目是贷方科目（"库存现金"或"银行存款"科目）。在凭证内所反映的借方科目，应填列与"库存现金"或"银行存款"相对应的科目。金额栏填列实际付出的数额，在凭证的右侧填写所附原始凭证的张数，有关人员应签名或盖章。

【例 6-9】　中信公司 20××年 12 月 16 日购入材料一批，买价 80 000 元，增值税进项税额 10 400 元，共计 90 400 元，开出支票一张支付购料款。出纳人员根据审核无误的原始凭证填制银行存款付款凭证，其格式与内容如表 6-9 所示。

表 6-9　付款凭证

贷方科目　　银行存款　　20××年 12 月 16 日　　银付字第 25 号

摘　要	贷方总账科目	明细科目	借或贷	金额									
				千	百	十	万	千	百	十	元	角	分
购入材料一批	在途物资	（略）	借				8	0	0	0	0	0	0
	应交税费	（略）	借				1	0	4	0	0	0	0
合计						¥	9	0	4	0	0	0	0

附单据×张

账务主管：程镇　　记账：董运　　出纳：刘力　　审核：王伟　　制单：吴兼

需要注意的是，对于现金和银行存款之间相互划转的业务，如从银行提取现金，或将现金存入银行，为了避免重复记账，只编制付款凭证，不编制收款凭证。如从银行提取现金时，只编制银行存款付款凭证；如将现金存入银行时，只编制现金付款凭证。

(3)转账凭证的填制方法

转账凭证是用以记录与货币资金收付无关的转账业务的凭证,它是由会计人员根据审核无误的转账业务原始凭证填制的。在借贷记账法下,将经济业务所涉及的会计科目全部填列在转账凭证内,借方科目在先,贷方科目在后,将各会计科目所记应借应贷的金额填列在"借方金额"或"贷方金额"栏内。借、贷方金额合计数应该相等。有关人员应签名盖章,并在凭证的右侧填写所附原始凭证的张数。

【例 6-10】 中信公司 20××年 10 月 31 日计提当月固定资产折旧 20 000 元,其中生产车间用固定资产折旧 14 000 元,行政管理部门用固定资产折旧 6 000 元。会计人员根据"折旧提取计算表"填制转账凭证,其格式与内容如表 6-10 所示。

表 6-10 转账凭证

20××年 10 月 31 日　　　　转字第 135 号

摘 要	总账科目	明细科目	借方金额										贷方金额									
			千	百	十	万	千	百	十	元	角	分	千	百	十	万	千	百	十	元	角	分
计提固定资产折旧	制造费用					1	4	0	0	0	0	0										
	管理费用						6	0	0	0	0	0										
	累计折旧															2	0	0	0	0	0	0
合计					¥	2	0	0	0	0	0	0			¥	2	0	0	0	0	0	0

附单据×张

账务主管:程镇　　记账:董运　　审核:王伟　　制单:吴兼

2)通用记账凭证的填制方法

通用记账凭证是一种适合各种经济业务的记账凭证。采用通用记账凭证,将经济业务所涉及的会计科目全部填列在一张记账凭证内,借方在先,贷方在后,将各会计科目所记应借应贷的金额填列在"借方金额"或"贷方金额"栏内。借、贷方金额合计数应相等。有关人员应签名盖章,并填写所附原始凭证的张数。

【例 6-11】 中信公司 20××年 6 月 10 日销售产品一批。售价 40 000 元,增值税销项税额 5 200 元,收到款项存入银行。会计人员根据有关原始凭证填制通用记账凭证,其格式与内容如表 6-11 所示。

表 6-11　通用记账凭证

20××年 6 月 10 日　　　　　　　　凭证编号 10033 号

摘　要	一级科目	明细科目	借方金额										贷方金额									
			千	百	十	万	千	百	十	元	角	分	千	百	十	万	千	百	十	元	角	分
销售产品	银行存款					4	5	2	0	0	0	0										
	主营业务收入															4	0	0	0	0	0	0
	应交税费	略															5	2	0	0	0	0
合计					¥	4	5	2	0	0	0	0			¥	4	5	2	0	0	0	0

附单据×张

账务主管:程镇　　记账:董运　　审核:王伟　　出纳:刘力　　制单:吴兼

3)单式记账凭证的填制方法

单式记账凭证按每项经济业务所涉及会计科目的借、贷方及其对应关系,又分为"借项记账凭证"和"贷项记账凭证"。

【例 6-12】　中信公司 20××年 12 月 25 日向春光公司出售甲产品一批,售价 30 000 元,增值税销项税额 3 900 元,收到款项存入银行。会计人员根据审核无误的原始凭证收款后,所编制的会计分录为:

借:银行存款　　　　　　　　　　　　　　33 900

　贷:主营业务收入　　　　　　　　　　　　30 000

　　应交税费——应交增值税(销项税额)　　　3 900

以上会计分录涉及一个借方科目,两个贷方科目,应分别填制一张"借项记账凭证",其格式与内容如表 6-12 所示;两张"贷项记账凭证",其格式与内容如表 6-13 和表6-14 所示。

表 6-12　单式记账凭证(一)

借项记账凭证

20××年 12 月 25 日　　　　　　凭证编号记字 365(1/3)号

摘　要	总账科目	明细科目	账　页	金　额
销售给春光公司甲产品一批	银行存款			33 900
对应总账科目:主营业务收入、应交税费	合　计			33 900

附单据×张

账务主管:程镇　　记账:董运　　出纳:刘力　　审核:王伟　　制单:吴兼

表 6-13　单式记账凭证(二)

贷项记账凭证

20××年 12 月 25 日　　　　凭证编号记字 365(2/3)号

摘　要	总账科目	明细科目	账　页	金　额	附单据×张
销售给春光公司甲产品一批	主营业务收入	甲产品		30 000	
对应总账科目:银行存款	合　计			30 000	

账务主管:程镇　　　记账:董运　　　审核:王伟　　　制单:吴兼

表 6-14　单式记账凭证(三)

贷项记账凭证

20××年 12 月 25 日　　　　凭证编号记字 365(3/3)号

摘　要	总账科目	明细科目	账　页	金　额	附单据×张
销售给春光公司甲产品一批	应交税费	应交增值税		3 900	
对应总账科目:银行存款	合　计			3 900	

账务主管:程镇　　　记账:董运　　　审核:王伟　　　制单:吴兼

在借项记账凭证和贷项记账凭证中所列示的对应总账科目只起参考作用,不作为登记账簿的依据。

6.3.3　记账凭证的填制要求

记账凭证填制的正确与否,直接关系到记账的真实性和正确性。因此,填制记账凭证,除了要遵守填制原始凭证的要求外,还必须注意以下几点:

①填制记账凭证必须以审核无误的原始凭证为依据。记账凭证可以根据每一张原始凭证填制,也可以根据汇总原始凭证填制。但不同内容和类别的原始凭证不能汇总填列在一张记账凭证上。以自制的原始凭证或者汇总原始凭证代替记账凭证使用的,也必须具备记账凭证所应有的项目(加列会计分录)。

②填制记账凭证的日期一般应为填制记账凭证当天的日期,但在下月月初编制上月末的转账凭证时,应填上月最后一天的日期。

③记账凭证的摘要栏是对经济业务的简要说明,填写时既要简明,又要确切。对于收付款业务写明收付款对象的名称、款项内容,使用银行支票的,还应填写支票号码;对于购买材料、商品业务,要写明供应单位名称和主要品种、数量;对于经济往来业务,应写明对方单位、业务经手人、发生时间等内容。

④会计科目的使用必须正确,应借、应贷科目的对应关系必须清楚。编制会计分录要先借后贷,可以填制一借多贷或一贷多借的会计分录。如果某项经济业务本身需要编制一笔多借多贷的会计分录时,为了反映该项经济业务的全貌,可以采用多借多贷的会计科目对应关系,不必人为地将一项业务所涉及的会计科目分开,编制两张记账凭证。

⑤记账凭证在一个月内应当连续编号,以便查核。在使用通用记账凭证时,可按经

济业务发生的顺序编号。采用收款凭证、付款凭证和转账凭证的,可采用"字号编号法"。即按凭证类别顺序编号。例如:收字第×号、付字第×号、转字第×号等。也可采用"双重编号法",即按总字顺序编号与按类别顺序编号相结合。例如:某收款凭证为"总字第×号,收字第×号"。一笔经济业务需要编制多张记账凭证时,可采用"分数编号法",例如,一笔经济业务需要编制两张转账凭证,凭证的顺序号为20号时,可编转字20(1/2)、转字20(2/2),前面的整数表示业务顺序,分子表示两张凭证中的第一张和第二张。在使用单式记账凭证时,也可采用"分数编号法"。

⑥除结账和更正错误的记账凭证可以不附原始凭证外,其他记账凭证必须附原始凭证。记账凭证上应注明所附原始凭证的张数,以便查核。原始凭证张数一般应当以原始凭证的自然张数为准。凡是与记账凭证中的经济业务记录有关的每一张原始凭证,都应作为记账凭证的"附件",有一张算一张。如果附件中既有原始凭证又有原始凭证汇总表,应当把所附原始凭证和原始凭证汇总表的张数一并计入附件张数。如果原始凭证为零散车票、船票等,应当先将其粘贴在"原始凭证粘贴单"上,以一张粘贴单作为一张附件计算。如果根据同一原始凭证填制数张记账凭证时,则应在未附原始凭证的记账凭证上注明"附件××张,见第××号记账凭证"。如果原始凭证需要另行保管时,则应在附件栏目内加以注明。

⑦如果在填制记账凭证时发生差错,应当重新填制。已经登记入账的记账凭证,在当年内发现填写错误时,可以用红字填写一张与原内容相同的记账凭证,在摘要栏注明"注销某月某日某字号凭证"字样,同时再用蓝字重新填制一张正确的记账凭证,注明"订正某月某日某字号凭证"字样。如果会计科目没有错误,只是金额错误,也可以将正确数字与错误数字之间的差额,另编一张调整的记账凭证,调增金额用蓝字,调减金额用红字。

⑧在同一项经济业务中,如果既有现金或银行存款的收付业务,又有转账业务时,应相应地填制收、付款凭证和转账凭证。如胡军出差回来,报销差旅费800元,原已预借1 000元,剩余款项交回现金。对于这项经济业务应根据收款收据的记账联填制现金收款凭证,同时根据差旅费报销凭单填制转账凭证。

⑨记账凭证填写完毕,应进行复核与检查,并按所使用的记账方法进行试算平衡。有关人员,包括会计主管、稽核(复核)、记账和制单(或称制证,即编制记账凭证)人员,均要在记账凭证上签名盖章。有关收付款凭证,还要有出纳人员签章。出纳人员根据收款凭证收款,或根据付款凭证付款时,应在原始凭证上加盖"收讫"或"付讫"的戳记,以免重收重付或漏收漏付,防止差错。

6.3.4 记账凭证的审核

为了保证账簿记录和会计信息的质量,记账凭证编制完以后,要经过有关稽核人员的审核,才能登记账簿。如前所述,记账凭证是根据审核无误的原始凭证填制的。因此,记账凭证的审核,除了要对原始凭证进行复审外,还应对以下内容进行审核:

1）内容是否真实

审核记账凭证是否附有原始凭证，所附原始凭证的构成要素是否齐全，内容是否合法、真实，记账凭证所记录的经济业务与所附原始凭证所反映的经济业务是否相符，记账凭证汇总表的内容与其所依据的记账凭证的内容是否一致等。

2）项目是否齐全

审核记账凭证各项目的填写是否齐全，如日期、凭证编号、摘要、会计科目、金额、所附原始凭证张数及有关人员签章等。

3）科目是否正确

审核记账凭证的应借、应贷科目是否正确，是否有明确的对应关系，所使用的会计科目是否符合国家统一会计制度的规定等。

4）金额是否正确

审核记账凭证所记录的金额与原始凭证的有关金额是否一致，记账凭证汇总表的金额与记账凭证的金额合计是否相符，原始凭证中的数量、单价、金额计算是否正确等。

5）书写是否正确

审核记账凭证中的记录是否文字工整、数字清晰，是否按规定使用蓝黑墨水或碳素墨水，是否按规定进行更正等。

在审核记账凭证过程中，如发现填制有误，应查明原因，并按照规定的方法及时更正，只有经过审核无误的记账凭证，才能据以登记账簿。

实行会计电算化的单位，对于机制记账凭证，要认真审核，做到会计科目使用正确，数字准确无误。打印出的机制记账凭证要加盖制单人员、审核人员、记账人员及会计机构负责人、会计主管人员印章或签字。

对会计凭证进行审核，是保证会计信息质量、实施会计监督的重要手段，这是一项政策性很强的工作。为做好这项工作，会计人员既要熟悉和掌握国家政策、法令、制度和计划、预算等有关规定，又要熟悉和了解本单位的经营状况。这样，才能明辨是非，保证国家法规、制度的贯彻执行。

6.4 会计凭证的传递和保管

6.4.1 会计凭证的传递

会计凭证传递，是指会计凭证从取得或填制时起到归档保管时止，在单位内部有关部门和人员之间的传递程序和传递时间。各种会计凭证，它们所记录的经济业务不尽相同，所要据以办理的业务手续和所需要的时间也不一样。因此，应当为每种会计凭证的传递，规定合理的传递程序和在各个环节停留的时间。会计凭证的传递是会计制度设计的一个重要组成部分，应当在会计制度中作出明确的规定。

正确地组织会计凭证的传递,对于及时地反映和监督经济业务的发生和完成情况,合理地组织经济活动,加强经济管理责任制,具有重要意义。只有正确地组织凭证的传递,才能及时地反映和监督经济业务的发生和完成情况;才能把有关部门和人员组织起来,分工协作,使经济活动的目的得以顺利地实现;才能考核经办业务的有关部门和人员是否按照规定的凭证手续办事,从而加强经营管理上的责任制,提高经营管理水平,提高经济活动的效率。

科学的传递程序,应该使会计凭证沿着最迅速、最合理的流向运行。会计凭证的传递主要包括会计凭证的传递路线、传递时间和传递手续三个方面的内容。

①各单位应根据经济业务的特点,企业内部机构的设置和人员分工的情况,以及经营管理上的需要,恰当地规定各种会计凭证的联数和所流经的必要环节,做到既要使各有关部门和人员能利用凭证了解经济活动情况,并按照规定手续处理经济业务,又要避免凭证传递流程中的不必要的环节停留,从而保证会计凭证沿着最简便、最合理的路线传递。

②会计凭证的传递时间是指各种凭证在各经办部门、环节所停留的最长时间。它应考虑各部门和有关人员在正常情况下办理经济业务所需时间来合理确定。明确会计凭证的传递时间,能防止拖延处理和积压凭证,保证会计工作的正常秩序,提高工作效率。一切会计凭证的传递和处理,都应在报告期内完成,否则将会影响会计核算的及时性。

③会计凭证的传递手续是指在凭证传递过程中的衔接手续。应该做到既完备严密,又简便易行。凭证的收发、交接都应按一定的手续和制度办理,以保证会计凭证的安全和完整。

会计凭证的传递路线、传递时间和传递手续,还应根据实际情况的变化及时加以修改,以确保会计凭证传递的科学化和制度化。

对会计凭证传递总的要求是必须满足内部控制制度的要求,使传递程序合理有效,同时尽量节约传递时间,减少传递的工作量。

6.4.2 会计凭证的保管

会计凭证的保管,是指会计凭证登账后的整理、装订和归档存查。会计凭证是重要的会计档案和历史资料。特别是发生贪污、盗窃等违法乱纪行为时,会计凭证还是依法处理的有效证据。因此,企业在记账后,必须按规定的立卷归档制度,将会计凭证妥善保管,不得丢失或任意销毁。

1)会计凭证的日常保管

对会计凭证的保管,既要做到保证会计凭证的安全和完整,又要便于会计凭证的事后调阅和查找。会计凭证归档保管的主要方法和要求是:

①每月记账完毕,要将本月各种记账凭证加以整理,检查有无缺号和附件是否齐全。然后按顺序号排列,装订成册。为了便于事后查阅,应加具封面,封面上应注明:单位的名称、所属的年度和月份、起讫的日期、记账凭证的种类、起讫号数、总计册数等,并由有

关人员签章。为了防止任意拆装,在装订线上要加贴封签,并由会计主管人员盖章。会计凭证封面的格式如表 6-15 所示。

表 6-15　会计凭证封面

<table>
<tr><td rowspan="6">年
月
份
第
册</td><td colspan="5">（企业名称）</td></tr>
<tr><td colspan="5">年　　月份　　共　　册　　第　　册</td></tr>
<tr><td>收款凭证</td><td>第</td><td>号至第</td><td>号共</td><td>张</td></tr>
<tr><td>付款凭证</td><td>第</td><td>号至第</td><td>号共</td><td>张</td></tr>
<tr><td>转账凭证</td><td>第</td><td>号至第</td><td>号共</td><td>张</td></tr>
<tr><td colspan="5">附原始凭证共　　张
会计主管(盖章)　　　　保管(盖章)</td></tr>
</table>

②如果一个月内的凭证数量过多,可分装若干册,在封面上加注共几册字样。如果某些记账凭证所附原始凭证数量过多,也可以单独装订保管,但应在其封面及有关记账凭证上加注说明。对重要原始凭证,如合同、契约、押金收据以及需要随时查阅的收据等,在需要单独保管时,应编制目录,并在原记账凭证上注明另行保管字样,以便查核。

③装订成册的会计凭证应集中保管,并指定专人负责。查阅时,要有一定的手续制度。

2)会计凭证的归档

会计凭证存档以后,保管责任随之转移到档案保管人员身上。档案保管人员应当按照会计档案管理的要求,对装订成册的会计凭证按年分月顺序排列,以便查阅。查阅会计凭证应有一定的手续制度。作为会计档案,会计凭证不得外借,其他单位如因特殊原因需要使用原始凭证时,经本单位会计机构负责人、会计主管人员批准,可以复制。向外单位提供的会计凭证复制件,应在查备簿中登记,由提供人和收取人共同签章。

3)会计凭证的保管期限和销毁手续

会计凭证的保管期限和销毁手续,应严格遵循《会计档案管理办法》的有关规定。一般会计凭证保管期限为 30 年(具体规定见本书第 11 章);未满保管期限的会计凭证不得任意销毁。会计凭证保管期满后,必须按照规定的审批手续,报经批准后才能销毁。但销毁前要填制“会计档案销毁目录”,交档案部门编入会计档案销毁清册。批准销毁后要进行监销,并取得销毁过程中有关人员的签字盖章。

【本章小结】

本章介绍了会计凭证的意义和种类,重点阐述了原始凭证和记账凭证的填制与审核,以及会计凭证的传递和保管等。

【重要概念】

会计凭证　原始凭证　记账凭证　一次凭证　累计凭证　汇总原始凭证　记账编制凭证　收款凭证　付款凭证　转账凭证　通用记账凭证　单式记账凭证　复式记账凭证　会计凭证的传递　会计凭证的保管

【案例分析】

利和股份公司所属的东大公司 20××年 9 月 1 日有关账户余额如下：

库存现金:2 000 元;银行存款:52 600 元;原材料:158 000 元;库存商品:(?);应收账款:12 000 元;固定资产:275 000 元;其他应收款:3 000 元;短期借款:80 000 元;应付账款:24 000 元;资本公积:(?);盈余公积:46 000 元;实收资本:(?)。

东大公司 9 月份发生的全部经济业务如下：

1.从银行取得期限为 6 个月的借款 100 000 元,存入银行。

2.用银行存款 25 000 元购入一台全新设备,直接交付使用。

3.接受某外商捐赠的全新设备价值 50 000 元,交付使用。

4.企业的公出人员出差预借差旅费 1 000 元,交付现金。

5.经企业的董事会批准将资本公积金转增资本 100 000 元。

6.收回某单位所欠本企业的货款 10 000 元,存入银行。

7.用银行存款 50 000 元偿还到期的银行临时借款。

8.购入一批原材料价款 22 000 元(不考虑增值税)。其中 20 000 元开出支票支付,余额用现金支付。

9.接受某投资人的投资 600 000 元,其中一台全新设备 150 000 元投入使用,一项专利权作价 380 000 元,剩余部分通过银行划转。

10.开出现金支票从银行提取现金 5 000 元备用。

东大公司的会计对本月发生的经济业务进行了相关的处理,并编制了月末的总分类账户试算平衡表,但由于时间仓促,加之会计对制造业企业有关经济业务的处理不是很熟练,因而发生了某些账务处理的错误,导致试算平衡表并不平衡,如下表所示。

总分类账户本期发生额及余额表　　单位:元

会计科目	期初余额		本期发生额		期末余额	
	借　方	贷　方	借　方	贷　方	借　方	贷　方
库存现金	2 000		5 000	1 000	6 000	
银行存款	52 600		180 000	77 000	155 600	
原材料	158 000		2 000		160 000	
库存商品						
应收账款	12 000		10 000		22 000	

续表

会计科目	期初余额		本期发生额		期末余额	
	借　方	贷　方	借　方	贷　方	借　方	贷　方
固定资产	275 000		245 000		520 000	
其他应收款	3 000		1 000		4 000	
短期借款		80 000	50 000	100 000		130 000
应付账款		24 000		25 000		49 000
资本公积			100 000	50 000	50 000	
盈余公积		46 000				46 000
实收资本				700 000		700 000
无形资产			380 000		380 000	
合　计	502 600	150 000	973 000	953 000	976 000	925 000

面对不平衡的试算表,会计对其核算过程进行了全面的检查,针对其错误和其他资料一并提供了以下的信息:本公司月初的净资产为446 000元;有关错误包括余额的计算错误和账务处理的错误。其中本月业务在处理过程中共发生4处错误,涉及“库存现金”“银行存款”“原材料”“应收账款”“固定资产”和“应付账款”账户。由于账务处理的错误影响到账户记录的错误,进而造成上述的试算表不平衡。

案例要求:

①编制本月业务的会计分录,注明每笔业务应编制的专用记账凭证;

②计算“库存商品”“资本公积”和“实收资本”账户的月初余额;

③指出其错误所在并编制正确的试算平衡表。

案例提示:

首先编制本月业务的会计分录,同时标明每笔业务应编制的专用记账凭证名称:

1.借:银行存款　　100 000
　　贷:短期借款　　100 000(银行存款收款凭证)

2.借:固定资产　　25 000
　　贷:银行存款　　25 000(银行存款付款凭证)

3.借:固定资产　　50 000
　　贷:资本公积　　50 000(转账凭证)

4.借:其他应收款　　1 000
　　贷:库存现金　　1 000(现金付款凭证)

5.借:资本公积　　100 000
　　贷:实收资本　　100 000(转账凭证)

6.借:银行存款　　10 000

贷:应收账款　　10 000(银行存款收款凭证)

7.借:短期借款　　50 000

贷:银行存款　　50 000(银行存款付款凭证)

8.借:原材料　　20 000

贷:银行存款　　20 000(银行存款付款凭证)

借:原材料　　2 000

贷:库存现金　　2 000(现金付款凭证)

9.借:固定资产　　150 000

无形资产　　380 000

贷:实收资本　　530 000(转账凭证)

借:银行存款　　70 000

贷:实收资本　　70 000(银行存款收款凭证)

10.借:库存现金　　5 000

贷:银行存款　　5 000(银行存款付款凭证)

其次,根据给定的月初资料,结合本月业务的处理可知,“资本公积”账户的本月记录没有错误,其期末余额为50 000元,则期初余额为100 000(50 000+100 000-50 000)元,而已知月初净资产为446 000元,所以“实收资本”和“资本公积”两个账户的月初余额之和为400 000(446 000-46 000)元,而“资本公积”账户的期初余额为100 000元,据此可以计算出“实收资本”账户的月初余额为300 000元。根据“资产总额=负债总额+所有者权益”的会计等式,就可以计算出库存商品账户的月初余额为47 400元。编制正确的试算平衡表如下:

总分类账户本期发生额及余额表

单位:元

会计科目	期初余额		本期发生额		期末余额	
	借　方	贷　方	借　方	贷　方	借　方	贷　方
库存现金	2 000		5 000	3 000	4 000	
银行存款	52 600		180 000	100 000	132 600	
原材料	158 000		22 000		180 000	
库存商品	47 400				47 400	
应收账款	12 000			10 000	2 000	
固定资产	275 000		225 000		500 000	
其他应收款	3 000		1 000		4 000	
短期借款		80 000	50 000	100 000		130 000
应付账款		24 000				24 000
资本公积		100 000	100 000	50 000		50 000
盈余公积		46 000				46 000

续表

会计科目	期初余额		本期发生额		期末余额	
	借　方	贷　方	借　方	贷　方	借　方	贷　方
实收资本		300 000		700 000		1 000 000
无形资产			380 000		380 000	
合　计	550 000	550 000	963 000	963 000	1 250 000	1 250 000

说明:该企业会计编制的试算表之所以不平衡,其原因有两个方面:一是在"库存商品""资本公积"和"实收资本"账户的月初余额没有计算出来的情况下,编制试算表自然不平衡;二是根据本月有关业务记录进行账务处理乃至编制试算表时发生错误,导致在试算表中将某些账户的发生额和余额确定错误,即会计分录8将"库存现金"账户贷方发生额的2 000元误记入"银行存款"账户;会计分录2将"银行存款"账户贷方发生额的25 000元误记入"应付账款"账户;会计分录6将"应收账款"账户贷方发生额的10 000误记入其借方;会计分录8将"原材料"账户的借方发生额中的20 000元误记入"固定资产"账户。

【同步测练】

一、单项选择题

1.属于自制原始凭证的是(　　)。

A.派工单　B.领料单　C.购物发票　D.银行对账单

2.对将现金存入银行的业务应编制的记账凭证是(　　)。

A.现金付款凭证　B.现金收款凭证　C.银行收款凭证　D.银行付款凭证

3.会计人员审核原始凭证时,发现其金额有差错,应由(　　)。

A.会计人员重开　B.经办人员重开　C.原填制单位重开　D.领导重开

4.付款凭证的贷方科目为(　　)。

A.库存现金　B.银行存款

C.任何一个科目　D.库存现金或银行存款

5.会计凭证的传递,是指(　　)时止。

A.会计凭证的填制到记账

B.会计凭证的填制或取得时起,经审核、汇总到装订归档保管

C.会计凭证经审核、记账到装订保管

D.会计凭证经记账到装订保管

6.记账凭证是(　　)的依据。

A.编制原始凭证　B.登记账簿　C.编制汇总原始凭证　D.确定会计科目

7.借方科目固定为现金的记账凭证是(　　)。

A.银行存款收款凭证　B.银行存款付款凭证

C.现金收款凭证　D.现金付款凭证

8.购置原材料一批,价款共计人民币柒万零叁元伍角整,其小写金额应书写为( )。
A.¥70 003.50 B.¥70 003.5 C.70 003.5 D.70 003.50
9.下列不能作为原始凭证的是( )。
A.发货票 B.领料单 C.经济合同 D.工资汇总表
10.下列会计凭证中属于原始凭证的是( )。
A.收款凭证 B.付款凭证
C.转账凭证 D.发料凭证汇总表
11.“发出材料汇总表”是( )。
A.汇总原始凭证 B.汇总记账凭证 C.累计凭证 D.记账凭证
12.企业购入材料一批5 000元,以转账支票支付3 000元,余款暂欠,应填制( )。
A 一张转账凭证 B.一张转账凭证和一张付款凭证
C.一张付款凭证 D.一张转账凭证和一张收款凭证
13.记账凭证是( )根据审核无误的原始凭证填制的。
A.会计人员 B.经办人员 C.主管人员 D.复核人员
14.以下所列不属于原始凭证的是( )。
A.发货票 B.付款收据 C.商品订购单 D.车票、船票
15.领料汇总表属于( )。
A.一次凭证 B.累计凭证 C.单式凭证 D.汇总原始凭证
16.下列属于外来原始凭证的是( )。
A.入库单 B.发料汇总表 C.银行收账通知单 D.出库单
17.下列不属于会计凭证的有( )。
A.发货票 B.领料单 C.购销合同 D.住宿费收据
18.自制原始凭证按其填制手续不同可分为( )。
A.一次凭证和汇总凭证
B.单式凭证和复式凭证
C.收款凭证、付款凭证、转账凭证
D.一次凭证、累计凭证、汇总原始凭证和记账编制凭证
19.原始凭证的基本内容中,不包括( )。
A.日期及编号 B.内容摘要 C.实物数量及金额 D.会计科目
20.原始凭证和记账凭证的相同点是( )。
A.反映经济业务的内容相同 B.编制时间相同
C.所起作用相同 D.经济责任的当事人相同
21.下列业务应编制转账凭证的是( )。
A.支付购买材料价款 B.支付材料运杂费
C.收回出售材料款 D.车间领用材料
22.根据账簿记录和经济业务的需要而编制的自制原始凭证是( )。
A.转账凭证 B.累计凭证 C.限额领料单 D.记账编制凭证

23.根据一定期间的记账凭证全部汇总填制的凭证有(　　)。

A.汇总原始凭证　B.科目汇总表　C.复式凭证　D.累计凭证

24.外来原始凭证一般都是(　　)。

A.一次凭证　B.累计凭证　C.汇总原始凭证　D.记账凭证

25.会计凭证登账后的整理、装订和归档存查称为(　　)。

A.会计凭证的传递　B.会计凭证的保管

C.会计凭证的编制　D.会计凭证的销毁

26.将会计凭证分为原始凭证和记账凭证的依据是(　　)。

A.填制时间　B.取得来源

C.填制的程序和用途　D.反映的经济内容

27.记账凭证中不可能有(　　)。

A.接受单位的名称　B.记账凭证的编号

C.记账凭证的日期　D.记账凭证的名称

28.原始凭证是(　　)。

A.登记日记账的依据　B.编制记账凭证的依据

C.编制科目汇总表的依据　D.编制汇总记账凭证的依据

29.制造费用分配表是(　　)。

A.外来原始凭证　B.通用记账凭证　C.累计凭证　D.记账编制凭证

30.将记账凭证分为收款凭证、付款凭证、转账凭证的依据是(　　)。

A.凭证填制的手续　B.凭证的来源

C.凭证所反映经济业务内容　D.所包括会计科目是否单一

二、多项选择题

1.填制原始凭证时应做到(　　)。

A.遵纪守法　B.记录真实　C.填写认真　D.内容完整

2.限额领料单属于(　　)。

A.原始凭证　B.一次凭证　C.累计凭证　D.自制原始凭证

3.属于会计凭证的有(　　)。

A.原始凭证　B.记账凭证　C.汇总记账凭证　D.汇总原始凭证

4.记账凭证是(　　)。

A.由经办人填制的　B.由会计人员填制的

C.经济业务发生时填制的　D.根据审核无误的原始凭证填制的

5.付款凭证的特点是(　　)。

A.贷方科目固定为库存现金　B.贷方科目固定为银行存款

C.借方科目固定为库存现金　D.借方科目固定为银行存款

6.收款凭证适用于(　　)。

A.现金收入业务　B.现金付出业务　C.银行存款收入业务　D.转账业务

7.专用记账凭证包括(　　)。

A.收款凭证　B.付款凭证　C.累计凭证　D.转账凭证

8.会计凭证按填制程序和用途可分为(　　)。

A.累计凭证　B.原始凭证　C.转账凭证　D.记账凭证

9.购入原材料计29 000元,以银行存款支付20 000元,余下9 000元暂欠。则应编制(　　)。

A.付款凭证一张　B.转账凭证一张　C.收款凭证一张　D.累计凭证一张

10.下列属于自制原始凭证的有(　　)。

A.销售发票　B.收料单　C.领料单　D.付款通知单

11.以下所列属于一次凭证的有(　　)。

A.收料单　B.销货发票　C.产品质量检验单　D.限额领料单

12.原始凭证的内容有(　　)。

A.凭证的名称、日期、编号　B.接受凭证的单位名称

C.会计分录　D.经济业务的内容

13.会计凭证的保管应做到(　　)。

A.定期归档以便查阅　B.查阅会计凭证要有手续

C.由企业自行销毁　D.保证会计凭证的安全完整

14.涉及现金与银行存款之间划转业务时,可以编制的记账凭证有(　　)。

A.现金收款凭证　B.现金付款凭证

C.银行存款收款凭证　D.银行存款付款凭证

15.下列属于一次原始凭证的有(　　)。

A.限额领料单　B.领料单　C.领料登记表　D.购货发票

16.记账凭证编制的依据可以是(　　)。

A.收、付款凭证　B.一次凭证　C.累计凭证　D.汇总原始凭证

17.企业购入材料一批,货款用银行存款支付,材料验收入库,则应编制的全部会计凭证是(　　)。

A.收料单　B.累计凭证　C.收款凭证　D.付款凭证

18.下列属于原始凭证的有(　　)。

A.发出材料汇总表　B.汇总收款凭证

C.购料合同　D.限额领料单

19.原始凭证审核时应注意下列几方面内容(　　)。

A.凭证反映的业务是否合法　B.所运用的会计科目是否正确

C.凭证上各项目是否填列齐全完整　D.各项目的填写是否正确

20.下列科目中可能成为付款凭证借方科目的有(　　)。

A.库存现金　B.银行存款　C.应付账款　D.应交税费

21.转账凭证属于(　　)。

A.记账凭证　B.专用记账凭证　C.会计凭证　D.复式记账凭证

22.记账凭证应该是(　　)。

A.由经办业务人员填制的　　B.由会计人员填制的
C.经济业务发生时填制的　　D.登记账簿的直接依据

23.下列凭证中,属于汇总原始凭证的有(　　)。
A.发料汇总表　　B.制造费用分配表
C.发货票　　D.现金收入汇总表

24.下列凭证中,属于复式记账凭证的有(　　)。
A.单科目凭证　B.收款凭证　C.付款凭证　D.转账凭证

25.下列属于外来凭证的有(　　)。
A.购入材料的发票　　B.出差住宿费收据
C.银行结算凭证　　D.收款凭证

26.收款凭证和付款凭证是(　　)。
A.登记现金、银行存款日记账的依据　　B.编制报表的直接依据
C.调整和结转有关账项的依据　　D.成本计算的依据

27.记账凭证的编号方法有(　　)。
A.顺序编号法　B.分类编号法　C.奇偶数编号法　D.任意编号法

28.正确地组织会计凭证传递的意义在于(　　)。
A.可以及时地反映和监督经济业务的发生和完成情况
B.合理有效地组织经济活动　　C.有利于原始凭证的编制
D.可以加强经济管理责任制　　E.有利于研究会计发展历史

29.自制原始凭证按其填制程序和内容不同,可以分为(　　)。
A.外来凭证　B.一次凭证　C.累计凭证　D.汇总原始凭证

30.外来原始凭证应该是(　　)。
A.从企业外部取得的　　B.由企业会计人员填制的
C.一次凭证　　D.盖有填制单位公章的

三、判断题

1.会计凭证,也称原始凭证,是登记账簿的基本依据。(　　)

2.记账凭证是登记账簿的间接依据,原始凭证是账簿记录的直接依据。(　　)

3.在编制记账凭证时,原始凭证就是记账凭证的附件。(　　)

4.在证明经济业务发生,据以编制记账凭证的作用方面,自制原始凭证与外来原始凭证具有同等的效力。(　　)

5.记账凭证都是累计凭证。(　　)

6.所有的会计凭证,都能作为登记总账账簿的直接依据。(　　)

7.把多项经济业务合并登记在一起的记账凭证,称为复式记账凭证。(　　)

8.现金和银行存款之间的收付业务只能编制收款凭证。(　　)

9.由于记账凭证是登记账簿的依据,所以,会计凭证的审核就是指记账凭证的审核。(　　)

10.如果某项经济业务需要编制几张记账凭证时,可采用“分数编号法”。(　　)

11.只有原始凭证是登记账簿的依据。　(　)

12.限额领料单属于一次凭证。　(　)

13.原始凭证和记账凭证同样都具有较强的法律效力。　(　)

14.自制原始凭证都是由会计人员填制的。　(　)

15.收款凭证只有在现金增加时才填制。　(　)

16.记账凭证的填制日期与原始凭证的填制日期应当相同。　(　)

17.一次凭证是指只反映一项经济业务的凭证,如“领料单”。　(　)

18.累计凭证是指在一定时期内连续记载若干项同类经济业务,其填制手续是随经济业务发生而分次完成的凭证,如“限额领料单”。　(　)

19.汇总原始凭证是指在会计核算工作中,为简化记账凭证编制工作,将一定时期内若干份记录同类经济业务的记账凭证加以汇总,用以集中反映某项经济业务总括发生情况的会计凭证。　(　)

20.在一笔经济业务中,如果既涉及现金和银行存款的收付,又涉及转账业务时,应同时填制收(或付)款凭证和转账凭证。　(　)

21.原始凭证是登记日记账、明细账的依据。　(　)

22.将记账凭证分为收款凭证、付款凭证、转账凭证的依据是凭证填制的手续和凭证的来源。　(　)

23.根据账簿记录和经济业务的需要而编制的自制原始凭证是记账编制凭证。　(　)

24.会计凭证登账后的整理、装订和归档 2 年后可销毁。　(　)

25.根据一定期间的记账凭证全部汇总填制的凭证如“科目汇总表”是一种累计凭证。　(　)

四、简答题

1.什么是会计凭证？填制和审核会计凭证的意义是什么？

2.如何对会计凭证进行分类？

3.什么是原始凭证？原始凭证应具备哪些基本内容？

4.填制原始凭证应遵循哪些要求？

5.如何审核原始凭证？

6.什么是记账凭证？记账凭证应具备哪些内容？

7.什么是收款凭证、付款凭证和转账凭证？各种凭证的项目怎样填写？

8.涉及库存现金和银行存款之间的相互划转业务应填制什么凭证？为什么？

9.记账凭证的填制应符合哪些要求？

10.如何审核记账凭证？

11.什么是会计凭证的传递？在制订会计凭证传递程序时,应注意哪些问题？

12.会计凭证保管的方法和要求是什么？

五、业务题

练习记账凭证的编制。

某企业为增值税一般纳税人,20××年6月份发生如下有关经济业务事项:

2日,向新兴工厂购入A原材料一批,增值税专用发票注明价款为90 000元,增值税11 700元,运杂费1 600元,增值税144元,款项已通过银行存款支付,材料已验收入库。

3日,收到投资者追加投资1 000 000元存入银行。

4日,通过银行向华达公司预付材料款40 000元。

6日,领用A材料一批,其中:生产甲产品耗用60 000元,企业管理部门耗用10 000元。

6日,从银行提取现金40 000元,备发工资。

6日,以现金发放本月职工工资40 000元。

7日,采购员李某预借差旅费5 000元,以现金支付。

10日,收到天虹公司预付的购货款152 000元存入银行。

12日,向华兴公司销售甲产品一批,增值税专用发票注明,价款200 000元,增值税26 000元,同时以存款代垫运费6 000元,增值税540元,款项尚未收到。

13日,签发现金支票4 000元,支付企业管理部门办公费。

15日,通过银行预付下季度行政部门房租6 000元。

16日,以银行存款支付产品销售费用900元。

20日,购货单位存入包装物押金,收到现金500元。

30日,结算本月应付职工工资40 000元,其中:生产甲产品人员工资20 000元,车间管理人员工资6 000元,企业管理人员工资14 000元。

30日,按规定计提本月固定资产折旧7 600元,其中:车间固定资产折旧6 000元,企业管理部门固定资产折旧1 600元。

30日,结转本月完工产品成本80 000元。

30日,结转本月已销售产品的生产成本90 000元。

30日,摊销本月行政管理部门房租2 000元。

30日,计算出本月应交销售税金17 000元。

30日,经批准,将无法支付的华北公司货款60 000元,转作营业外收入。

30日,按利润总额的25%计算应交所得税。(假设无纳税调整项目)

30日,结转本月各损益类账户。

30日,按净利润的10%提取盈余公积。

30日,按净利润的60%分配投资者利润。

30日,以银行存款上缴本月所得税。

【要求】

根据上述资料编制记账凭证。

第7章　会计账簿

【学习目标】

通过本章的学习,理解会计账簿的含义,了解会计账簿的作用、设置原则、账簿的种类和格式、账簿的更换与保管,熟悉账簿的登记规则和对账与结账的方法,熟练掌握日记账、总分类账、明细分类账的记账规则和一般登记方法。

【重点难点提示】

本章的重点是各种账簿的设置与登记、错账的更正、平行登记、对账、结账。难点在于掌握各种账簿的登记规则、对账和结账的内容以及错账的更正方法。

7.1　会计账簿的意义和种类

7.1.1　会计账簿的意义

在会计核算工作中,填制与审核会计凭证,可以反映和监督每项经济业务的发生和完成情况。但是,会计凭证的数量繁多且分散,每张会计凭证仅反映个别经济业务,所提供的信息分散、缺乏系统性,不能连续、系统、完整地反映和监督一个经济单位一定时期内的经济活动和财务收支情况,不便于会计信息的整理与报告。为了适应经济管理的要求,提供完整、连续、系统的核算资料,就需要运用登记会计账簿的方法,把分散在会计凭证上的大量核算资料,加以归类整理,按照一定的要求登记到有关会计账簿中。

会计账簿(Account Book),是按照会计科目开设并由具有一定格式的账页所组成,用来序时、分类地记录经济业务的簿籍。账簿和账户既有区别,又有联系。账户是在会计账簿中按规定的会计科目开设的户头,用来记录某一个会计科目所核算的内容。而账簿的记录,是对经济活动的全面反映。因此,会计账簿是积累、贮存经济业务信息的数据库。

设置和登记会计账簿,是会计核算中对经济信息进行加工整理的一种专门方法,是会计核算工作的一个重要环节,对加强经济管理有着重要的意义。

①登记会计账簿可以为经济管理提供系统、完整的会计信息。通过设置和登记账簿,可以对经济业务进行序时和分类核算,将分散的核算资料加以系统化,全面、系统地提供有关企业费用和成本、财务状况和经营成果的总括和明细资料,为正确地计算收入、费用、成本和利润提供了基础。

②登记会计账簿可以为定期编制会计报表提供数据资料。通过登记账簿可以分门别类地对经济业务进行归集,通过对积累一定时期的会计资料进行整理,为编制会计报表提供了数据资料。

③会计账簿记录是考核企业经营成果、分析经济活动情况的重要依据。会计账簿记录反映了一定时期的资金来源与运用情况,提供了费用成本、收入和利润等资料。利用有关资料,可以进行经济活动分析,总结经验,提出措施,改进工作。

7.1.2 设置会计账簿的原则

任何单位都应根据本单位经济业务的特点和经营管理的需要,设置一定种类和数量的账簿。一般来说,设置会计账簿应当遵循下列原则:

①会计账簿的设置要能保证全面、系统地反映和监督各单位的经济活动情况,为经营管理提供系统、完整的核算资料。

②设置会计账簿要在满足实际需要的前提下,考虑人力和物力的节约,力求避免重复设账。

③会计账簿的格式,要按照所记录的经济业务内容和需要提供的核算指标进行设计,力求简明、清晰、实用。

7.1.3 会计账簿的种类

1)会计账簿按用途分类

会计账簿按其用途分为序时账簿、分类账簿、联合账簿和备查账簿四种。

①序时账簿(Chronological Book),亦称日记账,是按照经济业务发生的时间先后顺序,逐日逐笔登记经济业务的账簿。

序时账簿按其记录内容的不同又分为普通日记账和特种日记账两种。

a.普通日记账,也称通用日记账,是用来序时登记各单位全部经济业务会计分录的日记账。在普通日记账中,按照每日发生经济业务的先后顺序,逐项编制会计分录,因而这种日记账也称分录日记账。设置普通日记账的单位,不再填制记账凭证,以免重复。

b.特种日记账是专门用来记录某一特定经济业务发生情况的日记账。将该类经济业务,按其发生的先后顺序记入账簿中,反映这一特定项目的详细情况。如各经济单位为了对库存现金和银行存款加强管理，设置的现金日记账和银行存款日记账，其格式内容见本章7.2节。

②分类账簿（Ledger），是按照会计对象的具体内容分类设置和登记的会计账簿。在该类会计账簿中分类反映了资产、负债、所有者权益、收入、成本费用和利润等增减变化的情况，是企业进行经营管理的重要资料来源。分类账簿有总分类账簿和明细分类账簿两种。按照总分类账户分类登记经济业务的账簿称为总分类账簿。总分类账簿是用来核算经济业务的总括内容的账簿。按照明细分类账户分类登记经济业务详细内容的账簿为明细分类账簿，明细分类账簿是用来核算经济业务的详细内容的账簿。总分类账簿的总额与其所属的明细分类账簿的金额之和相等。总分类账簿与明细分类账簿的作用各不相同，但互为补充。分类账簿的格式与内容见本章7.2节。

③联合账簿（Compound Book），是指将日记账和分类账相结合设置的一种账簿，如日记总账。联合账簿的格式见本章7.2节。

④备查账簿（Memorandum），是指对某些在序时账簿和分类账簿中未能记载或记载不全的经济业务进行补充登记的账簿。这种账簿可以对某些经济业务的内容提供必要参考资料。如租入固定资产登记簿等。

2）账簿按外表形式的分类

账簿按其外表形式不同可分为订本式账簿、活页式账簿和卡片式账簿三种。

（1）订本式账簿

订本式账簿是指把许多账页装订成册的账簿。这种账簿的账页固定，既可防止账页散失，也可防止抽换账页。由于账页固定，预留账页数与实际需要量可能不一致，使用起来欠灵活，而且在同一时间内只能由一人登记账簿，不便于分工记账。

（2）活页式账簿

活页式账簿是指账页不固定，采用活页形式的账簿，如材料明细账。这种账簿，页数可根据需要确定，不足时，可随时增加账页，并且登记方便，可同时由数人分工记账。账簿的空白账页，在使用时需连续编号，装置在账夹中，并由有关人员盖章，以防散失。使用完毕，不再登记时，将其装订成册，以便保管。

（3）卡片式账簿

卡片式账簿是指用印有记账格式的卡片，详细登记各项经济业务的账簿。

卡片不固定在一起，数量可根据经济业务量增减。如固定资产明细账。使用完毕，不再登账时，则将卡片穿孔固定保管。

三种账簿外表形式不同，作用各异。库存在实际工作中，可根据需要分别采用。带有统驭性和比较重要的账簿，如总分类账、现金日记账、银行存款日记账等一般采用订本式账簿；明细分类账，常采用活页式账簿或卡片式账簿。账簿的分类如图7-1所示。

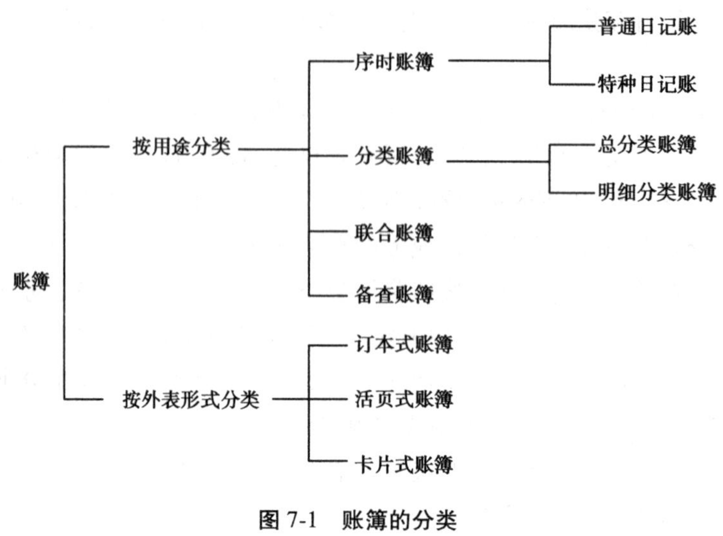

图 7-1　账簿的分类

7.2　会计账簿的设置与登记

7.2.1　会计账簿的基本结构

各种会计账簿所记录的经济业务不同,格式可以多种多样。但各种主要会计账簿均应具备下列基本内容:

1)封面

写明账簿名称和记账单位名称。

2)扉页

填列账簿启用的日期和截止期、页数、册次;经管账簿人员一览表和签章;会计主管人员签章;账户目录等。扉页中的"账簿启用和经管人员一览表"如表 7-1 所示;账户目录的格式与内容如表 7-2 所示。

表 7-1　账簿启用和经管人员一览表

账簿名称:________　　单位名称:________

账簿编号:________　　账簿册数:________

账簿页数:________　　启用日期:________

会计主管:(签单)　　记账人员:(签单)

移交日期			移交人		接管日期			接管人		会计主管	
年	月	日	姓名	盖章	年	月	日	姓名	盖章	姓名	盖章

表 7-2　账户目录(科目索引)

页　数	科　目	页　数	科　目	页　数	科　目	页　数	科　目

账户目录是由记账人员在账簿中开设账页户头后,按顺序将每个账户的名称和页数登记的,其作用是便于查阅账簿中登记的内容。如果是活页式账簿,在账簿启用时无法确定页数,可先将账户名称填写好,待年终装订归档时,再填写页数。

3)账页

账页的格式,因反映的经济业务内容不同而有所不同,但基本内容应包括:

①账户的名称(总账账户、二级或明细账户);

②登账日期栏;

③凭证种类和号数栏;

④摘要栏(记录经济业务内容的简要说明);

⑤金额栏(记录经济业务的增减变动);

⑥总页次和分户页次。

由于账簿所记录的经济业务不同,其结构和登记方法也各异。下面介绍有关序时账簿和分类账簿的结构与登记方法。

7.2.2　日记账的设置与登记

所有单位都应设置库存现金日记账和银行存款日记账,用于序时核算库存现金和银行存款的收入、支出及结存情况,借以加强对货币资金的管理。

1)库存现金日记账的设置与登记

库存现金日记账(Cash Journal)是由出纳人员根据审核无误的现金收款凭证、现金付款凭证和银行存款付款凭证(记录从银行提取现金业务),按经济业务发生时间的先后顺序,逐日逐笔进行登记的账簿。其格式和内容见表 7-3 所示。

表 7-3　库存现金日记账(三栏式)

20××年		凭　证		摘　要	对方科目	收　入	支　出	结　余
月	日	种类	编号					
1	1			上年结余				2 000
	4	现付	1	支付购入材料装卸费	在途物资		160	
	4	银付	1	提取现金发工资	银行存款	15 000		

续表

20××年		凭证		摘要	对方科目	收入	支出	结余
月	日	种类	编号					
	4	现付	2	李微预借差旅费	其他应收款		800	
	4	现收	1	贺华报销差旅费交回余款	其他应收款	120		
	4			本日合计		15 120	960	16 160
≈	≈	≈≈	≈≈	≈≈≈≈	≈≈≈≈	≈≈	≈≈	≈≈
	31			本日合计		18 000	16 400	1 850
	31			本月合计		286 200	286 350	1 850

库存现金日记账的登记方法如下：

①日期栏：系指记账凭证的日期，应与现金实际收付日期一致。

②凭证栏：系指登记入账的收、付款凭证的种类和编号，如“现金收(付)款凭证”，简写为“现收(付)”，“银行存款付款凭证”，简写为“银付”。凭证栏还应登记凭证的编号数，以便于查账和核对。

③摘要栏：摘要说明登记入账的经济业务的内容。文字应简练，但要能说明问题。

④对方科目栏：系指现金收入的来源科目或支出的用途科目。如从银行提取现金，其来源科目(即对方科目)为“银行存款”。对方科目栏的作用在于了解经济业务的来龙去脉。

⑤收入、支出栏：系指现金实际收付的金额。每日终了，应分别计算现金收入和支出的合计数，并结出余额，同时将余额与出纳员保管的库存现金核对，即通常说的“日清”。如账款不符，应查明原因，并记录备案。月终，同样要计算全月现金收入、支出和结存的合计数，通常称为“月结”。

2)银行存款日记账的设置与登记

银行存款日记账(Depoist Journal)，是由出纳人员根据审核无误的银行存款收款凭证、银行存款付款凭证和现金付款凭证(记录将现金存入银行业务)，按经济业务发生时间的先后顺序，逐日逐笔进行登记的账簿。其格式和内容如表7-4所示。

表7-4 银行存款日记账(三栏式)

20××年		凭证		摘要	现金支票号数	转账支票号数	对方科目	收入	支出	余额
月	日	种类	编号							
1	1			上年结余						200 000
	2	银付	1	提取现金	2 451		库存现金		5 000	

续表

20××年		凭 证		摘 要	现金支票号数	转账支票号数	对方科目	收 入	支 出	余 额
月	日	种类	编号							
	2	银付	2	支付购料款		4 312	在途物资		23 400	
	2	银收	1	收到货款			应收账款	11 700		
	2			本日合计				11 700	28 400	183 300
≈	≈	≈≈	≈	≈≈≈≈	≈≈	≈≈	≈≈≈≈	≈≈	≈≈	≈≈≈
	31			本日合计				98 750	2 400	158 000
	31			本月合计				854 640	896 640	158 000

银行存款日记账的登记方法如下：

①日期栏：系指记账凭证的日期。

②凭证栏：系指登记入账的收、付款凭证的种类和编号（与现金日记账的登记方法一致）。

③摘要栏：摘要说明登记入账的经济业务内容。文字应简练，但要能概括说明问题。

④现金支票号数和转账支票号数栏：如果所记录的经济业务是以支票付款结算的，应在这两栏内填写相应的支票号数，以便与开户银行对账。

⑤对方科目栏：系指银行存款收入的来源科目或支出的用途科目。如开出支票一张支付购料款，其支出的用途科目（即对方科目）为“在途物资”科目，其作用在于了解经济业务的来龙去脉。

⑥收入、支出栏：系指银行存款实际收付的金额。每日终了，分别计算银行存款的收入和支出的合计数，结算出余额，做到日清；月终应计算出银行存款全月收入、支出和结存的合计数，做到月结。

3）多栏式日记账的设置与登记

库存现金和银行存款日记账，一般采用三栏式账簿。为了反映每一笔收支业务的来龙去脉，以便分析和汇总对应科目的发生额，也可采用多栏式日记账（Multi-column Journals）。这种账簿是把收入栏和支出栏分别按照对方科目设专栏进行登记，把经济业务来龙去脉全部反映出来。其格式和内容如表7-5和表7-6所示。

表7-5 库存现金（银行存款）收入日记账（多栏式）

年		收款凭证编号	摘 要	贷方科目					支出合计	结 余
月	日			银行存款	…	…	…	收入合计		

表 7-6　库存现金(银行存款)支出日记账(多栏式)

年		付款凭证编号	摘要	结算凭证		借方科目				收入合计	结　余
月	日			种类	编号	管理费用	…	…	支出合计		

根据多栏式库存现金日记账和银行存款日记账登记总账的情况,账务处理可有两种做法:

第一种做法是由出纳人员根据审核后的收、付款凭证,逐日逐笔登记库存现金和银行存款收入日记账和支出日记账,每日应将支出日记账中当日支出合计数,转记入收入日记账中当日支出合计栏内,以结算当日账面结余额。会计人员应对多栏式现金和银行存款日记账的记录加强检查、监督,并负责于月末根据多栏式现金和银行存款日记账各专栏的合计数,分别登记总分类账的各有关账户。

第二种做法是另外设置库存现金和银行存款出纳登记簿,由出纳人员根据审核后的收、付款凭证逐日逐笔登记,以便逐笔掌握库存现金收付情况和同银行核对收付款项。然后将收、付款凭证交由会计人员据以逐日汇总登记多栏式现金日记账和银行存款日记账,并于月末根据日记账登记总分类账。出纳人员登记簿与多栏式现金和银行存款日记账要相互核对。

上述第一种做法可以简化核算工作,第二种做法可以加强内部牵制。总之,采用多栏式现金和银行存款日记账可以减少收、付款凭证的汇总编制手续,简化总账登记工作,而且可以清晰地反映账户的对应关系,了解库存现金和银行存款收付款项的来龙去脉。

7.2.3　总分类账的设置和登记

总分类账(General Ledger)是按照总分类科目设置、分类登记全部经济业务的账簿。在总分类账中,应按照总账科目的编码和顺序分别开设账户。由于总分类账一般都采用订本式账簿,所以事先应为每个账户预留若干账页。由于总分类账能够全面、总括地反映经济活动情况,并为编制会计报表提供资料,因而任何单位都要设置总分类账。

总分类账的格式一般有三栏式和多栏式两种。

1)三栏式总分类账的设置

(1)不反映对应科目的三栏式总分类账的设置

不反映对应科目的三栏式总分类账,在账页中设有借方、贷方和余额三个金额栏,其格式和内容如表 7-7 所示。

表7-7 总分类账

会计科目:短期借款　　　　第25页

20××年		凭证		摘要	借方	贷方	借或贷	余额
月	日	种类	编号					
5	1			期初余额			贷	136 000
	5	银付	1	归还银行借款	100 000		贷	36 000
	15	银收	1	向银行借款		50 000	贷	86 000
≈	≈	≈≈	≈	≈≈≈≈≈≈≈≈≈	≈≈≈	≈≈≈	≈	≈≈≈
	31			本期发生额及余额	130 000	50 000	贷	56 000

(2)反映对应科目的三栏式总分类账的设置

反映对应科目的三栏式总分类账,除在账页中设有借方、贷方和余额三个金额栏外,还分别在借方和贷方金额栏中设有对方科目栏,以便可以直接从总分类账户中了解经济业务的来龙去脉。其格式和内容如表7-8所示。

表7-8 总分类账

会计科目:应收账款　　　　第9页

20××年		凭证		摘要	借方		贷方		借或贷	余额
月	日	种类	编号		金额	对方科目	金额	对方科目		
5	1			期初余额					借	45 000
	5	银收	3	收A公司货款			5 000	银行存款	借	40 000
	18	转	8	核销坏账			4 680	坏账准备	借	35 320
≈	≈	≈≈	≈	≈≈≈≈≈	≈≈	≈≈	≈≈	≈≈≈	≈	≈≈≈
	31			本期发生额及余额	3 510		9 680		借	38 830

2)多栏式总分类账的设置

多栏式总分类账,是把序时账簿和总分类账簿结合在一起的联合账簿,通常称为日记总账。它具有序时账簿和总分类账簿的双重作用。采用这种总分类账簿,可以减少记账的工作量,提高工作效率,并能较全面地反映经济业务的来龙去脉,便于分析各单位的经济活动情况。其格式和内容如表7-9所示。

表 7-9　多栏式总分类账(日记总账)

年		凭　证		摘　要	发生额	____科目		____科目		____科目		____科目	
月	日	种类	编号			借	贷	借	贷	借	贷	借	贷

采用多栏式总分类账如果会计科目较多,专栏设置过多,账页过长,则不便于登记和查阅,因而这种格式一般适用于会计科目较少,业务比较简单的单位。

3)总分类账的登记

总分类账可以直接根据各种记账凭证逐笔进行登记;也可以将一定时期的各种记账凭证先汇总编制成科目汇总表或汇总记账凭证,再据以登记总账。总分类账的登记方法,取决于所采用的账务处理程序,这一内容将在以后章节中阐述。

7.2.4　明细分类账的设置和登记

明细分类账(Subsidiary Ledger)是根据总分类科目所属的二级科目或明细科目开设的账户,用来分类、连续地记录有关经济业务详细情况的账簿。根据经济管理的要求和各明细分类账记录内容的不同,明细分类账分别采用三栏式、数量金额式和多栏式等三种格式。

1)三栏式明细分类账的设置与登记

三栏式明细分类账的账页,只设有借方、贷方和余额三个金额栏,不设数量栏。它适用于只需要反映金额的明细分类账,如“应收账款”“应付账款”等不需要进行数量核算的债权、债务结算账户。三栏式明细分类账账页的格式和内容如表 7-10 所示。

表 7-10　三栏式明细分类账

应付账款明细账

户名:A 公司　　　　第 23 页

20××年		凭　证		摘　要	借　方	贷　方	借或贷	余　额
月	日	种类	编号					
3	1			期初余额			贷	60 000
	10	银付	14	偿还货款	35 000		贷	25 000
	12	转	12	购进材料未付款		15 000	贷	40 000
≈	≈	≈≈	≈≈	≈≈	≈≈	≈≈≈≈	≈	≈≈≈
	31			本期发生额及余额	50 000	35 000	贷	45 000

三栏式明细分类账由会计人员根据审核无误的记账凭证，按经济业务发生的时间先后顺序逐日逐笔进行登记。

2）数量金额式明细分类账的设置与登记

数量金额式明细分类账的账页，分别设有收入、发出和结存的数量、单价和金额栏。这种格式适用于既要进行金额核算，又要进行实物数量核算的各种财产物资账户，如“原材料”“库存商品”等账户的明细分类核算。数量金额式明细分类账的账页格式和内容如表 7-11 所示。

表 7-11　数量金额式明细分类账

原材料明细账

类别：（略）　　编号：k7621

计量单位：千克　　名称及规格：A 材料　　最高储备量：（略）

存放地点：2 号库　　储备定额：（略）　　最低储备量：（略）

20××年		凭证		摘要	收入			发出			结存		
月	日	种类	编号		数量	单价	金额	数量	单价	金额	数量	单价	金额
12	1			期初余额							100	150	15 000
	5	转	14	购入	400	150	60 000				500	150	75 000
	16	转	25	发出				180	150	27 000	320	150	48 000
≈	≈	≈	≈	≈≈	≈	≈	≈≈	≈	≈	≈	≈	≈	≈≈
12	31			本期发生额及余额	600	150	90 000	280	150	42 000	420	150	63 000

数量金额式明细分类账由会计人员根据审核无误的记账凭证或原始凭证，按经济业务发生的时间先后顺序逐日逐笔进行登记。

3）多栏式明细分类账的设置与登记

多栏式明细分类账，是根据经济业务的特点和经营管理的需要，在一张账页内按有关明细科目或明细项目分设若干专栏，用以在同一张账页上集中反映各有关明细科目或明细项目的核算资料。按明细分类账登记经济业务的不同，多栏式明细分类账的账页又分为借方多栏、贷方多栏和借贷方均多栏三种格式。

（1）借方多栏式明细分类账的设置与登记

借方多栏式明细分类账的账页格式适用于借方需要设多个明细科目或明细项目的账户：如“在途物资”“生产成本”“制造费用”“管理费用”“财务费用”和“营业外支出”等科目的明细分类核算。借方多栏式明细分类账账页的格式和内容如表 7-12 所示。

表 7-12　多栏式明细分类账(一)

管理费用明细账

20××年		凭证		摘要	借方					贷方	余额
月	日	种类	编号		薪酬费用	折旧费用	办公费用	差旅费用	合计		
3	5	转	4	李铃报差旅费				1 800	1 800		1 800
	8	银付	6	购买办公用品			1 200		1 200		3 000
	31	转	36	分配工资	5 000				5 000		8 000
	31	转	37	计提福利费	700				700		8 700
	31	转	38	计提折旧		600			600		9 300
	31	转	45	结转本年利润						9 300	0
	31			本期发生额及余额	5 700	600	1 200	1 800	9300	9 300	0

(2)贷方多栏式明细分类账的设置与登记

贷方多栏式明细分类账的账页格式适用于贷方需要设多个明细科目或明细项目的账户,如“主营业务收入”和“营业外收入”等科目的明细分类核算。贷方多栏式明细分类账账页的格式和内容如表 7-13 所示。

表 7-13　多栏式明细分类账(二)

营业外收入明细账

20××年		凭证		摘要	借方	贷方			余额
月	日	种类	编号			政府补助	罚款收入	合计	
2	6	银收	3	收到罚款收入			1 500	1 500	1 500
	20	转	28	结转政府补助		2 800		2 800	4 300
	28		40	结转本年利润	4 300				0
	28			本期发生额及余额	4 300	2 800	1 500	4 300	0

(3)借方贷方多栏式明细分类账的设置与登记

借方贷方多栏式明细分类账的账页格式适用于借方贷方均需要设多个明细科目或明细项目的账户,如“本年利润”“应交税费——应交增值税”账户的明细分类核算。借方贷方均设多栏式明细分类账,账页的格式和内容如表 7-14 所示。

表 7-14　多栏式明细分类账（三）

本年利润明细账

20××年		凭证		摘要	借方								贷方			借或贷	余额
月	日	种类	编号		主营业务成本	税金及附加	管理费用	财务费用	销售费用	营业外支出	所得税费用	合计	主营业务收入	营业外收入	合计		
12	1			期初余额												贷	180 000
	31	转	35	结转费用	60 000	6 000	3 000	1 000	4 000	300		74 300					
		转	36	结转收入									95 000	5 000	100 000		
		转	37	结转所得税费用							48 000	48 000					
	31			本期发生额及余额	60 000	6 000	3 000	1 000	4 000	300	48 000	122 300	95 000	5 000	100 000	贷	157 700

(4)多栏式明细分类账的登记

多栏式明细分类账是由会计人员根据审核无误的记账凭证或原始凭证逐笔登记的。

对于借方多栏式明细账,由于只在借方设多栏,平时在借方登记费用、成本的发生额,贷方登记月末将借方发生额一次转出的数额,因此平时如发生贷方发生额,应该用红字在借方多栏中登记。

【例 7-1】 中信公司生产甲产品领用材料剩余 1 000 元,退回仓库。对这项经济业务应编制如下会计分录:

借:原材料　　　　1 000

　贷:生产成本　　　　1 000

根据这笔会计分录,登记账簿时,退料数字总账登在“生产成本”账户贷方,而明细账则应该用红字登记在“生产成本”账户借方的“直接材料”栏中,表示抵减领用材料数。其登记结果如表 7-15 所示。

表 7-15　多栏式明细分类账(四)

生产成本明细账

20××年		凭证		摘要	借方(成本项目)				贷方	余额
月	日	种类	编号		直接材料	直接人工	制造费用	合计		
3	1			期初余额	5 000	2 280	3 000	10 280		10 280
	8	转	9	领用材料	30 000			30 000		40 280
	31	转	52	分配工资		6 000		6 000		46 280
	31	转	53	计提福利费		840		840		47 120
	31	转	56	结转制造费用			15 000	15 000		62 120
	31	转	65	退回剩余材料	[1 000]			[1 000]		61 120
	31	转	68	结转完工产品成本					51 620	
	31			本期发生额及余额	34 000	9 120	18 000	61 120	51 620	9 500

对于贷方多栏式明细账,由于只在贷方设多栏,平时在贷方登记收入的发生额。借方登记月末将贷方发生额一次转出的数额,所以平时如发生借方发生额,应该用红字在贷方多栏中登记。如“主营业务收入”账户,退货金额平时用红字登记在贷方,借方只登记月末将贷方发生额一次转入“本年利润”账户贷方的数额。

【例 7-2】 中信公司销售的甲产品由于质量不合格发生退货,按售价计算共 6 000 元,增值税销项税额 780 元,以银行存款支付退货款。该项经济业务应编制如下会计分录:

借:主营业务收入　　6 000

　应交税费——应交增值税(销项税额)　　780

　贷:银行存款　　6 780

根据这笔会计分录,总账登在“主营业务收入”账户的借方,而在登记“主营业务收入”贷方多栏式明细账时,则应该用红字在贷方“主营业务收入”栏中登记6 000元,表示抵减销售收入数。其登记结果如表7-16所示。

表7-16　多栏式明细分类账(五)

主营业务收入明细账

20××年		凭证		摘要	借方	贷方(项目)			余额
月	日	种类	编号			产品销售收入	加工收入	合计	
3	6	银收	5	销售产品		50 000		50 000	50 000
	10	转	9	销售产品		30 000		30 000	80 000
	15	转	18	对外加工			10 000	10 000	90 000
	26	银付	30	销售退货		[6 000]		[6 000]	84 000
	31	转	31	结转本年利润	84 000				0
	31			本期发生额及余额	84 000	74 000	10 000	84 000	0

7.2.5　总账与明细账的关系及其平行登记

总分类账和明细分类账是既有内在联系,又有区别的两类账户。

1)总分类账户与明细分类账户的内在联系

(1)二者所反映的经济业务内容相同

如“原材料”总账账户与其所属的“A材料”“B材料”等明细账户都是用来反映原材料的收发及结存业务的。

(2)二者登记的原始依据相同

登记总分类账户与登记其所属明细账户的记账凭证或原始凭证是相同的。

2)总分类账户与明细分类账户的区别

(1)反映经济内容的详细程度不同

总分类账反映总账科目核算内容增减变化的总括情况,提供总括性资料;明细分类账反映明细科目核算内容增减变化的详细情况,提供的是某一指标增减变动的具体资料。有些明细账还可以提供实物数量指标和劳动数量指标。

(2)作用不同

总分类账提供的经济指标,是明细分类账资料的综合,对所属明细分类账起统驭的作用;明细分类账提供的具体资料,是有关总分类账资料的具体化,对有关总分类账起补充说明的作用。

3)总分类账与明细分类账的平行登记

为了使总分类账与其所属的明细分类账相互之间能起到统驭与补充说明的作用,满足各单位经济管理对总括会计信息和详细会计信息的需要,确保核算资料的正确、完整,以及便于账户的核对,在总分类账及其所属的明细分类账之间进行记录,必须采用平行登记的方法。所谓平行登记,是指经济业务发生后,根据同一会计凭证,一方面登记有关总分类账户,另一方面登记该总分类账所属各有关明细分类账户。

由于明细分类账的格式不同,有三栏式也有多栏式,因此,采用平行登记规则,应注意以下要点:

(1)登记的期间和依据相同

对于每一项经济业务,应根据审核无误后的同一凭证,在同一期间内,一方面记入有关的总分类账户,另一方面记入该总分类账所属的有关各明细分类账户。这里所指的同期是指在同一会计期间,而并非同一时点。因为明细分类账一般根据记账凭证或原始凭证于平时逐笔登记,而总分类账因账务处理程序不同,可能在平时逐笔登记,也可能是定期汇总登记,但必须在同一会计期间内完成。

(2)登记的方向相同

这里所指的方向,是指所体现的变动方向,而并非是指账户的借贷方向。一般情况下,总分类账及其所属的明细分类账都按借方、贷方和余额设专栏登记。这时,在总分类账与其所属明细分类账中的记账方向是相同的,如原材料账户和债权、债务结算账户(总账与明细账都是三栏式)即属于这种情况。但如果总分类账采用三栏式而其所属的明细分类账采用多栏式格式时,在这种情况下,对于某项需要冲减有关项目金额的事项,在明细账中,只能用红字记入其相反的记账方向,而与总分类账中的记账方向不一致。如上述的“生产成本”明细分类账户,借方按其成本项目设置多栏,发生退料需冲减直接材料费用时,总分类账用蓝字记入贷方,而明细账则以红字记入“生产成本”账户借方的直接材料项目,以其净发生额来反映直接材料费用支出。这时,在总分类账及其所属的明细分类账中,就不可能按相同的记账方向(指借贷方向)进行登记,但其体现的变动方向是一致的,都表示冲减领用材料费用数额。

(3)登记的金额相等

总分类账户提供总括指标,明细分类账户提供总分类账户所反映内容的详细指标。所以,记入总分类账的金额与记入其所属各明细分类账的金额之和相等。但这种金额相等只表明其数量相等,而不一定都是借方发生额相等和贷方发生额相等的关系。如上例“生产成本”账户的明细账采用多栏式时,在本月既有领用材料,也有退料的情况下,退料金额在“生产成本”总分类账户登记在贷方,而明细分类账则用红字登记在借方。总分类账与明细分类账借贷方发生额就不一致,但体现抵减直接材料费用支出的数额是相等的。

综上所述,总分类账户与其所属的明细分类账户,按平行登记规则进行登记,一般可以概括为:期间相同,依据相同,方向相同,金额相等。而不是"借贷方向一致,借贷方金额相等"。即要注意对"方向一致、金额相等"的正确理解。

在会计核算工作中,可以利用上述关系检查账簿记录的正确性。检查时,根据总分类账与明细分类账之间的数量关系,编制明细分类账的本期发生额和余额明细表,同其相应的总分类账户本期发生额和余额相互核对,以检查总分类账与其所属明细分类账记录的正确性。明细分类账户本期发生额和余额明细表根据不同的业务内容,可以分别采用不同的格式。

现以材料核算为例,对总分类账和明细分类账的平行登记加以说明。

【例7-3】 中信公司20××年6月份,"原材料"总账账户及其所属A、B材料明细分类账户的期初余额如表7-17所示。

表7-17 期初余额表

材料名称	单　位	数　量	单价(元)	金　额
A材料	千克	25	97	2 425
B材料	千克	40	153	6 120
合　计		65		8 545

本月发生下列经济业务:

6月8日购入A材料50千克,每千克100元;购入B材料20千克,每千克150元,货款已用银行存款支付,材料已验收入库(增值税略)。根据这一经济业务,应编制如下会计分录:

借:原材料——A材料　　5 000

　　　　——B材料　　3 000

　贷:银行存款　　8 000

6月25日生产产品领用A、B两种材料,其中A材料40千克,单价99元;B材料10千克,单价152元。应编制如下会计分录:

借:生产成本　　5 480

　贷:原材料——A材料　　3 960

　　　　　——B材料　　1 520

根据上述资料及会计分录对"原材料"总账及A、B材料明细账进行平行登记,登记结果如表7-18—表7-20所示。

表 7-18　总分类账

会计科目:原材料　　　　单位:元　　第 15 号

20××年		凭证		摘要	借方	贷方	借或贷	余额
月	日	种类	编号					
6	1			期初余额			借	8 545
	8	付	6	验收入库	8 000		借	16 545
	25	转	32	生产领用		5 480	借	11 065
	30			本期发生额及余额	8 000	5 480	借	11 065

表 7-19　明细分类账

材料名称:A 材料　　　　计量单位:千克

20××年		凭证		摘要	收入			发出			结存		
月	日	种类	编号		数量	单价	金额	数量	单价	金额	数量	单价	金额
6	1			期初余额							25	97	2 425
	8	付	6	验收入库	50	100	5 000				75	99	7 425
	25	转	32	生产领用				40	99	3 960	35	99	3 465
	30			本期发生额及余额	50	100	5 000	40	99	3 960	35	99	3 465

表 7-20　明细分类账

材料名称:B 材料　　　　计量单位:千克

20××年		凭证		摘要	收入			发出			结存		
月	日	种类	编号		数量	单价	金额	数量	单价	金额	数量	单价	金额
6	1			期初余额							40	153	6 120
	8	付	6	验收入库	20	150	3 000				60	152	9 120
	25	转	32	生产领用				10	152	1 520	50	152	7 600
	30			本期发生额及余额	20	150	3 000	10	152	1 520	50	152	7 600

从表 7-18—表 7-20 中可以看出,明细账期初余额之和、发生额之和以及期末余额之和与总分类账相应的指标是相等的,即:

期初结存材料成本:2 425+6 120 = 8 545(元)

本期入库材料成本:5 000+3 000 = 8 000(元)

本期发出材料成本:3 960+1 520 = 5 480(元)

期末结存材料成本:3 465+7 600 = 11 065(元)

上例的总分类账及其所属的明细分类账都是按借方、贷方和余额设栏登记的,因而总分类账及其所属明细分类账的记账方向(借贷方向)一致,借贷方金额相等。

由于总分类账和明细分类账是按平行登记的方法进行登记的,因此对总分类账和明细分类账登记的结果,应当进行相互核对,核对通常是通过编制“总分类账户与明细分类账户发生额及余额对照表”进行的。对照表的格式和内容如表 7-21 所示。

表 7-21　总分类账户与明细分类账户发生额及余额对照表

账户名称	期初余额		本期发生额		期末余额	
	借　方	贷　方	借　方	贷　方	借　方	贷　方
A 材料明细账	2 425		5 000	3 960	3 465	
B 材料明细账	6 120		3 000	1 520	7 600	
原材料总分类账	8 545		8 000	5 480	11 065	

以上总账和明细账这种勾稽关系,是检查账簿记录是否正确的依据。一般在期末都要采用这种方法对总分类账及其所属明细分类账进行相互核对,以便发现错账并及时地更正,保证账簿记录准确无误。

7.3　会计账簿登记和使用的规则

7.3.1　会计账簿启用的规则

1)启用会计账簿时的一般规则

会计账簿是储存数据资料的重要会计档案,登记会计账簿要有专人负责。为了保证账簿记录的严肃性和合法性,明确记账责任,保证会计资料的完整,启用账簿时,应在账簿封面写明单位名称和账簿名称。在账簿扉页的“账簿启用和经管人员一览表”中详细载明:单位名称、账簿编号、账簿册数、账簿共计页数、启用日期、记账人员和会计机构负责人、会计主管人员姓名,并加盖名章和单位公章。“账簿启用和经管人员一览表”的格式和内容见前述表 7-1 所示。

2)会计人员交接时的规则

记账人员调动工作或因故离职时,应办理交接手续,在“账簿启用和经管人员一览表”的交接记录栏内,填写交接日期和交接人员或者监交人员姓名,并由交接双方签名或盖章。

7.3.2 会计账簿登记的规则

①会计人员应根据审核无误的会计凭证登记会计账簿。为了保证账簿记录的完整性、真实性和正确性，对于每天发生的各种各样的经济业务都要记账，记账的依据是审核无误的会计凭证。

②登记账簿必须使用蓝黑墨水或碳素墨水并用钢笔或签字笔书写，不得用铅笔或圆珠笔记账。这是因为，国家规定各种账簿归档保管年限一般都在10年以上，有些关系到重要经济史料的账簿，则要长期保管，因此要求账簿记录保持持久，字迹清晰，以便长期查核使用。

③登记账簿时，应当将会计凭证日期、凭证号数、业务内容摘要、金额和其他有关资料逐项记入账内，做到内容完整、数字准确、摘要清楚、登记及时、字迹工整。

④各种账户应按页次顺序逐页逐行连续登记，不得跳行、隔页。如果不慎发生跳行、隔页现象，应在空行、空页处用红色墨水划对角线注销，或加盖"此行空白""此页空白"戳记，并由记账人员签章。

⑤账簿要保持清晰、整洁，记账文字和数字都要端正，文字和数字要符合规范。账簿中书写的文字和数字上面应留有适当空格，不应写满格，一般应占格距的二分之一。

⑥各账户在一张账页记满时，应在该账页的最末一行加计发生额合计数和结出余额，并在该行"摘要"栏内注明"过次页"字样。然后，再把这个发生额合计数和余额填列在下一页的第一行内，并在"摘要"栏内注明"承前页"字样，以保证账簿记录的连续性。

⑦凡需结出余额的账户，结出余额后，应在"借或贷"栏内注明"借"或"贷"的字样，表示余额的方向。没有余额的账户，应在"借或贷"栏内写"平"字，并在余额栏"元"位上用"0"表示。现金日记账和银行存款日记账必须逐日结出余额。

⑧登记完毕后，要在记账凭证上签名或者盖章，并注明已经登账的符号或划"√"，表示已经登记入账，以避免重记、漏记。

⑨在账簿记录中，红字表示对蓝色(黑色)数字的冲销、冲减或表示负数。因此，只在下列情况，才可以用红色墨水记账：

a.按照红字冲账的记账凭证，冲销错误记录；

b.在不设减少栏的多栏式账页中，登记减少数；

c.在三栏式账户的余额栏前，如未印明余额方向的，在余额栏内登记负数余额；

d.根据国家统一会计制度的规定可以用红字登记的其他会计记录。

⑩账簿记录发生错误，严禁刮擦、挖补、涂改或用药水消除字迹，不准重新抄写，必须按照规定的方法进行更正。

实行会计电算化的单位，用计算机打印的会计账簿必须连续编号。经审核无误后装订成册，并由记账人员和会计机构负责人、会计主管人员签字或者盖章。总账和明细账应当定期打印。发生收款和付款业务的，在输入收款凭证和付款凭证的当天必须打印出现金日记账、银行存款日记账，并与库存现金核对无误。

7.3.3　错账更正的方法

会计人员填制会计凭证和登记账簿,必须严肃认真,一丝不苟,尽最大努力把账记好算对,防止差错,以保证会计核算质量。如果账簿记录发生错误,必须根据错误的具体情况,采用正确的方法予以更正。更正错账的方法有以下几种:

1)划线更正法

在结账之前,如果发现账簿记录数字或文字有错误,而记账凭证无错误,应采用划线更正法更正。

划线更正法具体做法是:先将错误的数字全部划一条红线予以注销,不得只划线更正其中个别数字;对已划销的数字,应当保持原有字迹仍可辨认,以备查核。然后,将正确的数字用蓝字写在划线上面,并由记账员在更正处盖章,以明确责任。例如:记账人员将5 130.80元误记为5 310.80元时,应将错误数字全部用红线注销,然后在其上方空白处填写正确数字。而不能只将错误的两位数字"31"更正为"13"。对于文字错误,可只划去错误的部分。

2)红字更正法

红字更正法一般适用于下列两种情况:

①记账以后,发现记账凭证中应借应贷符号、科目或金额有错误时,可采用红字更正法更正。更正时应用红字填制一张与原错误凭证相同的记账凭证,在"摘要"栏内注明"冲销某年某月某日某字号凭证",以冲销原来的错误记录;然后用蓝字重新填制一张正确的记账凭证,在"摘要"栏内注明"更正某年某月某日某字号凭证",一并登记入账。

【例7-4】　中信公司20××年5月计提本月银行短期借款利息1 200元。编制记账凭证时,应借科目误编为管理费用,并已登记入账,即:

借:管理费用　　1 200

　　贷:应付利息　　1 200

当发现凭证和记账错误时,先照原错误分录用红字填制一张记账凭证,并登记入账,冲销原会计分录:

借:管理费用　　[1 200]

　　贷:应付利息　　[1 200]

同时用蓝字再填制一张正确的记账凭证,登记入账。其会计分录为:

借:财务费用　　1 200

　　贷:应付利息　　1 200

以上错账更正记录如图7-2所示。

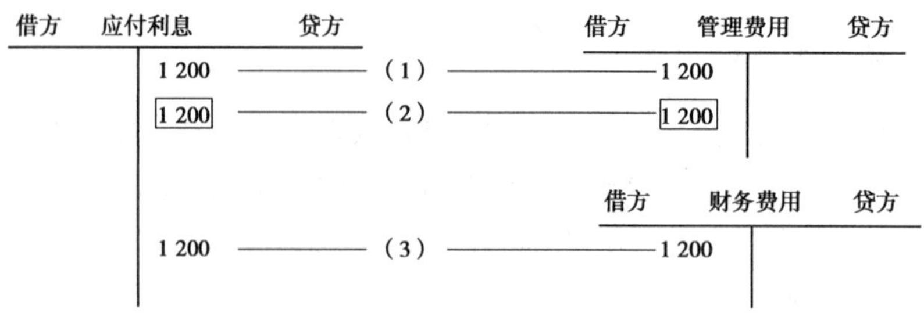

图 7-2 红字更正法

②记账以后，发现记账凭证的应借、应贷会计科目正确，但所记金额大于应记金额，这时可采用红字更正法，将多记的金额（即正确数字与错误数字之间的差额）用红字填制一张记账凭证，在“摘要”栏内注明“冲销某年某月某日某字号凭证多记金额”，用以冲销多记金额，并据以登记入账。

【例 7-5】 中信公司用银行存款归还前欠购料款 1 000 元。在记账凭证中金额误记为 10 000 元，并已登记入账。

借：应付账款　　10 000

　　贷：银行存款　　10 000

发现错误后，应将多记的金额用红字冲销，即用红字编制一张调减的记账凭证，并以红字登记入账，以示冲销多记的金额。编制如下会计分录：

借：应付账款　　9 000

　　贷：银行存款　　9 000

以上错账更正记录如图 7-3 所示。

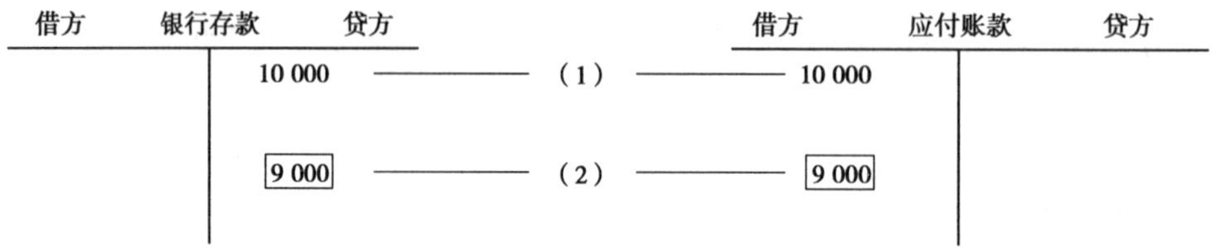

图 7-3 红字更正法

红字更正法不仅能保持账户间的对应关系，而且还能保持账户中的正确发生额，不至于因改正错账而使数字虚增或虚减。

3）补充登记法

记账以后，如果发现记账凭证中应借、应贷的会计科目正确，但所记金额小于应记金额，可采用补充登记法更正，即再填制一张补充少记金额的记账凭证，在“摘要”栏内注明“补记某年某月某日某字号凭证少记金额”，并登记入账。

【例 7-6】 中信公司购入一台设备，计 20 000 元，货款已经支付。但在记账凭证中金额误记为 2 000 元，少记 18 000 元，并已登记入账。

借：固定资产　　2 000

　　贷：银行存款　　2 000

当发现上述错账时，可将少记的 18 000 元另编一张调增的记账凭证，补记入账。编制如下会计分录：

借：固定资产　　　　　　　　　　　　　　18 000

　贷：银行存款　　　　　　　　　　　　　　　18 000

根据上列记账凭证登记入账后，有关账户记录如图 7-4 所示。

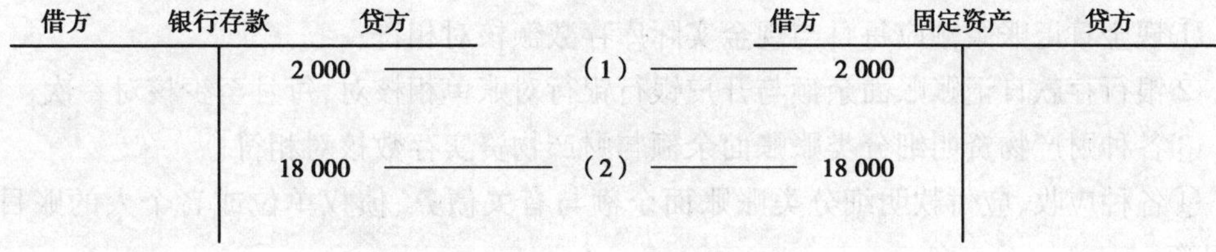

图 7-4　补充登记法

7.4　对账和结账

为了总结某一会计期间（月份、季度、半年度、年度）的经济活动情况，考核经营成果，必须使各种账簿的记录保持完整和正确，以便据以编制会计报表。为此，必须定期进行对账和结账工作。

7.4.1　对账

对账就是对账簿记录进行的核对工作。为了保证账簿记录的完整和正确，如实地反映和监督经济活动，为编制会计报表提供真实可靠的数据资料，必须做好对账工作。各单位应当定期（每年至少一次）对会计账簿记录的有关数字与库存实物、货币资金、有价证券、往来单位或者个人等进行相互核对。

对账工作一般应从以下几个方面进行：

1）账证核对

账证核对，是指会计账簿记录与记账凭证及其所附的原始凭证进行核对，核对时间、凭证字号、内容、余额是否一致，记账方向是否相同。这种核对除在日常制证、记账过程中进行以外，每月终了，如果发现账账不符时，须溯本追源，进行账簿与会计凭证的检查核对，以确保账证相符。

2）账账核对

账账核对，是指各种账簿之间有关数字的核对，主要内容包括：

①总分类账各账户本期借方发生额合计数与贷方发生额合计数，期末借方余额合计数与贷方余额合计数应核对相符；

②总分类账各账户余额与其所属明细分类账各账户余额合计数应核对相符；

③现金日记账和银行存款日记账余额与库存现金和银行存款总分类账余额应核对

相符；

④会计部门有关财产物资的明细分类账余额应该同财产物资保管或使用部门的登记簿所记录内容，按月或定期相互核对，保证相符。

3）账实核对

账实核对，是指各种财产物资的账面余额与实存数额相核对。具体内容包括：

①现金日记账余额应每日与现金实际库存数额核对相符；

②银行存款日记账账面余额与开户银行银行对账单相核对，每月至少核对一次；

③各种财产物资明细分类账账面余额与财产物资实存数核对相符；

④各种应收、应付款明细分类账账面余额与有关债务、债权单位或者个人的账目核对相符。

在实际工作中的账实核对一般是通过财产清查进行的，有关内容将在第八章详细说明。

7.4.2 结账

各单位应当按照规定定期结账。结账（Closing the Book），是指在把一定时期（月份、季度、半年度、年度）内所发生的经济业务全部登记入账的基础上，将各种账簿结算出本期发生额和期末余额，以便进一步编制会计报表。月度、季度和半年度结账称为会计结算，年度结账称为会计决算。另外，企业因撤销、合并而办理账务交接时，也需要办理结账。

1）结账工作的内容

结账工作主要包括以下内容：

①结账前，必须将本期内所发生的经济业务全部登记入账。既不能提前登账，也不能将本期发生的业务延至下期登账。

②按照权责发生制原则调整和结转有关账项，合理确定本期的收入和费用。期末账项调整主要包括以下内容：

a.本期已经发生且符合收入确认条件，但尚未收到款项而未入账的产品销售收入或劳务收入，即应计收入。这类事项的调整方法是，将确认为本期的收入，记入“主营业务收入”账户的贷方，同时，将尚未收到的款项记入“应收账款”账户的借方。

b.已经收取款项，但尚未提供产品或劳务因而未确认入账的产品销售收入或劳务收入，如预收款项。这类事项的调整方法是，应按照本期实现的产品销售收入，贷记“主营业务收入”账户，同时，调整以前预收款项时形成的负债，借记“预收账款”账户。

c.本期发生，因款项尚未支付因而未登记入账的费用，即应计费用，如应计借款利息等。这类事项的调整方法是，将确认为本期的费用，记入“财务费用”等账户的借方，同时，将尚未支付（以后支付）的款项记入“应付利息”等账户的贷方。

d.已经支出，但应由本期和以后各期负担的费用，即预付费用，如预付房屋租金等。这类事项的调整方法是，根据本期和以后各期受益的程度，分摊确认本期的费用，借记有关费用账户,贷记“长期待摊费用”等账户。

e.除上述内容外,还有计提资产折旧、计提坏账准备等其他一些账项。

此外,本期内的转账业务,应编成记账凭证记入有关会计账簿,如本期已完工入库产品的实际成本,应结转记入“库存商品”账户;本期实现的收入和发生的费用,应结转记入“本年利润”账户等。

③计算、登记本期发生额和期末余额。在本期全部经济业务登记入账的基础上,应当结算现金日记账、银行存款日记账、总分类账和明细分类账各账户的本期发生额和期末余额,并结转下期。

2)结账的方法

结账工作通常分为月结、季结、半年结和年结四种。结账的时间应该在会计期末进行,即以公历每月最后一个工作日终了作为结账时间。在会计实务中,一般采用划线结账的方法进行结账,结账的标志是划线。月结时通栏划单红线,年结时通栏划双红线。具体方法如下。

①现金、银行存款日记账和需要按月结计发生额的收入、费用等明细账,每月结账时,在最后一笔经济业务记录下划一条通栏单红线,表示本月记录到此为止。在这条线下面一行的摘要栏注明“本月合计”字样,在借贷两方结出本月发生额合计,最后在下面再划一条通栏单红线,以和下月的发生额相区别。

②不需要结计月度发生额的账户,如各项应收应付款项,每次记账以后都要随时结出余额,每月最后一笔余额即为月末余额。结账时,在最后一笔经济业务记录下划一条通栏单红线,其意思是“本月记录到此为止”,并和下月的发生额相区别。

③需要结计本年累计发生额的某些明细账户,如主营业务收入、主营业务成本明细账等,每月结账时,先在最后一笔记录下面划一条通栏单红线,同样表示“本月记录到此为止”,并在红线下面一行的摘要栏注明“本月合计”字样,结出本月发生额。同时在“本月合计”行下结出自年初起至本月末止的累计发生额,在摘要栏注明“本年累计”字样,在累计数下面再划一条通栏单红线,以便与下月发生额相区别。年末累计数应为全年的累计数,此时须在累计数下面划通栏双红线,以便与各月份的累计数相区别,同时表示年末封账。

④总账账户一般不需要结计本月发生额,只需结出月末余额即可。年末时为了对账,需在最后一笔记录的下一行的摘要栏内注明“本年合计”字样。发生额栏填写全年合计数,余额栏则不必照搬上一栏的余额。在“本年合计”下面,划通栏双红线,同样表示年末封账。

需要结出本月发生额的账户,如果一个月内只有一笔发生额,可以不予结总。

⑤年度终了结账时,有余额的账户,要将其余额结转至下年,并在“摘要”栏内注明“结转下年”字样;在下一会计年度新建有关账户的第一行余额栏内填写上年结转的余额,并在“摘要”栏内注明“上年结转”字样。年度结账不需要编制记账凭证,也不必将余额再记入本年账户的借方或贷方。因为既然年末是有余额的账户,其余额应当如实地在账户中加以反映,否则容易混淆有余额的账户和没有余额的账户之间的区别。现以“库

存现金"账户为例说明结账方法,如表7-22所示。

表7-22　总分类账

会计科目:库存现金

20××年		凭证		摘要	借方	贷方	借或贷	余额
月	日	类型	编号					
1	1			上年结转			借	2 600
1	10				1 200	1 800	借	2 000
1	20				1 000	200	借	2 800
1	31				300	700	借	2 400
1	31			本月合计	2 500	2 700	借	2 400
2	10				1 050	50	借	3 400
2	20				260	960	借	2 700
2	28				150	650	借	2 200
2	28			本月合计	1 460	1 660	借	2 200
3	10				880	600	借	2 480
3	20				1 500	450	借	3 530
3	31				560	1 440	借	2 650
3	31			本月合计	2 940	2 490	借	2 650
				本季合计	6 900	6 850	借	2 650
≈	≈≈	≈≈	≈≈	≈≈≈≈≈	≈≈≈	≈≈≈	≈≈≈≈	≈≈≈
12	31			≈≈	≈	≈	≈	≈
12	31			本年累计	32 000	31 050	借	3 550
12	31			结转下年				

7.4.3　会计账簿的更换

为了保证账簿资料的连续性,在年度内订本式账簿记满时,应将旧账的借贷方发生额和余额转入新账有关栏内,在旧账摘要栏内注明"转入××账簿第×册",同时在新账的第一页第一行内注明"从××账簿第×册转来",便于日后查考。

在年终办理决算后,总分类账、日记账和大部分明细分类账均应更换账簿。只有变动较小的部分明细账(如固定资产明细账)可继续使用,不必办理新年度更换账簿的手续。各种账簿在年度终了结账时,应在旧账最后一行数额下面的"摘要"栏内注明"结转下年"字样,在新账的第一行摘要栏内注明"上年结转"字样,并在余额栏登记上年结转的余额。新旧账有关账户之间转记余额,无须编制记账凭证,但应核对相符。

7.4.4　会计账簿的保管

各种账簿同会计凭证及会计报表一样,都是重要的会计档案,必须按照制度统一规定的保存年限妥善保管,不得丢失和任意销毁。保管期满后,按照规定的审批程序报经批准以后,再行销毁。

如前所述,会计档案的保管,既要做到安全完整,又要保证在需要的时候能从账簿中迅速查到所需要的资料。为此,会计人员必须在年度结束后,将各种活页账簿连同"账簿和经管人员一览表"都要装订成册,加上封面,统一编号,与各种订本式账簿一起归档保管。

【本章小结】

本章介绍了会计账簿的意义和种类,重点阐述了账簿的设置与登记方法,账簿登记和使用的规则,以及结账和对账等。

【重要概念】

会计账簿　序时账簿　分类账簿　联合账簿　备查账簿　划线更正法　红字更正法　补充登记法　平行登记　对账　结账

【案例分析一】

在手工会计记账的条件下,账簿是会计数据的储存转换器,也是实现内部控制、明确经济责任的重要工具。账簿的运用分为启用、日常登记、错账更正、对账、结账、交接等诸环节。想要账簿能够及时、有效地提供有用的会计信息,明确相关经济责任,发挥内部控制制度的效用,就必须加强账簿的运用诸环节。正确填写或登记从账簿封面、扉页到账页的全部内容,及时进行对账、更正错账和结账,在记账人员更换时,要按相关要求办理相关的财物和账簿交接手续,在盘存相关财物后,填制财物交接清册,并在相关账簿的扉页上详尽记录相关交接内容,履行相关交接手续。

资料:2018 年 12 月 7 日,羽飞公司的穆空。此前,穆空已于 2018 年 9 月 1 日开始出任了三个月的出纳员工作。当时的启用财务负责人为袁海,此前的出纳员为谢红。被调离出纳岗位,接任材料会计工作,新接任出纳工作的是乐娥,前任材料会计为吴嫦。穆空和吴嫦对各自的原工作做了他们认为必要的处理,并办理了交接手续,办理完交接手续后现金日记账和材料明细账的扉页及相关账页资料如下。

现金日记账的扉页:

账簿使用登记表

单位名称	羽飞公司
账簿名称	现金日记账
册次及起止页数	自壹页起至壹百页止共壹百页

续表

启用日期	2018 年 1 月 1 日			
停用日期	年 月 日			
经管人员姓名	接管日期	交出日期	经管人盖章	会计主管盖章
穆空	2018 年 9 月 1 日	2018 年 12 月 7 日	穆空、乐娥	袁海
	年 月 日	年 月 日		
	年 月 日	年 月 日		
	年 月 日	年 月 日		
	年 月 日	年 月 日		
备考			单位公章	
			羽飞公司财务专用章	

原材料明细账的扉页：

账簿使用登记表

单位名称	羽飞公司			
账簿名称	原材料明细账			
册次及起止页数	自壹页起至 页止共 页			
启用日期	2018 年 1 月 1 日			
停用日期	年 月 日			
经管人员姓名	接管日期	交出日期	经管人盖章	会计主管盖章
吴嫦	2018 年 3 月 5 日	2018 年 12 月 7 日	吴嫦	袁海
穆空	2018 年 12 月 7 日	2018 年 12 月 31 日	穆空	袁海
	年 月 日	年 月 日		
	年 月 日	年 月 日		
	年 月 日	年 月 日		
备考			单位公章	
			羽飞公司财务专用章	

现金日记账：

现金日记账

2018 年		凭证号	摘　要	对方科目	借　方	贷　方	核对号	借或贷	余　额
月	日								
9	1	略	期初余额						5 000
	2	略	零星销售	主营业务收入	8 000				13 000
	12	略	报差旅费	管理费用		5 000			8 000
	13	略	零星销售	主营业务收入	5 000				13 000
	13	略	付广告费	销售费用		4 000			9 000

案例要求：

指出穆空会计处理的不当之处，并加以纠正。

案例提示：

错误 1：穆空是 2018 年 9 月 1 日接任出纳工作的，但在现金日记账的扉页中没有接任出纳工作前的相关记录及接任时的账簿交接记录。

错误 2：在原材料明细账的扉页中，吴婞的接管日前的账簿使用人与接管日不明，穆空交出日期为 2018 年 12 月 31 日不一定正确，2018 年 12 月 31 日尚未到来，该日会计主管人员袁海的监交记录不应该存在。

错误 3：在现金日记账中，2018 年 9 月 1 日的现金结余数是 5 000 元，在 2018 年 9 月 12 日报销差旅费时全部支出，从 2018 年 9 月 1 日至 9 月 13 日，企业没有从银行提取现金，但 2018 年 9 月 13 日又从企业金库中支取现金 4 000 元，穆空至少坐支现金 4 000 元，违反了有关现金管理规定。

【案例分析二】

利和股份公司所属的宏远工厂生产 M 产品，构成 M 产品实体的主要材料为乙材料，其次为甲材料和丙材料。该工厂对原材料采取定向采购策略，其中甲材料自友谊工厂购入，丙材料自捷达工厂购入。本月各种材料只购入一次。该工厂的会计在按照平行登记的原则记账时，误记了有关的明细账户，导致了总分类账户与相关明细分类账户记录结果不符的错误，其不符的记录为：

原材料总账余额为：72 800 元

其中：甲材料：25 300 元

　　　乙材料：11 000 元

　　　丙材料：6 500 元

应付账款总账余额为：50 200 元

其中:友谊工厂:15 000 元

胜利工厂:28 700 元

捷达工厂: 6 500 元

公司的会计人员在对有关明细账进行检查时,发现下列有助于查找错误的内容:自友谊工厂购入甲材料时即付 15 000 元,乙材料中现购 7 600 元,原材料明细账户中只有一个明细账户记错。

案例要求:

请指出记账过程中的错误所在,并予以更正。

案例提示:

根据总分类账户与明细分类账户平行登记原则要点的要求,应检查记入总分类账户的金额是否等于其所属的各个明细分类账户的金额之和。以此为基础再去查找是否存在记错明细账户等错误的存在。具体解答如下:

依据平行登记原则的要求,原材料总分类账户的金额应等于其所属的各个明细分类账户的金额之和,可以确定原材料明细账户漏记 30 000 元[72 800-(25 300+11 000+6 500)]。另外,根据题意可以确定丙材料明细账户和捷达工厂明细账户的记录是正确的(否则无法解答)。乙材料是构成 A 产品实体的主要材料,意味着乙材料的用量最大,当然购入量最多。由于题中已经限定三种原材料中只有一种原材料明细账户记错,理所当然乙材料漏记 30 000 元。甲材料从友谊工厂购入时即付 15 000 元,而本月购入乙材料 25 300 元,所以欠友谊工厂的应付款应为 10 300 元(25 300-15 000),其明细账户的账面记录为 15 000 元,多记 4 700 元,导致胜利工厂明细账户少记 4 700 元,正确的余额应为 33 400 元(28 700+4 700)。即:①将乙材料明细账户的账面余额 11 000 元改为41 000元;②将友谊工厂明细账户的账面余额 15 000 元改为 10 300 元;③将胜利工厂明细账户的账面余额 28 700 元改为 33 400 元。

【同步测练】

一、单项选择题

1.对于某些在序时账簿和分类账簿中未能记载的经济业务进行补充登记的账簿是(　　)。

A.序时账簿　　B.分类账簿　　C.联合账簿　　D.备查账簿

2.下列账户的明细账采用的账页适用于三栏式账页的是(　　)。

A.应付账款　　B.原材料　　C.管理费用　　D.销售费用

3.总分类账簿一般采用(　　)

A.活页账　　B.数量金额式　　C.订本账　　D.卡片账

4.收入费用明细账一般适用(　　)

A.多栏式明细账　　B.三栏式明细账　　C.数量金额式明细账　　D.平行式明细账

5.财产物资明细账一般适用(　　)。

A.多栏式明细账　　B.三栏式明细账　　C.数量金额式明细账　　D.平行式明细账

6.一般情况下,不需要根据记账凭证登记的账簿是(　　)。

A.明细分类账　B.总分类账　C.备查账簿　D.日记账

7.从银行提取现金,登记现金日记账的依据是(　　)。

A.现金收款凭证　B.现金付款凭证

C.银行存款收款凭证　D.银行存款付款凭证

8.生产成本明细账一般采用(　　)。

A.三栏式　B.多栏式　C.数量金额式　D.任意格式

9.现金和银行存款日记账,根据有关凭证(　　)。

A.逐日汇总登记　B.定期汇总登记　C.逐日逐笔登记　D.一次汇总登记

10.总账账簿登记的依据和方法(　　)。

A.记账凭证逐笔登记　B.汇总记账凭证定期登记

C.取决于采用的账务处理程序　D.科目汇总表定期登记

11.登记明细账的依据(　　)。

A.一定是记账凭证　B.一定是原始凭证

C.一定是汇总记账凭证　D.是记账凭证和原始凭证

12.会计人员在结账前发现,在根据记账凭证登记入账时,误将 300 元写成 3 000 元,而记账凭证无误,应采用(　　)进行更正。

A.补充登记法　B.划线登记法

C.红字更正法　D.刮擦挖补更正法

13.备查账簿是企业(　　)。

A.必设账簿　B.根据需要设置　C.内部账簿　D.外部账簿

14.对所有权不属于企业的租入固定资产,应在(　　)中登记。

A.序时账簿　B.总分类账簿　C.明细分类账簿　D.备查账簿

15.下列账簿中可以采用三栏式活页账的是(　　)。

A.原材料总账　B.应收账款明细账

C.现金日记账　D.固定资产明细账

16.记账后发现记账凭证科目正确,但所记金额大于应记金额,可采用的更正方法是(　　)。

A.划线更正法　B.红字更正法　C.补充登记法　D.平行登记法

17.用来记录某一特定种类经济业务发生情况的序时账簿是(　　)。

A.普通日记账　B.明细分类账　C.专栏日记账　D.特种日记账

18."应交税费——应交增值税"明细账应采用的格式是(　　)。

A.借方多栏式　B.贷方多栏式　C.借方贷方多栏式　D.三栏式

19.总分类账与特种日记账的外表形式应采用(　　)。

A.活页式　B.卡片式　C.订本式　D.任意外表形式

20.企业开出转账支票 1 690 元购买办公用品,编制记账凭证时,误记金额为 1 960 元,并已记账,应采用的更正方法是(　　)。

A.补充登记 270 元　B.红字冲销 270 元

C.在凭证中划线更正　D.把错误凭证撕掉重编

21.期末根据账簿记录,计算并结出各账户的本期发生额和期末余额,在会计上称做(　　)。

A.对账　B.结账　C.调账　D.查账

22.可以作为编制会计报表直接依据的账簿是(　　)。

A.序时账簿　B.备查账簿　C.分类账簿　D.特种日记账

23.序时账簿按其记录内容的不同可以分为(　　)。

A.现金日记账和普通日记账　B.普通日记账和日记总账

C.普通日记账和特种日记账　D.三栏式日记账和多栏式日记账

24.下列各项不能作为登记总账的根据的是(　　)。

A.记账凭证　B.记账凭证汇总表　C.原始凭证　D.汇总记账凭证

25.总账与明细账之间进行平行登记的原因是总账与明细账的(　　)。

A.格式相同　B.登记时间相同

C.反映经济业务内容相同　D.提供指标详细程度相同

二、多项选择题

1.任何会计主体都必须设置的账簿有(　　)。

A.日记账簿　B.备查账簿　C.总分类账簿　D.明细分类账簿

2.年度结束后,对于账簿的保管应该做到(　　)。

A.装订成册　B.加上封面　C.记账凭证　D.当即销毁

3.在账簿记录中,红色墨水只能适用(　　)。

A.错账更正　B.冲账　C.结账划线　D.登账

4.错账更正的方法有(　　)。

A.红字更正法　B.划线更正法　C.补充登记法　D.挖补法

5.登记银行存款日记账的依据为(　　)。

A.银行存款收款凭证　B.银行存款付款凭证

C.部分现金收款凭证　D.部分现金付款凭证

6.多栏式明细账的账页格式一般适用于(　　)进行的明细核算。

A.资产类账户　B.收入类账户　C.费用类账户　D.成本类账户

7.账账核对包括(　　)。

A.总账借贷方期末余额核对　B.总账借贷方本期发生额核对

C.总账与日记账核对　D.明细账之间核对

8.在下列各项中,可采用划线更正法的(　　)。

A.在结账前,发现记账凭证无误,但登账时金额有笔误

B.结账时,计算的期末余额有错误

C.发现记账凭证金额错误,并已登记入账

D.发现记账凭证金额错误,原始凭证无误,记账凭证尚未登记入账

9.对账工作一般包括(　　)。

A.账证核对　B.账实核对　C.账账核对　D.证证核对

10.一般应每年更换的账簿有(　　)。

A.现金日记账　　B.银行存款日记账

C.总分类账簿　　D.所有的明细分类账簿

11.账簿按其用途分为(　　)。

A.订本式账簿　B.序时账簿　C.分类账簿　D.备查账簿

12.账簿按其外表形式分为(　　)。

A.订本式账簿　B.多栏式账簿　C.卡片式账簿　D.活页式账簿

13.登记会计账簿时,应该做到(　　)。

A.一律使用蓝黑墨水钢笔书写　　B.不得使用铅笔或圆珠笔

C.在某些特定条件下可使用铅笔　　D.在规定范围内可以用红色墨水笔

14.明细分类账的登记依据可以是(　　)。

A.原始凭证　B.汇总原始凭证　C.记账凭证　D.汇总记账凭证

15.结账工作主要内容包括(　　)。

A.核对有关账目

B.将本期发生的经济业务全部登记入账

C.按权责发生制原则调整和结转有关账项

D.对有关业务核算中出现的差错予以更正

E.计算与记录各账户本期发生额和期末余额

16.在总分类账及其所属的明细分类账中进行平行登记时,应注意的要点包括(　　)。

A.详简程度相同　　B.方向一致

C.期间相同　　D.金额相等

17.设置和登记账簿的意义是(　　)。

A.可以为企业的经济管理提供系统、完整的会计信息

B.可以为定期编制会计报表提供数据资料

C.为编制会计分录提供依据

D.考核企业经营成果、加强经济核算、分析经济活动情况的重要依据

18.明细账的格式有三栏式、多栏式和数量金额式,相应地各适用于(　　)。

A.债权债务明细账　　B.卡片式明细账

C.收入费用成本类明细账　　D.活页式明细账

E.材料物资类明细账

19.总账和明细账之间的登记应该做到(　　)。

A.登记的原始依据相同　　B.登记的方向相同

C.登记的金额相等　　D.登记的人员相同

E.登记的期间相同

20.红色墨水可以用来(　　)。

A.登账　B.冲销账簿记录　C.改错　D.结账划线

三、判断题

1.序时账簿和分类账簿可结合在一本账簿中进行登记。　(　　)

2.会计年度终了，应将活页账装订成册，活页账一般只适用于总分类账。 （ ）

3.总分类账可以根据记账凭证逐笔登记，也可以根据科目汇总表或汇总记账凭证汇总登记。 （ ）

4.日记账是逐笔序时登记的，故月末不必与总账进行核对。 （ ）

5.对于记账过程中的数字错误，若个别数码错误，采用划线更正法时，只将错误数码划去并填上正确数码即可。 （ ）

6.结账，就是计算每个账户期末余额的工作。 （ ）

7.在结账前，若发现登记的记账凭证科目有错误，必须用划线更正法予以更正。 （ ）

8.现金日记账和银行存款日记账必须采用订本式账簿。 （ ）

9.对发生的经济业务，总分类账户和其所属的明细分类账户必须在同一会计期间全部登记入账。 （ ）

10.在填制记账凭证时，将 5 300 元误记为 3 500 元并已登记入账。月终结账前发现错误，更正时应采用划线更正法。 （ ）

11.结账就是结算、登记每个账户的期末余额工作。 （ ）

12.红色墨水只能在划线、改错和冲账时使用。 （ ）

13.账簿是按照会计科目开设账户、账页，用来序时地、分类地记录和反映重点经济业务的簿籍。 （ ）

14.序时账簿也称日记账，是按照经济业务发生时间的先后顺序，逐日逐笔登记经济业务的账簿。 （ ）

15.分类账簿是指对全部经济业务按照收款业务、付款业务和转账业务进行分类登记的账簿。 （ ）

16.特种日记账是专门用来记录某一特定项目经济业务发生情况的日记账，包括现金日记账、固定资产明细账和银行存款日记账。 （ ）

17.总分类账是按照总分类账户和明细分类账户分类登记的账簿。 （ ）

18.订本式账簿是指在记完账后，把记过账的账页装订成册的账簿。 （ ）

19.平行登记是指经济业务发生后，根据会计凭证，一方面要登记有关的总分类账户，另一方面要登记该总分类账户所属的各有关明细分类账户。 （ ）

20.结账是指按规定把一定时期内所发生的经济业务登记入账，并进行账实核对，以保证账簿资料正确性的会计方法。 （ ）

四、简答题

1.什么是账簿？设置和登记账簿的意义是什么？

2.设置账簿的原则是什么？

3.账簿按用途分为哪几类？简要说明每类账簿的作用。

4.明细分类账有哪几种格式？各自的特点和适用的范围是什么？

5.简述账簿启用的规则和登记规则。

6.试述总账和明细账的关系及其平行登记。

7.错账更正的方法有哪几种？各种方法的特点和适用范围是什么？

8.什么是结账？结账工作包括哪些内容？

9.为什么要进行账项调整？具体内容包括哪些？

10.什么是对账？对账工作包括哪些内容？

五、业务题

(一)练习现金日记账和银行存款日记账的登记

中信公司20××年8月31日现金日记账和银行存款日记账的余额分别为3 000元和200 000元。9月份发生下列涉及现金和银行存款的业务：

3日,从银行借入一年期借款100 000元存入银行。

4日,从银行提取现金5 000元备用。

7日,职工李某出差借支差旅费2 000元,以现金支付。

8日,将销货款50 000元送存银行。

12日,以银行存款支付广告费10 000元。

18日,收到职工张某赔款现金700元。

25日,以银行存款支付本月水电费80 000元。

30日,以银行存款上缴税金6 000元。

【要求】

1.根据上述业务编制记账凭证。

2.登记现金日记账和银行存款日记账。

(二)练习错账更正方法

五峰公司对账发现下列经济业务内容的账簿记录有错误：

1.开出现金支票8 000元,支付企业管理部门日常零星开支。原编记账凭证的会计分录为：

借:管理费用　　8 000

　贷:库存现金　　8 000

2.签发转账支票1 800元预付本季度办公用房租金。原编记账凭证的会计分录为：

借:预提费用　　1 800

　贷:银行存款　　1 800

3.结转本月完工产品成本49 000元。原编记账凭证的会计分录为：

借:库存商品　　94 000

　贷:生产成本　　94 000

4.计提本月管理部门固定资产折旧4 100元。原编记账凭证的会计分录为：

借:管理费用　　1 400

　贷:累计折旧　　1 400

5.用银行存款支付所欠供货单位货款7 650元,过账时误记为6 750元。

【要求】

将上列各项经济业务的错误记录,分别以适当的更正错账方法予以更正。

第 8 章　财产清查

【学习目标】

通过本章的学习，理解财产清查的意义和种类，掌握财产物资的盘存制度，着重理解和掌握主要财产物资的清查方法和财产清查结果的账务处理方法。

【重点难点提示】

本章的重点是财产清查的意义和种类、财产物资的清查方法和财产清查结果的账务处理。难点在于理解财产物资的两种盘存制度。

8.1　财产清查的意义和种类

8.1.1　财产清查的缘由和意义

财产清查(Property Verification)，就是通过对财产物资的实地盘点和对银行存款、债权债务的查对，确定其实存数，并与账存数进行核对，以查明账实是否相符的一种专门方法。

1)财产清查的缘由

各企业、事业、机关等单位的各项财产物资是处于不断的运动变化之中的，其增减变动和结存情况是通过账簿记录来反映的。会计核算虽然可以通过正确地填制凭证和登记账簿，并经过严格的检查来保证账簿记录的正确性，但不能说明账簿记录的客观真实性。因为在日常的会计工作中，仍有一些情况无法及时通过凭证和账簿进行反映，因而往往会使账面记录与真实情况不符，即账面数与实际数发生差异，通常称为账实不符。引起账实不符的原因很多，一般有以下几个方面：

①财产物资在保管过程中因气温的高低和干湿度等所引起的自然升溢和损耗(如挥发、霉烂、升重等)，发生了数量和质量上的变化。

②在财产物资收发过程中，计量、检查不准确，造成品种、数量和质量上的差错。

③在财产物资增减变动时，有关人员漏办手续和重办手续，或在填制收发凭证、登记账簿时发生计算上或登记上的错误，致使产生账外财产或财产的短缺。

④管理不善或工作人员失职等原因，导致财产物资的变质、短缺和毁损。

⑤因不法分子的贪污盗窃、挪用公款（公物）、营私舞弊等非法行为而造成财产物资的损失。

⑥因人力不可抗拒的自然灾害而发生财产物资的毁损。

⑦在结算过程中，由于未达账项或拒付等其他原因而发生的银行存款或往来款项的数额不符等等。

在会计核算中，为了查明上述账实不符的情况，确定财产物资、库存现金、银行存款或往来款项的实存数，并据以调整账簿记录，做到账实相符，保证会计资料的真实与准确，保证财产物资的安全与完整，就有必要进行财产清查。

2）财产清查的意义

正确合理地组织财产清查，是会计工作的一个重要环节，它对于保证会计资料的真实性，加强财产物资的管理，充分挖掘财产物资的潜力，加速资金周转，维护财经纪律都是十分重要的。财产清查的意义可以归纳为以下几个方面。

①提高会计资料的质量，保证会计资料的真实。通过财产清查，可以确定各项财产的实存数，将实存数与账存数进行对比，确定盘盈（Inventory Profit）、盘亏（Inventory Loss），及时调整账簿记录，做到账实相符，以保证账簿记录的真实正确，为经济管理提供可靠的数据资料。

②揭示财产物资的使用情况，促进企业改善经营管理，挖掘各项财产的潜力，加速资金周转。通过财产清查，查明各项财产盘盈、盘亏的原因和责任，从而找出财产管理中存在的问题，改善经营管理。在财产清查过程中，可以查明各项财产物资的储备情况、查明各项财产物资占用资金的合理性、查明各项财产物资的利用情况，以便挖掘各项财产物资的潜力，促进财产物资的有效利用，加速资金周转。

③促使财产物资保管人员加强责任感，保证各项财产的安全完整。通过财产清查，可以查明财产物资损失的原因，从而追究责任者，并予以处理。同时，通过分析财产物资损失的原因，可以发现财产物资管理和核算制度上的缺陷，从而采取有效措施，健全各项制度，保护各项财产的安全和完整。

④促进单位遵守财经制度和信贷结算等制度，维护财经纪律。财产清查既是会计核算的一项专门方法，又是一项行之有效的会计监督活动。通过定期或不定期的财产清查，可以查明单位是否切实遵守财经纪律，是否遵守结算制度，及时结清债权债务，避免发生经济损失。

8.1.2 财产清查的种类

财产清查的对象和范围往往是不同的，在时间上也有区别，因此，财产清查可以按照不同的标准进行分类。

1)按照清查的对象和范围分类

财产清查按其清查的对象和范围可分为全面清查和局部清查两种。

(1)全面清查(Complete Check)

全面清查是指对全部财产进行盘点和核对。例如,工业企业的全面清查对象一般包括:

①库存现金、银行存款和其他货币资金;

②所有的固定资产、材料、在产品、产成品及其他物资;

③各项在途材料,在途商品及在途物资;

④各项债权、债务及预算缴拨款项;

⑤各项其他单位加工或保管的材料,商品及物资等。

全面清查范围广,内容多,参加的部门人员多,工作量大。一般来说,以下几种情况需进行全面清查:

①年终决算前,为了确保年终决算会计资料真实、正确,需要进行一次全面清查;

②单位撤销、合并、改组或改变隶属关系,为明确经济责任,需要进行全面清查;

③开展清产核资时,为了摸清家底,准确核定财产,需要进行全面清查;

④公司进行股份制改造前,需要进行全面清查;

⑤在开展全面的资产评估、清产核资前,需要进行全面清查;

⑥单位主要领导调离工作前,需要进行全面清查;

⑦发生重大经济违法事件时,需要进行全面清查。

(2)局部清查(Partial Check)

局部清查是指根据需要对一部分财产物资进行的清查,其清查的主要对象是流动性较大的财产,如现金、材料、在产品和产成品等。

局部清查范围小,内容少,涉及的人也少,但专业性较强,一般有:

①对于库存现金,在每日业务终了时应由出纳员清点核对,做到日清日结;

②对于银行存款和银行借款,应由出纳员每月至少同银行核对一次;

③对于流动性大的财产物资,如原材料、产成品、库存商品等,除年末清查外,应有计划地每月重点抽查或轮流盘点。对于各种贵重物资,应每月清查盘点一次;

④对于各种债权债务,应在年度内至少核对一至二次,有问题应及时核对,及时解决。

2)按照清查的时间分类

财产清查按其清查的时间划分,有定期清查和不定期清查两种。

(1)定期清查(Periodic Check)

定期清查是指根据管理制度的规定或预先计划安排的时间对财产所进行的清查。这种清查的对象不定,可以是全面清查也可以是局部清查。其清查的目的在于保证会计核算资料的真实正确,一般是在年末、季末、月末结账前进行。

(2)不定期清查(Non-periodic Check)

不定期清查是指事先不规定清查时间,根据实际需要所进行的临时清查。其清查对象可以是全面清查,也可以是局部清查。

不定期清查主要在以下情况下进行:

①财产物资、库存现金保管人员更换时,要对有关人员保管的财产物资、库存现金进行清查,以分清经济责任,便于办理交接手续;

②发生自然灾害和意外损失时,要对受损失的财产物资进行清查,以查明损失情况;

③上级主管、财政、审计和银行等部门,对本单位进行会计检查,应按检查的要求和范围对财产物资进行清查,以验证会计资料的可靠性;

④进行临时性清产核资时,要对本单位的财产物资进行清查,以便摸清家底。

3)按照清查的执行系统分类

①内部清查(Internal Check),是指由本单位内部自行组织清查工作小组所进行的财产清查工作。大多数财产清查都是内部清查。

②外部清查(External Check),是指由上级主管部门、审计机关、司法部门、注册会计师根据国家有关规定或情况需要对本单位进行的财产清查。一般来讲,进行外部清查时应由本单位相关人员参加。

8.1.3　财产清查的一般程序

财产清查既是会计核算的一种专门办法,又是财产物资管理的一项重要制度。企业必须有计划、有组织地进行财产清查。

财产清查一般包括以下程序:①建立财产清查组织;②组织清查人员学习有关政策规定,掌握有关法律、法规和相关业务知识,以提高财产清查工作的质量;③确定清查对象、范围,明确清查任务;④制定清查方案,具体安排清查内容、时间、步骤、方法,以及必要的清查前准备;⑤清查时本着先清查数量、核对有关账簿记录等,后认定质量的原则进行;⑥填制盘存清单;⑦根据盘存清单,填制实物、往来账项清查结果报告表。

8.2　财产物资的盘存制度

财产清查的重要环节是盘点财产物资的实存数量,为使盘点工作顺利进行,应建立一定的盘存制度。一般说来,财产物资的盘存制度有两种,即:永续盘存制和实地盘存制。在不同的盘存制度下,各项财产物资在账簿中的记录方法和清查盘点的目的是不同的。

8.2.1　永续盘存制

永续盘存制(Perpetual Inventory System)亦称账面盘存制。采用这种方法,平时对各项财产物资的增加数和减少数,都要根据审核无误的会计凭证,逐笔或逐日连续记入有关明细账簿,并且随时结出账面结存数的一种方法。可用下列公式表示:

期末账面结存数额=期初账面结存数额+本期增加数额-本期减少数额

永续盘存制的优点:在存货明细账中,可以随时反映出每种存货的收入、发出和结存情况,并能进行数量和金额的双重控制;明细账的结存数量,可以与实际盘存数进行核对,如发生库存溢余或短缺,可查明原因,及时纠正;明细账上的结存数,还可以随时与预定的最高和最低库存限额进行比较,取得库存积压或不足的信息,从而便于及时采取相应对策。

永续盘存制的缺点:存货的明细分类核算工作量较大,需要较多的人力和费用;账簿中记录的财产物资的增、减变动及结存情况都是根据有关会计凭证登记的,可能发生账实不符的情况。但同实地盘存制相比,它在控制和保护财产物资安全完整方面具有明显的优越性,所以在实际工作中被多数企业采用。

本书以前各章有关财产物资的增减变动及结存都是按永续盘存制来处理的。

8.2.2 实地盘存制

实地盘存制(Physical Inventory System)不同于永续盘存制。采用这种方法,平时根据会计凭证在有关明细账中,只登记财产物资的增加数,不登记减少数,月末通过实地盘点所确定的实存数,作为账面结存数,从而倒挤出本月各项财产物资的减少数,并据以登记账簿的一种方法。可用下列公式表示:

本期减少数额=期初账面数额+本期增加数额-期末实地盘点数额

实地盘存制的优点:实地盘存制以财产物资的清查盘点结果,作为登记财产物资账面结存和减少数的依据。因此,工作比较简单、工作量较小,可消除账实不符,保证会计资料的正确性和真实性。

实地盘存制的缺点:核算手续不严密,各项财产物资的减少数没有严密的手续,不便于施行会计监督,倒挤出的各项财产物资的减少数中成分复杂,难以区分其性质和原因,不利于加强财产物资的管理。因此,通常只适用于数量较多、变动频繁、平时难以计算耗费数量的物资。如商品流通企业对鲜活商品的核算所采用的“盘存计销法”,即为实地盘存制。

综上所述,无论采用哪种盘存制度,对财产物资都须定期或不定期地进行清查盘点。

8.2.3 两种盘存制度的比较

永续盘存制要求全面、详细地记录每一种财产物资的收入、发出和结存情况,因而其核算工作量大,需要耗费较多的人力和费用。特别是对于财产物资品种复杂的企业单位,如果采用月末一次结转耗用(或销售)成本的办法,则库存财产物资的耗用(或销售)成本的计算工作就比较集中,加大了核算的工作量。而在实地盘存制下,平时不记录财产物资的发出情况,月末在确定结存数后一次计算耗用(或销售)财产物资的成本,其核算工作可大大减轻。

永续盘存制可以提供系统的财产物资收发存情况,便于及时核对财产物资的账面数和实有数,能对财产物资的增减变动进行有效的监控。而实地盘存制则不能随时反映财产物资的收发动态,从而削弱了对库存财产物资的监控作用,而且,由于以存计耗(或计销),倒挤耗用成本或销售成本,这就把非耗用或者非销售的财产物资损耗、短缺或差错事故等全部挤入耗用或销售成本之中,影响了成本计算的正确性。

由于永续盘存制具有控制和保护财产物资安全完整的显著优点,因此,在实际工作中,除了那些价值低廉、在管理上使用永续盘存制确有困难的财产物资以外,一般都采用永续盘存制。实地盘存制只适用于一些价值低、品种杂、交易极其频繁的财产物资和一些损耗大、数量不稳定的鲜活商品。需要指出的是,即使采用实地盘存制,也应对财产物资采取相应的有效管理措施。

8.3 财产清查的方法

8.3.1 财产清查前的准备工作

财产清查是一项涉及面广,工作量大的工作,为了保证财产清查工作的质量,提高工作效率、达到财产清查的目的,在财产清查之前应充分做好组织、物质及业务上的准备工作。

1)组织准备

开展财产清查,特别是全面清查,是一项既复杂又细致的工作,具有涉及面广、政策性强的特点。为此,应当建立以单位负责人和有关职能部门的负责人参加的财产清查领导小组,并具体负责和领导组织清查工作。该领导小组的主要任务是:根据管理制度或有关部门的要求拟定财产清查工作的详细步骤,确定财产清查的对象和范围,配备财产清查人员等;在财产清查过程中,及时掌握工作进度,检查和督促工作;研究和解决财产清查工作中出现的问题;在财产清查工作结束后,撰写出财产清查工作的书面报告,对发生的盘盈盘亏提出处理意见。

2)物质及业务准备

物质及业务上的准备是进行财产清查的前提条件,各业务部门特别是会计部门和会计人员应主动配合,做好准备工作。各部门需要做的准备工作有如下内容:

①财会人员,应在财产清查之前将所有的经济业务登记入账,将有关账簿登记齐全并结出余额。总分类账中反映货币资金、财产物资和债权债务的有关科目应与所属明细分类账核对清楚,做到账账相符,账证相符,为财产清查提供可靠依据。

②财产物资保管部门和人员,应将截止到财产清查时点之前的各项财产物资的出入库办理好凭证手续,全部登记入账,结出各科目余额,并与会计部门的有关总分类账核对相符,同时,财产物资保管人员应将其所保管的各种财产物资堆放整齐,贴上标签,标明品种、规格和结存数量,以便进行实物盘点。

③财产清查小组应组织有关部门准备好计量器具,印制好各种登记表册。

8.3.2 实物资产的清查方法

实物资产是指具有实物形态的各种资产，包括：各种固定资产、库存材料、在产品、产成品（库存商品），委托及受托其他单位加工、保管、代销的材料和商品，各种包装物和低值易耗品，以及各种在途物资、发出商品等。由于实物资产的品种规格繁多、型号复杂、单价各异、存放（使用）的地点不一、体积重量不同，因而清查方法也不完全相同。对实物资产的清查应从数量和质量两方面进行。

实物资产数量的清查方法一般有以下几种：

1）实地盘点法

实地盘点（Physical Inventory Method）是指在财产物资堆放现场进行逐一清点数量或用计量仪器确定实存数的一种方法。

实地盘点法适用范围广，要求严格，数字准确可靠，清查质量高，但工作量大，需事先按财产物资的实物形态进行科学地码放，如五五排列、三三制码放等，都有助于提高清查的效率。这种方法一般适用于机器设备、包装物、原材料、产成品和库存商品等的清查。

2）技术推算盘点法

技术推算盘点法（Technology Reckoning Method）是利用技术方法，如量方计尺等对财产物资的实存数进行推算的一种方法。

这种方法适用于大量成堆，难以逐一清点的财产物资。

3）抽样盘存法

抽样盘存法（Sampling Reckoning Method）是指对于数量多、重量或体积均匀的实物资产，采用抽样盘点的方法，确定财产的实有数额。一般适用于对单位价值很低的小型零件等材料物资的清查。

4）函证核对法

函证核对法（Correspondence Verification Method）是指对于委托外单位加工或保管的物资，可以采用向对方发函调查，并与本单位的账存数相核对的方法。

为了明确经济责任，进行财产物资的盘点时，有关财产物资的保管人员必须在场，并参加盘点工作。对各项财产物资的盘点结果，应如实准确地登记在“盘存单”上，并由参加盘点的人员和实物保管人员同时签章生效。“盘存单”是记录各项财产物资实存数量盘点的书面证明，也是财产清查工作的原始凭证之一。“盘存单”一般格式如表 8-1 所示。

表 8-1 盘存单

单位名称： 盘点时间： 编号：

财产类别： 存放地点：

序 号	名 称	规格型号	计量单位	实存数量	单 价	金 额	备 注

盘点人签章：××× 实物保管人签章：×××

盘点完毕,将“盘存单”中所记录的实存数额与账面结存数额相核对,如发现某些财产物资账实不符时,应根据“盘存单”和有关账簿记录填制“实存账存对比表”,确定财产物资盘盈或盘亏的数额。“实存账存对比表”是财产清查的重要报表,是调整账面记录的原始凭证,也是分析盈亏原因、明确经济责任的重要依据。“实存账存对比表”一般格式如表 8-2 所示。

表 8-2　实存账存对比表

单位名称:　　　　　　　　　　　　年　月　日

序号	名称	规格型号	计量单位	单价	实存		账存		实存与账存对比				备注
									盘盈		盘亏		
					数量	金额	数量	金额	数量	金额	数量	金额	

盘点人签章:×××　　　　　　　　　　　　　　　　　　　会计签章:×××

8.3.3　货币资金的清查方法

1)库存现金的清查

库存现金的清查方法,是通过实地盘点,确定库存现金的实存数,再与现金日记账的账面余额核对,以查明盈亏情况。在进行现金清查时,为了明确经济责任,出纳人员必须在场,在清查过程中不允许以白条抵库,即用不具有法律效力的借条、收据等抵充库存现金。现金盘点完毕,应根据盘点的结果及与现金日记账核对的情况,填制“现金盘点报告表”。现金盘点报告表也是重要的原始凭证,它既起“盘存单”的作用,又起“实存账存对比表”的作用。“现金盘点报告表”应由盘点人和出纳员共同签章方能生效。“现金盘点报告表”的一般格式如表 8-3 所示。

表 8-3　现金盘点报告表

单位名称:　　　　　　　　　　　　年　月　日

实存金额	账存金额	实存与账存对比		备　注
		盘　盈	盘　亏	

盘点人签章:　　　　　　　　　　　　　　　　　　　出纳员签章:

2)银行存款的清查

银行存款的清查,是采用与开户银行核对账目的方法进行的。即将本单位的银行存款日记账与开户银行转来的对账单进行逐笔核对,以查明账实是否相符。在进行银行存款的清查时,单位应先检查本单位银行存款日记账的记录情况,并保证其记录的正确和完整。实际工作中,银行存款日记账的余额和银行对账单的余额往往不一致。这种不一致的原因一是某一方或双方有记账错误,二是存在未达账项。所谓未达账项,是指单位与银行之间对于同一项业务,由于取得结算凭证的时间不同,导致一方已取得结算凭证已登记入账,而另一方由于尚未取得结算凭证尚未登记入账的款项。未达账项有以下四种情况:

①本单位已记为银行存款增加而银行尚未入账。例如:企业销售产品收到支票,送存银行后即可根据银行盖章退回的“进账单”回单联登记银行存款的增加,而银行则要等款项收妥后再登记增加,如果此时对账,则形成企业已收,银行未收的款项。

②本单位已记为银行存款减少而银行尚未入账。例如:企业开出一张支票支付购料款,企业可根据支票存根、发货票及收料单等凭证,登记银行存款的减少,而此时银行由于尚未接到支付款项的凭证尚未登记减少,如果此时对账,则形成企业已付,银行未付的款项。

③银行已记为本单位银行存款增加而本单位尚未入账。例如:外地某单位给企业汇来款项,银行收到汇款单后,马上登记企业的存款增加,企业由于尚未收到汇款凭证,尚未登记银行存款增加,如果此时对账,就形成了银行已收,企业未收的款项。

④银行已记为本单位银行存款减少而本单位尚未入账。例如:银行代企业支付款项(如水电费等),银行已取得支付款项的凭证已登记企业存款减少,企业尚未接到凭证,尚未登记银行存款减少,如果此时对账,则形成银行已付,企业未付的款项。

上述任何一种未达账项存在,都会使企业银行存款日记账余额与银行转来对账单的余额不符。当发生1、4两种情况时,会使本单位银行存款日记账的余额大于银行对账单的余额;当发生2、3两种情况时,会使本单位银行存款日记账的余额小于银行对账单的余额。因此,在与银行对账时,应首先查明有无未达账项,如果有未达账项,通常要编制“银行存款余额调节表”对未达账项进行调整,再确定企业与银行双方记账是否一致,双方的账面余额是否相符。

现举例说明“银行存款余额调节表”的具体编制方法。

【例8-1】 中信公司20××年12月31日银行存款日记账的余额为56 000元,银行转来对账单的余额为74 000元,经过逐笔核对发现有如下未达账项:

①企业收销货款2 000元,已记银行存款增加,银行尚未入账;

②企业付购料款18 000元,已记银行存款减少,银行尚未入账;

③接到上海甲工厂汇来购货款10 000元,银行已登记增加,企业尚未入账;

④银行代企业支付购料款8 000元,银行已登记减少,企业尚未入账。

根据以上资料编制“银行存款余额调节表”,调整双方余额。

“银行存款余额调节表”的格式如表8-4所示。

表8-4 银行存款余额调节表

20××年12月31日 单位:元

项 目	金 额	项 目	金 额
企业银行存款日记账余额	56 000	银行对账单余额	74 000
加:银行已收企业未收	10 000	加:企业已收银行未收	2 000
减:银行已付企业未付	8 000	减:企业已付银行未付	18 000
调节后的存款余额	58 000	调节后的对账单余额	58 000

表8-4的编制方法是,企业与银行双方都在各自余额的基础上补记上对方已入账,而本方未入账的未达账项(包括增加额和减少额)。采用这种方法进行调整,双方调节后的余额相等,说明双方记账相符,否则说明记账有错误应给予更正;采用这种方法进行调节,所得到的调节后余额,是企业当时实际可以动用的款项。

需要特别指出的是,在财产清查过程中,要注意长期存在的未达账项。对于时间较长的未达账项,应该进行分析,查明原因,及时解决,以免造成损失。同时,“银行存款余额调节表”只起到对账的作用,不能作为调节账面余额的凭证,银行存款日记账的登记,还应待收到有关原始凭证并编制记账凭证后再进行。

上述银行存款清查方法,也适用于银行借款的清查。

8.3.4 往来结算款项的清查方法

往来结算款项是指本单位与外单位发生的各种应收款、应付款、暂收款、暂付款。各种往来结算款项一般采取“函证核对法”进行清查,即通过函件同经济往来单位核对账目的方法。清查单位应首先检查本单位各项往来款项账簿记录的正确性和完整性,在查明本单位记录正确无误后,按每一个经济往来单位编制“往来款项对账单”,一式两联,其中一联作为回单联,送往各往来单位,对方单位核对相符后,应在回单联上加盖公章退回本单位。如果经核对不相符,对方单位应在回单联上注明情况,或另抄对账单退回本单位,进一步查明原因,再行核对,直到相符为止。“往来款项对账单”的格式和内容见表8-5所示。

表8-5 往来款项对账单

××单位:

贵单位于××年×月×日购入我单位×产品××件,已付货款××元,尚有××元货款未付,请核对无误后将回单联寄回。

清查单位:(盖章)

××年×月×日

沿此虚线裁开,将以下回单寄回!

往来款项对账单(回单)

××清查单位:

贵单位寄来的“往来款项对账单”已经收到,经核对无误。

××单位:(盖章)

××年×月×日

8.4　财产清查结果的处理

8.4.1　财产清查结果的处理步骤

财产清查的结果，必须按照国家有关统一会计制度的规定，严肃认真地予以处理。财产清查中发现的盘盈、盘亏、毁损和变质或超储积压等问题，应认真核准金额，按规定的程序上报批准后再行处理；对长期不清或有争议的债权、债务，也应核准数字上报待批准后处理。其具体步骤如下：

1）核准金额，查明盈亏原因

根据清查情况，编制全部清查结果的“实存账存对比表”（亦称“财产盈亏报告单”），核准货币资金、财产物资及债权债务的盈亏金额，对各项差异产生的原因进行分析，明确经济责任，据实提出处理意见，呈报有关领导和部门批准。对于债权债务在核对过程中出现的争议问题，应及时组织清理；对于超储积压物资应同时提出处理方案。

2）调整账务，做到账实相符

在核准金额，查明原因的基础上，根据“财产盈亏报告单”编制记账凭证，并据以登记账簿，使各项财产物资账实相符。但对于应收而收不回的坏账损失，在批准前不作此项账务处理，待批准后再行处理。在做好账项调整账簿工作后，即可将所编制的“财产盈亏报告单”和所做的文字说明，一并报送有关领导和部门批准。

3）经批准后，进行账务处理

当有关领导部门负责人对所呈报的财产清查结果提出处理意见后，应严格按批复意见进行账务处理，编制记账凭证，登记有关账簿，并追回由于责任者原因造成的损失。

为了反映和监督各单位在财产清查过程中查明的各种财产的盈亏、毁损及其处理情况，在会计核算上，应设置“待处理财产损溢”账户。按照反映的经济内容，该账户属于资产类账户。该账户借方反映发生的待处理财产盘亏、毁损数额和结转已批准处理的财产盘盈数额，贷方反映发生的待处理财产盘盈数额和转销已批准处理的财产物资盘亏、毁损数额。该账户处理前如为借方余额，表示企业尚待处理的各种财产的净损失；如为贷方余额，表示企业尚待处理的各种财产的净溢余。期末处理后，本账户应无余额。

为分别反映和监督企业固定资产和流动资产的盈亏情况，应分别开设“待处理固定资产损溢”和“待处理流动资产损溢”两个明细科目进行核算。

根据企业会计准则规定，企业财产清查结果如果与账面记录不符，应于期末前查明原因，并根据企业的管理权限，经股东大会或董事会，或经理（厂长）会议或类似机构批准后，在期末结账前处理完毕。如果在期末结账前尚未经批准的，应在对外提供财务会计报告时先按有关规定进行处理，并在会计报表附注中作出说明；如果其后批准处理的金额与已处理的金额不一致，应按其差额调整会计报表相关项目的年初数。

8.4.2 财产清查结果的会计处理

1)库存现金清查结果的会计处理

库存现金清查中发现库存现金短缺或盈余时,除了设法查明原因外,还应及时根据“库存现金盘点报告表”进行会计处理。

【例8-2】 某企业进行库存现金清查,发现长款200元。编制如下会计分录:

①批准前:

借:库存现金　200

　贷:待处理财产损溢——待处理流动资产损溢　200

②经反复核查,未查明原因,报经批准转作营业外收入:

借:待处理财产损溢——待处理流动资产损溢　200

　贷:营业外收入　200

【例8-3】 某企业进行库存现金清查,发现短款800元。编制如下会计分录:

①批准前:

借:待处理财产损溢——待处理流动资产损溢　800

　贷:库存现金　800

②经查,该短款属于出纳员王×的责任,应由该出纳员赔偿:

借:其他应收款——王×　800

　贷:待处理财产损溢——待处理流动资产损溢　800

③若上述库存现金短款无法查明原因,报经批准后转入管理费用:

借:管理费用　800

　贷:待处理财产损溢——待处理流动资产损溢　800

2)存货清查结果的会计处理

(1)存货盘盈的会计处理

当存货盘盈时,应根据“实存账存对比表”,将盘盈存货的价值记入“原材料”“生产成本”“库存商品”等账户的借方,同时记入“待处理财产损溢——待处理流动资产损溢”账户的贷方;报经批准后,冲减管理费用(在产品盘盈,应冲减制造费用)。

【例8-4】 某企业财产清查中盘盈原材料一批,估计价值为400元。经查明是由于收发计量错误造成的。编制如下会计分录:

①批准前:

借:原材料　400

　贷:待处理财产损溢——待处理流动资产损溢　400

②批准后,冲减管理费用:

借:待处理财产损溢——待处理流动资产损溢　400

　贷:管理费用　400

(2)存货盘亏的会计处理

当存货盘亏或损毁时,经批准以前应先记入“待处理财产损溢——待处理流动资产损溢”账户的借方，同时记入有关存货账户的贷方。批准后，再根据造成亏损的原因，分别进行账务处理：

①属于自然损耗产生的定额内的合理损耗，经批准后即可计入管理费用；

②属于超定额短缺的，能确定过失人的应由过失人负责赔偿；属于保险责任范围的，应向保险公司索赔；扣除过失人或保险公司赔款和残料价值后的余额，应计入管理费用；

③属于非常损失所造成的存货盘亏，扣除保险公司赔款和残料价值后，应计入营业外支出。

注意：根据现行增值税暂行条例规定，企业购进的货物、在产品、产成品发生的非正常损失，其进项税额不得从销项税额中抵扣，应从当期发生的进项税额中转出处理。

【例 8-5】 某企业盘亏 A 产品 100 千克，单位成本 300 元。经查明，属于定额内合理损耗。编制如下会计分录：

①批准前：

借：待处理财产损溢——待处理流动资产损溢　　30 000

　贷：库存商品——A 产品　　30 000

②经批准后，计入管理费用：

借：管理费用　　30 000

　贷：待处理财产损溢——待处理流动资产损溢　　30 000

【例 8-6】 某企业盘亏甲材料 10 千克，每千克 100 元。经查明，是由于工作人员失职造成的材料毁损，应由过失人赔偿 300 元，毁损材料残值 200 元。编制如下会计分录：

①批准前：

借：待处理财产损溢——待处理流动资产损溢　　1 130

　贷：原材料——甲材料　　1 000

　　应交税费——应交增值税(进项税额转出)　　130

②批准后，分不同情况处理：

a.由过失人赔偿：

借：其他应收款——××　　300

　贷：待处理财产损溢——待处理流动资产损溢　　300

b.残料作价入库：

借：原材料——甲材料　　200

　贷：待处理财产损溢——待处理流动资产损溢　　200

c.扣除过失人的赔款和残值后的盘亏数，计入管理费用：

借：管理费用　　630

　贷：待处理财产损溢——待处理流动资产损溢　　630

【例 8-7】 某企业乙材料盘亏一批，实际成本为 80 000 元。经查明，属于非常事故造成的损失，保险公司应给予 60 000 元的赔偿。编制如下会计分录：

①批准前，调整账实相符。

借：待处理财产损溢——待处理流动资产损溢　　80 000

贷:原材料——乙材料　　80 000

②批准后,分不同情况处理。

a.应由保险公司赔偿部分:

借:其他应收款——保险公司　　60 000

贷:待处理财产损溢——待处理流动资产损溢　　60 000

b.计入营业外支出部分:

借:营业外支出——非常损失　　20 000

贷:待处理财产损溢——待处理流动资产损溢　　20 000

3)固定资产清查结果的会计处理

(1)固定资产盘盈的会计处理

固定资产盘盈不通过"待处理财产损溢"账户,而应作为前期差错记入"以前年度损益调整"账户。

【例8-8】 某企业20××年12月份在财产清查过程中发现账外设备一台,重置完全价值20 000元,估计折旧为4 000元。编制如下会计分录:

①批准前,根据"实存账存对比表"所确定的固定资产盘盈数,调整账实相符。

借:固定资产　　20 000

贷:累计折旧　　4 000

以前年度损益调整　　16 000

②上述盘盈的固定资产,经查明原因报经批准后转账。假设该公司所得税率为25%,并按净利润的10%提取法定盈余公积。

借:以前年度损益调整　　16 000

贷:应交税费——应交所得税　　4 000

盈余公积——法定盈余公积　　1 200

利润分配——未分配利润　　10 800

(2)固定资产盘亏或毁损的会计处理

对于盘亏的固定资产,企业应按盘亏固定资产的净值借记"待处理财产损溢——待处理固定资产损溢",按已提折旧额借记"累计折旧"账户,按原值贷记"固定资产"账户。按规定程序批准后,应按盘亏固定资产的净值借记"营业外支出"账户,贷记"待处理财产损溢——待处理固定资产损溢"账户。

【例8-9】 某企业20××年12月份在财产清查过程中盘亏机器一台,账面原值10 000元,已提折旧7 000元。编制如下会计分录:

①批准前,根据"实存账存对比表"所确定的机器盘亏数,调整账实相符。

借:待处理财产损溢——待处理固定资产损溢　　3 000

累计折旧　　7 000

贷:固定资产　　10 000

②批准后,盘亏及毁损固定资产的净值3 000元作为营业外支出,记入"营业外支

出"账户的借方。

借:营业外支出　　　　　　　　　　　　　　　　　　3 000

　　贷:待处理财产损溢——待处理固定资产损溢　　　　　　3 000

4)无法收回或偿付的债权债务的会计处理

(1)坏账损失的处理

坏账(Bad Account)是指企业无法收回的应收款项,包括无法收回的应收账款和其他应收款;因坏账而造成的损失,称为"坏账损失"。对于在财产清查过程中发现的坏账损失,应经过相关批准程序后,及时进行处理。根据企业会计准则的规定,企业只能采用备抵法核算坏账损失。

备抵法是按每一会计期间预计坏账损失,并将其转作费用记入备抵账户的一种方法。采用备抵法核算坏账损失,首先应设置"坏账准备"账户,该账户的借方反映应收款项被确认为坏账时的冲销数,贷方反映每期提取的坏账准备数,期末贷方余额表示已提取的坏账准备数。

企业应在每期末按一定的方法估计坏账损失,借记当期"信用减值损失",同时贷记"坏账准备",待坏账确认实际发生经批准转销时,再冲减"坏账准备"和"应收账款或其他应收款"。

现举例说明如下:

【例8-10】 中信公司5月末按照有关规定,估计应收账款可能发生坏账损失2 000元,按规定提取坏账准备;6月份经确认,应收A公司货款1 000元,因该公司撤销,无法收回,经批准予以核销。

根据以上情况,编制如下会计分录:

① 5月末提取坏账准备,编制如下会计分录:

借:信用减值损失　　　　　　　　　　　　　　　　　2 000

　　贷:坏账准备　　　　　　　　　　　　　　　　　　　2 000

② 6月份核销坏账损失,编制如下会计分录:

借:坏账准备　　　　　　　　　　　　　　　　　　　1 000

　　贷:应收账款——A公司　　　　　　　　　　　　　　1 000

(2)无法偿付的债务的账务处理

由于债权单位撤销等原因造成的应付而无法支付的款项,同样不通过"待处理财产损溢"科目核算,而是按规定程序批准后予以转销,列作"营业外收入"处理。

【例8-11】 中信公司在财产清查中,查明应付B公司5 000元,因该公司已解散,确实无法支付,报经批准后转销。

根据以上情况,编制如下会计分录:

借:应付账款——B公司　　　　　　　　　　　　　　5 000

　　贷:营业外收入　　　　　　　　　　　　　　　　　　5 000

【本章小结】

本章介绍了财产清查的意义和种类、财产清查的方法、财产物资的两种盘存制度以及财产清查结果的账务处理,重点阐述了货币资金、存货、往来款项的清查方法及清查结果的账务处理。

【重要概念】

财产清查　全面清查　局部清查　定期清查　不定期清查　永续盘存制

实地盘存制　未达账项　盘盈　盘亏

【案例分析一】

Y 企业的副经理王强,将企业正在使用的一台设备借给其朋友使用,未办理任何手续。清查人员在年底盘点时发现盘亏了一台设备,原值为 20 万元,已计提折旧 5 万元,净值为 15 万元。经查,属王副经理所为。于是,派人向借方追索。但借方声称,该设备已被人偷走。当问及王副经理对此处理意见时,他建议按正常报废处理。请问:(1)盘亏的设备按正常报废处理是否符合会计制度要求?(2)企业应怎样正确处理盘亏的固定资产?

案例提示:

Y 企业对盘亏的固定资产的处理是不合适的。清查人员应向当事人索赔。如果当事人不能按期偿还,王强应承担赔偿责任。

【案例分析二】

东海钢铁厂在存货业务的处理中,存在下列问题:

1.年终经财产清查发现,原材料账实不符。

该钢铁厂已经建立了完善的内部控制制度,在存货的管理中实行了采购人员、运输人员、保管人员等不同岗位分工负责的内部牵制制度。然而在实际操作中,由于三者合伙作弊,这使内控制度失去了监督作用。该钢铁厂 2018 年根据生产需要每月需要购进各种型号的铁矿石 1 000 吨,货物自提自用。2018 年 7 月,采购人员张某办理购货手续后,将发票提货联交由本企业汽车司机胡某负责运输,胡某在运输途中,一方面将 600 吨铁矿石卖给某企业,另一方面将剩余的 400 吨铁矿石运到本企业仓库,交保管员王某按 1 000吨验收入库,三个人随即分得赃款。财会部门从发票、运单、入库单等各种原始凭证的手续上看,完全符合规定,照例如数付款。可是在进行年终财产清查时才发现账实不符的严重情况,只得将不足的原材料数量金额先做流动资产的盘亏处理,期末处理时,部分做管理费用处理,部分做营业外支出处理。请问该企业的账务处理是否妥当?应该如何处理?

2.未经税务部门批准,擅自更改原材料的计价方法,以达到调节产品成本的目的。

东海钢铁厂采用实际成本法进行原材料核算。多年来该厂一直采用加权平均法计算确定发出矿石的实际成本,2018 年铁矿石价格上涨幅度很大,该企业为了提高利润,擅自变更了发出原材料实际成本的计算方法,将加权平均法变更为先进先出法。经测算,截至本年末,与按加权平均法计算的结果相比,领用铁矿石的实际成本相差 28 万元,即少计了当年的成本 28 万元,多计了利润 28 万元。该厂在年终财务报告中,对该变更事项及有关结果未予以披露。请问这种做法违反了什么原则?应该如何处理?

3.毁损材料不报废,制造虚盈实亏。

该钢铁厂 2018 年 1 月发生了一场火灾,材料损失达 90 万元。保险公司可以赔偿 30 万元。企业在预计全年收支情况后,可知如果报列材料损失,就会使利润下降更加严重。为保证利润指标的实现,该钢铁厂领导要求财会部门不列报毁损材料。请问这样做的结果是什么?应该如何进行处理?

案例提示:

1.该企业的账务处理是不妥当的。部分做管理费用处理,部分做营业外支出处理的做法更有问题。应该查实,由三位责任人负责赔偿。

2.这种做法违反了可比性会计信息质量要求。企业如果要更改存货的计价方法,首先应通过税务部门批准,然后根据《会计准则——会计政策变更》的规定,进行适当的调整,并进行适当的披露。

3.这样做的结果使利润虚增,影响信息使用者的正确决策。应在 90 万元的基础上,扣除保险公司赔偿的 30 万元以及材料的残值等项目,再记入“营业外支出”科目处理。

【同步测练】

一、单项选择题

1.对于库存现金,应按(　　)清查。

A.每年　　B.每季　　C.每月　　D.每日

2.对库存现金进行清查时,一般进行(　　)。

A.账面清查　　B.实地盘点　　C.账账核对　　D.账证核对

3.对于委托加工物资一般可采用(　　)方法清查。

A.实地盘点法　　B.技术推算盘点法　　C.抽样盘存法　　D.函证核对法

4.财产清查如果出现盈亏,应通过(　　)科目核算。

A.固定资产清理　　B.待处理财产损溢　　C.应收账款　　D.应付账款

5.固定资产盘盈应作为(　　)处理。

A.主营业务收入　　B.其他业务收入

C.营业外收入　　D.以前年度损益调整

6.存货盘亏,属于定额内损耗,作(　　)处理。

A.销售费用　　B.管理费用　　C.财务费用　　D.制造费用

7.采用实地盘存制,平时账簿记录中不能反映(　　)。

A.财产物资的购进业务　　B.财产物资的减少数额

C.财产物资的增加和减少数额　　D.财产物资的盘盈数额

8.备抵法下,发生坏账应该借记(　　)科目。

A.坏账准备　B.应收账款　C.其他应收款　D.管理费用

9.财产清查结果,经查明属于管理不善造成的存货盘亏毁损,应在(　　)账户列支。

A.制造费用　B.管理费用　C.营业外支出　D.生产成本

10.现金盘点结束后,应当编制(　　),它是据以调整现金日记账余额的原始凭证。

A.现金盘点单　B.实存账存对比表　C.现金盘点报告表　D.对账单

11.固定资产盘亏经批准应作为(　　)处理。

A.管理费用　B.营业外支出　C.其他业务成本　D.生产成本

12.在记账无误的情况下,银行对账单与银行存款日记账账面余额不一致的原因是存在(　　)。

A.未达账项　B.在途货币资金　C.应付账款　D.应收账款

13.往来结算款项的清查一般采用(　　)。

A.实地盘点法　B.技术推算盘点法　C.余额调节法　D.函证核对法

14.某企业财产物资账面期初余额 10 000 元,本期增加额 5 000 元,采用永续盘存制确定的本期减少额 12 000 元。如果该企业对财产物资采用实地盘存制,期末确定的实存额为 4 000 元。两种方法确定的本期减少额之间相差(　　)。

A.1 000 元　B.3 000 元　C.1 300 元　D.1 100 元

15.财产清查是指通过各项财产物资进行盘点核对,来确定其(　　)是否相符的一种方法。

A.账存数与资产数　B.账存数与证列数

C.账存数与实存数　D.账存数与表列数

16.库存现金每日终了前都应由(　　)盘点清楚。

A.会计主管　B.部门主管　C.会计员　D.出纳员

17.在永续盘存制下,平时对各项财产物资在账簿中的登记方法是(　　)。

A.只登记增加数,不登记减少数　B.只登记减少数,不登记增加数

C.增加数、减少数均不登记　D.对增加数、减少数均要逐笔登记

18.财产清查盘点制度包括(　　)。

A.收付实现制　B.权责发生制　C.实地盘存制　D.账面实现制

19.在实地盘存制下,平时对各项财产物资在账簿中的登记方法是(　　)。

A.只登记增加数,不登记减少数　B.只登记减少数,不登记增加数

C.增加数、减少数均不登记　D.增加数、减少数均逐笔登记

20.企业因自然灾害所造成的生产用材料毁损,报经批准后,应将扣除保险公司等单位的赔款和残料价值后的净损失记入(　　)账户。

A.管理费用　B.其他业务成本　C.营业外支出　D.制造费用

二、多项选择题

1.财产清查的作用有(　　)。

A.保证会计资料的真实性　B.保护财产安全和完整

C.维护财经纪律　　D.挖潜、提高管理水平和经济效益

2.财产清查按时间划分为(　　)。

A.定期清查　　B.不定期清查　　C.全面清查　　D.局部清查

3.定期清查一般在(　　)进行。

A.年初　　B.年末　　C.季末　　D.月末

4.财产清查前,会计部门应作的准备工作主要有(　　)。

A.对已收已发物资全部入账　　B.结出账面余额

C.账证核对,账账核对　　D.准备好"盘存单"和"实存账存对比表"

5.下列(　　)情况会使企业银行存款日记账余额大于银行对账单余额。

A.企业已收,银行未收　　B.企业已付,银行未付

C.银行已收,企业未收　　D.银行已付,企业未付

6.实物财产清查的方法有(　　)。

A.实地盘点法　　B.技术推算法　　C.抽样盘存法　　D.函证核对法

7.对于盘亏的固定资产,应按(　　)分别记入"固定资产""累计折旧"账户。

A.重置完全价值　　B.账面原值　　C.账面已提折旧　　D.账面净值

8."实存账存对比表"内的"实存"栏数字,应根据(　　)抄录填列,"账存"栏数字应根据(　　)填列。

A.各项财产物资总分类账账面余额　　B.各项财产物资明细分类账账面余额

C.应收款项或应付款项余额调节表　　D.盘存单

9."坏账准备"账户属于资产类,它的结构是(　　)。

A.该账户的结构与"应收账款"账户的结构相同

B.该账户的结构完全与资产类账户的结构相同

C.该账户的结构与"应收账款"账户的结构相反

D.该账户的结构与"其他应收款"账户的结构相反

10.财产清查的内容包括(　　)。

A.实物清查　　B.实地清查　　C.现金清查

D.银行存款清查　　E.债权债务清查

11.企业造成账实不符的原因包括(　　)。

A.财产被贪污盗窃　　B.意外灾害发生

C.在保管过程中的自然损耗　　D.未达账项存在

12.下列记入"待处理财产损溢"账户借方的是(　　)。

A.发生的待处理财产盘盈数　　B.转销已批准处理的财产盘亏和毁损数

C.发生的待处理财产盘亏和毁损数　　D.结转已批准处理的财产盘盈数

13.在实地盘存制下,倒挤出的本期减少数可能包括(　　)。

A.正常耗用　　B.非正常耗用　　C.贪污金额　　D.毁损金额

14.进行不定期清查的情况有(　　)。

A.更换财产和现金保管人员时　　B.发生自然灾害和意外损失时

C.会计主体发生改变或隶属关系变动时

D.财税部门对本单位进行会计检查时

E.企业关停并转、清产核资、破产清算时

15.“银行存款余额调节表”是(　　)。

A.原始凭证　　B.盘存表的表现形式

C.只起到对账作用　　D.银行存款清查的方法

E.调整账面记录的原始依据

三、判断题

1.财产清查是为了查明账实是否相符。(　　)

2.一般在年末应定期进行财产全面清查。(　　)

3.一般情况下,财产物资应采用实地盘存制。(　　)

4.盘点现金时,出纳人员必须回避。(　　)

5.“银行存款余额调节表”可作为原始凭证入账。(　　)

6.清查现金时,不允许以借条、收据抵充现金,但有领导签字的则可以。(　　)

7.无法收回的债权作为营业外支出,无法支付的债务作为营业外收入。(　　)

8.对盘亏存货的净损失,属于一般经营损失部分经批准应计入管理费用。(　　)

9.企业的定期和不定期财产清查,都可以根据实际需要,进行全部清查或局部清查。(　　)

10.企业发生意外灾害或非常损失时,对受灾损失进行的清查是定期清查。(　　)

11.“银行存款余额调节表”既可起到对账的作用,又可作为账面余额调整的原始凭证。(　　)

12.无论采用何种盘存制度,账面上都应该反映存货的增减变动及结存情况。(　　)

13.对财产清查结果进行账务处理时,一般都必须通过“待处理财产损溢”账户。(　　)

14.按现行制度规定,企业当年清查的各种财产损溢,记入“待处理财产损溢”账户,其转销的账务处理可以在次年度进行。(　　)

15.转销盘盈、盘亏的固定资产,一律作为营业外收支处理。(　　)

四、简答题

1.什么是财产清查,财产清查的意义是什么?

2.财产清查的种类有哪些?

3.财产清查的原始凭证有哪些? 其作用如何?

4.引起财产物资账实不符,账账不符的原因有哪些?

5.何为永续盘存制? 何为实地盘存制? 采用不同的盘存制应怎样进行财产清查?

6.如何进行财产物资的清查?

7.如何进行现金的清查?

8.如何进行银行存款的清查?

9.何为未达账项？未达账项有哪几种？为什么会产生未达账项？

10.如何编制“银行存款余额调节表”？

11.如何进行债权债务的清查？

12.财产清查的核算需设置什么账户？其结构如何？

13.财产盘盈如何进行账务处理？编制哪些会计分录？

14.财产盘亏和毁损如何进行账务处理？编制哪些会计分录？

五、业务题

（一）练习银行存款的清查

某企业20××年12月20日至31日根据银行存款收付业务编制的记账凭证如下：

记账凭证简化格式

<table>
<tr><th colspan="2">20××年</th><th rowspan="2">凭证字号</th><th rowspan="2">摘　要</th><th rowspan="2">会计科目</th><th rowspan="2">借方金额</th><th rowspan="2">贷方金额</th></tr>
<tr><th>月</th><th>日</th></tr>
<tr><td>12</td><td>20</td><td>银收字28号</td><td>收到华泰公司的预付款</td><td>银行存款
预收账款</td><td>25 000</td><td>
25 000</td></tr>
<tr><td></td><td>25</td><td>现付字29号</td><td>交存现金</td><td>银行存款
库存现金</td><td>18 450</td><td>
18 450</td></tr>
<tr><td></td><td>27</td><td>银付字30号</td><td>偿还大通公司购料款</td><td>应付账款
银行存款</td><td>35 100</td><td>
35 100</td></tr>
<tr><td></td><td>28</td><td>银收字31号</td><td>收到销货款</td><td>银行存款
主营业务收入
应交税费</td><td>16 950</td><td>
15 000
1 950</td></tr>
<tr><td></td><td>30</td><td>银付字32号</td><td>提取现金备发工资</td><td>库存现金
银行存款</td><td>56 000</td><td>
56 000</td></tr>
<tr><td></td><td>30</td><td>银付字33号</td><td>购入设备一台</td><td>固定资产
银行存款</td><td>42 000</td><td>
42 000</td></tr>
</table>

该企业12月31日从银行取得的“对账单”如下：

银行对账单（12月24日至31日部分经济业务及月末余额）

日　期	内容摘要	金　额
24日	收到华泰公司货款（银收字28号）	25 000
25日	收到交存的现金（现付字29号）	18 450
25日	代付水电费（银付字30号）	26 000
30日	企业提取现金（银付字32号）	56 000
30日	收到永安公司货款（银收字33号）	38 090
31日	月末余额	199 540

【要求】

1.根据上述记账凭证登记银行存款日记账：

银行存款日记账

20××年		凭证		摘要	对方科目	收入	支出	余额
月	日	种类	编号					
12	19			承前页				200 000

2.将“银行存款日记账”与“银行对账单”进行核对，编制银行存款余额调节表。

银行存款余额调节表

20××年 12 月 31 日　　　　单位:元

项目	金额	项目	金额

(二)练习财产清查结果的处理

某企业 20××年 4 月份进行财产清查，发生下列业务：

1.发现账外机床一台，重置完全价值为 5 000 元，估计折旧 2 000 元。

2.发现 A 材料盘盈 1 000 元。

3.发现 B 材料盘亏 800 元，其中定额内损耗 300 元，收发计量差错为 100 元，属保管人员责任造成的损失 400 元。

4.盘亏车床一台，账面原值 13 500 元，已提折旧 1 500 元。

5.自然灾害造成甲产品毁损 10 000 元。

上述财产清查结果，经查明原因上级批准作如下处理：

6.盘盈 A 材料冲减管理费用。

7.B 材料定额内损耗和收发计量差错造成的均列入管理费用,保管人员责任部分责成其赔偿(确定非正常损失 B 材料应负担增值税进项税额 52 元,由保管员赔偿)。

8.自然灾害造成的甲产品毁损 10 000 元,同时应负担增值税进项税额 520 元,共计 10 520 元,其中向保险公司索赔 6 000 元,其余 4 520 元作为营业外支出。

9.转销固定资产盘盈盘亏(设所得税率为 25%,并按净利润的 10%计提法定盈余公积)。

【要求】

根据上述资料,分别编制会计分录。

第9章　账务处理程序

【学习目标】

通过本章的学习,理解合理建立账务处理程序的意义和基本要求,熟悉各种账务处理程序凭证账簿的设置、处理程序,掌握各种账务处理程序的特点、优缺点及适用范围。

【重点难点提示】

本章的重点是记账凭证处理程序、科目汇总表处理程序等企业经常使用的重点处理程序的操作流程。难点在于理解和把握各种账务处理程序的区别和联系。

9.1　账务处理程序的意义和种类

9.1.1　账务处理程序的意义

1)账务处理程序的基本概念

由以上各章内容可以看出,为了全面、连续、系统、综合地反映和监督会计主体在某个会计期间的经济活动,必须综合运用设置会计科目和账户、复式记账、填制和审核凭证、登记账簿、成本计算、财产清查和编制会计报表等一系列会计方法。任何会计主体在其持续经营的各个会计期间,都要重复地运用上述各种相互联系的会计核算方法,对经济信息进行加工整理,使之成为有用的会计信息。

所谓账务处理程序(Accounts Processing),也称会计核算形式,或会计处理程序,它是指在会计循环中,会计主体采用的会计凭证、会计账簿、会计报表的种类和格式与记账程序有机结合的方法和步骤。

(1)会计循环

会计循环(Accounting Cycle)是指一个会计主体在一定的会计期间内,从经济业务发生取得或填制会计凭证起,到登记账簿,直至编制会计报表的一系列处理程序。它是按照划分的会计期间,周而复始进行的会计核算工作的内容。会计循环过程中的内容可概括为:①根据审核无误的原始凭证填制记账凭证,按照复式记账法为经济业务编制会计分录;②根据记账凭证登记有关账簿,包括日记账、明细分类账和总分类账;③会计期末,根据分类账的记录,按照权责发生制的要求,进行账项调整;④对账结账,根据全部账户数据资料,编制试算平衡表进行试算平衡;⑤根据总分类账和明细分类账记录,编制会计报表,包括资产负债表和利润表等。会计循环正是通过各种会计凭证的填制、各种账簿的登记和各种会计报表的编制在持续经营的会计主体的每一个会计期间周而复始地不断进行的。

(2)记账程序

记账程序(Bookkeeping Procedure)是指企业在会计循环中,利用不同种类和格式的会计凭证、会计账簿和会计报表对发生的经济业务进行记录和反映的具体步骤。

会计凭证、会计账簿和会计报表是用以记录和储存会计信息的重要载体。在会计实务中所使用的会计凭证(特别是其中的记账凭证)、会计账簿和会计报表种类繁多,格式也各不相同。一个特定的会计主体应当根据选定的业务处理程序和方法,选择一定种类和格式的会计凭证、会计账簿和会计报表。这就决定了不同的会计主体所采用的会计凭证、会计账簿和会计报表的种类及格式也有所不同。因而,对其所发生的经济业务如何进行具体处理,特别是如何在有关的总分类账中进行登记,有着不同的处理程序和方法。这个程序在不同的会计主体是采用不同的组织方法来完成的。

2)账务处理程序的意义

会计核算组织程序是否科学合理,会对整个会计核算工作产生诸多方面的影响。确定科学合理的账务处理程序,对于保证能够准确、及时提供系统而完整的会计信息,具有十分重要的意义,也是会计机构和会计人员的一项重要工作。

(1)有利于规范会计核算组织工作

会计核算工作是需要会计机构和会计人员之间的密切配合,有了科学合理的会计核算组织程序,会计机构和会计人员在进行会计核算的过程中就能够做到有序可循,按照不同的责任分工,有条不紊地处理好各个环节上的会计核算工作内容。

(2)有利于保证会计核算工作质量

在进行会计核算的过程中,保证会计核算工作的质量是对会计工作的基本要求。建立起科学合理的账务处理程序,形成加工和整理会计信息的正常机制,是提高会计核算工作质量的重要保障。

(3)有利于提高会计核算工作效率

会计核算工作效率的高低,直接关系到提供会计信息的及时性和相关性。按照既定的账务处理程序进行会计信息的处理,将会大大提高会计核算工作效率,保证会计信息整理、加工和对外报告的顺利进行。

(4)有利于降低会计核算工作成本

组织会计核算的过程也是对人力、物力和财力的消耗过程,因此,要求会计核算本身也要讲求经济效益,根据"效益大于成本"原则设计会计核算组织程序。会计核算组织程序安排得科学合理,选用的会计凭证、会计账簿和会计报表种类适当,格式适用,数量适中,在一定程度上也能够降低会计核算工作的成本,节约会计核算方面的支出。

(5)有利于发挥会计核算工作的作用

会计核算工作的重要作用是对会计主体发生的交易和事项进行记录,并保证记录的正确性、完整性和合理性,这种作用是通过会计核算和监督职能的发挥而体现出来的。在建立规范会计核算组织程序的基础上,保证了会计核算工作质量,提高了会计核算工作效率,就能够在经营管理等方面更好地发挥会计核算工作的作用。

9.1.2　设计账务处理程序的原则

1)应从本会计主体的实际情况出发

应充分考虑本会计主体经济活动的性质、经济管理的特点、规模的大小、经济业务的繁简以及会计机构和会计人员的设置等因素,使会计核算组织程序与本单位会计核算工作的需要相适应。一般而言,在经济活动内容比较庞杂、规模比较大、经济业务繁多的单位,其会计核算组织程序相对也比较复杂;反之,则比较简单。

2)应以保证会计核算质量为立足点

确定会计核算组织程序的目的是要保证能够准确、及时和完整地提供系统而完备的会计信息,以满足会计信息的使用者作出经济决策的需要。因而,账务处理程序应以保证会计信息质量为根本立足点。

3)应力求降低会计核算成本

在满足会计核算工作需要,保证会计核算工作质量,提高会计核算工作效率的前提下,力求简化会计核算手续,节省会计核算时间,降低会计核算成本。

4)应有利于建立会计工作岗位责任制

设计会计核算组织形式,要有利于会计部门和会计人员的分工与合作,有利于明确各会计人员工作岗位的职责,同时,又应有利于不同程序之间的相互牵制。

9.1.3　账务处理程序的种类

新中国成立以来,我国曾出现过许多种不同的账务处理程序。经过多年的实践、总结和发展,目前,比较普遍采用的有以下四种:记账凭证账务处理程序、科目汇总表账务处理程序、汇总记账凭证账务处理程序和日记总账账务处理程序。

除此之外,还有少数单位采用多栏式日记账等账务处理程序,这些会计核算的程序虽然各有特点,但总的来说,可以归为两类:一类是直接登记;另一类是汇总登记。

所谓直接登记,就是根据记账凭证直接登记总账。这一类是会计核算的基础。由于此类账务处理程序是直接根据记账凭证登记总账,因而,其优点是手续比较简便,但在经济业务比较频繁的企业,编制记账凭证和登记总账的工作量大,所以此种账务处理程序只适用于小型企业、事业、机关等单位。属于此类的有记账凭证账务处理程序、日记总账账务处理程序。

所谓汇总登记,就是根据记账凭证,汇总编制汇总记账凭证,然后登记总账。这一类是在直接登记类的基础上发展演变出来的。其优点是简化了记账工作,其缺点是手续比较复杂。所以此类账务处理程序主要适用于业务量大且复杂的大中型企业。属于此类的有汇总记账凭证账务处理程序、科目汇总表账务处理程序和多栏式日记账账务处理程序等几种。

账务处理程序的种类如图 9-1 所示。

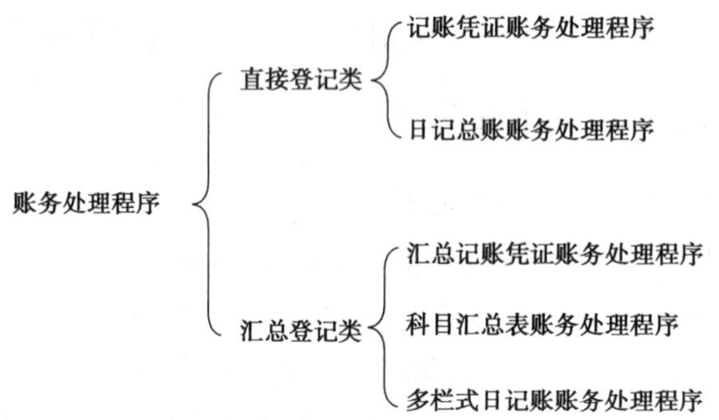

图 9-1　账务处理程序种类

各种不同的账务处理程序之间,既有其相联系的共同之处,又有其相区别的不同之处。共同之处就是每种账务处理程序都必须以经济业务为依据,顺次经由原始凭证——记账凭证——登记各种账簿——编制会计报表;不同之处在于登记总账的依据和方法不同。

以下几节对几种主要处理程序分别予以介绍。

9.2　记账凭证账务处理程序

9.2.1　记账凭证账务处理程序的特点

记账凭证账务处理程序,是一种通用的账务处理程序,也是各种账务处理程序中最基本的形式。其他各种处理程序都是在这种账务处理程序的基础上演变而来的。记账凭证账务处理程序,就是直接根据记账凭证逐笔登记总分类账的程序。这种账务处理程序的显著特点是根据记账凭证直接逐笔登记总账,所以把这种账务处理程序称为记账凭证账务处理程序。

9.2.2　记账凭证账务处理程序下记账凭证与账簿的设置

①在这种账务处理程序下,记账凭证一般采用通用记账凭证,也可以采用收款凭证、付款凭证和转账凭证三种格式的专用凭证。

②在这种账务处理程序下,设置的账簿一般有现金日记账、银行存款日记账、总分类账和各种明细分类账。

③账簿的格式如下:现金日记账和银行存款日记账一般都采用三栏式,总分类账也

采用三栏式并按每一个账户开设账页,明细分类账则根据其所反映的内容分别采用三栏式、数量金额式、多栏式等。

9.2.3　记账凭证账务处理程序的一般处理步骤

记账凭证账务处理程序的一般处理步骤如下:①根据原始凭证或原始凭证汇总表分别填制记账凭证;②根据收款凭证、付款凭证登记库存现金和银行存款日记账;③根据原始凭证、汇总原始凭证和记账凭证登记各种明细账;④根据记账凭证逐笔登记总分类账;⑤期末,根据对账的要求,将现金日记账、银行存款日记账的余额及各种明细分类账的余额合计数,分别与总分类账中有关账户的余额核对相符;⑥期末,根据核对无误的总分类账和各种明细分类账的记录编制会计报表。

记账凭证账务处理程序的一般处理步骤如图9-2所示。

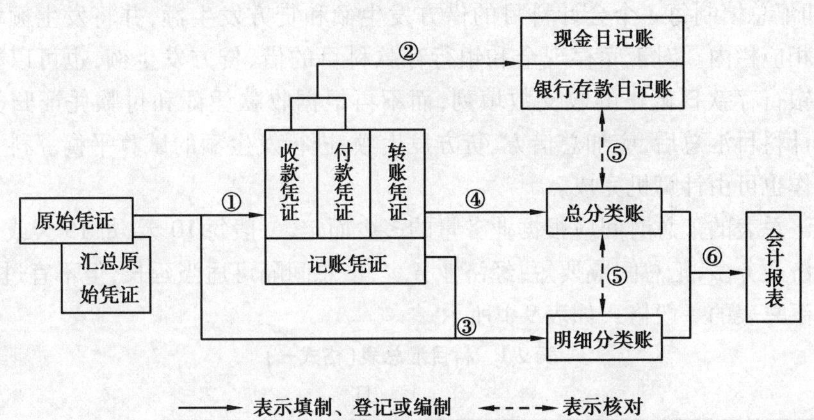

图9-2　记账凭证账务处理程序的一般处理步骤

9.2.4　记账凭证账务处理程序的优缺点和适用范围

记账凭证账务处理程序的主要优点:①由于根据记账凭证直接登记总账,所以这种账务处理程序简单明了,易于理解;②总分类账是根据记账凭证逐笔登记,因而总分类账可以较详细地反映经济业务的内容,便于了解经济业务活动的动态。它的不足之处是登记总分类账的工作量较大。因此,它一般只适用于规模较小、经济业务量较少的单位。

9.3　科目汇总表账务处理程序

9.3.1　科目汇总表账务处理程序的特点

科目汇总表账务处理程序是指对发生的经济业务根据原始凭证或原始凭证汇总表编制记账凭证,再将记账凭证定期汇总编制科目汇总表,并据以登记总分类账的一种账务处理程序。其特点首先是定期将记账凭证汇总编制科目汇总表,然后再根据科目汇总表登记总账。

9.3.2 科目汇总表账务处理程序下记账凭证和账簿的设置

采用这种账务处理程序，与记账凭证账务处理程序相同：①设置收款凭证、付款凭证、转账凭证或通用记账凭证；②设置现金日记账、银行存款日记账，一般采用三栏式；设置总分类账，按每一总账科目设置账页，采用三栏式；设置各种明细分类账，根据需要可采用三栏式、数量金额式或多栏式。

同记账凭证账务处理程序不同的是，该程序应另设置科目汇总表。

9.3.3 科目汇总表的编制方法

科目汇总表的编制方法：根据收款凭证、付款凭证、转账凭证，按照相同的会计科目归类，定期汇总填制每一个会计科目的借方发生额和贷方发生额，并将发生额填入科目汇总表的相应栏内。对于库存现金和银行存款科目的借、贷方发生额，也可以根据现金日记账和银行存款日记账的收支数填列，而不再根据收款凭证和付款凭证归类汇总填列。按会计科目汇总后，应加总借方、贷方发生额，进行发生额的试算平衡。科目汇总表的编制工作也可由计算机完成。

科目汇总表的汇总时间应根据业务量的多少而定，一般每10天、每15天或每月汇总一次。经济业务多，汇总间隔要短；经济业务少，汇总间隔可适当延长，但不宜过长。

科目汇总表的一般格式如表9-1所示。

表9-1 科目汇总表(格式一)

年 月 日　　　　　　　　　　第 号

会计科目	记账凭证起讫号数	本期发生额		总账页数
		借方	贷方	
合 计				

表9-1是每汇总一次就编制一张汇总表的格式。在编制过程中，也可以每旬汇总一次，每月编制一张科目汇总表。其格式如表9-2所示。

表 9-2　科目汇总表(格式二)

年　月　日　　　　　　　　　第　号

会计科目	1—10 日		11—20 日		21—30 日		合　计		总账页数
	借方	贷方	借方	贷方	借方	贷方	借方	贷方	
合　计									

9.3.4　科目汇总表账务处理程序的一般处理步骤

科目汇总表账务处理程序的一般处理步骤如下:①根据原始凭证和汇总原始凭证编制记账凭证;②根据收款凭证和付款凭证逐笔登记现金日记账和银行存款日记账;③根据原始凭证、汇总原始凭证和记账凭证登记各种明细分类账;④根据一定时期内的全部记账凭证编制科目汇总表;⑤根据科目汇总表登记总分类账;⑥期末,将现金日记账、银行存款日记账的余额及各种明细分类账的余额合计数,分别与总分类账中有关账户的余额核对相符;⑦期末,根据核对无误的总分类账和各种明细分类账的记录编制会计报表。

科目汇总表账务处理程序的一般处理步骤如图 9-3 所示。

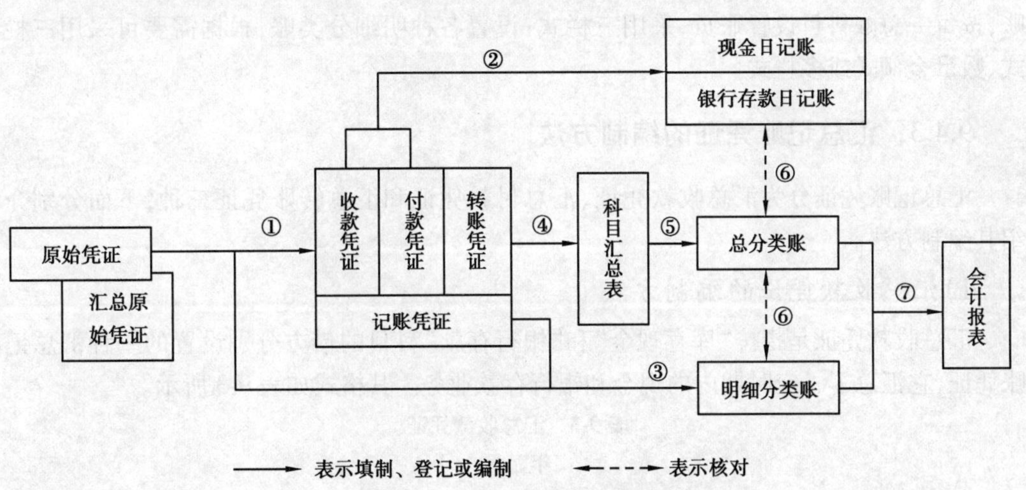

图 9-3　科目汇总表账务处理程序的一般处理步骤

9.3.5　科目汇总表账务处理程序的优缺点和适用范围

科目汇总表账务处理程序与记账凭证账务处理程序相比,较突出的优点:①根据科目汇总表登记总分类账,大大简化了登记总账的工作量。②通过科目汇总表的编制,可以根据各科目本期借、贷方发生额的合计数进行试算平衡,及时发现填制凭证和汇总过程中的错误,从而保证记账工作的质量。③科目汇总表的编制和使用比较简便。其不足之处在于科目汇总表是按总账科目汇总编制的,只能作为登记总账和试算平衡的依据,而不能反映账户的对应关系,不便于分析经济业务的来龙去脉,不便于查对账目。这种账务处理程序应用范围比较广,一般规模较大、经济业务较多的单位都可以采用。

9.4 汇总记账凭证账务处理程序

9.4.1 汇总记账凭证账务处理程序的特点

汇总记账凭证账务处理程序,是对发生的经济业务,根据原始凭证或原始凭证汇总表编制记账凭证,然后根据记账凭证编制汇总记账凭证,再根据汇总记账凭证登记总分类账的一种账务处理程序。这种账务处理程序的显著特点是定期将记账凭证汇总编制成汇总记账凭证,然后再根据汇总记账凭证登记总分类账。

9.4.2 汇总记账凭证账务处理程序下的记账凭证和账簿的设置

在汇总记账凭证账务处理程序下,除设置收款凭证、付款凭证和转账凭证外,还应设置汇总收款凭证、汇总付款凭证、汇总转账凭证,作为登记总分类账的依据。与前两种账务处理程序相同,设置库现金日记账和银行存款日记账,一般采用三栏式;设置总分类账,按每一总账科目设置账页,采用三栏式;设置各种明细分类账,根据需要可采用三栏式、数量金额式或多栏式。

9.4.3 汇总记账凭证的编制方法

汇总记账凭证分为汇总收款凭证、汇总付款凭证和汇总转账凭证三种,下面分别介绍其编制方法。

1)汇总收款凭证的编制方法

汇总收款凭证是指按“库存现金”和“银行存款”科目的借方分别设置的一种汇总记账凭证,它汇总了一定时期内的现金和银行存款业务。其格式如表9-3所示。

表9-3 汇总收款凭证

年 月

借方科目:库存现金(或银行存款)

<table>
<tr><th rowspan="2">贷方科目</th><th colspan="4">金 额</th><th colspan="2">总账页数</th></tr>
<tr><th>1—10日凭证
第 号至第 号</th><th>11—20日凭证
第 号至第 号</th><th>21—30日凭证
第 号至第 号</th><th>合计</th><th>借方</th><th>贷方</th></tr>
<tr><td></td><td></td><td></td><td></td><td></td><td></td><td></td></tr>
<tr><td>合 计</td><td></td><td></td><td></td><td></td><td></td><td></td></tr>
</table>

汇总收款凭证的编制方法是将需要汇总的收款凭证,按其对应的贷方科目进行归类,计算出每一个贷方科目发生额总计数,填入汇总收款凭证中。一般可 5 天或 10 天汇总一次,每月编制一次。月末计算出每个贷方科目发生额合计数,据以登记总分类账。

2)汇总付款凭证的编制方法

汇总付款凭证是指按“库存现金”和“银行存款”科目的贷方分别设置的一种记账凭证,它汇总了一定时期内库存现金和银行存款的付款业务。其格式如表 9-4 所示。

表 9-4　汇总付款凭证

年　月

贷方科目:库存现金(或银行存款)

贷方科目	金　额				总账页数	
	1—10 日凭证 第　号至第　号	11—20 日凭证 第　号至第　号	21—30 日凭证 第　号至第　号	合计	借方	贷方
合　计						

汇总付款凭证的编制方法是将需要汇总的付款凭证按其对应的借方科目进行归类,计算出每一个借方科目的发生额总计数,填入汇总付款凭证中。一般可按 5 天或 10 天汇总一次,每月编制一张。月末计算出每个借方科目发生额合计数,据以登记总分类账。

3)汇总转账凭证的编制方法

汇总转账凭证是指按每一贷方科目分别设置的,用来汇总一定时期内转账业务的一种汇总记账凭证。其格式如表 9-5 所示。

表 9-5　汇总转账凭证

年　月

贷方科目:

贷方科目	金　额				总账页数	
	1—10 日凭证 第　号至第　号	11—20 日凭证 第　号至第　号	21—30 日凭证 第　号至第　号	合计	借方	贷方
合　计						

汇总转账凭证的编制方法是将需要汇总的转账凭证按其对应的借方科目进行归类，计算出每一借方科目发生额总计数，填入汇总转账凭证。一般可以 5 天或 10 天汇总一次，每月编制一张。月末时计算出每个借方科目发生额合计数，据以登记总分类账。为了便于编制汇总转账凭证，所有转账凭证中科目的对应关系应该是一个贷方科目同一个或几个借方科目相对应。如果在月份内某一贷方科目的转账凭证为数不多时，也可不编汇总转账凭证，直接根据转账凭证记入总分类账。

根据汇总记账凭证登记总分类账的方法是月末时，将汇总收款凭证的合计数，记入总分类账户中“库存现金”或“银行存款”科目借方，以及有关科目的贷方；根据汇总付款凭证的合计数，记入总分类账户“库存现金”或“银行存款”科目的贷方，以及有关科目的借方；根据汇总转账凭证的合计数，记入总分类账户中有关账户的借方和贷方。

9.4.4 汇总记账凭证账务处理程序的一般处理步骤

汇总记账凭证账务处理程序的一般处理步骤如下：①根据原始凭证或原始凭证汇总表编制收款凭证、付款凭证和转账凭证；②根据收款凭证和付款凭证，登记现金日记账和银行存款日记账；③根据收款凭证、付款凭证和转账凭证并参考原始凭证，登记明细分类账；④根据收款凭证、付款凭证和转账凭证分别编制汇总收款凭证、汇总付款凭证和汇总转账凭证；⑤根据汇总收款凭证、汇总付款凭证、汇总转账凭证登记总分类账；⑥总分类账与明细分类账（包括日记账）定期进行核对；⑦根据总分类账和明细分类账编制会计报表。

汇总记账凭证账务处理程序的一般处理步骤如图 9-4 所示。

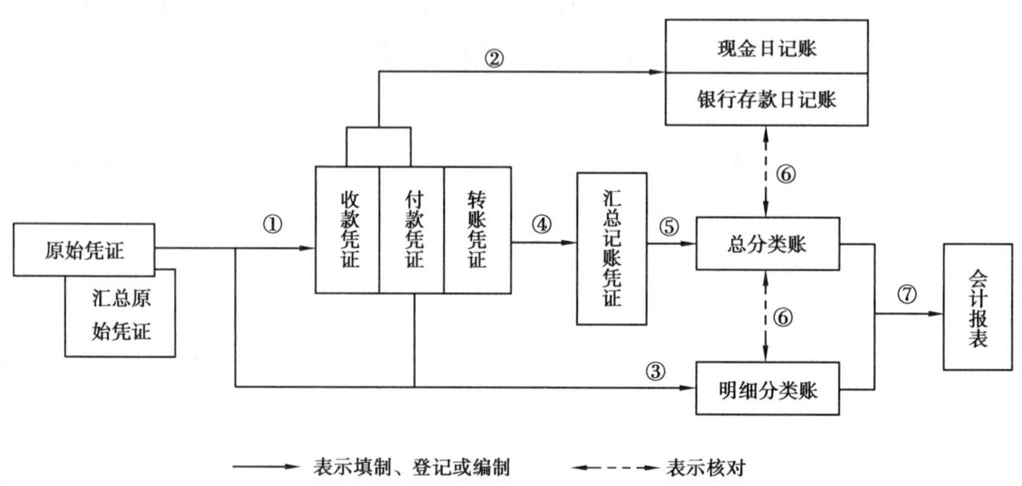

图 9-4 汇总记账凭证账务处理程序的一般处理步骤

9.4.5 汇总记账凭证账务处理程序的优缺点和适用范围

汇总记账凭证是根据记账凭证，按照科目对应关系进行归类、汇总编制的，因而便于了解有关科目之间的相互关系,克服了科目汇总表账务处理程序所存在的缺点。同时,由于总分类账是根据汇总记账凭证于月末时一次登记入账,这就克服了在记账凭证账务处理程序下,记账凭证逐笔登记总账的缺点,大大简化了总账登记工作。但是,在这种账务处理程序下,汇总转账凭证是按每一贷方科目而不是按经济业务性质归类、汇总的,不利于日常核算工作的合理分工。同时,编制汇总记账凭证工作量也较大。因此这种账务处理程序适用于规模较大、业务量较多的企业。如果一个企业的业务量较少,同一贷方科目的转账凭证不多,据以编制汇总转账凭证,不但起不到减少工作量的作用,反而会增加凭证汇总手续。因此,业务量较少的小型企业不适合采用这种程序。

9.5　日记总账账务处理程序

9.5.1　日记总账账务处理程序的特点

日记总账账务处理程序,是指对发生的经济业务都要根据原始凭证或原始凭证汇总表编制记账凭证,再根据记账凭证登记日记总账的一种账务处理程序。这种账务处理程序的显著特点是设置日记总账,根据记账凭证逐笔登记日记总账。

9.5.2　日记总账账务处理程序下记账凭证和账簿的设置

在日记总账账务处理程序下,除了日记总账外,都与上述三种账务处理程序相同。设置的记账凭证有收款凭证、付款凭证和转账凭证。设置的账簿有现金和银行存款日记账,一般采用三栏式;设置日记总账(格式如表 9-6 所示);设置各种明细账,根据需要可采用三栏式、数量金额式或多栏式。

日记总账账页分为左右两部分,左方设置日期、记账凭证号数、摘要及发生额四栏,是用来序时核算的日记账部分;右方按科目分设借方和贷方栏,是用来进行总分类核算的总账部分。登记日记总账时,每一笔经济业务的借方发生额和贷方发生额,应该在同一行有关科目的借方栏和贷方栏分别登记,并将发生额记入"发生额"栏目内。对于转账业务,应根据转账凭证,逐日逐笔登记;对于收付款业务,可以根据收款凭证和付款凭证逐日汇总登记,也可以在月末时,根据多栏式的库存现金和银行存款日记账汇总登记。每月登记完毕后,应结算出各栏合计数,计算各科目月末借方或贷方余额,并进行账簿记录的核对工作,以确保账簿记录正确无误。主要核对"发生额"栏的本月合计数与全部科目的借方发生额或贷方发生额的合计数是否相等;各科目的借方余额合计数与贷方余额合计数是否相等。

表 9-6　日记总账

20××年		记账凭证号数	摘　要	发生额	库存现金		银行存款		原材料		生产成本		主营业务收入	
月	日				借方	贷方	借方	贷方	借方	贷方	借方	贷方	借方	贷方
1	1		期初余额		10 500		150 000		30 000					
	2	银收 0121	销售产品取得收入	40 000			40 000							40 000
	25	银收 0115	现金存入银行	10 000		10 000	10 000							
	26	银收 0136	生产领用材料	20 000						20 000	20 000			
		本期发生额		70 000		10 000	50 000			20 000	20 000			40 000
			期末余额		500		65 000		10 000		20 000			40 000

9.5.3　日记总账账务处理程序的一般处理步骤

日记总账账务处理程序的一般步骤如下:①根据原始凭证和汇总原始凭证编制收款凭证、付款凭证和转账凭证;②根据收款凭证和付款凭证登记库存现金日记账和银行存款日记账;③根据原始凭证、汇总原始凭证和记账凭证登记各种明细分类账;④根据收款凭证、付款凭证和转账凭证逐日、逐笔登记总分类账;⑤月末,将库存现金日记账、银行存款日记账的余额及各种明细分类账的余额合计数,分别与总分类账中有关科目的余额核对相符;⑥月末,根据核对无误的总分类账和各种明细分类账的记录编制会计报表。

日记总账账务处理程序的一般处理步骤如图 9-5 所示。

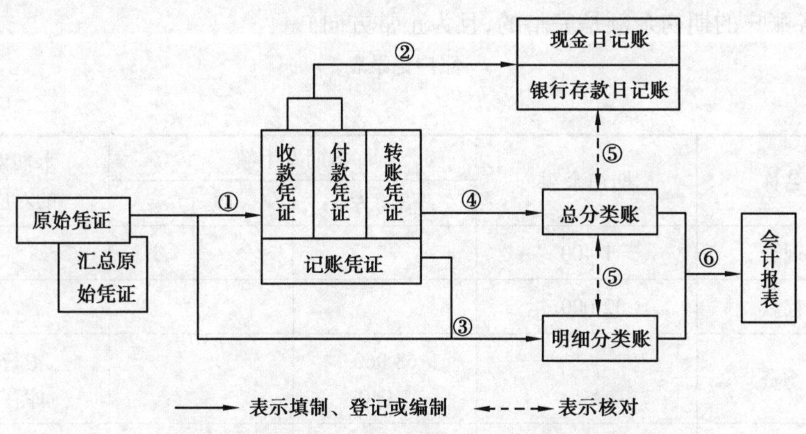

图 9-5　日记总账账务处理程序的一般处理步骤

9.5.4　日记总账账务处理程序的优缺点和适用范围

日记总账账务处理程序的主要优点:①账簿组织简单。这是由于将企业一定时期内经济活动的情况全面反映在一张账页上,既反映序时账的结果,又反映分类账的结果。②记账手续简化。可以通过日记总账直接为编制会计报表提供资料。③核算资料一目了然。直接从账面上可以反映出各个账户之间的对应关系,便于了解企业经济业务活动的来龙去脉。

主要缺点:①不便于分工记账。由于全部会计科目都集中在一张账页上,发生的经济业务是按记账凭证逐日逐笔登记,因而不便于会计人员的分工。②在运用科目多的情况下,总分类账的账页过长,不便于记账和查阅。

由于日记总账账务处理程序存在上述缺点,因而只适用于企业规模较小、业务量不多、使用会计科目较少的单位。

【本章小结】

本章阐述了账务处理程序的概念、意义及设置会计核算程序的原则,重点阐述了记账凭证账务处理程序、科目汇总表账务处理程序、汇总记账凭证账务处理程序、日记总账账务处理程序的特点,以及这些不同账务处理程序的一般程序和优缺点及适用范围。

【重要概念】

账务处理程序　会计循环　记账程序　记账凭证处理程序　科目汇总表处理程序　汇总记账凭证处理程序　日记总账

【案例分析】

利和股份公司下属的某分公司20××年4月底因意外事故造成部分账册损坏,包括“应交税费”账簿、“主营业务成本”账簿等,很多资料无法取得。为了确定这些丢失的数据,会计人员根据尚存的账簿记录进行整理,提供了如下表的有关账户记录(假如不考虑增值税,各账户的期初余额是完整的,且为正常方向)。

账户记录表

单位:元

账户名称	期初余额	本期发生额		本期发生额的对应账户
		借　方	贷　方	
库存现金	1 400			
银行存款	32 000			
在途物资		68 960 1 040		银行存款 库存现金
原材料	9 800	70 000		在途物资
生产成本	42 000	40 000		原材料
制造费用		6 000		原材料
库存商品	20 000	80 000		生产成本
固定资产	1 800 000			
累计折旧	180 000			
应付职工薪酬	5 200	20 000		库存现金
实收资本	1 680 000			
主营业务收入			116 000	银行存款
销售费用		1 840		银行存款
管理费用		1 200		原材料
本年利润	40 000			

其他相关资料如下:

1.银行存款日记账4月30日的余额为57 200元。

2.公司本月工资总额的70%为生产工人工资,10%为其他生产人员工资,20%为行政管理人员工资,提取福利费的比例为本月工资总额的14%。

3.本月固定资产没有增减变化,生产部门固定资产原价1 600 000元,年折旧率为6%;行政管理部门固定资产原价200 000元,年折旧率为4.8%。

4.产品销售税率5%。

5.本月利润总额15 000元,所得税税率25%。

案例要求:

请帮助该公司会计确定各有关账户的相应发生额和余额。

案例提示:

根据题意,可对有关账户的发生额和余额计算如下:

"库存现金"账户的借方发生额为20 000元(提取现金发放工资),贷方发生额为21 040元(其中1 040元为购入材料),期末余额为360元(1 400+20 000-21 040)。

"银行存款"账户的借方发生额为116 000元(销售产品收款),贷方发生额为90 800元(其中购入材料68 960元,支付销售费用1 840元,提取现金20 000元),期末余额为57 200元(32 000+116 000-90 800)。

"在途物资"账户贷方发生额为70 000元,无余额。

"原材料"账户的贷方发生额为47 200元(产品领用40 000元、车间一般消耗6 000元、行政管理部门耗用1 200元),期末余额为32 600元(9 800+70 000-47 200)。

"生产成本"账户的借方发生额为72 240元[其中原材料40 000元,人工费20 000×70%+14 000×14%=15 960(元),制造费用16 280元],贷方发生额为80 000元(完工入库),期末余额为34 240元(42 000+72 240-80 000)。

"制造费用"账户的借方发生额为16 280元(其中原材料6 000元,人工费2 280元,折旧费8 000元),贷方发生额等于借方发生额,无余额。

"累计折旧"账户的贷方发生额为8 800元(1 600 000×0.5%+200 000×0.4%),期末余额为188 800元(180 000+8 800)。

"应付职工薪酬"账户的贷方发生额为22 800元,期末余额为8 000元(5 200+22 800-20 000)。

"主营业务收入"账户的借方发生额为116 000元,无余额。

"销售费用"账户的贷方发生额为1 840元,无余额。

"管理费用"账户的借方发生额为6 560元(消耗材料1 200元,人工费4 560元,折旧费800元),贷方发生额为6 560元,无余额。

"税金及附加"账户的借方、贷方发生额均为5 800元(116 000×5%),无余额。

由于已知利润总额为15 000元,据此可以推定"主营业务成本"账户的借方发生额为86 800元(116 000-6 560-1 840-5 800-15 000),无余额。

"库存商品"账户的贷方发生额为86 800元(根据"主营业务成本"账户确定),期末余额为13 200元(20 000+80 000-86 800)。

"所得税费用"账户的借方发生额为3 750元(15 000×25%),无余额。

“应交税费”账户的贷方发生额为 9 550 元(3 750+5 800),期末余额为 9 550 元。

“本年利润”账户的借方发生额为 104 750 元,贷方发生额为 116 000 元,期末余额为 51 250 元(40 000+116 000−104 750)。

【同步测练】

一、单项选择题

1.下列不属于科目汇总表账务处理程序优点的是(　　)。

A.科目汇总表的编制和使用较为简便,易学易做

B.可以清晰地反映科目之间的对应关系

C.可以大大减少登记总分类账的工作量

D.科目汇总表可以起到试算平衡的作用,保证总账登记的正确性

2.各种账务处理程序之间的根本区别在于(　　)。

A.总账的格式不同　　B.编制会计报表的依据不同

C.登记总账的程序和方法不同　　D.会计凭证的种类不同

3.在科目汇总表账务处理程序下,一般应采用(　　)记账凭证。

A.一借多贷　　B.多借多贷　　C.一贷一借　　D.一贷多借

4.采用科目汇总表账务处理程序,(　　)是其登记总账的直接依据。

A.汇总记账凭证　　B.科目汇总表　　C.记账凭证　　D.原始凭证

5.常见的三种账务处理程序中会计报表是根据(　　)资料编制的。

A.日记账、总账和明细账　　B.日记账和明细分类账

C.明细账和总分类账　　D.日记账和总分类账

6.以下项目中,属于科目汇总表账务处理程序缺点的是(　　)。

A.增加了会计核算的账务处理程序　　B.增加了登记总分类账的工作量

C.不便于检查核对账目　　D.不便于进行试算平衡

7.科目汇总表是依据(　　)编制的。

A.记账凭证　　B.原始凭证　　C.原始凭证汇总表　　D.各种总账

8.下列属于记账凭证账务处理程序优点的是(　　)。

A.总分类账反映经济业务较详细　　B.减轻了登记总分类账的工作量

C.有利于会计核算的日常分工　　D.便于核对账目和进行试算平衡

9.汇总记账凭证是依据(　　)编制的。

A.记账凭证　　B.原始凭证　　C.原始凭证汇总表　　D.各种总账

10.下列属于记账凭证核算程序主要缺点的是(　　)。

A.不能体现账户的对应关系　　B.不便于会计合理分工

C.方法不易掌握　　D.登记总账的工作量较大

二、多项选择题

1.在不同的会计核算组织程序下,登记总账的依据可以有(　　)。

A.记账凭证　　B.汇总记账凭证　　C.科目汇总表　　D.汇总原始凭证

2.账务处理程序也叫会计核算形式,它是指(　　)相结合的方式。

A.会计凭证　B.会计账簿　C.会计报表　D.会计科目

3.关于记账凭证账务处理程序,下列说法正确的是(　　)。

A.根据记账凭证逐笔登记总分类账,是最基本的账务处理程序

B.简单明了,易于理解,总分类账可以较详细地反映经济业务的发生情况

C.登记总分类账的工作量较大

D.适用于规模较大、经济业务量较多的单位

4.以下属于记账凭证账务处理程序优点的有(　　)。

A.简单明了、易于理解

B.总分类账可较详细地记录经济业务发生情况

C.便于进行会计科目的试算平衡

D.减轻了登记总分类账的工作量

5.对于汇总记账凭证账务处理程序,下列说法错误的有(　　)。

A.登记总账的工作量大

B.不能体现账户之间的对应关系

C.明细账与总账无法核对

D.当转账凭证较多时,汇总转账凭证的编制工作量较大

6.各种会计账务处理程序下,登记明细账的依据可能有(　　)。

A.原始凭证　B.汇总原始凭证　C.记账凭证　D.汇总记账凭证

7.下列不属于科目汇总表账务处理程序优点的有(　　)。

A.便于反映各账户间的对应关系　B.便于进行试算平衡

C.便于检查核对账目　D.简化登记总账的工作量

8.下列项目中,属于科学、合理地选择适用于本单位的账务处理程序的意义有(　　)。

A.有利于会计工作程序的规范化　B.有利于增强会计信息的可靠性

C.有利于提高会计信息的质量　D.有利于保证会计信息的及时性

9.在常见的账务处理程序中,共同的账务处理工作有(　　)。

A.均应填制和取得原始凭证　B.均应编制记账凭证

C.均应填制汇总记账凭证　D.均应设置和登记总账

10.在我国,常用的账务处理程序主要有(　　)。

A.记账凭证账务处理程序　B.汇总记账凭证账务处理程序

C.多栏式日记账账务处理程序　D.科目汇总表账务处理程序

三、判断题

1.在记账凭证账务处理程序下,其记账凭证必须采用收款凭证、付款凭证和转账凭证三种格式。(　　)

2.采用记账凭证账务处理程序时,总分类账是根据记账凭证逐笔登记的。(　　)

3.在不同的账务处理程序下,会计报表的编制依据不同。(　　)

4.在不同的账务处理程序中,登记总账的依据相同。(　　)

5.汇总记账凭证账务处理程序既能保持账户的对应关系,又能减轻登记总分类账的工作量。 ( )

6.汇总记账凭证账务处理程序的缺点在于保持账户之间的对应关系。 ( )

7.记账凭证账务处理程序的特点是直接根据记账凭证逐笔登记总分类账,是最基本的账务处理程序。 ( )

8.科目汇总表账务处理程序能科学地反映账户的对应关系,且便于账目核对。 ( )

9.科目汇总表可以每汇总一次编制一张,也可以按旬汇总一次,每月编制一张。 ( )

10.科目汇总表账务处理程序不能反映各科目的对应关系,不便于查对账目,但汇总记账凭证账务处理程序可以克服科目汇总表账务处理程序的这个缺点。 ( )

四、简答题

1.建立科学的会计核算组织程序有何要求?

2.简述账务处理程序的意义。

3.简述记账凭证账务处理程序的特点、优缺点及适用范围。

4.简述科目汇总表账务处理程序的特点、优缺点及适用范围。

5.简述汇总记账凭证账务处理程序的特点、优缺点及适用范围。

6.简述日记总账账务处理程序的特点、优缺点及适用范围。

7.怎样编制科目汇总表?科目汇总表的主要作用是什么?

第 10 章 财务会计报告

【学习目标】

通过本章的学习,了解财务报告的意义和分类,理解资产负债表、利润表及现金流量表中各项目的含义,掌握资产负债表和利润表的结构及编制方法。

【重点难点提示】

本章的重点是掌握资产负债表和利润表的内容、列报要求及编制方法。难点在于理解现金流量表编制的基础、现金流量表的内容及现金流量表列报的要求。

10.1 财务会计报告的意义和内容

10.1.1 财务会计报告的意义

财务会计报告(Financial Reports)是指企业定期提供的反映企业某一特定日期的财务状况和某一会计期间的经营成果、现金流量等会计信息的书面文件。企业的财务会计报告至少应包括资产负债表、利润表、现金流量表及其附注。

企业编制和提供财务会计报告是为了真实、完整地反映企业的财务状况、经营成果和现金流量,为财务会计报告使用者提供经济决策所需的相关信息,因此,财务会计报告的意义主要体现在以下几个方面:

1)为投资者提供企业的财务状况、经营成果以及现金流量情况,便于进行投资决策

投资者是企业的所有者,包括国家、法人、个人、外商等。企业投资者关心投资报酬和投资风险,需要分析企业的财务状况、经营情况以及现金流量情况,以便做出正确的投资决策。财务会计报告可以全面、系统地向投资者提供所需的财务信息。

2)为债权人提供企业偿债能力和支付能力信息

债权人为企业提供短期或长期的,需要按时偿还的资金,主要包括银行、其他金融机

构、债券购买者、供应商等。债权人通过财务会计报告了解企业支付能力和偿债能力情况,方便债权人作出信贷及信用决策。

3)为企业经营管理者提供经营管理信息

财务会计报告为企业经营管理者提供考核、分析、评价的数据资料,有利于经营者加强经营管理,降低企业成本,提高经营效益。

4)为国家行政管理部门提供所需的数据资料

行政管理部门根据企业提供的财务会计报告进行汇总和分析,可以了解各行业、各地区的经济发展情况,并针对存在的问题及时进行宏观调控,优化资源配置。

10.1.2 财务会计报告的内容

1)资产负债表

资产负债表(Balance Sheet)是反映企业某一特定日期的财务状况的财务报表。通过资产负债表,可以了解企业在某一特定日期资产、负债、所有者权益状况,据以分析企业的资源配置和偿债能力。

2)利润表

利润表(Profit Statement)也称损益表,是反映企业在一定会计期间的经营成果的财务报表。通过利润表,可以了解企业在一定期间内的收入和费用状况,据以分析、判断企业的盈利能力和利润来源。

3)现金流量表

现金流量表(Cash Flow Statement)是反映企业在一定会计期间现金和现金等价物流入和流出的财务报表。通过现金流量表,能够发现企业一定期间内现金流入、现金流出情况及其原因,有助于投资者、债权人预测企业未来现金流量,评估企业资产的流动性和偿债能力。

4)所有者权益(或股东权益)变动表

所有者权益(或股东权益)变动表(Statement of Stockholders Equity)是反映构成所有者权益的各组成部分当期的增减变动情况的报表。通过所有者权益(或股东权益)变动表,使报表使用者准确理解企业所有者权益增减变动的根源,把握企业的综合收益。

5)附注

附注(Notions)是为便于财务会计报告使用者理解会计报表的内容而对会计报表的编制基础、编制依据、编制原则和方法及主要项目等所作的解释。单位编制附注的目的是通过对会计报表本身作补充说明,以更加全面、系统地反映单位财务状况、经营成果和现金流量的全貌,从而有助于向使用者提供更为有用的决策信息,帮助他们作出更加科学、合理的决策。

附注至少应当包括下列内容:①企业的基本情况。企业的基本情况主要包括企业注册地、组织形式和总部地址;企业的业务性质和主要经营活动;母公司以及集团最终母公司的名称;财务会计报告的批准报出者和财务会计报告的批准报出日。②财务会计报告的编制基础。③遵循企业会计准则的声明。④重要会计政策和会计估计。⑤会计政策和会计估计变更以及前期差错更正的说明。⑥报表重要项目的说明。⑦或有事项。⑧资产负债表日后事项。⑨关联方关系及其交易。

10.1.3　财务报表的种类

不同性质的单位,由于会计核算的内容和管理的要求不尽相同,所编制的财务报表的种类也不一样。就企业而言,其所编制的财务报表可以按不同的标志划分为不同的类别。

1)按反映的经济内容分类

按照财务报表所反映的经济内容不同,可分为反映财务状况的报表、反映经营成果的报表、反映现金流量的报表和反映费用成本的报表。反映财务状况的报表,如资产负债表;反映经营成果的报表,如利润表;反映现金流量的报表,如现金流量表;反映费用成本的报表,如期间费用明细表、制造费用明细表、产品生产成本表等。

2)按资金运动形态分类

按照财务报表反映的资金运动形态,可以分为静态报表和动态报表。静态报表是指反映企业在某一日期终了时资金运动变化处于相对静止状态的报表,如资产负债表;动态报表是反映企业在一时期内资金运动变化状况的报表,如利润表和现金流量表。

3)按服务对象分类

按照财务报表的服务对象,可以分为内部报表和外部报表。内部报表是指为适应企业内部经营管理需要而编制的不对外公开的财务报表,如反映费用成本的报表;外部报表是指企业向外提供的,供投资者、债权人、政府部门等使用的财务报表,如前所述的资产负债表、利润表、现金流量表、所有者权益变动表和附注等。企业对内报送的报表的种类、格式、内容及编制方法是根据企业内部管理的需要,由企业自行规定、自行设计的。企业对外报送的财务报表的种类、具体格式和编制方法均应遵循国家统一会计制度的规定,任何单位都不得随意增减。

4)按编报时间分类

按照财务报表的编报时间,可以分为月报、季报、半年报和年报。月报、季报是指月度和季度终了提供的财务会计报告。半年报是指在每个年度的前6个月结束后对外提供的财务会计报告。年报是指年度终了对外提供的财务会计报告。在这四种报表中,半年报和年报要求揭示完整、反映全面;月报要求简明扼要、及时反映;季报则在会计信息的详细程度方面,介于月报和年报之间。

5)按编制单位分类

按照财务报表的编制单位,可以分为个别报表、合并报表和汇总报表。个别报表是指某一会计主体在自身会计核算的基础上,根据账簿资料编制的财务报表;合并财务报表是由母公司编制的,一般包括控股子公司(包括境外公司)财务报表的有关数字;汇总财务报表是指由企业主管部门或上级机关根据所属单位上报的财务报表和汇总单位本身的财务报表汇总编制的综合性财务报表。

6)按行业性质分类

财务报表格式和附注分别由一般企业、商业银行、保险公司、证券公司等企业类型予以规定。企业应当根据其经营活动的性质,确定本企业适用的财务报表格式和附注。本章将以一般企业财务报表进行列示和说明。

10.1.4 财务会计报告的编制要求

1)真实可靠

企业应当根据真实的交易、事项以及完整、准确的账簿记录等资料,并按照国家统一会计制度规定的编制基础、编制依据、编制原则和方法编制财务会计报告,做到数字真实、计算准确,如实反映企业的财务状况、经营成果及现金流量。

企业不得违反《会计法》《企业财务会计报告条例》和国家统一的会计制度及准则的规定,随意改变财务会计报告的编制基础、编制依据、编制原则和方法。任何组织或者个人不得授意、指使、强令企业违反条例和国家统一的会计制度规定,改变财务会计报告的编制基础、编制依据、编制原则和方法。

2)全面完整

财务会计报告应能够全面反映企业的财务状况和经营成果,使会计信息使用者不至于产生误解和偏见。企业应该按规定的报表种类、格式和项目来编制,不得漏编和漏报,更不得有意隐瞒,力求保证相关信息全面、完整,充分披露。对于会计法规、制度要求提供的财务报表,应该全部编制、报送。对于相关规定要求填报的指标和项目,也不得漏填、漏列,更不能随意取舍。

3)编报及时

财务会计报告的编制应当及时、客观,以保证会计信息具有及时性和可靠性,以准确、有效地满足使用者获得有用信息以及决策的需要。会计部门应当合理地组织日常的会计核算工作,并加强与企业内部其他相关部门的协作,使日常核算工作均衡有序地进行,以保证财务会计报告及时报送,既不能延迟,也不能为赶编报告而提前结账。通常,月度财务会计报告应于月份终了后 6 天内报出;季度财务会计报告应于季度终了后 15 天内报出;半年度财务会计报告应于半年度终了后 60 天内报出;年度财务会计报告应于年度终了后的 4 个月内报出。

4)便于理解

企业编制的财务会计报告应在会计计量和填报方法上保持前后一致,不能随意变动,以便增强各会计期间报告的可比性。企业提供的会计信息应当清晰明了,便于财务报告使用者理解和使用。同时,企业在编制财务会计报告时,应对需要在报表附注中说明的事项按规定要求进行完整清晰的说明,以满足会计信息使用者的需要,便于会计信息使用者理解和利用。

10.2　资产负债表

10.2.1　资产负债表的概念和作用

资产负债表是反映企业某一特定日期的财务状况即资产、负债、所有者权益状况的财务报表,属于静态报表。资产负债表主要提供某一特定日期企业资产、负债、所有者权益及其相互关系的信息,它是企业最重要的财务报表之一,其主要作用如下:①可以反映某一特定日期的资产总额及其结构,表明企业拥有或控制的经济资源及其分布情况,是分析企业资产质量的重要资料。②可以反映某一特定日期的负债总额及其结构,表明企业未来需要用多少资产清偿债务及清偿时间。③可以反映所有者所拥有的权益,据以判断资本保值、增值的情况以及对负债的保障程度。④可以提供进行财务分析的基本资料,帮助报表使用者分析企业的债务偿还能力,为未来的经济决策提供参考。

10.2.2　资产负债表列报的要求

资产负债表列报的最根本目标是如实反映企业在资产负债表日所拥有的资源、所承担的负债以及所有者所拥有的权益。因此,资产负债表应当按照资产、负债和所有者权益三大类别分类列报。

1)资产列报

在资产负债表中,资产应当按照流动资产和非流动资产两大类别列示,并在两大类别下再进一步按流动性由强到弱的顺序列示。流动资产排列顺序如下:货币资金、交易性金融资产、应收票据、应收账款、预付款项、应收利息、应收股利、其他应收款、存货、一年内到期的非流动资产等。非流动资产排列顺序如下:持有至到期投资、长期股权投资、固定资产、无形资产等。

2)负债列报

在资产负债表中,负债应当按照流动负债和非流动负债两大类别进行列示,并在两大类别下按支付时间由快到慢的顺序排列。流动负债的排列顺序如下:短期借款、应付票据、应付账款、预收款项、应付职工薪酬、应交税费、应付利息、应付股利、其他应付款、一年内到期的非流动负债等。非流动负债的排列顺序如下:长期借款、应付债券等。

3)所有者权益列报

在资产负债表中,所有者权益类一般按照净资产的不同来源和特定用途进行分类,其排列顺序如下:实收资本(股本)、资本公积、盈余公积和未分配利润。

10.2.3　资产负债表的格式

资产负债表是根据“资产=负债+所有者权益”的平衡关系,并按照一定的分类标准和顺序,将企业一定日期的全部资产、负债和所有者权益项目进行适当分类、汇总、排列后编制而成的。资产负债表可以反映企业资产、负债和所有者权益的全貌。

目前,国际上流行的资产负债表格式主要有账户式和报告式两种。我国企业会计准则规定,企业的资产负债表采用账户式。账户式资产负债表分左右两方,左方为资产,全部项目按资产的流动性大小排列。流动性大的资产如"货币资金""交易性金融资产"等排在前面,流动性小的资产如"长期股权投资""固定资产"等排在后面。右方为负债及所有者权益,全部项目按求偿权先后顺序排列。"短期借款""应付票据"等需要在一年以内或者长于一年的一个营业周期内偿还的流动负债排在前面,"长期借款"等将在一年以上或者长于一年的一个营业周期以上才能偿还的长期负债排在中间,在企业清算之前不需偿还的所有者权益项目排在最后。

财政部于2018年6月发布了财会〔2018〕15号文,对一般企业财务报表格式进行了修订完善。本次修订内容包含两套财务报表格式,分别适用于尚未执行新金融工具准则和新收入准则的非金融企业和已执行新金融工具准则或新收入准则的非金融企业。①

1)尚未执行新金融工具准则和新收入准则的非金融企业

资产负债表的基本格式和内容见表10-1所示。

表10-1　资产负债表

企会01表

编制单位:××公司　　20××年12月31日　　单位:元

资　产	年初数	期末数	负债和所有者权益	年初数	期末数
流动资产:			流动负债:		
货币资金			短期借款		
以公允价值计量且其变动计入当期损益的金融资产			以公允价值计量且其变动计入当期损益的金融负债		
应收票据及应收账款			应付票据及应付账款		
预付账款			预收账款		
其他应收款			应付职工薪酬		
存货			应交税费		
持有待售资产			其他应付款		
一年内到期的非流动资产			持有待售负债		
其他流动资产			一年内到期的非流动负债		

① 新金融工具准则和新收入准则对于境内外同时上市企业,以及在境外上市并采用国际财务报告准则或企业会计准则编制财务报告的企业于2018年1月1日起施行;其他境内上市企业分别自2019年1月1日和2020年1月1日起施行;执行企业会计准则的非上市企业均自2021年1月1日起施行。允许提前执行。

续表

资　产	年初数	期末数	负债和所有者权益	年初数	期末数
流动资产合计			其他流动负债		
非流动资产:			流动负债合计		
可供出售金融资产			非流动负债:		
持有至到期投资			长期借款		
长期应收款			应付债券		
长期股权投资			长期应付款		
投资性房地产			预计负债		
固定资产			其他非流动负债		
在建工程			非流动负债合计		
无形资产			负债合计		
开发支出			所有者权益(或股东权益):		
长期待摊费用			实收资本(或股本)		
其他非流动资产			资本公积		
非流动资产合计			盈余公积		
			未分配利润		
			所有者权益(或股东权益)合计		
资产总计			负债和所有者权益总计		

2)已执行新金融工具准则或新收入准则的非金融企业

资产负债表的基本格式和内容见表 10-2 所示。

表 10-2　资产负债表　　企会 01 表

编制单位:××公司　　20××年 12 月 31 日　　单位:元

资　产	年初数	期末数	负债和所有者权益	年初数	期末数
流动资产:			流动负债:		
货币资金			短期借款		
交易性金融资产			交易性金融负债		
应收票据及应收账款			应付票据及应付账款		

续表

资　产	年初数	期末数	负债和所有者权益	年初数	期末数
预付账款			预收账款		
其他应收款			合同负债		
存货			应付职工薪酬		
合同资产			应交税费		
持有待售资产			其他应付款		
一年内到期的非流动资产			持有待售负债		
其他流动资产			一年内到期的非流动负债		
流动资产合计			其他流动负债		
非流动资产：			流动负债合计		
债权投资			非流动负债：		
其他债权投资			长期借款		
长期应收款			应付债券		
长期股权投资			长期应付款		
其他权益工具投资			预计负债		
其他非流动金融资产			其他非流动负债		
投资性房地产			非流动负债合计		
固定资产			负债合计		
在建工程			所有者权益(或股东权益)：		
无形资产			实收资本(或股本)		
开发支出			资本公积		
长期待摊费用			盈余公积		
其他非流动资产			未分配利润		
非流动资产合计			所有者权益(或股东权益)合计		
资产总计			负债和所有者权益总计		

10.2.4　资产负债表编制的基本方法

1)资产负债表的资料来源

企业会计准则规定:会计报表至少应当反映相关两个期间的比较数据。因此,资产负债表的各项目均需填列"年初数"和"期末数"两栏。其中"年初数"栏内各项数字,应根据上年末资产负债表的"期末数"栏内所列数字填列。如果本年度资产负债表规定的各项目的名称和内容与上年不一致,则应对上年年末资产负债表各项目的名称和数字按照本年度的规定进行调整,填入本表"年初数"栏内,"期末数"则可为月末、季末或年末的数据。其资料来源有以下几个方面:

(1)总账余额

资产负债表中的大多数项目,可直接根据有关总账科目的余额编制,如"短期借款""实收资本"等项目;有些项目则需根据几个总账科目的余额编制,如"货币资金",需根据"库存现金""银行存款""其他货币资金"三个总账科目余额合并编制。

(2)明细账余额

有些项目需根据明细科目余额来编制。如"应付票据及应付账款""预付款项"两项目,需分别根据"应付票据""应付账款"和"预付账款"三个科目所属明细科目的期末贷方或借方余额计算编制。

(3)总账和明细账余额

如"长期借款"项目,需要根据"长期借款"总账期末余额,扣除"长期借款"总账所属明细账中反映的、将于 1 年内到期且企业不能自主地将清偿义务展期的长期借款部分计算填列。

(4)有关账户余额与其备抵账户余额

如"固定资产"项目是根据"固定资产"账户余额减去"累计折旧"和"固定资产减值准备"账户余额后的净额填列。

(5)综合运用上述填列方法

如"应收票据及应收账款"项目,应根据"应收票据""应收账款"和"预收账款"账户所属各明细账户的期末借方余额合计,减去"坏账准备"账户中有关应收账款、应收票据计提的坏账准备期末余额后的金额填列。

2)资产负债表项目"期末数"填列的基本方法

(1)根据总账的期末余额填列

①直接填列。应收股利、应收利息、短期借款、应交税费、实收资本、资本公积、盈余公积等项目可以根据相应的账户余额直接填列。

【例 10-1】　中信公司 2018 年 12 月 31 日结账后的"短期借款"账户余额为 300 000 元,"实收资本"账户的余额为 3 800 000 元。该企业 2018 年 12 月 31 日资产负债表中的"短期借款"项目的填列金额为 300 000 元;"实收资本"项目的填列金额为 3 800 000 元。

②将期末余额分解计算后填列。一些长期资产或长期负债余额中会存在一年即将

到期的部分,应在流动资产或流动负债中列示。例如,债权投资,应剔除将于一年内到期的投资;长期待摊费用,应剔除摊销期在一年内的待摊费用;长期借款、应付债券和长期应付款,应剔除将于一年内到期的长期负债。

【例 10-2】 中信公司长期借款情况如表 10-3 所示。

表 10-3 长期借款明细表

借款起始日期	借款期限/年	金额/元
2018 年 1 月 1 日	3	2 000 000
2016 年 1 月 1 日	5	1 500 000
2015 年 6 月 1 日	4	1 800 000

将期末余额分解计算后填列则该企业 2018 年 12 月 31 日资产负债表中“长期借款”项目金额为:2 000 000+1 500 000=3 500 000 元;另外的 1 800 000 元填列在流动负债下的“一年内到期的非流动负债”项目内。

③将相关账户期末余额合计后填列。货币资金项目,根据“库存现金”“银行存款”和“其他货币资金”账户期末余额的合计数填列;存货项目,根据“在途物资”“原材料”“库存商品”和“生产成本”等账户期末余额的合计数减去“存货跌价准备”科目期末余额填列。

【例 10-3】 中信公司 2018 年 12 月 31 日结账后“库存现金”账户余额为 8 500 元,“银行存款”账户余额为 3 250 000 元,“其他货币资金”账户余额为 600 000 元。该企业 2018 年 12 月 31 日资产负债表中的“货币资金”项目金额为 3 858 500 元。

④将相关账户期末余额抵减后填列。部分资产项目要以资产账户期末余额扣减其备抵账户期末余额后的净额填报。例如,固定资产项目,应为“固定资产”账户的期末余额减去“累计折旧”和“固定资产减值准备”账户的期末余额。长期股权投资项目,应为“长期股权投资”账户的期末余额减去“长期股权投资减值准备”账户的期末余额。债权投资项目,应为“债权投资”账户的期末余额减去“债券投资减值准备”账户的期末余额。无形资产项目,应为“无形资产”账户的期末余额减去“累计摊销”和“无形资产减值准备”账户的期末余额。

【例 10-4】 中信公司 2018 年 12 月 31 日结账后“其他应收款”账户余额为 65 000 元,“坏账准备”账户中有关其他应收款计提的坏账准备为 1 500 元。该企业 2018 年 12 月 31 日资产负债表中“其他应收款”项目填列的金额为 63 500 元。

(2)根据明细账的期末余额填列

一般要分析相关账户的明细账期末余额且计算后填列。例如:

①应收账款的金额,等于其所属明细账户的借方余额合计,加上“预收账款”所属明细账户的借方余额合计,再减去“坏账准备”中为应收账款计提的坏账准备的金额。

②预付款项的金额,等于其所属明细账户的借方余额合计,加上“应付账款”所属明细账户的借方余额合计。

③应付账款的金额，等于其所属明细账户的贷方余额合计，加上“预付账款”所属明细账户的贷方余额合计。

④预收款项的金额，等于其所属明细账户的贷方余额合计，加上“应收账款”所属明细账户的贷方余额合计。

【例 10-5】 中信公司 2018 年 12 月 31 日结账后有关账户所属明细账户借贷方余额如表 10-4 所示。

表 10-4　账户余额表

账户名称	借方余额	贷方余额
应收账款(总)	850 000	
——甲公司	1 200 000	
——乙公司		350 000
预收账款(总)		700 000
——丙公司		1 000 000
——丁公司	300 000	
应付账款(总)		860 000
——A 公司		930 000
——B 公司	70 000	
预付账款(总)	460 000	
——C 公司	545 000	
——D 公司		85 000

该企业 2018 年 12 月 31 日资产负债表中的相关项目填列的金额为：

“应收票据及应收账款”项目金额为：1 200 000+300 000＝1 500 000(元)

“预收款项”项目金额为：350 000+1 000 000＝1 350 000(元)

“应付票据及应付账款”项目金额为：930 000+85 000＝1 015 000(元)

“预付款项”项目金额为：70 000+545 000＝615 000(元)

(3)未分配利润项目的填列

未分配利润项目可以根据“本年利润”账户余额与“利润分配”账户中余额的具体情况，分析填列。结账前，“本年利润”账户有贷方余额，“利润分配”账户有借方余额，两个余额抵减。贷方余额大于借方余额时，差额计入该项目；贷方余额小于借方余额时，差额以“-”号计入。年终全部结账后，可根据“利润分配——未分配利润”的期末余额填列。

(4)资产负债表各项目期末余额的具体填列方法

①“货币资金”项目反映企业库存现金、银行存款、外埠存款、银行汇票存款、银行本票存款、信用证保证金存款等的合计数。本项目应根据“库存现金”“银行存款”“其他货

币资金”账户的期末余额合计填列。

②“以公允价值计量且其变动计入当期损益的金融资产”项目,反映企业购入的各种能随时变现、并准备随时变现的股票、债券和基金投资。本项目应根据“交易性金融资产”账户的期末余额填列。

“交易性金融资产”项目,反映资产负债表日企业分类为以公允价值计量且其变动计入当期损益的金融资产,以及企业持有的直接指定为以公允价值计量且其变动计入当期损益的金融资产的期末账面价值。该项目应根据“交易性金融资产”账户的相关明细账户期末余额分析填列。自资产负债表日起超过一年到期且预期持有超过一年的以公允价值计量且其变动计入当期损益的非流动金融资产的期末账面价值,在“其他非流动金融资产”项目反映。

③“应收票据及应收账款”项目,反映资产负债表日以摊余成本计量的、企业因销售商品、提供服务等经营活动应收取的款项,以及收到的商业汇票,包括银行承兑汇票和商业承兑汇票。该项目应根据“应收票据”和“应收账款”账户的期末余额,减去“坏账准备”账户中相关坏账准备期末余额后的金额填列。“应收票据”项目应根据“应收票据”账户的期末余额填列,已向银行贴现和已背书转让的应收票据不包括在该项目内。“应收账款”项目应根据“应收账款”账户和“预收账款”账户所属各明细账的期末借方余额合计,减去“坏账准备”账户中有关应收账款计提的坏账准备期末余额后的金额填列。如“应收账款”账户所属明细账期末有贷方余额,应在本表“预收账款”项目内填列。

④“其他应收款”项目,反映企业除应收票据、应收账款、预付账款以外的应收和暂付其他单位和个人的款项,应根据“应收利息”“应收股利”“其他应收款”账户的期末余额合计数,减去“坏账准备”账户中相关坏账准备期末余额后的金额填列。“应收股利”项目,反映企业因股权投资而应收取的现金股利,企业应收其他单位的利润,也包括在本项目内,本项目应根据“应收股利”账户的期末余额填列。“应收利息”项目,反映企业因债权投资而应收取的利息,本项目应根据“应收利息”账户的期末余额填列。

⑤“预付账款”项目,反映企业预付给供应单位的款项。本项目应根据“预付账款”账户和“应付账款”账户所属各明细账的期末借方余额合计,减去“坏账准备”账户中有关预付账款计提的坏账准备期末余额后的金额填列。如“预付账款”账户所属有关明细账期末有贷方余额的,应在本表“应付账款”项目内填列。

⑥“存货”项目,反映企业期末库存、在途和加工中的各项存货的价值,包括各种材料、商品、在产品、半成品、包装物、低值易耗品等。本项目应根据“在途物资”(或“材料采购”)“原材料”“库存商品”“周转材料”“委托加工物资”“生产成本”等账户的期末余额合计,减去“存货跌价准备”账户期末余额后的金额填列。原材料采用计划成本计价核算的企业,还应按加或减“材料成本差异”后的金额填列。

⑦“持有待售资产”项目,反映资产负债表日划分为持有待售类别的非流动资产及划分为持有待售类别的处置组中流动资产和非流动资产的期末账面价值。本项目应根据“持有待售资产”账户的期末余额,减去“持有待售资产减值准备”账户的期末余额后的金额填列。

⑧“其他流动资产”项目,反映企业除以上流动资产项目外的其他流动资产,本项目应根据有关账户的期末余额填列。如其他流动资产价值较大,应在会计报表附注中披露其内容和金额。

⑨“可供出售金融资产”项目,反映企业持有的可供出售金融资产的净值。本项目应根据“可供出售金融资产”账户的期末余额,减去“可供出售金融资产减值准备”账户余额后的金额填列。

“债权投资”项目,反映资产负债表日企业以摊余成本计量的长期债权投资的期末账面价值。该项目应根据“债权投资”账户的相关明细账户余额,减去“债权投资减值准备”账户中相关减值准备的期末余额后的金额分析填列。自资产负债表日起一年内到期的长期债权投资的期末账面价值,在“一年内到期的非流动资产”行项目反映。企业购入的以摊余成本计量的一年内到期的债权投资的期末账面价值,在“其他流动资产”行项目反映。

⑩“持有至到期投资”项目,反映企业所拥有的期限在1年以上而且到期日确定的债权性投资的净值。本项目应根据“持有至到期投资”账户的期末余额,减去“持有至到期投资减值准备”账户的余额后填列。

“其他债权投资”项目,反映资产负债表日企业分类为以公允价值计量且其变动计入其他综合收益的长期债权投资的期末账面价值。该项目应根据“其他债权投资”账户的相关明细账户期末余额分析填列。自资产负债表日起一年内到期的长期债权投资的期末账面价值,在“一年内到期的非流动资产”行项目反映。企业购入的以公允价值计量且其变动计入其他综合收益的一年内到期的债权投资的期末账面价值,在“其他流动资产”行项目反映。

⑪“长期应收款”项目,反映企业应收期限在1年以上的款项。本项目应根据“长期应收款”账户的期末余额减去相应的“未实现融资收益”账户期末余额和“坏账准备”账户期末余额,再减去所属相关明细账中将于1年内到期的部分后的金额进行填列。

⑫“长期股权投资”项目,反映企业不准备在1年内(含1年)变现的各种股权性质投资的可收回金额。本项目应根据“长期股权投资”账户的期末余额,减去“长期股权投资减值准备”账户余额后的金额填列。

⑬“其他权益工具投资”项目,反映资产负债表日企业指定为以公允价值计量且其变动计入其他综合收益的非交易性权益工具投资的期末账面价值。该项目应根据“其他权益工具投资”账户的期末余额填列。

⑭“投资性房地产”项目,反映企业拥有的用于出租的建筑物和土地使用权的金额。本项目应根据“投资性房地产”账户的期末余额填列。

⑮“固定资产”项目,反映资产负债表日企业固定资产的期末账面价值和企业尚未清理完毕的固定资产清理净损益。该项目应根据“固定资产”账户的期末余额,减去“累计折旧”和“固定资产减值准备”账户的期末余额后的金额,以及“固定资产清理”账户的期末余额填列。“固定资产清理”项目,反映企业因出售、毁损、报废等原因转入清理但尚未清理完毕的固定资产的账面价值,与固定资产清理过程中所发生的清理费用和变价收入

等各项金额的差额。

⑯“在建工程”项目,反映资产负债表日企业尚未达到预定可使用状态的在建工程的期末账面价值和企业为在建工程准备的各种物资的期末账面价值。该项目应根据“在建工程”账户的期末余额,减去“在建工程减值准备”账户的期末余额后的金额,以及“工程物资”账户的期末余额,减去“工程物资减值准备”账户的期末余额后的金额填列。

⑰“无形资产”项目,反映企业各项无形资产的期末可收回金额。本项目应根据“无形资产”账户的期末余额,减去“累计摊销”和“无形资产减值准备”账户期末余额后的金额填列。

⑱“研发支出”项目,反映企业自行研究开发无形资产在期末尚未完成开发阶段的无形资产的价值。本项目应根据“研发支出”账户的期末余额填列。

⑲“长期待摊费用”项目,反映企业尚未摊销的摊销期限在1年以上(不含1年)的各种费用,如租入固定资产改良支出、摊销期限在1年以上(不含1年)的其他待摊费用。本项目应根据“长期待摊费用”账户的期末余额填列。

⑳“其他非流动资产”项目,反映企业除以上资产以外的其他长期资产。本项目应根据有关账户的期末余额填列。如其他非流动资产价值较大,应在会计报表附注中披露其内容和金额。

㉑“短期借款”项目,反映企业借入尚未归还的1年期以下(含1年)的借款。本项目应根据“短期借款”账户的期末余额填列。

㉒“以公允价值计量且其变动计入当期损益的金融负债”项目,反映企业承担的以公允价值计量且其变动计入当期损益的为交易目的持有的金融负债。本项目应根据“交易性金融负债”账户的期末余额填列。

“交易性金融负债”项目,反映资产负债表日企业承担的交易性金融负债,以及企业持有的直接指定为以公允价值计量且其变动计入当期损益的金融负债的期末账面价值。该项目应根据“交易性金融负债”账户的相关明细科目期末余额填列。

㉓“应付票据及应付账款”项目,反映资产负债表日企业因购买材料、商品和接受服务等经营活动应支付的款项,以及开出、承兑的商业汇票,包括银行承兑汇票和商业承兑汇票。该项目应根据“应付票据”账户的期末余额,以及“应付账款”和“预付账款”账户所属的相关明细账户的期末贷方余额合计数填列。“应付票据”项目应根据“应付票据”账户的期末余额填列。“应付账款”项目应根据“应付账款”账户和“预付账款”账户所属各有关明细账的期末贷方余额合计填列。如“应付账款”账户所属各明细账期末有借方余额,应在本表“预付账款”项目内填列。

㉔“预收账款”项目,反映企业预收购买单位的账款。本项目应根据“预收账款”和“应收账款”账户所属各有关明细账户的期末贷方余额合计填列。如“预收账款”账户所属有关明细账户有借方余额的,应在本表“应收账款”项目内填列。

㉕“应付职工薪酬”项目,反映企业应付未付的职工薪酬。应付职工薪酬包括应付职工的工资、奖金、津贴和补贴、职工福利费和医疗保险费、养老保险费等各种保险费以及住房公积金等。本项目应根据“应付职工薪酬”账户期末贷方余额填列。如“应付职工薪

酬”账户期末有借方余额,以“-”号填列。

㉖“应交税费”项目,反映企业期末未交、多交或未抵扣的各种税金和其他费用。本项目应根据“应交税费”账户的期末贷方余额填列。如“应交税费”账户期末为借方余额,以“-”号填列。

㉗“其他应付款”项目,应根据“应付利息”“应付股利”“其他应付款”账户的期末余额合计数填列。“其他应付款”项目,反映企业除应付票据、应付账款、应付工资、应付利润等以外的应付和暂收其他单位和个人的款项。“应付股利”项目,反映企业尚未支付的现金股利。本项目应根据“应付股利”账户的期末余额填列。

㉘“持有待售负债”项目,反映资产负债表日处置组中与划分为持有待售类别的资产直接相关的负债的期末账面价值。本项目应根据“持有待售负债”账户的期末余额填列。

㉙“其他流动负债”项目,反映企业除以上流动负债以外的其他流动负债。本项目应根据有关账户的期末余额填列。如其他流动负债价值较大,应在会计报表附注中披露其内容及金额。

㉚“长期借款”项目,反映企业借入尚未归还的 1 年期以上(不含 1 年)的借款本息。本项目应根据“长期借款”账户的期末余额填列。

㉛“应付债券”项目,反映企业发行的尚未偿还的各种长期债券的本息。本项目应根据“应付债券”账户的期末余额填列。

㉜“长期应付款”项目,反映资产负债表日企业除长期借款和应付债券以外的其他各种长期应付款项的期末账面价值。该项目应根据“长期应付款”账户的期末余额,减去相关的“未确认融资费用”账户的期末余额,再减去所属相关明细账中将于 1 年内到期的部分后的金额,以及“专项应付款”账户的期末余额填列。其中,“专项应付款”项目,反映企业取得的政府作为企业所有者投入的具有专项或特定用途的款项,本项目应根据“专项应付款”账户的期末余额填列。

㉝“预计负债”项目,反映企业确认的对外提供担保、未决诉讼、产品质量保证等事项的预计负债的期末余额。本项目应根据“预计负债”账户的期末余额填列。

㉞“其他非流动负债”项目,反映企业除以上非流动负债项目以外的其他非流动负债。本项目应根据有关账户的期末余额填列。如其他非流动负债价值较大的,应在会计报表附注中披露其内容和金额,上述非流动负债各项目中将于 1 年内(含 1 年)到期的负债,应在“1 年内到期的非流动负债”项目内单独反映。上述非流动负债各项目均应根据有关账户期末余额减去将于 1 年内(含 1 年)到期的非流动负债后的金额填列。

㉟“合同资产”和“合同负债”行项目。企业应按照《企业会计准则第 14 号——收入》(2017 年修订)的相关规定根据本企业履行履约义务与客户付款之间的关系在资产负债表中列示合同资产或合同负债。“合同资产”项目、“合同负债”项目,应分别根据“合同资产”账户、“合同负债”账户的相关明细账户期末余额分析填列,同一合同下的合同资产和合同负债应当以净额列示,其中净额为借方余额的,应根据其流动性在“合同资产”或“其他非流动资产”项目中填列,已计提减值准备的,还应减去“合同资产减值准备”账户中相关的期末余额后的金额填列;其中净额为贷方余额的,应根据其流动性在

“合同负债”或“其他非流动负债”项目中填列。

按照《企业会计准则第 14 号——收入》(2017 年修订)的相关规定确认为资产的合同取得成本,应根据“合同取得成本”账户的明细账户初始确认时摊销期限是否超过一年或一个正常营业周期,在“其他流动资产”或“其他非流动资产”项目中填列,已计提减值准备的,还应减去“合同取得成本减值准备”账户中相关的期末余额后的金额填列。

按照《企业会计准则第 14 号——收入》(2017 年修订)的相关规定确认为资产的合同履约成本,应根据“合同履约成本”账户的明细账户初始确认时摊销期限是否超过一年或一个正常营业周期,在“存货”或“其他非流动资产”项目中填列,已计提减值准备的,还应减去“合同履约成本减值准备”账户目中相关的期末余额后的金额填列。

按照《企业会计准则第 14 号——收入》(2017 年修订)的相关规定确认为资产的应收退货成本,应根据“应收退货成本”账户是否在一年或一个正常营业周期内出售,在“其他流动资产”或“其他非流动资产”项目中填列。

按照《企业会计准则第 14 号——收入》(2017 年修订)的相关规定确认为预计负债的应付退货款,应根据“预计负债”账户下的“应付退货款”明细账户是否在一年或一个正常营业周期内清偿,在“其他流动负债”或“预计负债”项目中填列。

㊱“实收资本(或股本)”项目,反映企业各投资者实际投入的资本(或股本)总额。本项目应根据“实收资本(或股本)”账户的期末余额填列。

㊲“资本公积”项目,反映企业资本公积的期末余额。本项目应根据“资本公积”账户的期末余额填列。

㊳“盈余公积”项目,反映企业盈余公积的期末余额。本项目应根据“盈余公积”账户的期末余额填列。

㊴“未分配利润”项目,反映企业尚未分配的利润。本项目应根据“本年利润”账户和“利润分配”账户的余额计算填列。未弥补的亏损,在本项目内以“-”号填列。

【例 10-6】 中信公司 20××年 12 月 31 日的账户余额如表 10-5 所示,借方余额和贷方余额栏所填列的数字,表示了所属明细账相应方向余额的合计数。下面,解释资产负债表中各项目后填列的金额来源。

①短期借款、实收资本、资本公积、盈余公积和未分配利润项目直接根据总账或者明细账的期末余额填列。

②货币资金 27 300 元,等于库存现金 5 000 元加上银行存款 22 300 元。

③应收账款 75 800 元,等于所属明细账户的借方余额合计 80 000 元扣除坏账准备 42 00 元。

④预付账款 2 000 元,等于应付账款所属明细账户借方余额合计 2 000 元。

⑤存货 158 000 元,等于原材料余额 125 000 元、低值易耗品余额 8 000 元和生产成本余额 25 000 元之和。

⑥其他应收款 2 000 元,根据其他应收款账户的借方余额 2 000 元直接填列。

⑦长期股权投资 90 000 元,等于期末余额 100 000 元扣除一年以内到期的10 000元。

⑧固定资产 578 800 元,等于固定资产余额 610 000 元,减去累计折旧余额31 200元。

⑨应付账款87 000元,等于应付账款所属明细账户的贷方余额合计87 000元。

⑩预收账款5 000元,等于应收账款所属明细账户的贷方余额合计5 000元。

⑪应付利息86 900元,根据应付利息账户的贷方余额86 900元直接填列。

⑫长期借款122 000元,等于期末余额130 000元扣除一年以内到期的8 000元。

表10-5　中信公司账户余额

20××年12月31日　　　　单位:元

账　户	借方余额	贷方余额	备　注
库存现金	5 000		
银行存款	22 300		
长期股权投资	100 000		其中10 000元1年以内到期
应收账款	80 000	5 000	
坏账准备		4 200	
原材料	125 000		
低值易耗品	8 000		
生产成本	25 000		
其他应收款	2 000		
固定资本	610 000		
累计折旧		31 200	
短期借款		75 000	
应付账款	2 000	87 000	
应付利息		86 900	
长期借款		130 000	其中8 000元1年以内到期
实收资本		40 000	
资本公积		50 000	
盈余公积		30 000	
利润分配—未分配利润		80 000	

根据上述资料编制的资产负债表如表10-6所示。

表 10-6　资产负债表

会企 01 表

编制单位:中信公司　　20××年 12 月 31 日　　单位:元

资　产	期末数	负债和所有者权益(或股东权益)	期末数
流动资产:		流动负债:	
货币资金	27 300	短期借款	75 000
以公允价值计量且其变动计入当期损益的金融资产		以公允价值计量且其变动计入当期损益的金融负债	
应收票据及应收账款	75 800	应付票据及应付账款	87 000
预付账款	2 000	预收账款	5 000
其他应收款	2 000	应付职工薪酬	
存货	158 000	应交税费	
持有待售资产		其他应付款	86 900
一年内到期的非流动资产	10 000	持有待售负债	
其他流动资产		一年内到期的非流动负债	
流动资产合计	275 100	其他流动负债	
非流动资产:		流动负债合计	261 900
可供出售金融资产		非流动负债:	
持有至到期投资		长期借款	122 000
长期应收款		应付债券	
长期股权投资	90 000	长期应付款	
投资性房地产		预计负债	
固定资产	578 800	其他非流动负债	
在建工程		非流动负债合计	122 000
无形资产		负债合计	383 900
开发支出		所有者权益(或股东权益):	
长期待摊费用		实收资本(或股本)	400 000
其他非流动资产		资本公积	50 000
非流动资产合计	668 800	盈余公积	30 000
		未分配利润	80 000
		所有者权益(或股东权益)合计	560 000
资产总计	943 900	负债和所有者权益总计	943 900

10.3　利润表

10.3.1　利润表的概念和作用

利润表又称损益表,是反映企业一定期间经营成果的会计报表,属于动态报表。由于利润表是企业经营业绩的综合体现,又是进行利润分配的主要依据,因此,利润表是主要的财务报表,其主要作用如下:①可以反映企业一定会计期间收入、费用的实现情况,考核企业经营管理业绩。②可以反映企业生产经营活动的成果,衡量企业总体经济效益。③可以分析、评价企业的盈利能力,预测企业的盈利趋势。

10.3.2　利润表的列报要求

1)收入列报

收入列报按照重要性的顺序填列:营业收入、投资收益、营业外收入,便于分清主次,把握重点。

2)费用列报

费用列报按照费用的功能进行分类列报,通常分为从事经营业务发生的成本、管理费用、销售费用和财务费用等,并将营业成本与其他费用分开列报,能更清晰地揭示企业经营业绩的主要来源和结构。

3)利润列报

利润列报财务成果由大到小的顺序填列:营业利润、利润总额、净利润,便于了解净利润的组成及利润分配的流程。

10.3.3　利润表的格式

利润表一般有表首、正表两部分。其中,表首概括地说明报表名称、编制单位、报表所属期间、报表编号、货币名称、计量单位等;正表反映形成经营成果的各个项目和计算过程。

利润表的格式主要有单步式利润表和多步式利润表两种。我国企业的利润表一般采用多步式,如表 10-7 和表 10-8 所示,主要包括以下五个方面内容:

①营业收入:营业收入由主营业务收入和其他业务收入组成。

②营业利润:营业收入减去营业成本(主营业务成本、其他业务成本)、税金及附加、销售费用、管理费用、财务费用、资产减值损失、投资损失、公允价值变动损失,加上公允价值变动收益、投资收益,即为营业利润。

③利润总额:营业利润加上营业外收入、减去营业外支出,即为利润总额。

④净利润:利润总额减去所得税费用,即为净利润。

⑤每股收益:每股收益包括基本每股收益和稀释每股收益两项指标。

1)尚未执行新金融工具准则和新收入准则的非金融企业

利润表的基本格式和内容如表10-7所示。

表10-7　利润表　　企会02表

编制单位:××公司　　20××年度　　单位:元

项　目	本期数	上期数
一、营业收入		
减:营业成本		
税金及附加		
销售费用		
管理费用		
研发费用		
财务费用		
其中:利息费用		
利息收入		
资产减值损失		
加:其他收益		
投资收益		
公允价值变动收益		
资产处置收益		
二、营业利润		
加:营业外收入		
减:营业外支出		
三、利润总额		
减:所得税费用		
四、净利润		
(一)持续经营净利润		
(二)终止经营净利润		

续表

项　目	本期数	上期数
五、其他综合收益的税后净额		
(一)以后不能重分类进损益的其他综合收益		
1.重新计量设定受益计划变动额		
2.权益法下不能转损益的其他综合收益		
(二)以后将重分类进损益的其他综合收益		
1.权益法下可转损益的其他综合收益		
2.可供出售金融资产公允价值变动损益		
3.持有至到期投资重分类为可供出售金融资产损益		
4.现金流量套期损益的有效部分		
5.外币财务报表折算差额		
六、综合收益总额		
七、每股收益		
(一)基本每股收益		
(二)稀释每股收益		

2)已执行新金融工具准则或新收入准则的非金融企业

利润表的基本格式和内容如表 10-8 所示。

表 10-8　利润表　　企会 02 表

编制单位:××公司　　20××年度　　单位:元

项　目	本期数	上期数
一、营业收入		
减:营业成本		
税金及附加		
销售费用		
管理费用		
研发费用		
财务费用		

续表

项　目	本期数	上期数
其中:利息费用		
利息收入		
资产减值损失		
信用减值损失		
加:其他收益		
投资收益		
净敞口套期收益		
公允价值变动收益		
资产处置收益		
二、营业利润		
加:营业外收入		
减:营业外支出		
三、利润总额		
减:所得税费用		
四、净利润		
(一)持续经营净利润		
(二)终止经营净利润		
五、其他综合收益的税后净额		
(一)以后不能重分类进损益的其他综合收益		
1.重新计量设定受益计划变动额		
2.权益法下不能转损益的其他综合收益		
3.其他权益工具投资公允价值变动		
4.企业自身信用风险公允价值变动		
(二)以后将重分类进损益的其他综合收益		
1.权益法下可转损益的其他综合收益		
2.其他债权投资公允价值变动		
3.金融资产重分类计入其他综合收益的金额		

续表

项　目	本期数	上期数
4.其他债权投资信用减值准备		
5.现金流量套期储备		
6.外币财务报表折算差额		
六、综合收益总额		
七、每股收益		
(一)基本每股收益		
(二)稀释每股收益		

10.3.4　利润表的编制

1)当月利润表的编制

如果编制月份利润表,金额栏分别为"本期数"和"上期数"。"本期数"根据损益类账户本期发生数填列。"上期数"栏反映上年同期的数额,根据上年同期利润表的"本期数"数额填列。

2)年度利润表的编制

在编制年度利润表时,设两栏"本期数"和"上期数",应将"本期数"栏改为"本年数"栏,填列本年全年累计实际发生数,"上期数"栏改成"上年数",根据上年利润表的"本年数"数额填列。如果上年度利润表与本年利润表的项目名称和内容不一致,应对上年度报表项目的名称和数字按本年度的规定进行调整,填入"上年数"栏内。

由于年终结账时,全年的收入和支出已全部转入"本年利润"科目,并且通过收支对比结出本年净利润的数额。因此,应将年报中的"净利润"数字,与"本年利润"科目结转到"利润分配——未分配利润"科目的数字相核对,检查报表编制和账簿记录的正确性。

3)利润表各项目期末余额的具体填列方法

①"营业收入"项目,反映企业经营主要业务和其他业务所取得的收入总额。本项目应根据"主营业务收入"账户和"其他业务收入"账户的发生额合计分析填列。

②"营业成本"项目,反映企业经营主要业务和其他业务发生的实际成本总额。本项目应根据"主营业务成本"和"其他业务成本"账户的发生额合计分析填列。

③"税金及附加"项目,反映企业经营业务应担负的消费税、城市维护建设税、资源税、教育费附加及房产税、城镇土地使用税、车船税、印花税等。本项目应根据"税金及附加"账户的发生额分析填列。

④"销售费用"项目,反映企业在销售商品过程中发生的包装费、广告费等费用和为销售本企业商品而专设的销售机构的职工薪酬、业务费等经营费用。本项目应根据"销

售费用”账户的发生额分析填列。

⑤“管理费用”项目,反映企业为组织和管理生产经营发生的管理费用。本项目应根据“管理费用”账户的发生额扣除“研发费用”明细科目的发生额填列。

⑥“研发费用”项目,反映企业进行研究与开发过程中发生的费用化支出。该项目应根据“管理费用”账户下的“研发费用”明细账户的发生额分析填列。

⑦“财务费用”项目,反映企业为筹集生产经营所需资金而发生的利息支出等。本项目应根据“财务费用”账户的发生额分析填列。

其中:“利息费用”项目,反映企业为筹集生产经营所需资金等而发生的应予费用化的利息支出。该项目应根据“财务费用”账户的相关明细账户的发生额分析填列。“利息收入”行项目,反映企业确认的利息收入。该项目应根据“财务费用”账户的相关明细账户的发生额分析填列。

⑧“资产减值损失”项目,反映企业因资产减值而发生的损失。本项目应根据“资产减值损失”账户的发生额分析填列。

⑨“信用减值损失”项目,反映企业按照《企业会计准则第22号金融工具确认和计量》(2017年修订)的要求计提的各项金融工具减值准备所形成的预期信用损失。该项目应根据“信用减值损失”账户的发生额分析填列。

⑩“其他收益”项目,反映计入其他收益的政府补助等。该项目应根据在损益类账户新设置的“其他收益”账户的发生额分析填列。

⑪“投资收益”项目,反映企业以各种方式对外投资所取得的净收益。本项目应根据“投资收益”账户的发生额分析填列;如为投资净损失,以“-”号填列。

⑫“净敞口套期收益”项目,反映净敞口套期下被套期项目累计公允价值变动转入当期损益的金额或现金流量套期储备转入当期损益的金额。该项目应根据“净敞口套期损益”账户的发生额分析填列;如为套期损失,以“-”号填列。

⑬“公允价值变动收益”项目,反映企业资产因公允价值变动而发生的损益。本项目应根据“公允价值变动损益”账户的发生额分析填列;如为净损失,以“-”号填列。

⑭“资产处置收益”项目,反映企业出售划分为持有待售的非流动资产(金融工具、长期股权投资和投资性房地产除外)或处置时确认的处置利得或损失,以及处置未划分为持有待售的固定资产、在建工程、生产性生物资产及无形资产而产生的处置利得或损失。债务重组中因处置非流动资产产生的利得或损失和非货币性资产交换产生的利得或损失也包括在本项目内。本项目应根据在损益类账户新设置的“资产处置收益”账户的发生额分析填列;如为处置损失,以“-”号填列。

⑮“营业外收入”项目,反映企业发生的营业利润以外的收益,主要包括债务重组利得、与企业日常活动无关的政府补助、盘盈利得、捐赠利得(企业接受股东或股东的子公司直接或间接的捐赠,经济实质属于股东对企业的资本性投入的除外)等。本项目应根据“营业外收入”账户的发生额分析填列。

⑯“营业外支出”项目,反映企业发生的营业利润以外的支出,主要包括债务重组损失、公益性捐赠支出、非常损失、盘亏损失、非流动资产毁损报废损失等。本项目应根据

“营业外支出”账户的发生额分析填列。

⑰“所得税费用”项目，反映企业按规定从本期利润总额中减去的所得税。本项目应根据“所得税费用”账户的发生额分析填列。

⑱“净利润”项目，反映企业实现的净利润；如为净亏损，以“-”号填列。

“(一)持续经营净利润”和“(二)终止经营净利润”行项目，分别反映净利润中与持续经营相关的净利润和与终止经营相关的净利润；如为净亏损，以“-”号填列。该两个项目应按照《企业会计准则第 42 号——持有待售的非流动资产、处置组和终止经营》的相关规定分别列报。

⑲“基本每股收益”和“稀释每股收益”项目，反映企业根据每股收益准则计算的两种每股收益指标的金额。

⑳“其他综合收益”和“综合收益总额”项目。“其他综合收益”反映企业未在当期损益中确认的各项利得和损失扣除所得税影响后的净额。“综合收益总额”反映净利润和其他综合收益扣除所得税影响后的净额相加后的合计数额。“其他综合收益”项目根据有关账户的明细发生额分析计算填列，“综合收益总额”项目根据本表中相关项目计算填列。

“其他权益工具投资公允价值变动”项目，反映企业指定为以公允价值计量且其变动计入其他综合收益的非交易性权益工具投资发生的公允价值变动。该项目应根据“其他综合收益”账户的相关明细账户的发生额分析填列。

“企业自身信用风险公允价值变动”项目，反映企业指定为以公允价值计量且变动计入当期损益的金融负债，由企业自身信用风险变动引起的公允价值变动而计入其他综合收益的金额。该项目应根据“其他综合收益”账户的相关明细账户的发生额分析填列。

“其他债权投资公允价值变动”行项目，反映企业分类为以公允价值计量且其变动计入其他综合收益的债权投资发生的公允价值变动。企业将以公允价值计量且其变动计入其他综合收益的金融资产重分类为以摊余成本计量的金融资产，或重分类为以公允价值计量且其变动计入当期损益的金融资产时，之前计入其他综合收益的累计利得或损失从其他综合收益中转出的金额作为该项目的减项。该项目应根据“其他综合收益”账户下的相关明细账户的发生额分析填列。

“金融资产重分类计入其他综合收益的金额”行项目，反映企业将以摊余成本计量的金融资产重分类为以公允价值计量且其变动计入其他综合收益的金融资产时，计入其他综合收益的原账面价值与公允价值之间的差额。该项目应根据“其他综合收益”账户下的相关明细账户的发生额分析填列。

“其他债权投资信用减值准备”行项目，反映企业按照《企业会计准则第 22 号——金融工具确认和计量》(2017 年修订)第十八条分类为以公允价值计量且其变动计入其他综合收益的金融资产的损失准备。该项目应根据“其他综合收益”账户下的“信用减值准备”明细账户的发生额分析填列。

“现金流量套期储备”行项目，反映企业套期工具产生的利得或损失中属于套期有效的部分。该项目应根据“其他综合收益”账户下的“套期储备”明细账户的发生额分析填列。

10.4 现金流量表

10.4.1 现金流量表的概念和作用

现金流量表是反映企业在一定会计期间现金和现金等价物流入和流出的财务报表，是采用收付实现制为基础编制而成的，其主要作用如下：①可以反映一定会计期间企业现金流量情况，评估企业资产的流动性和偿债能力。②可以反映企业变现能力大小，有助于安排经营计划、投资计划及筹资计划。③可以反映企业现金流量结构，便于企业采取有效措施及时调整。

10.4.2 现金流量表列报的要求

1）正表列报

现金流量正表按直接法填列，反映企业现金流量实际发生的情况，其填列顺序如下：经营活动产生的现金流量、投资活动产生的现金流量、筹资活动产生的现金流量、汇率变动产生对现金流量的影响、现金及现金等价物净增加额、期末现金及现金等价物的余额。

2）补充资料列报

补充资料按间接法填列，反映企业经营活动现金流量与净利润的关系，其填列顺序如下：将净利润调整为经营活动现金流量、不涉及现金收支的重大投资活动和筹资活动、现金及现金等价物净变动情况。

10.4.3 现金流量表的格式

现金流量表一般由正表和补充资料两部分构成。正表部分包括经营活动产生的现金流量、筹资活动产生的现金流量及投资活动产生的现金流量三部分。补充资料是用间接法编制的，它是从净利润出发，调整不涉及现金流量的收入和费用，从而得出经营活动产生的净现金流量。另外，根据期初和期末的现金及现金等价物余额倒算出该会计期间的现金净流量。现金流量表（正表）的格式如表 10-9 所示，补充资料如表 10-10 所示。

表 10-9 现金流量表

企会 03 表

编制单位： 年 月 单位：元

项 目	行次	本期金额	上期金额
一、经营活动产生的现金流量			
销售商品、提供劳务收到的现金	1		
收到的税费返还	3		
收到其他与经营活动有关的现金	8		

续表

项　目	行次	本期金额	上期金额
经营活动现金流入小计	9		
购买商品、接受劳务支付的现金	10		
支付给职工以及为职工支付的现金	12		
支付的各项税费	13		
支付其他与经营活动有关的现金	18		
经营活动现金流出小计	20		
经营活动产生的现金流量净额	21		
二、投资活动产生的现金流量			
收回投资收到的现金	22		
取得投资收益收到的现金	23		
处置固定资产、无形资产和其他长期资产收回的现金净额	25		
处置子公司及其他营业单位收到的现金净额			
收到其他与投资活动有关的现金	28		
投资活动现金流入小计	29		
购建固定资产、无形资产和其他长期资产支付的现金	30		
投资支付的现金	31		
取得子公司及其他营业单位支付的现金净额			
支付其他与投资活动有关的现金	35		
投资活动现金流出小计	36		
投资活动产生的现金流量净额	37		
三、筹资活动产生的现金流量			
吸收投资收到的现金	38		
取得借款收到的现金	40		
收到的其他与筹资活动有关的现金	43		
筹资活动现金流入小计	44		
偿还债务支付的现金	45		
分配股利、利润或偿付利息支付的现金	46		

续表

项　目	行次	本期金额	上期金额
支付其他与筹资活动有关的现金	50		
筹资活动现金流出小计	51		
筹资活动产生的现金流量净额	52		
四、汇率变动对现金及现金等价物的影响	53		
五、现金及现金等价物净增加额	54		
加:期初现金及现金等价物余额	55		
六、现金及现金等价物余额	56		

表 10-10　现金流量表补充资料

企会 03 表

编制单位:　　年　月　　单位:元

项　目	行次	本期金额	上期金额
现金流量表补充资料			
1.将利润调节为经营活动现金流量			
净利润	57		
加:资产减值准备	58		
固定资产折旧、油气资产折耗、生产性生物资产折旧	59		
无形资产摊销	60		
长期待摊费用摊销	61		
处置固定资产、无形资产和其他长期资产的损失(收益以“-”填列)	66		
固定资产报废损失(收益以“-”填列)	67		
公允价值变动损失(收益以“-”填列)	68		
财务费用(收益以“-”填列)	69		
投资损失(收益以“-”填列)	71		
递延所得税资产减少(增加以“-”填列)	74		
递延所得税负债增加(减少以“-”填列)	75		
存货减少(增加以“-”填列)	76		
经营性应收项目的减少(增加以“-”填列)	77		

续表

项　目	行次	本期金额	上期金额
经营性应付项目的增加(减少以“-”填列)	78		
其他	79		
经营活动产生的现金流量净额	80		
2.不涉及现金收支的重大投资和筹资活动			
债务转为资本	85		
1 年内到期的可转换公司债券	88		
融资租入固定资产	89		
3.现金及现金等价物净变动情况			
现金的期末余额	94		
减:现金的期初余额	95		
加:现金等价物的期末余额	96		
减:现金等价物的期初余额	97		
现金及现金等价物净增加额	98		

10.4.4　现金流量表的编制

编制现金流量表可以采用直接法、T 型账户法和工作底稿法三种。

1)直接法

(1)经营活动产生的现金流量

①“销售商品、提供劳务收到的现金”项目。反映企业销售商品、提供劳务实际收到的现金(含销售收入和应向购买者收取的增值税额),包括本期销售商品、提供劳务收到的现金,以及前期销售商品和前期提供劳务本期收到的现金和本期预收的账款,减去本期退回本期销售的商品和前期销售本期退回的商品支付的现金。企业销售材料和代购代销业务收到的现金,也在本项目反映。本项目可以根据“库存现金”“银行存款”“应收账款”“应收票据”“预收账款”“主营业务收入”“其他业务收入”等科目的记录分析填列。

②“收到的税费返还”项目。反映企业收到返还的各种税费,如收到的增值税、消费税、所得税、关税和教育费附加返还等。本项目可以根据“库存现金”“银行存款”“税金及附加”“营业外收入”等科目的记录分析填列。

③“收到其他与经营活动有关的现金”项目。反映企业除了上述各项目外,收到的其他与经营活动有关的现金流入,如罚款收入、经营租赁固定资产收到的现金、流动资产损失中由个人赔偿的现金收入、除税费返还外的其他政府补助收入等。其他现金流入如价

值较大的，应单列项目反映。本项目可以根据“库存现金”“银行存款”“管理费用”“营业外收入”等科目的记录分析填列。

④“购买商品、接受劳务支付的现金”项目。反映企业购买材料、商品、接受劳务实际支付的现金，包括本期购入材料、商品、接受劳务支付的现金(包括增值税进项税额)，以及本期支付前期购入商品、接受劳务的未付款项和本期预付款项。本期发生的购货退回收到的现金应从本项目内减去。本项目可以根据“库存现金”“银行存款”“应付账款”“应付票据”“主营业务成本”等科目的记录分析填列。

⑤“支付给职工以及为职工支付的现金”项目。反映企业实际支付给职工，以及为职工支付的现金，包括本期实际支付给职工的工资、奖金、各种津贴和补贴等，以及为职工支付的其他费用；不包括支付给在建工程人员的工资。支付的在建工程人员的工资，在“购建固定资产、无形资产和其他长期资产所支付的现金”项目反映。本项目可以根据“应付职工薪酬”“库存现金”“银行存款”等科目的记录分析填列。

⑥“支付的各项税费”项目。反映企业按规定支付的各种税费，包括本期发生并支付的税费，以及本期支付以前各期发生的税费和预交的税金，如支付的教育费附加、印花税、房产税、土地增值税、车船使用税、增值税、所得税等；不包括本期退回的增值税、所得税(本期退回的增值税、所得税在“收到的税费返还”项目反映)。本项目可以根据“应交税费”“库存现金”“银行存款”等科目的记录分析填列。

⑦“支付其他与经营活动有关的现金”项目。反映企业除上述各项目外，支付的其他与经营活动有关的现金流出，如罚款支出、支付的差旅费、业务招待费、保险费、经营租赁现金支出等。其他与经营活动有关的现金，如果金额较大的，应单列项目反映。本项目可以根据有关科目的记录分析填列。

(2)投资活动产生的现金流量

①“收回投资收到的现金”项目。反映企业出售、转让或到期收回除现金等价物以外的交易性金融资产、债权投资、其他债权投资、其他权益工具投资、长期股权投资、投资性房地产等收到的现金。不包括债权性投资收回的利息、收回的非现金资产以及处置子公司及其他营业单位收到的现金净额。债权性投资收回的本金，在本项目反映，债权性投资收回的利息，不在本项目反映，而在“取得投资收益收回的现金”项目反映。本项目可以根据“交易性金融资产”“债权投资”“其他债权投资”“其他权益工具投资”“长期股权投资”“投资性房地产”“库存现金”“银行存款”等科目的记录分析填列。

②“取得投资收益收到的现金”项目。该项目反映企业因股权性投资而分得的现金股利，因债权性投资而取得的现金利息收入。本项目可以根据“库存现金”“银行存款”“应收股利”“应收利息”“投资收益”等科目的记录分析填列。

③“处置固定资产、无形资产和其他长期资产收回的现金净额”项目。反映企业处置固定资产、无形资产和其他长期资产所取得的现金，减去为处置这些资产而支付的有关费用后的净额。由于自然灾害所造成的固定资产等长期资产损失而收到的保险赔偿收入，也在本项目反映。本项目可以根据“固定资产清理”“库存现金”“银行存款”等科目的记录分析填列。

④“处置子公司及其他营业单位收到的现金净额”项目。反映企业处置子公司及其他营业单位所取得的现金,减去相关处置费用以及子公司及其他营业单位持有的现金和现金等价物后的净额。本项目可以根据“长期股权投资”“银行存款”“库存现金”等科目的记录分析填列。

⑤“收到其他与投资活动有关的现金”项目。反映企业除了上述各项目外,收到的其他与投资活动有关的现金。其他现金流入如金额较大的,应单列项目反映。本项目可以根据有关科目的记录分析填列。

⑥“购建固定资产、无形资产和其他长期资产支付的现金”项目。反映企业购买、建造固定资产、取得无形资产和其他长期资产支付的现金;不包括为购建固定资产、取得无形资产和其他长期资产而发生的借款利息资本化的部分,以及融资租入固定资产支付的租赁费。为购建固定资产、取得无形资产和其他长期资产而发生的借款利息资本化的部分在“分配股利、利润或偿付利息支付的现金”项目反映;融资租入固定资产支付的租赁费,在“支付其他与筹资活动有关的现金”项目中反映。本项目可以根据“固定资产”“在建工程”“工程物资”“无形资产”“库存现金”“银行存款”等科目的记录分析填列。

⑦“投资支付的现金”项目。反映企业进行权益性投资和债权性投资所支付的现金,包括企业取得的除现金等价物以外的交易性金融资产、债权投资、其他债权投资、其他权益性工具投资、投资性房地产、长期股权投资等支付的现金,以及支付的佣金、手续费等交易费用。本项目可以根据“交易性金融资产”“债权投资”“其他债权投资”“其他权益工具投资”“投资性房地产”“长期股权投资”“库存现金”“银行存款”等科目的记录分析填列。

企业购买股票和债券时,实际支付的价款中包含的已宣告但尚未领取的现金股利或已到付息期但尚未领取的债券的利息,应在投资活动的“支付的其他与投资活动有关的现金”项目反映;收回购买股票和债券时支付的已宣告但尚未领取的现金股利或已到付息期但尚未领取的债券的利息,在投资活动的“收到的其他与投资活动有关的现金”项目反映。

⑧“取得子公司及其他营业单位支付的现金净额”项目。该项目反映企业取得子公司及其他营业单位购买出价中以现金支付的部分,减去子公司及其他营业单位持有的现金和现金等价物后的净额。本项目可根据“长期股权投资”“库存现金”“银行存款”等科目的记录分析填列。

⑨“支付其他与投资活动有关的现金”项目。反映企业除了上述各项以外,支付的其他与投资活动有关的现金。其他现金流出如金额较大的,应单列项目反映。本项目可以根据有关科目的记录分析填列。

(3)筹资活动产生的现金流量

①“吸收投资收到的现金”项目。反映企业收到的投资者投入的现金,包括以发行股票、债券等方式筹集的资金实际收到的款项净额(发行收入减去支付的佣金等发行费用后的净额)。以发行股票、债券等方式筹集资金而由企业直接支付的审计、咨询等费用,不在本项目反映,而在“支付的其他与筹资活动有关的现金”项目反映。本项目可以根据

“实收资本(或股本)”“资本公积”“库存现金”“银行存款”等科目的记录分析填列。

②“借款收到的现金”项目。反映企业举借各种短期、长期借款所收到的现金。本项目可以根据“短期借款”“长期借款”“库存现金”“银行存款”等科目的记录分析填列。

③“收到其他与筹资活动有关的现金”项目。反映企业除上述各项目外,收到的其他与筹资活动有关的现金。如金额较大的,应单列项目反映。本项目可以根据有关科目的记录分析填列。

④“偿还债务支付的现金”项目。反映企业以现金偿还债务的本金,包括偿还金融企业的借款本金、偿还债券本金等。企业偿还的借款利息、债券利息,在“分配股利、利润或偿付利息支付的现金”项目反映,不包括在本项目内。本项目可以根据“短期借款”“长期借款”“库存现金”“银行存款”等科目的记录分析填列。

⑤“分配股利、利润或偿付利息支付的现金”项目。反映企业实际支付的现金股利、支付给其他投资单位的利润以及支付的借款利息、债券利息等。本项目可以根据“应付股利”“应付利息”“利润分配”“财务费用”“在建工程”“制造费用”“研发支出”“长期借款”“库存现金”“银行存款”等科目的记录分析填列。

⑥“支付其他与筹资活动有关的现金”项目。反映企业除了上述各项外,支付的其他与筹资活动有关的现金,如以发行股票、债券等方式筹集资金而由企业直接支付的审计、咨询等费用,融资租赁支付的现金、以分期付款方式构建固定资产以后各期支付的现金等。如金额较大,应单列项目反映。本项目可以根据有关科目的记录分析填列。

(4)汇率变动对现金及现金等价物的影响

“汇率变动对现金及现金等价物的影响”项目,反映企业将外币现金流量及境外子公司的现金流量折算为人民币时,所采用的现金流量发生日的汇率或平均汇率折算的人民币金额与“现金及现金等价物净增加额”中外币现金净增额按期末汇率折算的人民币金额之间的差额。

2)T 型账户法

T 型账户法是以 T 型账户为手段,以利润表和资产负债表数据为基础,对每个项目进行分析并编制调整分录,从而编制出现金流量表的方法,采用 T 型账户法编制现金流量表一般应按以下程序进行:

①为所有的非现金项目(包括资产负债表和利润表项目)分别开设 T 型账户,并将各自的期末期初变动数过入各对应账户。

②开设一个大的“现金及现金等价物”的 T 型账户,每边分为经营活动、投资活动和筹资活动三个部分,左边记现金流入,右边记现金流出,过入与其他非现金对应的期末期初变动数。

③以利润表项目为基础,结合资产负债表分析每一个非现金项目的增减变动,并据此编制调整分录。

④将调整分录过入各 T 型账户,并进行核对,该账户借贷相抵后的余额与原先过入的期末期初变动数应当一致。

⑤根据大的“现金及现金等价物”T型账户编制现金流量表。

采用这种方法编制现金流量表较为简单，故在实际工作运用得较为广泛。一般企业的财务部门每月按此方法编制每月的现金流量表，到年末将12个月进行汇总即可。

3）工作底稿法

工作底稿法是指以工作底稿为手段，以利润表和资产负债表为基础，对每一项目进行分析并编制调整分录，从而编制出现金流量表的方法。

在直接法下，整个工作底稿纵向分成三段：第一段是资产负债表项目，其中又分为借方项目和贷方项目两部分；第二段是利润表项目；第三段是现金流量表项目。工作底稿横向分为五栏：第一栏是项目栏，填列三列各项目的名称；第二栏是期初数，此栏只有资产负债表才可填列；第三、第四两栏分别填列调整分录的借、贷方；第五栏是本期数，用来填列资产负债表项目的期末数、利润表项目的本期利润数，现金流量表部分这一栏的数字可直接用来编制正式的现金流量表。

采用工作底稿法来编账制现金流量表的工作量比较大，因而在实际工作中运用得较少。

10.5　所有者权益（或股东权益）变动表

所有者权益（或股东权益）变动表是反映企业年末所有者权益（或股东权益）增减变动情况的报表。通过该表，可以了解企业某一会计年度所有者权益（或股东权益）的各项目实收资本（或股本）、资本公积、盈余公积和未分配利润等的增加、减少及其余额的情况，分析其变动原因及预测未来的变动趋势。

按照《企业会计准则第30号——财务报表列报》的规定，所有者权益（或股东权益）变动表至少应单独列示下列信息项目：①综合收益总额；②会计政策变更和差错更正的累计影响金额；③所有者投入资本和向所有者分配利润等；④按照规定提取的盈余公积；⑤所有者权益各组成部分的期初和期末余额及其调节情况。

为了清楚地表明构成所有者权益的各组成部分当期的增减变动情况，所有者权益变动表应以矩阵的形式列示：一方面，列示导致所有者权益变动的交易或事项，不再仅按照所有者权益的各组成部分反映所有者权益变动情况，而是从所有者权益变动的来源对一定时期所有者权益变动情况进行全面反映；另一方面，按照所有者权益各组成部分（包括实收资本、资本溢价、其他综合收益、盈余公积、未分配利润和库存股等）及其总额列示交易或事项对所有者权益的影响。此外，企业还需要提供比较所有者权益变动表，所有者权益变动表就各项目再分为“本年金额”和“上年金额”两栏分别填列。

10.6 会计报表附注

10.6.1 会计报表附注的意义

会计报表附注是对在资产负债表、利润表、所有者权益变动表和现金流量表等报表中列示项目的文字描述或明细资料,以及对未能在这些报表中列示的说明等。

附注应当披露财务报表的编制基础,相关信息应当与资产负债表、利润表、所有者权益变动表和现金流量表等报表中列示的项目相互参照。

10.6.2 会计报表附注的内容

按照《企业会计准则第30号——财务报表列报》的规定,会计报表附注一般应当按照以下顺序至少披露:①企业基本情况,包括:a.企业注册地、组织形式和总部地址;b.企业的业务性质和主要经营活动;c.母公司以及集团最终母公司的名称;d.财务报告的批准报出者和财务报告批准报出日,或者以签字人及其签字日期为准;e.营业期限有限的企业,还应当披露有关其营业期限的信息。②财务报表的编制基础。③遵循企业会计准则的声明。④重要会计政策和会计估计。⑤会计政策和会计估计变更以及差错更正的说明。⑥报表重要项目的说明。企业应当按照资产负债表、利润表、现金流量表、所有者权益变动表及其项目列示的顺序,对报表重要项目的说明采用文字和数字描述相结合的方式进行披露。⑦或有和承诺事项、资产负债表日后非调整事项、关联方关系及其交易等需要说明的事项。⑧有助于财务报表使用者评价企业管理资本的目标、政策及程序的信息。

企业应当在附注中披露在资产负债表日后、财务报告批准报出日前提议或宣布发放的股利总额和每股股利金额(或向投资者分配的利润总额)。

【本章小结】

本章阐述了财务会计报告的概念、意义、内容、分类和编制的基本要求,重点阐述了资产负债表、利润表和现金流量表的结构、内容和编制方法。

【重要概念】

财务会计报告　资产负债表　利润表　现金流量表　现金及现金等价物　所有者权益(或股东权益)变动表　会计报表附注

【案例分析】

审计人员在查阅U企业2019年10月份的会计报表时,发现利润表中"主营业务收入"项目较以前月份的发生额有较大的增加,资产负债表中的"应收账款"项目本期与前几期比较也发生了较大的变动。于是,审计人员查阅该企业的账簿,发现"应收账款"

总账与明细账金额之和不相等，对总账所记载的一些"应收账款"数额，明细账中并未作登记。审计人员根据账簿记录调阅有关记账凭证，发现三张记账凭证后未附有原始凭证。其中：

10 月 12 日 9 号凭证编制的会计分录是：

借：应收账款　565 000
　贷：主营业务收入　500 000
　　应交税费——应交增值税(销项税额)　65 000

10 月 17 日 15 号凭证编制的会计分录是：

借：应收账款　113 000
　贷：主营业务收入　100 000
　　应交税费——应交增值税(销项税额)　13 000

10 月 23 日 20 号凭证编制的会计分录是：

借：应收账款　92 000
　贷：应交税费——应交增值税(销项税额)　92 000

经审查，U 企业在上述 10 月份的三张会计凭证中虚列当期收入 60 万元，三笔业务在"库存商品"明细账与"主营业务成本"明细账中均未作登记，准备于下年年初作销货退回处理。

案例要求：

1.U 企业此举的目的是什么？说出你认为的企业所为的几种可能性。

2.上述问题在年终结账前发现，U 企业应如何调账？

案例提示：

上述问题在年终结账前发现，U 企业应做如下调整分录：

借：主营业务收入　600 000
　贷：应收账款　600 000

【同步测练】

一、单项选择题

1.反映企业在一定时期内经营成果的报表是(　　)。

A.资产负债表　B.利润表　C.所有者权益变动表　D.现金流量表

2.资产负债表中的"期末余额"栏大多数项目填列的依据是(　　)。

A.有关总账账户期末余额　B.有关总账账户本期发生额

C.有关明细账期末余额　D.有关明细账本期发生额

3.资产负债表中的资产项目是(　　)排列。

A.按其流动性　B.按其重要性　C.按其有用性　D.按随意性

4.按照我国《企业会计准则》的规定，资产负债表采用的格式为(　　)。

A.单步式　B.多步式　C.账户式　D.报告式

5.资产负债表的下列项目中，需要根据几个总账账户的期末余额合并填列的是(　　)。

A.短期借款　B.累计折旧　C.货币资金　D.资本公积

6.下列资产负债表项目中,应根据相应总账账户期末余额直接填列的是(　　)。

A.应收账款　B.应交税费　C.长期借款　D.存货

7.下列项目中,不包括在利润表中的是(　　)。

A.销售费用　B.管理费用　C.制造费用　D.财务费用

8.下列财务报表中,属于反映企业特定日期财务状况的是(　　)。

A.利润表　B.所有者权益变动表

C.资产负债表　D.现金流量表

9.会计报表编制的根据是(　　)。

A.原始凭证　B.记账凭证　C.科目汇总表　D.账簿记录

10.资产负债表中的"存货"项目,应根据(　　)。

A."存货"账户的期末借方余额直接填列

B."原材料"账户的期末借方余额直接填列

C."原材料""生产成本"和"库存商品"等账户的期末借方余额之和,减去"存货跌价准备"科目期末余额后的金额填列

D."原材料""在产品"和"库存商品"等账户的期末借方余额之和填列

11.依照我国的会计准则,利润表所采用的格式为(　　)。

A.单步报告式　B.多步报告式　C.账户式　D.混合式

12.资产负债表是反映企业财务状况的会计报表,它的时间特征是(　　)。

A.某一特定日期　B.一定时期内　C.某一年份内　D.某一月份内

13.在下列各个会计报表中,属于反映企业对外的静态报表的是(　　)。

A.利润表　B.利润分配表　C.现金流量表　D.资产负债表

14."应收账款"科目所属明细科目如有贷方余额,应在资产负债表(　　)项目中反映。

A.预付账款　B.预收账款　C.应收账款　D.应付账款

15.以"资产=负债+所有者权益"这一会计等式作为编制依据的会计报表是(　　)。

A.利润表　B.利润分配表　C.资产负债表　D.现金流量表

16.以"收入-费用=利润"这一会计等式作为编制依据的会计报表是(　　)。

A.利润表　B.利润分配表　C.资产负债表　D.现金流量表

17.某企业"应付账款"明细账期末余额情况如下:W企业贷方余额为200 000元,Y企业借方余额为180 000元,Z企业贷方余额为300 000元。假如该企业"预付账款"明细账均为借方余额,则根据以上数据计算的反映在资产负债表上"应付票据及应付账款"项目的数额为(　　)元。

A.680 000　B.320 000　C.500 000　D.80 000

18.不能通过资产负债表了解的会计信息是(　　)。

A.企业固定资产的新旧程度

B.企业资金的来源渠道和构成

C.企业所掌握的经济资源及其分布情况

D.企业在一定期内现金的流入和流出的信息及其现金增减变动的原因

19.按照会计报表反映的经济内容分类,资产负债表属于(　　)。

A.财务状况报表　B.经营成果表　C.对外报表　D.月报

20.资产负债表的下列项目中,需要根据几个总账账户的期末余额进行汇总填列的是(　　)。

A.长期借款　B.短期借款　C.存货　D.累计折旧

二、多项选择题

1.通过资产负债表可以了解的信息有(　　)。

A.企业某一日期所拥有或控制的各种资源的构成及其分布情况

B.可以了解企业负担的长期债务和短期债务数额

C.了解所有者权益的构成情况

D.可以分析企业所面临的财务风险

2.资产负债表的"期末余额"栏项目数据可根据(　　)填列。

A.总账账户的期末余额直接　B.总账账户期末余额计算

C.若干明细账余额计算　D.账户余额减去其备抵项目后的净额

3.在资产负债表中,根据账户余额减去其备抵项目后的净额填列的项目有(　　)。

A.应收账款　B.无形资产　C.在建工程　D.长期股权投资

4.在编制利润表时,需要计算填列的项目(　　)。

A.营业收入　B.利润总额　C.营业利润　D.净利润

5.现金流量表中的"现金"包括(　　)。

A.库存现金　B.现金等价物　C.其他货币资金　D.活期银行存款

6.下列项目中,影响企业营业利润的有(　　)。

A.主营业务收入　B.税金及附加　C.管理费用　D.营业外收入

7.下列属于企业经营活动现金流量的有(　　)。

A.销售商品收到现金　B.支付货款给供应商

C.出售设备收到款项　D.取得借款存入银行

8.资产负债表的"存货"项目应根据下列总账科目的合计数填列的有(　　)。

A.发出商品　B.自制半成品　C.工程物资　D.低值易耗品

9.在利润表中,一般应列入"税金及附加"项目中的税金有(　　)。

A.增值税　B.消费税　C.城市维护建设税　D.资源税

10.利润表提供的信息包括(　　)。

A.实现的营业收入　B.发生的营业成本

C.其他业务利润　D.利润或亏损总额

E.企业的财务状况

11.企业的下列报表中,属于对外的会计报表的有(　　)。

A.资产负债表　B.利润表　C.股东权益变动表　D.制造成本表

12.下列各项目中,属于资产负债表中的流动资产项目的有(　　)。

A.货币资金　B.预付账款　C.应收账款　D.长期待摊费用

13.下列报表中,反映企业财务状况及其现金流量变动情况的报表是(　　)。

A.资产负债表　B.利润表　C.利润分配表　D.现金流量表

14.按照会计报表所反映的经济内容不同,可分为(　　)。

A.反映财务状况的报表　B.反映财务成果的报表

C.个别会计报表　D.合并会计报表

E.反映费用成本的报表

15.会计报表的使用者包括(　　)。

A.债权人　B.企业内部管理层

C.投资者　D.潜在的投资者

E.国家政府部门

三、判断题

1.资产负债表的格式有多步式和单步式两种。(　　)

2.利润表是一张动态报表。(　　)

3.资产负债表结构的理论依据是“资产=负债+所有者权益”会计等式。(　　)

4.资产负债表中“应收账款”项目,应根据“应收账款”账户所属各明细账户的期末借方余额合计填列。如“预付账款”账户所属有关明细账户有借方余额的,也应包括在本项目内。如“应收账款”账户所属明细账户有贷方余额,应包括在“预付款项”项目内填列。(　　)

5.利润表各项目的数据主要来源于各损益类账户的本期发生额。(　　)

6.现金流量表是以现金和现金等价物为基础编制的财务状况变动表。这里的“现金”是指企业的库存现金。(　　)

7.会计报表是综合反映企业资产、负债和所有者权益的情况及一定时期的经营成果和现金流量的书面文件。(　　)

8.会计报表按其反映的内容,可以分为动态会计报表和静态会计报表。资产负债表是反映在某一特定时期内企业财务状况的会计报表,属于静态会计报表。(　　)

9.资产负债表的“期末数”栏各项目主要是根据总账或有关明细账本期发生额直接填列的。(　　)

10.资产负债表中“货币资金”项目,应主要根据“银行存款”各种结算账户的期末余额填列。(　　)

四、简答题

1.什么是财务会计报告?财务会计报告的作用有哪些?

2.简述资产负债表编制的要点。

3.利润表列报有哪些要求？

4.简述资产负债表、利润表和现金流量表之间的关系。

五、业务题

(一)练习资产负债表的填列

中信公司 2018 年 5 月 31 日有关账户的期末余额如下表所示。

单位:元

总账账户	明细账户	借方余额	贷方余额	总账账户	明细账户	借方余额	贷方余额
应收账款		73 000		短期借款			38 000
	A 工厂	48 000		应付账款			72 500
	B 公司	66 000			甲公司		42 000
	C 公司		41 000		乙公司		53 000
预付账款		35 000			丙公司	29 000	
	D 公司	52 000			丁公司		6 500
	E 公司		17 000	预收账款			7 000
原材料		22 000			F 公司		6 000
库存商品		19 000			G 公司		3 000
生产成本		250 000			H 公司	2 000	
固定资产		286 000		本年利润			48 000
累计折旧			34 580	利润分配	未分配利润		21 000
				应交税费		1 000	

【要求】根据上述资料计算资产负债表中下列项目的填列金额：

应收账款=

预付款项=

存货=

固定资产=

短期借款=

应交税费=

应付账款=

预收款项=

未分配利润=

（二）练习利润表的编制

中信公司2019年12月份结账前有关账户资料摘要如下表所示。

单位：元

账户名称	1—11月累计数	12月31日结账前余额
主营业务收入	1 630 000	143 600
主营业务成本	1 120 000	
税金及附加	15 000	750
销售费用	9 000	2 000
管理费用	24 000	4 200
财务费用	12 000	
其他业务收入	58 000	
其他业务成本	34 000	
营业外收入	16 000	8 000
营业外支出	7 000	600
所得税费用	159 390	
本年利润	323 610	
利润分配-未分配利润※		121 000

※为年初数

中信公司12月31日发生以下调整及结转业务：

1.计提本月行政管理部门使用固定资产折旧500元。

2.结算本月行政管理人员工资3 000元。

3.预提本月短期借款利息150元。

4.结转本月已销产品成本86 000元。

5.计算并结转本月损益。

6.按25%税率计算并结转本月所得税。

【要求】

1.根据上述资料编制有关会计分录。

2.根据上述资料编制中信公司2019年度利润表。

第11章 会计工作组织

【学习目标】

通过本章的学习,了解组织会计工作的意义,熟悉会计机构设置和会计人员配备的基本规定,熟悉会计工作组织形式,掌握会计档案和会计工作交接的基本规定。

【重点难点提示】

本章的重点是会计机构和会计人员的设置、会计档案管理和会计工作交接制度,难点在于掌握会计档案的保管和销毁程序。

11.1 组织会计工作的意义

11.1.1 组织会计工作的意义

为了更好地完成会计工作任务,发挥会计在经济管理中的作用,每个单位都必须结合本单位的特点和会计工作的具体情况,合理组织本单位的会计工作。

会计工作的组织就是为了适应会计工作的综合性、政策性、相关性和严密细致性的特点,对会计机构的设置、会计人员的配备、会计制度的制订与执行等项工作所作的统筹安排。科学地组织会计工作,对于充分发挥会计作用具有重要的意义。

1)有利于提高会计工作的质量和效率

会计是一项严密细致的工作。会计所反映的经济活动是错综复杂的,它所提供的信息要经过凭证—账簿—报表等一系列计算、记录、分类、汇总、分析、检查的手续和处理程序。各种手续、各种程序和各个数据之间存在着紧密的联系。在任何一个环节上出现差错或者脱节,都会造成整个核算结果不正确或不能及时完成。如果没有专职的机构和办事人员,没有一套工作制度和办事程序,就不能把会计工作科学地组织起来,就不能很好地完成会计任务。

2)确保与其他经济管理工作协调一致

会计工作既独立于其他经济管理工作,又同其他经济管理工作如计划、统计工作有着非常密切的关系。它们在共同目标之下相互补充,相互促进,又相互影响。正确地组织会计工作,可以使会计工作同其他经济管理工作更好地分工协作,相互配合,共同完成管好经济的任务。

3)巩固和加强单位内部经济责任制

经济责任制是各经营单位实行内部经济管理的重要手段,会计是经济管理的重要组成部分,必然要在贯彻经济责任方面发挥重要的作用。实行内部经济责任制离不开会计。如科学的经济预测,正确的经济决策,以及业绩评价考核等,都离不开会计工作的支持。科学地组织会计工作,可以促使会计单位内部及有关部门管好用好资金,增收节支,提高管理水平,提高经济效益,可加强各单位内部的经济责任制。

11.1.2 组织会计工作应遵循的要求

组织会计工作应遵循的要求是指组织会计工作时必须遵循的管理工作的一般规律。它是做好会计工作,提高会计工作质量和效率必须遵守的原则和信条。

1)遵守国家对会计工作的统一规定

为了充分发挥会计的作用,国家对会计工作的重要方面都作了统一的规定,国家相继制定并出台了《会计法》《企业财务报告条例》《企业会计制度》《事业单位会计制度》等法规性的文件,这些法规性文件对指导各单位正确组织会计工作有着极其重要的意义。各单位在组织本单位的会计工作时,必须严格按照这些法规性文件的要求办理,只有这样才能使提供的会计信息具有可比性,才能满足社会各方面的组织和人员对会计信息的要求。遵守国家的统一规定,是组织和处理会计工作居首位的要求。

2)适应本单位经营管理的特点

会计工作组织必须结合本单位自身的特点。各单位应在遵循会计法规、制度的前提下,根据本单位业务经营的特点和经营规模的大小等具体情况,制订具体办法或者补充规定。

3)符合精简节约的原则

会计工作的组织要在保证会计工作质量的前提下精简节约。组织会计工作时,对机构设置、人员配备等要精简和合理,避免机构臃肿,人浮于事。对于账务处理程序也力求简化,尽可能实现会计信息处理电算化,使会计工作的重点从单纯地事后算账转向以事前预测,控制为主,提高会计工作的质量。会计工作内部各环节之间以及会计与统计工作之间密切配合,有关指标的核算口径和有关凭证、账簿的设置等方面应尽可能协调一致,相同资料可以相互调用,以提高会计工作效率。

11.2　会计机构和会计人员

建立健全各单位的会计机构,配备与会计工作要求相适应的、具有一定素质和数量的会计人员,是在空间上保证会计工作正常进行,充分发挥会计管理职能的重要条件。《会计法》《会计基础工作规范》等会计规范对会计机构设置和会计人员配备的相关要求作了具体的规定。

11.2.1　会计机构

所谓会计机构(Accounting Department),是指各单位内部直接从事和组织领导会计工作的职能部门。

各单位会计机构的设置,必须符合社会经济对会计工作所提出的各项要求,并与国家的会计管理体制相适应。同时,根据设置的会计机构,制订出符合国家管理规定的、适合本单位具体情况的内部会计管理制度,以最大限度地发挥会计机构以及每个会计人员在经济管理过程中的应有作用。

《会计法》第七条规定,国务院财政部门主管全国的会计工作。县级以上地方各级人民政府的财政部门管理本行政区域内的会计工作。为此,财政部设立会计司,主管全国的会计工作。其主要职责是在财政部领导下,拟定全国性的会计法令,研究、制定改进会计工作的措施和总体规划,颁布会计工作的各项规章制度,管理报批外国会计公司在我国设立的常驻代表机构,会同有关部门制订并实施全国会计人员专业技术职称考评制度等。

地方财政部门、企业主管部门一般设财务会计局、处等,主管本地区或本系统所属企业的会计工作。其主要职责:根据财政部的统一规定,制订适合本地区、本系统的会计规章制度;负责组织、领导和监督所属企业的会计工作;审核、分析、批复所属企业的财务会计报告,并编制本地区、本系统的汇总会计报表;了解和检查所属企业的会计工作情况;负责本地区、本系统会计人员的业务培训,以及会同有关部门评聘会计人员技术职称等。同时,基层企事业单位的主管部门在会计业务上受同级财政部门的指导和监督。

由上可见,我国基层企事业单位的会计工作,受财政部门和单位主管部门的双重领导。在每个基层单位内部,一般都需要设置从事会计工作的职能部门,以完成本单位的会计工作。《会计法》第三十六条规定,各单位应当根据会计业务的需要,设置会计机构,或者在有关机构中配备会计人员并指定会计主管人员;不具备设置条件的,可以委托经批准设立从事会计代理记账业务的中介机构代理记账。《会计法》的这一规定是对会计机构设置所作出的具体要求,这里包含两层含义:

一是基层企事业单位一般应设置会计处、科、股等会计机构,在厂长、经理或单位行政领导人的直接领导下,负责组织、领导和从事会计工作。规模太小或业务量过少的单位可以不单独设置会计机构,但要配备专职会计工作人员或指定专人负责会计工作。大中型企业要设置总会计师主管本单位的经济核算和经营管理工作,直接领导本单位的财务会计工作,并且直接对厂长、经理负责。此外,单位的仓库等部门,也要根据工作的需要,设置专职的核算人员或指定专人负责业务核算工作。各部门的会计核算人员,在业务上都要接受总会计师或会计部门负责人的指导和监督。一个单位是否单独设置会计机构,往往取决于以下几个因素:一是单位规模的大小;二是经济业务和财务收支的繁简;三是经营管理的要求。

二是对于不具备设置会计机构条件的单位,应由代理记账业务的机构完成其会计工作。根据《代理记账管理暂行办法》的规定,在我国从事代理记账业务的机构,专职从业人员不少于3名,同时聘用一定数量相同条件的兼职从业人员。主管代理记账业务的负责人必须具有会计师以上专业技术资格。代理记账机构要有健全的代理记账业务规范和财务会计管理制度。代理记账业务的机构,除会计师事务所外,必须申请代理记账资格并经过县级以上财政部门审查批准,并领取由财政部统一印制的《代理记账许可证书》,才能从事代理记账业务。

由于会计工作与财务工作都是综合性的经济管理工作,二者的关系十分密切。因而,在我国的实际工作中,通常将处理财务与会计工作的职能机构合并为一个部门。这个部门的主要任务就是组织和处理本单位的财务与会计工作,如实地反映本单位的经济活动情况,以便及时地向各有关利益关系体提供他们所需要的财务会计资料,参与企业单位经济管理的预测和决策,严格执行会计法规制度,最终达到提高经济效益的目的。

11.2.2 会计人员

设置了会计机构,还必须配备相应的会计人员。会计人员(Accountant)通常是指在国家机关、社会团体、公司、企业、事业单位和其他组织中从事财务会计工作的人员,包括会计机构负责人(会计主管人员)以及具体从事会计工作的会计师、会计员和出纳员等。合理地配备会计人员,提高会计人员的综合素质是每个单位做好会计工作的决定性因素,对会计核算管理系统的运行起着关键的作用。可以说提高会计人员的素质是发展知识经济的需要,是中国加入WTO的需要,更是企业单位自身发展的需要。

《会计法》第三十八条规定,从事会计工作的人员,应当具备从事会计工作所需要的专业能力。担任会计机构负责人的,除应为专职从业人员外,还应当具备会计师以上专业技术职务资格或者从事会计工作三年以上经历。《会计基础工作规范》第十四条规定,会计人员应当具备必要的专业知识和专业技能,熟悉国家有关法律、法规、规章和国家统一会计制度,遵守职业道德。这些都是对会计人员任职资格的具体规定。

为了充分发挥会计人员积极性,使会计人员在工作时有明确的方向和办事准则,以便更好地完成会计的各项工作任务,就应当明确会计人员的职责、权限和任免的各项规定。

1)会计人员的主要职责

会计人员的职责也是会计机构的职责,具体包括以下几项内容:

(1)进行会计核算

会计人员应按照会计制度的规定,切实做好记账、算账、报账工作。各单位必须根据实际发生的经济业务事项进行会计核算,要认真填制和审核原始凭证,编制记账凭证,登记会计账簿,正确计算各项收入、支出、成本、费用及财务成果。按期结算、核对账目,进行财产清查,在保证账证相符、账账相符、账实相符的基础上,按照手续完备、数字真实、内容完整的要求编制和报出财务会计报告。

《会计法》第十条规定,下列经济业务事项,应当办理会计手续,进行会计核算:

①款项和有价证券的收付;②财物的收发、增减和使用;③债权债务的发生和结算;④资本的增减;⑤收入、支出、费用、成本的计算;⑥财务成果的计算和处理;⑦需要办理会计手续、进行会计核算的其他事项。

(2)实行会计监督

实行会计监督,即通过会计工作,对本单位的各项经济业务和会计手续的合法性、合理性进行监督。对不真实、不合法的原始凭证不予受理,对账簿记录与实物、款项不符的问题,应按有关规定进行处理或及时向本单位负责人报告;对违反国家统一的财政制度,财务规定的收支不予受理。此外,各单位必须依照法律和国家有关规定,接受财政、审计、税务机关的监督,如实提供会计凭证、会计账簿、会计报表和其他会计资料以及有关情况。

建立健全本单位内部会计监督制度。《会计法》第二十七条规定,单位内部会计监督制度应当符合下列要求:①记账人员与经济业务事项和会计事项的审批人员、经办人员、财务保管人员的职责权限应当明确,并相互分离、相互制约;②重大对外投资、资产处置、资金调度和其他重要经济业务事项的决策应相互监督和制约;③财产清查的范围、期限和组织程序应当明确;④对会计资料定期进行内部审计的办法和程序应当明确。

(3)编制业务计划及财务预算,并考核、分析其执行情况

会计人员应根据会计资料并结合其他资料,按照国家各项政策和制度规定,认真编制并严格执行财务计划、预算,遵照经济核算原则,定期检查和分析财务计划、预算的执行情况。遵守各项收支制度、费用开支范围和开支标准,合理使用资金,考核资金使用效果等。

(4)制订本单位办理会计事项的具体办法

会计主管人员应根据国家的有关会计法规、准则及其他相关规定结合本单位具体情况,制订本单位办理会计事项的具体办法,包括会计人员岗位责任制度、钱账分管制度、内部稽核制度、财产清查制度、成本计算办法、会计政策的选择以及会计档案的保管制度等。

2)会计人员的主要权限

为了保障会计人员更好地履行其职责,《会计法》及其他相关法规在明确了会计人员职责的同时,也赋予了会计人员相应的权限,具体有以下三个方面的权限:

①会计人员有权要求本单位各有关部门及相关人员认真执行国家、上级主管部门等批准的计划和预算。严格遵守国家财经纪律、会计准则和相应会计制度。如果发现有违

反上述规定的，会计人员有权拒绝付款、拒绝报销或拒绝执行，对于属于会计人员职权范围内的违规行为，在自己的职权范围内予以纠正，超出其职权范围的应及时向有关部门及领导汇报，请求依法处理。

②会计人员有权履行其管理职能，也就是有权参与本单位编制计划、制订定额、签订合同、参加有关的生产、经营管理会议和业务会议，并以会计人员特有的专业地位就有关事项提出自己的建议和意见。

③会计人员有权监督、检查本单位内部各部门的财务收支、资金使用和财产保管、收发、计量、检验等情况，各部门应该大力支持和协助会计人员工作。

会计人员在正常工作过程中的权限是受法律保护的，《会计法》第四十六条规定，单位负责人对依法履行职责、抵制违反本法规定行为的会计人员以降级、撤职、调离工作岗位、解聘或者开除等方式实行打击报复，构成犯罪的，依法追究刑事责任；尚不构成犯罪的，由其所在单位或者有关单位依法给予行政处分。对受打击报复的会计人员，应当恢复其名誉和原有职务、级别。由此可见，任何人干扰、阻碍会计人员依法行使其正当权利，都会受到法律的追究乃至制裁。

3）会计人员的任免

会计工作者既要为本单位经营管理服务，维护本单位的合法经济利益，又要执行国家的财政、财务制度和财经纪律，维护国家的整体利益，同各种本位主义行为、违法乱纪行为作斗争。针对会计的这一工作特点，国家对会计人员，特别是对会计机构负责人和会计主管人员的任免，在《会计法》和其他相关法规中作了若干特殊的规定，其主要内容包括：

①在我国，国有经济占主导地位，为了保证国有经济顺利、健康有序发展，在国有企业、事业单位中任用会计人员应实行回避制度。《会计基础工作规范》第十六条规定："单位领导人的直系亲属不得在本单位担任会计机构负责人，同时，会计机构负责人的直系亲属也不得在本单位的会计机构中担任出纳工作。"

②企业单位的会计机构负责人、会计主管人员的任免，应当经过上级主管单位同意，不得任意调动或撤换。也就是说，各单位应该按照干部管理权限任命会计机构负责人和会计主管人员，在任命这些人员时应先由本单位行政领导人提名报主管单位，上级主管单位的人事和会计部门对提名进行协商、考核，并经行政领导人同意后，即可通知上报单位按规定程序任免。

③会计人员在工作过程中忠于职守、坚持原则，如果受到错误处理的，上级主管单位应当责成所在单位予以纠正。会计人员在工作过程中玩忽职守、丧失原则，不宜担任会计工作的，上级主管单位应责成所在单位予以撤换。对于认真执行《会计法》以及其他相关会计法规，忠于职守，作出显著成绩的会计人员，应给予精神的或物质的奖励。

11.3　会计工作组织形式

在本章的第二节,我们已经对会计机构的设置问题作了相应介绍,与其相关的一个问题就是会计工作组织形式的确立。企业会计部门承担哪些会计工作,与企业的其他职能部门、车间、仓库等部门之间如何分工,这些都与会计工作的组织形式有关。为了科学地组织会计工作,就必须根据企业规模的大小、业务的繁简以及企业内部其他各组织机构的设置情况,确定企业会计工作组织形式。会计工作组织形式一般包括集中核算和非集中核算两种。

11.3.1　集中核算形式

集中核算(Centralized Accounting),就是在厂部一级设置专业的会计机构,企业单位的主要会计核算工作都集中在单位的会计部门,单位内各部门一般不单独核算,只是对发生的经济业务进行原始记录,编制原始凭证并进行适当汇总,定期把原始凭证和汇总原始凭证送到会计部门,由会计部门进行总分类核算和明细分类核算。采用集中核算形式,由于核算工作集中在会计部门进行,便于会计人员进行合理的分工,并采用科学的凭证整理程序,在核算过程中运用现代化手段,可以简化和加速核算工作,提高核算效率、节约核算费用,并可根据会计部门的记录随时了解企业内部各部门的生产经营活动情况。只是各部门领导不能随时利用核算资料检查和控制本部门的工作。

11.3.2　非集中核算形式

非集中核算(Non Centralized Accounting),又称分散核算,是指企业单位内部各部门核算本身发生的经济业务,包括凭证的整理、明细账的登记、成本的核算、有关会计报表特别是内部报表的编制和分析等工作,而会计部门只是根据企业内部各部门报来的资料进行总分类核算、编报全厂综合性会计报表,并负责指导、检查和监督企业内部各部门的核算工作。采用非集中核算形式,可以使企业内部各部门随时利用有关核算资料检查本部门工作,随时发现问题,解决问题,但这种核算组织形式对企业会计部门而言,不便于采用最合理的凭证整理办法,会计人员的合理分工会受到一定的限制,就整个企业来看,核算的工作总量有所增加,核算人员的编制加大,因而相应的核算费用也会增多。

在实行内部经济核算制的情况下,企业所属各部门和车间,特别是业务部门,都由企业拨给一定数量的资金,都有一定的业务经营和管理的权利,负有完成各项任务的责任,并可按照工作成果取得一定的物质利益。这些部门和车间为了反映和考核各自的经营成果,可以进行比较全面的核算,单独计算盈亏,按期编报会计报表,但这些部门和车间不能单独与企业外部其他单位发生经济业务往来,也不能在银行开设结算户。

对于一个企业单位而言,采用集中核算组织形式还是非集中核算组织形式并不是绝对的,可以单一地选用集中核算或非集中核算形式,也可以二者兼而有之,即对某些业务采用集中核算而对另外的业务采用非集中核算形式。但是,无论是采取哪一种组织形式,企业采购材料物资、销售商品、结算债权债务、现金往来等对外业务都应由厂部会计部门办理。企业单位在确定应采用的会计工作组织形式时,既要考虑能正确、及时地反映企业单位的经济活动情况,又要注意简化核算手续,提高工作效率,具体地说,应注意以下几个方面的问题:

第一,考虑本单位规模大小、业务繁简以及相关核算条件的要求;

第二,在保证会计核算质量的前提下,力求简化会计核算手续,及时、正确地提供会计核算资料,节约人力和物力;

第三,全面考虑企业单位会计人员的数量和业务素质的适应能力;

第四,各相关部门之间要做到相互配合,有关会计核算资料的确定应口径一致。

11.4 会计档案管理与会计交接制度

11.4.1 会计档案管理

1)会计档案的概念

《会计档案管理办法》第五条规定:会计档案是指“会计凭证、会计账簿和财务报告等会计核算专业资料,是记录和反映单位经济业务的重要史料和证据”。由此可见,会计档案(Accounting Archives)是机关团体和企事业单位在其日常经营活动的会计处理过程中形成的,并按照规定保存备查的会计信息载体,以及其他有关财务会计工作应予集中保管的财务成本计划、重要的经济合同等文件资料。

会计档案是国家经济档案的重要组成部分,是企业单位日常发生的各项经济活动的历史记录,是总结经营管理经验、进行决策所需的主要资料,也是检查各种责任事故的重要依据。各单位的会计部门对会计档案必须高度重视、严加保管。大中型企业应建立会计档案室,小型企业应有会计档案柜并指定专人负责。对会计档案应建立严密的保管制度,妥善管理,不得丢失、损坏、抽换或任意销毁。

2)会计档案包括的具体内容

按照《会计档案管理办法》的规定,企业单位的会计档案包括以下具体内容。

(1)一般会计档案

①会计凭证类:原始凭证、记账凭证、汇总凭证、其他会计凭证。

②会计账簿类:总账、明细账、日记账、固定资产卡片、辅助账簿、其他会计账簿。

③财务报告类:月度、季度、年度财务报告,包括会计报表、附表、附注及文字说明,其他财务报告。

④其他类:银行存款余额调节表,银行对账单,其他应当保存的会计核算专业资料,会计档案移交清册,会计档案保管清册,会计档案销毁清册、会计档案鉴定意见书及其他

具有保存价值的会计资料。

(2)电子会计档案

对于单位内部形成的属于归档范围的电子会计资料,同时满足以下几个条件的,可仅以电子形式保存,形成电子会计档案:

①形成的电子会计资料来源真实有效,由计算机等电子设备形成和传输。

②使用的会计核算系统能够准确、完整、有效地接收和读取电子会计资料,能够输出符合国家标准归档格式的会计凭证、会计账簿、财务会计报表等会计资料,设定了经办、审核、审批等必要的审签程序。

③使用的电子档案管理系统能够有效接收、管理、利用电子会计档案,符合电子档案的长期保管要求,并建立了电子会计档案与相关联的其他纸质会计档案的检索关系。

④采取有效措施,防止电子会计档案被篡改。

⑤建立电子会计档案备份制度,能够有效防范自然灾害、意外事故和人为破坏的影响。

⑥形成的电子会计资料不属于具有永久保存价值或者其他重要保存价值的会计档案。对于单位从外接收的电子会计资料,附有符合《中华人民共和国电子签名法》规定的电子签名的,可仅以电子形式归档保存,形成电子会计档案。

3)会计档案管理的基本内容

为了加强会计档案的科学管理,统一全国会计档案管理制度,有效保护和利用会计档案,财政部、国家档案局于 2015 年修订并发布了《会计档案管理办法》,自 2016 年 1 月 1 日起执行。该办法共 31 条,统一规定了会计档案管理的基本内容和要求。

(1)会计档案的归档

各单位每年形成的会计档案,应由财务会计部门按照归档要求负责整理立卷或装订。当年形成的会计档案在会计年度终了后,可暂由本单位财务会计部门保管一年。保管期满之后,原则上应由财务会计部门编制清册,移交本单位的档案管理部门保管;未设立档案管理部门的,应当在财务会计部门内部指定专人保管。出纳人员不得兼管会计档案。

档案管理部门接收保管的会计档案,原则上应当保持原卷册的封装,个别需要拆封重新整理的,应当会同财务会计部门和原经办人共同拆封整理,以分清责任。

对会计档案应当进行科学管理,做到妥善保管、存放有序、查找方便,不得随意堆放,严防毁损、散失和泄密。

采用电子计算机进行会计核算的单位,应当保存打印出的纸制会计档案。具备采用磁带、磁盘、光盘、微缩胶片等磁性介质保存会计档案条件的,由国务院业务主管部门统一规定,并报财政部、国家档案局备案。关、停、并、转单位的会计档案,要根据会计档案登记簿编造移交清册,移交给上级主管部门或指定的接收单位接收保管。

(2)会计档案的保管期限

各类会计档案的保管期限是由国家统一规定的,各单位不得擅自变更。国家对不同单位、不同类别的会计档案规定了不同的保管期限,会计档案应分类保存,并建立相应的分类目录或卡片,随时进行登记。按照《会计档案管理办法》的规定,会计档案的保管期限分为永久保管和定期保管两类,其中定期保管期限又分为10年和30年两种。会计档案的保管期限从会计年度终了后的第一天算起。企业单位的会计档案的具体保管期限如表11-1所示。

表11-1 企业和其他组织会计档案保管期限表

序 号	档案名称	保管期限	备 注
一	会计凭证		
1	原始凭证	30年	
2	记账凭证	30年	
二	会计账簿		
3	总账	30年	
4	明细账	30年	
5	日记账	30年	
6	固定资产卡片		固定资产报废清理后保管5年
7	其他辅助性账簿	30年	
三	财务会计报告		
8	月度、季度、半年度财务会计报告	10年	
9	年度财务会计报告	永久	
四	其他会计资料		
10	银行存款余额调节表	10年	
11	银行对账单	10年	
12	纳税申报表	10年	
13	会计档案移交清册	30年	
14	会计档案保管清册	永久	
15	会计档案销毁清册	永久	
16	会计档案鉴定意见书	永久	

(3)会计档案的查阅和复制

会计档案归档保管之后,需要调阅会计档案的,应办理档案调阅手续方可调阅,应设置"会计档案调阅登记簿",详细登记调阅日期、调阅人、调阅理由、归还日期等内容。本单位人员调阅会计档案,需经会计主管人员同意,外单位人员调阅本单位会计档案,要有正式的介绍信,经单位领导批准。对借出的会计档案要及时督促归还。未经批准,调阅人员不得将会计档案携带外出,不得擅自摘录有关数据。遇特殊情况需要影印复制会计档案的,必须经过本单位领导批准,并在"会计档案调阅登记簿"内详细记录会计档案影印复制的情况。

(4)会计档案的销毁

会计档案保管期满需要销毁的,可以按照规定程序予以销毁。会计档案销毁的基本程序和要求如下:

①编制会计档案销毁清册。会计档案保管期满需要销毁的,由本单位档案部门提出意见,会同财务会计部门共同进行审查和鉴定,并在此基础上编制会计档案销毁清册。会计档案销毁清册是销毁会计档案的记录和报批文件,一般包括:会计档案名称、卷号、册数、起止年度和档案编号、应保管期限、已保管期限、销毁日期等。单位负责人应当在会计档案销毁清册上签署意见。

②专人负责监销。销毁会计档案时,应当由单位的档案机构和会计机构共同派人监销;各级主管部门销毁会计档案时,还应当有同级财政、审计部门派人监销;各级财政部门销毁会计档案时,应当由同级审计部门派人监销。监销人在销毁会计档案前应当按照会计档案销毁清册所列内容,清点核对所要销毁的会计档案;销毁后,监销人应当在会计档案销毁清册上签章,并将监销情况报告给本单位负责人。

③不得销毁的会计档案。对于保管期满但仍未结清的债权债务原始凭证以及涉及其他未了事项的原始凭证,不得销毁,而应当单独抽出立卷,保管到未了事项完结时为止。单独抽出立卷的会计档案,应当在会计档案销毁清册和会计档案保管清册上列明。此外,处于建设期间的建设单位,其保管期满的会计档案也不得销毁。

11.4.2　会计工作交接

会计工作交接(Accounting Handover),是会计工作中的一项重要内容,办好会计工作交接,有利于保持会计工作的连续性,有利于明确各自的责任。

会计人员调动工作或者离职时,与接替人员办清交接手续,可以使会计工作前后紧密衔接,保证会计工作连续进行,防止因会计人员的更换而出现会计核算混乱的现象,同时可以分清移交人员和接替人员的责任。关于会计工作交接问题,有关的会计法规都作了明确的规定。《会计法》第四十一条规定,会计人员调动工作或者离职,必须与接管人员办清交接手续。《会计基础工作规范》也有相关的规定。

1)会计工作交接的要求

《会计工作基础规范》对会计工作交接作了比较具体的规定,其内容包括:

①会计人员工作调动或因故离职,必须与接替人员办理交接手续,并将本人所经管的会计工作,在规定期限内移交清楚。会计人员临时离职或因事、因病不能到职工作的,会计机构负责人、会计主管人员或单位领导必须指定人员接替或代理。会计档案保管人员调动工作,应按照规定办理正式的交接手续。没有办清交接手续的,不得调动或者离职。

②接替人员应认真接管移交的工作,并继续办理移交的未了事项。移交后,如果发现原经管的会计业务有违反财会制度和财经纪律等问题,仍由原移交人负责。接替的会计人员应继续使用移交的账簿,不得自行另立新账,以保持会计记录的连续性。

③交接完毕后,交接双方和监交人要在移交清册上签名或者盖章,并应在移交清册上注明单位名称、交接日期、交接双方以及监交人的职务和姓名,移交清册页数,以及需要说明的问题和意见等。移交清册一般应填制一式三份,交接双方各执一份,存档一份。

④单位撤销时,必须留有必要的会计人员,会同有关人员办理清理工作,编制决算,未移交前,不得离职。接收单位和移交日期由主管部门确定。

2)会计工作交接的程序

(1)移交前的准备工作

会计人员办理移交手续前,必须做好以下各项准备工作:

①对已经受理的经济业务,应全部填制会计凭证。

②尚未登记的账目,应登记完毕,并在最后一笔余额后加盖经办人员印章。

③整理应移交的各项资料,对未了事项写出书面材料。

④编制移交清册,列明移交的凭证、账表、公章、现金、有价证券、支票簿、发票、文件、其他会计资料和物品等内容。

(2)移交

移交人员按移交清册逐项移交,接替人员逐项核对点收,具体内容包括:

①现金、有价证券等要根据账簿余额进行点交。库存现金、有价证券必须与账簿余额一致,不一致时,移交人应在规定期限内负责查清处理。

②会计凭证、账簿、报表和其他会计资料必须完整无缺,不得遗漏;如果有短缺,要查明原因,并在移交清册中注明,由移交人负责。银行存款账户余额要与银行对账单核对相符;各种财产和债权、债务的明细账余额,要与总账有关账户的余额核对相符;必要时,可抽查个别账户余额,与实物核对相符或与往来单位、个人核对清楚。

③移交人经管的公章和其他实物,也必须交接清楚。

④会计机构负责人、会计主管人员移交时,除按移交清册逐项移交外,还应将全部财务会计工作、重大的财务收支和会计人员的情况等向接管人员详细介绍,并对需要移交的遗留问题写出书面材料。

(3)监交

会计人员办理交接手续,必须有监交人负责监交。其中,一般会计人员办理交接手续,由会计机构负责人(会计主管人员)监交;会计机构负责人(会计主管人员)办理交接手续,由单位负责人监交,必要时主管单位可以派人会同监交。通过监交,保证双方都按照国家有关规定认真办理交接手续,防止流于形式,保证会计工作不因人员变动而受影响,保证交接双方处在平等的法律地位上享有权利和承担义务,不允许任何一方以大压小、以强凌弱,或采取不正当乃至非法手段进行威胁。移交清册应当经过监交人员审查和签名、盖章,作为交接双方明确责任的证据。

交接工作完成后,移交人员应当对所移交的会计资料的真实性、完整性负责。

【本章小结】

本章阐述了组织会计工作的意义、会计机构和会计人员的设置,重点阐述了会计工作的组织形式、会计档案管理办法以及会计工作交接等内容。

【重要概念】

会计工作组织　会计机构　会计人员　集中核算　非集中核算　会计档案　会计交接

【案例分析一】

张明于 2018 年 1 月 1 日投资开办了天利公司,经营房地产业务。公司在会计核算过程中采用权责发生制原则作为确认损益的基础。在 2018 年年末,公司由于业务发展的要求,需要增加新的资金投入。于是,张明以天利公司的名义向当地一家银行申请贷款 500 万元,并吩咐公司的会计编制了相关的财务报表。银行对该公司报送的会计报表进行了全面的审查,认为这笔贷款风险过大,最终拒绝了张明的申请。

张明收到银行的拒绝贷款通知书之后,对拒绝的理由进行了研究,发现银行拒贷的主要原因就是通过其会计报表反映的公司财务状况、经营成果不是很好,特别是在公司提供给银行的会计报表中反映的公司债务大于债权 600 多万元,资产的流动性也不是非常理想。于是,张明要求公司会计按照收付实现制原则为基础重新编制了一份财务报表,在这份报表中,一方面将该公司以前已经收现(即收款)但没有实现的预收款转为本年的收入,以改善公司的盈利状况、减少债务的额度,另一方面,还将 2018 年 10 月 12 日公司在一次房展会上与客户签署的一项意向性协议所包含的协议款列为债权(应收款),而这个协议所达成的意向将在 2020 年 10 月份才可能生效。经过调整,在重新编制的会计报表中出现了比较理想的财务状况和经营状况。

张明带着这份被修饰了的会计报表又向另一家银行申请贷款,并且,张明还在申贷会上声称本公司在以往的贷款活动中,从来没有被拒绝过。

案例要求:

1.运用所学的会计知识对张明及其公司的行为进行评述,展开讨论,发表自己的见解。

2.你认为第二家银行会怎样处理天利公司的申贷要求?

案例提示:

该案例是供大家讨论的,所以在此,只给出一个分析思路:

1.天利公司在第一家银行被拒贷,其直接原因就是公司账面的债务过多,近期偿债能力又不强(资产的流动性弱),除此之外,公司目前的经营状况直接影响到未来的发展潜力和获利空间,这些因素对第一家银行而言都意味着产生风险的可能性。

2.对于第二家银行而言,被修饰的报表或许能够不被发现,这就要求银行的会计人员要有一定的专业知识和职业判断能力,特别是张明一再声称“从未被拒贷过”,应引起注意(为何不继续在没被拒贷过的银行贷款)。另外,还要从该公司的往来款项入手进行仔细的审查,“收现”和“实现”在权责发生制原则下,意义绝不相同;意向性的协议在会计上是不能作为原始凭证的,将未来的一种可能性等同于现实是错误的。

3.本案例涉及“会计事项处理基础”“收入的确认、计量”“会计凭证”“会计报表”“会计职业道德”等会计核算的相关知识。

【案例分析二】

郑州华明制药有限公司原董事长王明亮在任职期间,先后向河南省多家金融机构贷款2 000余万元,尚未偿还。2018年9月,公司财产被郑州市中级人民法院依法查封扣押。在此期间,为了躲避稽查,王明亮让公司员工田某将财务室内的会计凭证等资料全部运到郑州市的某宾馆交给自己。王明亮因涉嫌贷款诈骗罪被郑州市公安局刑事拘留,后被逮捕。在羁押期间,公安人员为了查清华明公司贷款去向,多次对王明亮进行讯问,但王明亮拒不交代华明公司会计凭证等资料的下落,致使公安机关无法查证落实这家公司的贷款去向。

案例要求:

请查阅有关资料,并结合课堂学习谈谈你对本案例的看法。

【同步测练】

一、单项选择题

1.下列说法正确的是(　　)。

A.会计档案销毁清册需要保管10年　　B.银行存款余额调节表需要保管30年

C.固定资产卡片账应保管10年　　D.现金日记账需要保管30年

2.会计档案中的其他类是指与会计核算、会计监督密切相关,由会计部门负责办理的有关数据资料,不包括(　　)。

A.银行对账单　　B.存储在磁性介质上的会计数据

C.财务数据统计资料　　D.生产计划书

3.保管期限为30年的会计档案有(　　)。

A.各类会计凭证和会计账簿　　B.银行存款余额调节表和银行对账单

C.现金、银行存款及税收日记账　　D.月度和季度财务会计报告

4.原始凭证和记账凭证的保管期限为(　　)年。

A.5年　　B.10年　　C.30年　　D.永久

5.下列会计档案中需要保管30年的是(　　)。

A.月、季度财务报告　　B.明细账

C.会计档案保管清册　　D.银行对账单

6.需要永久保存的会计档案是(　　)。

A.现金日记账　　B.原始凭证　　C.会计档案保管清册　　D.银行对账单

7.各单位每年形成的会计档案,都应由本单位(　　)负责整理立卷,装订成册,编制

会计档案保管清册。

A.档案部门　　B.财务会计部门　　C.人事部门　　D.指定专人

8.以下内容不属于会计档案的是(　　)。

A.银行存款日记账　　B.总账

C.购销合同　　D.购货发票

二、多项选择题

1.关于会计档案的销毁,下列说法正确的有(　　)。

A.应当由本单位财务会计部门提出销毁意见

B.应当编制会计档案销毁清册

C.单位负责人应在销毁清册上签署意见

D.应由单位档案机构和会计机构共同派员监销

2.下列会计档案中,需要永久保存的有(　　)。

A.汇总凭证　　B.辅助账簿

C.年度财务报告　　D.会计档案销毁清册

3.企业的下列会计档案中,保管期限为 30 年的应有(　　)。

A.固定资产总账　　B.库存商品明细账

C.现金日记账　　D.长期股权投资总账

4.按照《会计档案管理办法》的规定,下列说法中正确的有(　　)。

A.会计档案的保管期限分为 5 年、10 年、30 年、永久四类

B.正在建设期间的建设单位,其会计档案不论是否已满保管期限,一律不得销毁

C.固定资产卡片于固定资产报废清理后保管 5 年

D.会计档案为本单位提供查阅利用,不得借出,如有特殊需要,经本单位负责人批准,可以提供查阅或复制

5.下列关于会计档案管理的说法中正确的有(　　)。

A.出纳人员不得兼管会计档案

B.会计档案的保管期限,从会计档案形成后的第一天算起

C.单位负责人应在会计档案销毁清册上签署意见

D.采用电子计算机进行会计核算的单位,应保存打印出的纸质会计档案

6.下列属于会计档案的内容的有(　　)。

A.记账凭证　　B.明细分类账

C.会计报表　　D.银行存款余额调节表

7.档案部门接收保管的会计档案需要拆封重新整理时,不正确的做法是(　　)。

A.由原封装人员拆封整理

B.由原财务会计部门拆封整理

C.由档案部门拆封整理

D.由档案部门会同原财务会计部门和经办人员共同拆封整理

8.会计档案销毁清册是销毁会计档案的书面记录和报批文件,其内容一般应包(　　)。

A.销毁会计档案的名称　　　　　　B.卷号、册数、起止年度和档案编号
C.应保管期限和已保管期限　　　　D.销毁时间

三、判断题

1.对于保管期满但未结清的债权债务原始凭证和涉及其他未了事项的原始凭证,不得销毁,应单独抽出立卷,由档案部门保管到未了事项完结时为止。（　）

2.对于保管期满的会计档案可以直接销毁。（　）

3.会计档案保管清册要保管 30 年。（　）

4.会计账簿类会计档案的保管期限均为 10 年。（　）

5.各单位对会计凭证、会计账簿、财务会计报告和其他会计资料应当建立档案,妥善保管。（　）

6.各单位保存的会计档案原则上不得借出,但如有特殊需要,经本单位负责人批准,可以借出。（　）

7.本单位的会计档案机构为方便保管会计档案,可以根据需要对其拆封重新整理。（　）

8.企业员工查阅会计档案,必须经本单位负责人批准。（　）

9.《会计法》是我国会计法规体系中最高层次的法律规范。（　）

10.会计工作岗位责任制要求一人一岗,以符合内部控制制度的要求。（　）

四、简答题

1.科学地组织会计工作有什么重要意义?

2.什么是会计档案?简述其包括的内容。

3.简述会计档案的保管、移交、销毁的基本规定。

4.简述我国会计法规体系的构成。

5.简述《会计基础工作规范》对会计工作交接的基本规定。

第 12 章　会计电算化

【学习目标】

通过本章的学习，了解会计电算化的概念、特点、地位和作用，熟悉会计软件初始化系统、财务处理系统、报表管理系统、工资系统、固定资产系统、购销存系统等的使用方法。

【重点难点提示】

本章的重点是会计电算化的概念和特点，难点是对会计电算化应用流程的理解和操作。

12.1　会计电算化概述

12.1.1　会计电算化的概念

会计电算化(Accounting Computerization)，是计算机技术、网络通信技术、信息处理技术与现代会计相结合的产物。1945 年，美国通用公司首次利用计算机计算职工工资的举动，引起了会计数据处理技术的变革，开创了利用计算机进行会计数据处理的新纪元。随着计算机技术的迅速发展，计算机在会计工作中的应用范围也在不断扩大。当今西方许多发达国家，把计算机应用于会计数据处理、会计管理、财务管理以及预测和决策中，并且取得了显著的经济效益。在我国，将计算机技术应用于会计数据处理起步比较晚，1979 年，长春第一汽车制造厂大规模信息系统的设计与实施，是我国会计电算化发展过程的一个里程碑。1981 年 8 月，在财政部、第一机械工业部、中国会计学会的支持下，中国人民大学和长春第一汽车制造厂联合召开了“财务、会计、成本应用电子计算机问题讨论会”，第一次提出了“会计电算化”的概念。

在会计工作中，“会计电算化”是指以电子计算机为载体的当代电子技术和信息技术应用到会计实务中的简称，它是一个利用计算机来代替人工记账、算账、报账，以及替代部分由人脑完成的对会计信息分析、预测和决策的过程。

会计实现电算化以后，会计处理技术发生了质的飞跃，这种变化不仅影响到会计实务，也对某些传统的会计理论产生了很大影响。

随着会计电算化事业的不断发展，会计电算化的含义得到了进一步的延伸，它不仅涉及会计信息系统（会计核算、会计管理、会计决策等）的理论与实物研究，而且还融进了与其相关的所有工作，如会计电算化的组织与规划、会计电算化的实施、会计电算化的管理、会计电算化人员的培训、会计电算化制度的建立、计算机审计等内容。现在，大家普遍认为，会计电算化是现代会计学科的重要组成部分，它是研究计算机会计理论与计算机会计实务的一门会计边缘学科。

12.1.2 会计电算化的特点

1）处理工具电算化

实行会计电算化后，会计处理工具由传统的算盘、计算器转变为计算机，处理工具的变化使得会计处理速度和准确性得到了极大提高。在手工上无法完成的许多工作可以快速地完成。

2）信息载体磁性化

传统会计核算过程中会计信息保存在纸质介质上，信息的保存数量和方式都受到介质的限制。在电算化条件下，会计信息存储在磁性介质上，没有具体的形态和格式，并且磁性介质在保存信息的质量上有了很大的提高。

信息载体的变化使信息的查询和检索方式发生了很大的变化。由于不能直接用肉眼查看，信息的查询不能离开计算机系统甚至原来的软件系统。同时由于计算机网络技术的发展，会计信息可以在很短的时间内传送给很多信息需求者或者提供许多人阅读。信息载体的变化带来的另一个影响就是对信息真实性和完整性提出了新的挑战，由于磁性介质的特点，对信息的篡改在存储介质上可以不留下任何痕迹。

3）账务处理程序统一化

传统账务处理程序在实施电算化以后将逐步统一，许多手工处理特点的程序和方法将不复存在。分散在各个会计岗位上的数据由计算机统一处理，避免了数据的分散重复，有利于数据的一致性和完整性，也提高了数据的利用率。

4）人员结构多样化

实施电算化后，会计工作要在计算机上完成，要求会计人员除了掌握会计知识以外，还要能够掌握计算机的操作技能。会计部门除了传统的会计人员外，还需要计算机维护和系统维护的专业技术人员。

5）内部控制程序化

内部控制是指为了防止错误出现而采用的方法、措施和制度等。在电算化会计信息系统中，许多内部控制工作由计算机程序完成。例如通过对凭证、账簿和报表的设置可以实现严密的人员权限控制，使操作者能进行阅读、修改和打印，或只能具备其中部分权限,而数据校验、账账核对等工作可以根据数据程序设定并由计算机自动完成。

12.1.3 会计电算化的意义

会计电算化是融计算机科学、管理科学、信息科学和会计科学为一体的边缘学科。它的产生对会计理论与实务产生了重大的影响,对于提高会计核算的质量、促进会计职能的转变、提高经济效益和加强国民经济宏观管理,都有十分重要的作用。

1)减轻劳动强度、提高工作效率

在手工会计信息系统中,会计数据处理全部或主要是靠人工操作。因此,会计处理的效率低、错误多、工作量大。实现会计电算化后,只要把会计数据按规定的格式要求输入计算机,计算机便自动、高速、准确地完成数据的校验、加工、传递、存储、检索和输出工作。这样,不仅可以把广大财会人员从繁重的记账、算账、报账工作中解脱出来,而且由于计算机对数据处理速度大大高于手工,因而也大大提高了会计工作的效率,以便会计信息的提供更加及时。

2)全面、及时、准确地提供会计信息

在手工操作的情况下,企业会计核算工作无论在信息的系统性、及时性还是准确性方面都难以适应经济管理的需要。实现会计电算化后,大量的会计信息可以得到及时、准确地输出,即可以根据管理需要,按年、季、月提供丰富的核算信息和分析信息,按日、时、分提供实时核算信息和分析信息。随着企业互联网的建立,会计信息系统中的数据可以迅速传递到企业的任何管理部门,以便企业经营者能及时掌握企业自身的经济活动的最新情况和存在的问题,并采取相应措施。

3)提高会计人员素质,促进会计工作规范化

实现会计电算化后,原有会计人员一方面有更多时间学习各种经营管理知识,参与企业管理;另一方面,还可以通过学习掌握电子计算机有关知识,使知识结构得以更新,素质不断提高。较好的会计基础和业务处理规范是实现会计电算化的前提条件,会计电算化的实施,在很大程度上解决了手工操作中不规范、易出错、易疏漏等问题。因此,会计实现电算化的过程,也是促进会计工作标准化、制度化、规范化的过程。

4)促进会计职能的转变

实行会计电算化,无疑可以使广大财会人员从繁重的手工核算中解脱出来,减轻劳动强度,使财会人员有更多的时间和精力参与经营管理,从而促进了会计工作职能的转变,使会计工作在加强经营管理、提高经济效益中发挥更大作用。

5)促进会计理论和会计实物研究的不断发展

计算机在会计实务中的应用不仅是核算工具的变革,而且也必然会对会计核算的内容方法、程序、对象等会计理论和技术产生影响,从而促进会计学科自身的不断发展和完善,使其进入新的发展阶段。

6)推动企业管理现代化

会计工作是企业管理工作的重要部分,就企业而言,会计信息是企业管理信息的主

要组成部分。据统计,会计信息占企业管理信息的60%~70%,而且多是综合性的指标。实现会计电算化,就为企业管理手段现代化奠定了重要基础,就可以带动或加速企业管理现代化的实现。

12.1.4 我国会计电算化发展概况

1)会计电算化发展的阶段

我国会计电算化起步较晚,发展过程大体可分为四个阶段:

(1)发展阶段(1983年以前)

1983年以前,只有少数单位将计算机技术用于会计领域,主要是单项会计业务的电算化开发和缓慢应用,如工资计算、仓库核算等。这个阶段,会计电算化发展比较缓慢,其原因是会计电算化人员缺乏,计算机硬件比较昂贵,会计电算化没有得到高度重视。

(2)自发发展阶段(1983—1987年)

1983年后,微机在国内市场上大量出现,多数企事业单位已能够买得起微机,这为计算机在会计领域的应用创造了良好的条件。与此同时,企业也有了开展电算化工作的愿望,纷纷组织力量开发会计软件。因此,这个阶段,电算化处于各自为战、闭门造车的局面。会计软件一家一户地自己开发,投资大、周期长、见效慢,造成大量的人力、物力和财力的浪费。

(3)稳步发展阶段(1987—1996年)

这一阶段,财政部、各地区财政部门,以及企业管理部门逐步开始对会计电算化工作进行组织和管理,促使会计电算化工作走上了有组织、有计划的发展轨道,并得到了蓬勃发展。这个阶段主要标志:商品化会计核算软件市场从幼年走向成熟,初步形成了会计软件市场和会计软件企业,为社会提供了丰富的软件产品;很多企事业单位逐步认识到开展会计电算化的重要性,纷纷购买商品化会计软件或自行开发会计软件,建立了会计电算化系统;在会计电算化人才培养方面,全国一些高等院校和研究所专门制订了会计电算化的教学计划,会计专业开设了会计电算化课程。

(4)竞争提高阶段(1996年至今)

随着会计电算化工作的深入开展,会计软件市场逐步成熟,市场竞争激烈,各类会计电算化软件在竞争中进一步拓展功能,部分专业的会计电算化软件公司在成功推广应用管理会计软件的基础上,又开始研制并试点推广MRPII和ERP软件。

2)会计电算化的发展趋势

我国的会计电算化信息系统,在短短十几年的时间里,从无到有,发展迅速。从国外会计信息系统的发展历程及其在我国的应用现状,不难预测我国会计电算化的发展趋势。

(1)会计信息系统的应用范围进一步扩大

随着科学技术和社会经济的发展,整个社会的信息化程度将不断提高,计算机的广泛应用是信息化社会发展的必然趋势。目前,我国有越来越多的单位已开发和应用了计算机会计信息系统,但与发达国家相比,还有较大的差距,会计信息系统的应用范围将会进一步扩大,会计电算化的普及程度会越来越快和越来越高。

(2)会计信息系统的功能进一步提高

目前,国内的会计信息系统基本上用于事后算账,在预测、决策、规划、控制、分析等方面的功能不强。然而,现代化经济活动已对管理者提出了更高的要求,管理者的决策已从经验决策转向科学决策,这样仅停留在事后算账的会计信息系统远远不能适应管理上的要求。我们需要借鉴国外先进经验,结合我国实际,开发与应用决策支持系统,并逐渐使结构化系统向智能化系统发展。

对于决策支持系统的研究,目前国内尚在探索阶段,系统的基本构造、基本功能等一系列问题,均有待于深入研究和探索。现有的电算化会计信息系统,仅能按预先设定的工作程序和思路处理数据,还不能自动判断和分析,并作出相应的处理。随着决策支持系统的建立、发展和完善,将来的会计信息系统将向模拟人工智能方向发展。在会计领域,将出现会计专家系统,它将帮助企业利用现有的信息进行预测和决策。

(3)会计信息系统的网络化迅速发展

单机系统虽然能满足中小企业的基本需求,但从长远来看,难以满足管理发展的进一步要求。要充分发挥电算化会计信息系统的功能和作用,网络化是一种有效的方式。通过建立网络可做到信息共享,实现信息的及时处理,提高管理水平。

计算机网络系统的发展使会计信息系统网络化程度不断提高,可以预计,在不久的将来,不仅在会计信息系统内部形成完整的网络系统,而且会计信息系统还将成为企业整个管理信息系统的有机组成部分,通过网络通信与其他系统进行大量的数据交换,从而大大提高会计信息处理与利用的深度和广度。会计信息系统的网络化是必然的趋势。

目前,在我国会计电算化工作中,已经广泛运用了局域网络版会计软件,有些单位也开始运用远程网,有的还借助 ATM 等新的传输技术。随着经济进一步向全球化方向发展,会有越来越多的企业通过国际互联网采集和传输国际经济信息,企业很方便地就与遍及全球的互联网连接起来。

(4)会计信息传递方式发生巨大变化

传统会计信息的传递方式是以票证和报表为信息载体,不仅传递速度慢、范围窄,且不便于会计信息的重复利用。随着我国电算化的发展,中央各主管部门要求其所属企业用磁盘报送会计报表,并用计算机对这些会计报表进行汇总。随着计算机在会计工作中应用的进一步普及,采用报送磁盘的方式传递会计信息必将成为未来我国会计信息传递的趋势,而且会计信息的网络传输会在更大的范围内实现会计信息的共享。

(5)对会计软件开发工作提出更高的要求

近些年来,随着"管理型"软件的发展,软件开发设计难度不断加大。与此同时,计算机技术日新月异,飞速发展,新的管理制度频频出台,要求会计软件更新的节奏加快,有时一代产品刚刚开发完成,就需要立即组织力量,根据新的技术条件和新的管理制度的要求,开发更新下一代的产品,并推向市场。因此,一方面,要扩大开发设计人员队伍,加强开发设计能力,投入必要的开发资金;另一方面,要选用先进的开发方法,以缩短开发周期,减少开发投资,加快软件的更新换代。

(6)与手工会计工作规范融为一体的电算化会计规范体系将全面形成

所谓会计电算化规范体系,是指国家有关部门针对会计电算化工作所制订的一系列条例、规章、制度、准则的总和。完善的电算化会计规范体系,是会计电算化工作的基本规则。手工会计系统,从微观到宏观都已形成较完善的运行规范体系,它涉及和覆盖了会计工作的各个环节及各个方面。电算化会计系统与手工会计系统相比,在每一个工作环节上都有较大差别。因此,与手工会计规范一样,电算化会计规范体系也应涉及和覆盖会计电算化工作的方方面面。展望未来,手工会计与计算机会计的界限将越来越淡化,完全不使用计算机的企业将成为个例。在这种情况之下,手工会计规范与电算化工作规范必将融为一体,并大量增加计算机会计系统运行规范的内容。如电算化工作规则,会计证、账、表的输出规范,电算化会计档案管理制度,会计信息存贮规范或标准,计算机会计系统的内部控制制度等。

(7)计算机在审计工作中的应用

会计电算化给审计工作带来了一系列新问题,若审计工作不作一些适应性的变化,则其工作将难以开展;同时,会计电算化的进程如果缺乏审计监督,也不能健康发展。国外计算机在审计工作中的应用已有了较快的发展,许多专门用于审计工作的计算机软件已被研制出来,大大方便了审计人员,提高了审计工作的效率和质量。一些计算机制造商或大的会计师事务所可向用户提供通用的审计软件,企业的日常账务处理均可以利用审计软件进行审计。目前,随着会计信息的普及、网络系统的应用,国外电算化审计正朝着更加普及、更加复杂深入的方向发展。

在我国,审计工作的计算机化,不论是在理论上,还是在实践中,都是一项正在积极探索和亟待解决的课题。借鉴国外计算机审计的经验,结合我国的国情,探索我国计算机审计的理论和方法,并与我国审计工作实践密切结合,将成为我国审计、会计工作者的重要使命。

12.2 会计电算化信息系统的结构

12.2.1 会计电算化信息系统的物理结构

会计电算化信息系统是一个人机系统,从系统的物理组成分析,它是由硬件设备、软件、人员、规程和数据等要素组成的,下面简要介绍这些组成要素。

1)硬件设备

硬件设备包括电子计算机、服务器、网络、接口、外设及其他专用设备等。一个企业的业务处理规模、现有设备状况、选用的计算机系统模式等因素是配置硬件设备的主要依据。电算化会计信息系统常见的硬件结构有以下几种。

(1)单机结构

整个系统只配置一台或数台相互独立的微机及相应外设的结构,所有数据集中输入、处理、存储和输出。这种结构适合于业务量小和规模小的企、事业单位。

(2)多用户联机结构

整个系统配置一台高档微机或小型机,并配有多个终端。采用分散输入数据、集中处理的方式,数据共享性好,但系统不易扩展,可靠性差。

(3)网络结构

计算机网络是指以能够相互共享硬件、软件、数据资料的方式连接起来的,各自具有独立功能的计算机系统的集合。在 20 世纪 90 年代中期以前,常用的是微机局域网(LAN)结构,如 NOVELL 网等。微机局域网一般由网络服务器、工作站、网络接口卡和通信电缆等基本硬件组成。之后,一种新的功能更强的网络结构,即"客户机/服务器(C/S)"结构开始在会计系统中应用。"客户机/服务器"结构是一种分步式计算机结构,它将客户机和服务器两种设备通过局域网紧紧联系在一起形成,具有较高的数据处理、数据管理和系统扩展功能。随着互联网技术的迅速普及,越来越多的会计信息系统将建立在互联网上。

2)软件

软件分为系统软件和应用软件。系统软件是由机器设计者配置提供的,用来使用和管理计算机的软件,如各种操作系统、数据库管理系统、高级语言、软件开发等软件。应用软件是用户利用计算机以及它所提供的各种系统软件,编制解决用户各种实际问题的程序。会计应用软件包括商品化会计软件和定点开发专用软件。两种应用软件在正式代替手工记账前都必须经过财政部门的评审确认。

3)人员

系统人员一般指直接开发、使用、维护计算机系统的人员。这些人员包括系统分析员、程序员、硬件维护员、系统管理员、数据录入员、系统操作员等。

4)规程

规程指用来管理和控制系统运行的各种规定、制度。如系统操作手册,各种内部管理制度等。

5)数据

数据(信息)是系统处理的对象和目的。在电算化会计信息系统中,数据平时一般以数据库等文件形式存放在计算机存储设备中。作为存档会计数据一般要打印输出,包括凭证、账簿、报表等。

12.2.2　会计信息系统的基本功能

由于企业性质、行业特点以及会计核算和管理需求的不同,会计信息系统所包含的内容不尽相同,其子系统的划分也不尽相同。

会计信息系统由三大系统组成,即财务系统、购销存系统、管理与决策系统、每个系统又进一步分解为若干子系统。其系统结构图如图 12-1 所示。

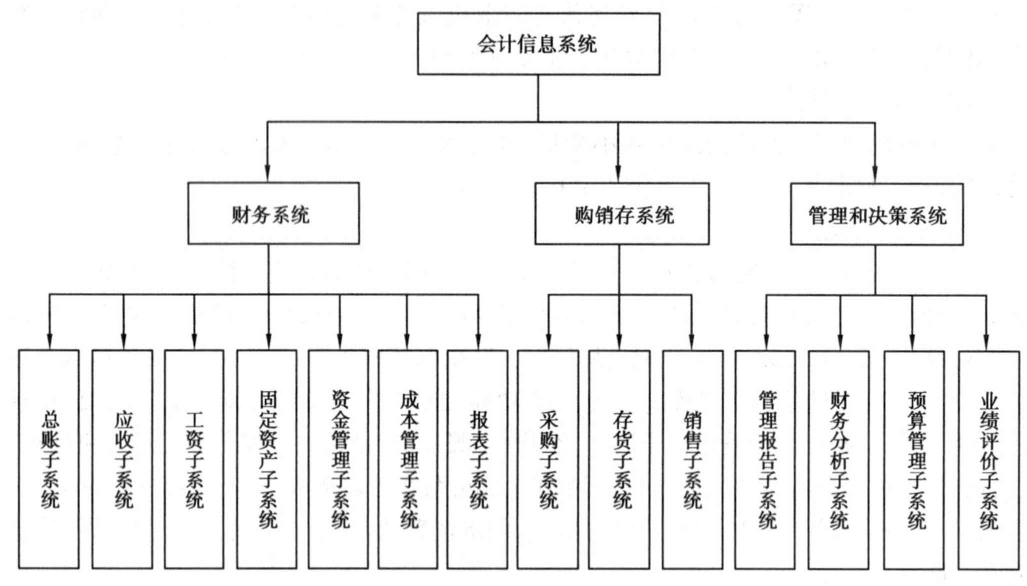

图 12-1 会计信息系统基本结构图

1)财务系统

财务系统主要包括总账子系统、工资子系统、固定资产子系统、应收子系统、应付子系统、成本子系统、报表子系统、资金管理子系统等。

(1)总账子系统

总账子系统是以凭证为原始数据,通过凭证输入和处理,完成记账和结账、银行对账、账簿查询及打印输出,以及系统服务和数据管理等工作。

(2)工资子系统

工资子系统是以职工个人的原始工资数据为基础,实现职工工资的计算,工资费用的汇总和分配,计算个人所得税,查询、统计和打印各种工资表等功能。工资子系统实现对企业人力资源的部分管理。

(3)固定资产子系统

固定资产子系统主要是对设备进行管理,即存储和管理固定资产卡片,灵活地进行增加、删除、修改、查询、打印、统计与汇总;进行固定资产的变动核算,输入固定资产增减变动或项目内容变化的原始凭证后,自动登记固定资产明细账,更新固定资产卡片;完成计提折旧和分配,产生"折旧计提及分配明细表""固定资产综合指标统计表"等,费用分配转账凭证可自动转入账务处理等子系统;可灵活地查询、统计和打印各种账表。

(4)应收子系统

应收子系统完成对各种应收账款的登记、核销工作;动态反映各客户信息及应收账款信息;进行账龄分析和坏账估计;提供详细的客户和产品的统计分析,帮助财会人员有效地管理应收账款。

(5)应付子系统

应付子系统完成对各种应付账款的登记、核销以及应付账款的分析、预测工作、及时分析各种流动负债的数额及偿还流动负债所需的资金;提供详细的客户和产品统计分析,帮助财会人员有效地管理应付款项。

(6)成本子系统

成本子系统是根据成本核算的要求,通过用户对成本核算对象的定义,对成本核算方法的选择,以及对各种费用分配方法的选择,自动对从其他系统传递的数据或用户手工录入的数据进行汇总计算,输出用户需要的成本核算结果或其他统计资料。

随着企业成本管理意识的增强,很多商品化成本子系统还增加了成本分析和成本预测功能,以满足对会计核算的产品进行追踪分析,计算部门的内部利润,与历史数据对比分析,分析计划成本与实际成本的差异。成本预测功能包括:运用移动平均、年度平均增长率对部门总成本和任意产量的产品成本进行预测,满足企业经营决策的需要。

(7)报表子系统

报表处理子系统主要根据会计核算数据(如账务处理子系统产生的总账及明细账等数据)完成各种会计报表的编制与汇总工作;生成各种内部报表、外部报表及汇总报表;根据报表数据生成各种分析表和分析图表。

随着网络技术的发展,报表子系统能够利用现代网络通信技术,为行业型、集团型用户实现远程报表的汇总、数据传输、检索查询和分析处理等功能,既可用于主管单位,又可用于基层单位,支持多级单位逐级上报、汇总的应用。

(8)资金管理子系统

随着市场经济的不断发展,资金管理越来越受到企业采购管理者的重视,为了满足资金管理的需求,目前有些商品化软件提供了资金管理子系统。资金管理子系统实现企业、事业单位等对资金管理的需求;以银行提供的单据、企业内部单据、凭证等为依据,记录资金业务以及其他涉及资金管理方面的业务;处理对内、对外的收款、付款、转账等业务;提供逐笔计算管理功能,实现每笔资金的管理;提供积数计息管理功能,实现往来存贷资金的管理;提供各单据的动态查询情况以及各类统计分析报表。

2)购销存系统

对工业企业而言,购销存系统包括采购子系统、存货子系统、销售子系统;对商业企业而言,还包括符合商业进销存系统。

(1)采购子系统

采购子系统是根据企业采购业务管理和采购成本核算的实际需要,制订采购计划,对采购订单、采购到货以及入库状况进行全程管理,为采购部门和账务部门提供准确、及时的信息,辅助管理决策。

很多商品化会计软件将采购子系统和应付子系统合并为一个子系统——采购与应付子系统,以更好地实现采购与应付业务的无缝连接。

(2)存货核算系统

存货核算系统主要针对企业存货的收发存业务进行核算,掌握存货的耗用情况,及时、准确地把各类存货成本归集到各成本项目和成本对象上，为企业的成本核算提供基础数据；动态反映存货资金的增减变动，提供存货资金周转和占用的分析，为降低库存、减少资金积压、加速资金周转提供决策依据。

(3)销售子系统

销售子系统是以销售业务为主线，兼顾辅助业务管理，实现销售业务管理与核算一体化。销售子系统一般与存货中的产成品核算相联系，实现对销售收入、销售成本、销售费用、销售税金、销售利润的核算；生成产成品收发结存汇总表等表格；生成产品销售明细账等账簿；自动编制机制凭证供总账子系统使用。

3)管理决策与报告系统

随着会计管理理论的不断发展及其在企业会计实务中的不断应用，人们越来越意识到会计管理的重要性，对会计信息系统提出了更高的要求，要求它不仅能够满足会计核算的需要，还应该满足会计管理的需要，即在经济活动的全过程进行事前预测、事中控制、事后分析，为企业管理和决策提供支持。因此，应将信息技术与管理会计方法有机融合，增加管理决策与报告子系统，不断丰富和完善会计信息系统。

管理决策与报告子系统可以归纳为三个层级的功能：经营监控层、报告与分析层、业绩评价层。

12.2.3 会计电算化核算系统的基本功能

1)建账功能和初始化

目前，会计电算化核算软件具有通用性，适用于多行业各种核算方式，在会计电算化系统初始设置时，要根据会计法规、会计准则、行业会计制度，并结合企业核算的具体要求进行初始化设置。会计电算化核算软件具备下列初始化功能：按照内部控制制度的要求，确立操作人员岗位分工；定义总分类会计科目、明细会计科目及科目编号；定义自动转账凭证；选择会计核算方式；输入本期期初数及往来未达账项；会计报表自定义功能，即除对外公布的三大标准会计报表外，企业要根据自身和上级主管部门的管理要求，定义内部管理报表。

2)会计电算化数据的输入

会计核算软件的会计数据输入可采用键盘手工输入、计算机自动生成和网络传输等形式。会计核算软件提供输入记账凭证功能如下：填制会计日期、凭证账号、经济业务内容摘要、会计科目或编号；控制记账凭证编号的连续性、提供输入过程中必要的信息，并对机内未登记会计账簿的凭证有修改功能，对机内未登记账簿的记账凭证有审核功能；对确实需要修改的原始凭证，软件在留有痕迹的前提下，提供修改功能。

3)会计数据处理

会计核算软件提供根据审核通过后的机内记账凭证及所附原始凭证登记账簿的功能，包括登记总分类账、明细分类账，并计算出各会计科目的发生额及余额；自动执行银行对账功能，自动生成银行存款余额调节表，提供会计准则允许使用的多种会计核算方式,以供用户选择,并在更改核算方式时留有相应的记录;将机内数据按照规定的会计期间进行结账,结账前,自动检查本期输入的会计凭证是否全部登记入账;按照会计准则的规定自动编制会计报表。

4)会计数据输出

会计核算软件提供对机内数据查询的功能,提供对已输入的记账凭证、原始凭证、会计账簿、会计报表的打印输出功能,应符合国家统一制度规定的格式和内容。

5)会计数据的安全

会计核算应具有按照初始化功能的设定,防止非指定人员擅自使用的功能和对指定操作人员使用权限控制的功能。会计核算软件对某些不当操作予以提示,以保持系统正常运行。同时,对程序文件和程序数据进行必要的加密和采取其他的保护措施等。

12.3　会计电算化软件的应用流程

12.3.1　会计电算化账务处理系统的初始化工作内容

1)总账系统初始化工作内容

总账是会计软件的核心部分。通常,一个统筹设计的会计软件中,总账系统初始化操作的结果也可以被其他子系统充分合理地使用,这样无形中就减少了其他子系统的初始化工作量。而非统筹设计的会计软件,其各子系统间相互独立,没有多少联系,每个子系统的初始化工作互不影响、不能互相打通,这样有些初始化工作在一个子系统做了,到了另外一个子系统还得重新再做,这无形中加大了初始化工作整体的工作量。举例来说,在总账系统中为了完成部门核算的任务,需要做部门设置初始化工作,在工资子系统、固定资产子系统中也有部门设置初始化工作。在统筹设计的会计软件中,只要在一个子系统执行了此项初始化操作,在其他子系统中就不需要再做这项工作;而在非统筹设计的会计软件中,不仅总账系统需要做部门设置初始化工作,在工资子系统、固定资产子系统仍然需要重复此项操作。所以用户在做初始化工作前,需要认真审查一下,你所使用的会计软件在各子系统初始化工作上面是否打通。如果打通了,在做某一个子系统的某一初始化工作时,就要统筹各系统的使用需要,而不能仅仅注意本系统的情况。一般来说,作为商品化会计软件的账务处理系统,主要的初始化操作步骤如下:

第 1 步,财务分工设置。财务分工设置也叫操作人员及操作权限设置,这一步骤主要是为使用系统建立操作员目录,为每个操作员设置操作密码,并且赋予其适当的操作权限,这一工作属于必做。有的软件将这一初始化步骤从总账系统中独立出来,此时所作的财务分工设置则是对整个会计软件各子系统(或模块)都适用的初始化设置,比如用友 U8 就是这样。

第 2 步,建立核算账套。商品化会计软件为了使一套软件可以管多个会计核算实体的账,特意提供了所谓的账套建立功能,这也是使用账务处理系统进行建账最关键的第一步,这一步也是必做的步骤。

第3步,定义外币及汇率。定义外币及汇率属于选做步骤,如果有外币核算的话,则需要事先完成“外币及汇率管理”这一初始化工作。

第4步,建立会计科目。建立会计科目是将单位会计核算中所使用的科目逐一按系统要求进行扫描设置,并将科目设置的结果予以保存。这是至关重要的一个步骤。为了充分体现计算机管理的优势,在会计科目体系建立时需要对本单位的会计科目结构进行优化调整。由于对一级会计科目国家有相应的规定,因此,大部分会计软件都提供了预设一级科目的功能,但都采用交由用户选择使用的方式。利用预设科目功能可以大大缩减会计科目建立的工作量。“建立会计科目”工作不仅属于必做的工作,且该工作制约着以后许多工作,因此属于“不能反悔的工作”。

第5步,建立辅助核算账户。为了说明问题方便,我们将各种辅助核算的初始化工作统一放在此处来简要介绍。从目前商品化会计软件的做法来看,软件所提供的辅助核算主要有部门辅助核算、单位往来辅助核算(有的还细分为客户往来和供应商往来辅助核算)、个人往来辅助核算、项目往来辅助核算。与这些辅助核算功能相对应,一般有部门目录设置、个人目录设置、项目目录设置、客户目录设置、供应商目录设置等初始化设置工作。如果用户想核算各部门管理费用的使用情况,即意味着想启用部门辅助核算功能,则必须完成部门目录设置这一初始化工作步骤。从会计软件的发展趋势来看,将来还可能会提供诸如产品辅助核算、费用辅助核算以及其他一些辅助核算功能,其基本原理都是一样的,初始化工作的要求也基本一样。

第6步,结算方式定义。结算方式定义用来建立和管理用户在经营活动中所涉及的结算方式,它与财务结算方式一致,如现金结算、支票结算、汇票结算等。如果用户需要对有关银行往来的原始票据的相关数据进行收集的话,则需要事先做此项初始化设置工作。

第7步,设置凭证类别。设置凭证类别的工作主要还是考虑到手工工作习惯。我们知道,在手工环境下,为了便于登账或管理方便,各单位一般都对记账凭证进行分类编制,但他们的分类方法却不尽相同。在计算机环境中,会计软件设计者为了照顾会计人员这一习惯,同时又为了满足不同的凭证分类方法的要求,特意提供了凭证类别(或凭证种类)设置功能,可由用户根据本单位的实际分类方法来定义设置各种凭证类型。

第8步,自定义项的设置。自定义项是类似于凭证摘要的一种业务辅助信息说明项,它可分类管理,用户除正常的输入摘要外,还可利用辅助说明项分门别类地描述更为详细的经济业务。会计软件为了能够记录这些辅助说明项信息,特意提供了自定义项的初始设置功能。

第9步,常用摘要设置不是必做的工作,有的软件甚至也不将该工作纳入到初始化工作之列,而将其放在凭证管理等日常工作中。从该步骤所完成的工作性质来看,我们认为把它放在系统初始化中更合适一些。该功能主要是为了减少凭证输入过程中摘要的输入量,而将经常使用的摘要编成常用摘要字典,在需要使用时只需要调用该字典便可很快将摘要输入，如此也能起到规范摘要使用的目的。

第 10 步，自动转账分录定义。为了提高会计月末结算转账等业务的处理效率及其准确性，许多会计软件在账务处理系统中都提供了自动转账分录定义的功能模块。该模块可以让用户根据本单位月末核算的具体特点，将一些很有规律性的结算及转账业务，通过事先编制结转账分录告诉计算机该分录的具体结构及发生额的取数规则，由计算机在月末根据用户设置的这一分录结构自动编制记账凭证。这一初始化步骤也属于选做步骤。如果用户不使用此功能，则必须手工编制月末结转账凭证，然后再将这些凭证一一输入，这样就无形中加大了月末工作量，使会计电算化的工作效率大打折扣。因此，从提高核算效率以及准确性的角度出发，应该重视自动转账分录设置功能的使用。

第 11 步，期初(年初)余额的录入及试算平衡。期初余额的录入及试算平衡属于必做工作。其目的是将经过整理手工账的各科目的初始余额输入转移到计算机中，使计算机系统获得“非零起点”状态的起步数据。假如是年中启用账务处理系统，则除了要输入各账户的年初余额之外，软件一般还要求将各账户从年初到开始使用软件之时的借、贷方累计发生额一并输入。期初数是将来生成各种账的数据来源之一，而且由于它是起点性质的会计数据，其重要性不言自明。基于期初数的重要性，许多会计软件都设计了相应的正确性控制程序，这就是试算平衡控制程序。如果期初数试算不平，软件一般规定不得继续进行日常账务处理工作。

第 12 步，各种未达账项的输入。未达账项的输入主要包括银行期初未达账项输入以及各种辅助核算明细账的期初以及未达账项的输入，如果已启用银行对账功能以及辅助核算功能，则此项工作必做。

以上即是账务处理系统主要的初始化工作步骤。其中，第 1 步为建立计算机会计信息系统的安全使用机制；第 2—10 步可以概括为在计算机上建立会计核算体系；第 11—12 步则为将手工会计作业有关的历史数据移植到计算机环境中去，使计算机在继承手工会计作业状态的前提下开始软件的运行(“非零状态”)。

2)会计报表系统的初始化工作

商品化会计软件的会计报表系统(或报表模块)的功能菜单结构会因软件品牌的不同而有所不同，但基本处理过程却是一致的，主要包括会计报表系统的初始化、会计报表系统日常应用、会计报表系统期末业务。会计报表系统的初始化工作主要包括以下几方面内容：

(1)新表登记注册

因为商品化的会计报表软件并未提供现成的会计报表文件，因此用户需要根据本单位的实际情况设计财务报表以及其他内部管理报表。为此，首先必须进行新表登记注册，内容包括定义新表名称、新表代码、制作周期(属于月报、季报或年报)等。

(2)报表格式设计

新表登记注册成功之后，接下来就要为此报表设计格式，也就是报表格式定义。一般格式定义包括定义表样大小、定义表列属性、绘制表格线、输入表样内容、定义关键字、格式调整修改等内容。有的会计报表软件还总结常用的各种报表，提供报表模板以帮助客户快速制作目标报表。用户如果觉得某个会计报表模板可用的话,可以先套用报表模板形成新表,然后对其进行必要的修改。

(3)报表核算公式定义

报表核算公式定义也叫报表数据来源定义,即在新表格式设计完成之后,对新表中需要计算的报表核算项目给出其取数表达式(报表核算公式)。会计报表软件内置了若干报表取数函数,这些取数函数支持加、减、乘、除四则混合运算,并能从账中取数、凭证中取数、表中取数、其他外部系统(指工资、固定资产以及购销存等系统)中取数,有的软件甚至还能从指定的数据库中取数。举例来说,在用友U8报表系统中,资产负债表上货币资金的期末数的取数公式为:函数名("科目编码",会计期,"方向",账套号),例如:在"货币资金期初数"单元格输入公式=QM("1001", 年,01)+QM("1002" ,年,01)+QM("1009",年,01)公式中1001、1002、1009分别是现金、银行存款以及其他货币资金的科目代码,有了这个表达式,不管在哪个会计期间,计算机都能准确无误地计算出货币资金的期末数。需要注意的是,有的会计报表软件在报表模板中预置了报表各核算项目的数据来源表达式,这样用户选用这些模板的话,只要报表核算项目不变,则核算公式基本就不用重新定义。

(4)报表审核公式定义

报表审核公式定义的目的在于表达报表内部以及表间的平衡控制关系。比如资产负债表,其表内平衡关系是:资产的年初数=负债的年初数+所有者权益的年初数;资产的期末数=负债的期末数+所有者权益的期末数。会计报表软件为了体现这种平衡控制关系,一般都是通过让用户自己定义报表的审核公式来实现的。用户在设计完资产负债表的格式以及核算公式之后,可以定义上述两条平衡控制关系的公式:D43=H43;E43=143。这里D43表示"资产总计"的年初数,H43表示"负债和所有者权益总计"的年初数;同理,E43和143分别表示这两个项目的期末数,分号则是审核公式的结束标志符。

3)其他处理系统的初始化工作

(1)工资处理子系统的初始化操作

用户单位的基本工资信息在商品化工资软件中是不存在的,必须经过初始化工作将相关资料输入到工资子系统中。工资子系统一般包含以下几个初始化工作步骤:

①建立工资账套。这是需要做的第一件事,如同使用账务处理系统一样,首先需要建立核算账套。目前国内很多商品化工资软件都能提供工资账来分别管理不同核算主体的工资数据功能。一般来说,用户所建立的工资账套必须与其先建立的账套一一对应。

②部门设置。由于工资系统需要按部门汇总工资发放情况,因此也需要设置部门结构。部门设置最重要的是给每个部门规定唯一的部门代码,它是汇总工资费用的关键字。需要注意的是,对于统筹设计的会计软件,只要用户在账务处理系统中已经完成部门设置工作,则在工资系统中就不再重复设置了。其他情况下,都必须再重新对本单位的部门进行一一设置。

③工资类别设置。工资类别是指在一套工资账中,根据所包含工资项目的明显不同

而分设的工资数据管理类别，相当于工资账中的二级账。例如：某企业的月薪分为固定月薪与浮动月薪，两者的发放依据不同，因此可以将两者分设为两个不同的类别。商品化工资软件一般在工资账套建立之后会预置一个工资类别，用户还可根据具体业务需要随时新增其他工资类别。

④人员类别设置。设置人员类别是便于按不同的人员类别进行工资汇总计算。比如，可以将单位员工分为"生产人员""管理人员"以及"辅助人员"三种人员类别。

⑤人员附加信息设置。人员附加信息设置主要提供职工档案基本数据项的增加、修改功能等，可增加职员信息、丰富员工档案的内容，实行更有效的职员管理。

⑥工资项目设置。工资项目设置用于定义工资组成项目。除系统预置的若干固定工资项外，用户还能根据需要定义自己的工资项目，并能对大多数的工资项目进行即时的增加、修改、删除操作。

⑦工资项公式设置。工资项公式设置主要提供工资项目的计算公式以及工资项目之间的运算关系等功能。通过工资项公式可直观表达工资项目的实际计算过程，而将其设置工作交由用户来做可以体现工资软件的灵活性。即用户单位可以根据本单位实际情况来确定某个工资项的计算公式，比如，该单位对事假扣款实行按日基本工资乘以实际事假天数来计算，则"事假扣款"公式可表达为：基本工资/22＊事假天数，这里每月工作日按22天算。

⑧银行名称设置。如果用户单位的工资发放由银行代发，则在系统初始化时，就需要在系统中设置代发工资的银行信息，一般包括银行名称、账号等信息的定义。

⑨职工档案的建立。建立职工档案的主要目的是登记本单位需要发放工资的员工的基本档案信息，一般包括职工姓名、职工代号、所在部门以及所属人员类别等信息。

(2)固定资产处理系统的初始化操作

固定资产处理系统的初始化用于完成把手工环境下有关固定资产的核算规则以及历史数据移植到计算机系统中，实现手工向计算机的平稳接轨。一般商品化固定资产管理软件的初始化工作内容主要包括以下几个步骤：

①建立固定资产账套。其道理与工资处理系统一样，建账时一般要求对本账套启用期间、固定资产编码方式以及对账方式等进行设置。

②部门定义。部门定义与工资处理系统软件类似。

③类别定义。类别定义就是对本单位的固定资产进行分类，为固定资产核算和统计管理提供依据。比如，可以将本单位的固定资产分为"机械""车辆"以及"房屋"等几个类别。

④增减方式设置。增减方式设置主要是在固定资产有增减业务时使用，主要包括固定资产的增加方式以及减少方式。软件一般会内置一些增减方式，比如增加的方式主要有：直接购买、投资者投入、捐赠、盘盈、在建工程转入、融资租入等。减少的方式主要有：出售、盘亏、投资转出、捐赠转出、报废、毁损、融资租出等。用户如果有其他增减方式也可在此处设置。另外在设置了增减方式时，须对增减方式设置对应的科目，当有此增减方式的业务发生时，系统会自动按此方式对应的科目编制凭证。

⑤使用状况设置。为便于固定资产的核算和管理,需要明确资产的使用状况。这样一方面可以正确地计算和计提折旧,另一方面便于统计固定资产的使用情况,提高资产的利用效率。主要的使用状况有在用、季节性停用、经营性出租、大修停用、不需用、未使用等。商品化固定资产管理软件一般会内置基本的使用状况,用户可以在此基础上修改或定义新的使用状况。

⑥折旧方法设置。折旧方法的设置是系统自动计算折旧的基础。软件一般会预置一些常用的固定资产折旧计提方法,另外也允许用户根据需要定义自己合适的折旧方法。除此之外,用户可对每一种折旧方法利用系统预置的折旧项目及计算关系符号等定义出适合本单位业务的折旧计算公式。

⑦卡片项目设置及卡片格式设计。卡片项目是资产卡片上要显示的用来记录资产信息的栏目,如原值、资产名称、使用年限、折旧方法等就是卡片最基本的项目。商品化固定资产管理软件一般会提供一些常用卡片必需的项目,称为系统项目。但这些项目不一定能满足用户对资产特殊管理的需要,用户可以通过卡片项目设置功能设置自定义项目来实现对卡片特殊信息项的管理。系统项目以及用户自定义项目构成卡片项目目录。根据这些卡片项目,通过卡片样式设置功能可以得到真正属于用户定制的卡片样式。

⑧基础卡片数据输入。基础卡片也叫原始卡片,它是固定资产系统启用前已建立的资产卡片。用户在使用固定资产系统进行核算前,必须将已有的原始卡片资料录入系统,以保持历史资料的连续性,并为每月的计提折旧及可能有的后续业务变动作准备。

⑨转账分录模式定义。所谓转账分录,包括固定资产变动业务发生以及折旧计提时所需编制的会计分录。固定资产变动业务发生时所应编制的会计分录结构我们在增减方式设置中已介绍,因此这里的转账分录模式定义重点是关于折旧费用分配凭证的自定义操作。在会计软件中,这部分工作一般通过“部门折旧对应科目设置”功能来完成。

(3)应收、应付处理系统的初始化操作

在计算机环境下,对应收、应付所谓的债权、债务业务的电算化处理模式可分为三种:第一种是直接在账务处理系统中通过设置应收、应付明细科目来反映,它一般适合往来业务较少的单位运用;第二种是充分利用账务处理系统中的往来账辅助管理功能来比较细化地反映本单位的往来业务,这一般适合往来单位很多但与大部分往来单位的往来业务又相对较少的用户单位使用;第三种模式是通过应收、应付专门系统来实现对往来业务的科学、细致的核算与管理,这是往来业务管理的最高层次,也是大中型企业最佳的往来账管理模式。但这种模式需要做的系统初始化工作会很多。概括起来有以下三个方面:

①建立客户和供应商档案。将企业的客户和供应商的详细信息通过本步骤登记到客户和供应商的档案中。

②输入期初余额。第一次使用系统时,当完成了往来目录登记后,必须把手工方式下往来单位或个人尚未结清的往来款项输入计算机。

③业务处理规则设置。业务处理规则设置主要包括业务处理控制参数和核算规则设置。其中,业务处理控制参数又包括应收账款核销方式、控制科目的依据、存货销售科

目、制单方式、坏账处理方式、汇兑损益计算方式、预收款核销方式及现金折扣显示方式等项目;核算规则设置包括凭证科目设置、坏账准备设置、账龄区间设置、报警级别设置、单据类型设置等。

以上用了较大的篇幅来介绍首次使用商品化会计软件所要做的软件安装工作、系统初始化的操作步骤及基本技术要领,可以说这部分内容是会计软件能否用好的关键所在。由于这部分内容属于所谓的“不可后悔”或者“后悔允许度较低”的操作步骤,这些操作步骤的结果会制约后续的日常使用和期末处理等过程,因此用户必须对初始化工作给予高度重视,做好计划、做好系统初始化的前期准备工作,真正做到认真、细致、系统、合理。

12.3.2 会计电算化账务处理系统的日常作业

会计电算化账务处理系统初始化工作完成后,就可以转入日常应用阶段。这一阶段最主要的工作内容就是输入会计凭证以及业务单据,并对这些凭证、单据进行必要的审核确认,然后予以记账。这个阶段在操作技能要求上相对初始化阶段要简单一些,其流程也更清晰。操作上最主要的要求是会计数据输入应做到真实无误,因为这是会计账表形成的唯一数据源头。

1)账务处理系统的日常作业

账务处理系统的日常作业主要包括记账凭证的输入、审核、修改和记账等工作。具体内容及步骤如图 12-2 所示。

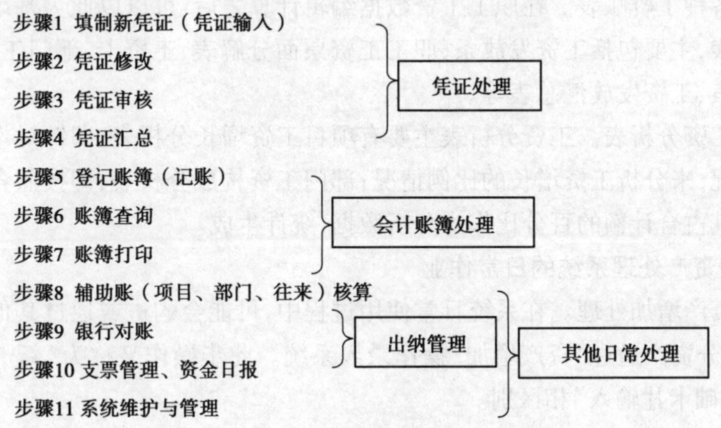

图 12-2 财务处理系统的日常作业内容示意图

需要说明的是,在图 12-2 中有些工作步骤是经过合并的,比如辅助账核算、银行对账、系统维护与管理等。而将系统维护与管理也放在此处,主要在于它也属于日常性工作。有的商品化软件将步骤 9、步骤 10 以及日记账管理通过单独设立出纳管理模块予以实现。在账务处理系统中,一般规定记账凭证未经过审核不得记账;对于已经记账的凭证不得直接修改,而必须是带有痕迹的修改,也就是应采用红字(负数)冲销的方法对错误予以更正。

2)会计报表系统的日常作业

准确地说,会计报表系统基本上只有初始化、期末处理以及报表系统的维护管理等工作,日常要做的工作很少。为了让读者对会计报表系统日常工作内容有一个感性认识,这里列出一些基本上还属于日常操作范围的步骤:报表数据输入,即针对报表在数据来源定义时设定为手工送数的报表项目,需要在日常工作输入该项目的实际数值;报表查询与打印;报表系统的其他日常处理,一般包括审核报表、使用报表数据作图形分析、对以前期间的报表进行二次加工分析等。

3)其他处理系统的日常作业

(1)工资处理系统的日常作业

①职工变动处理。职工变动处理工作主要完成职工的增加、减少及内部调动功能。

②职工工资数据编辑与计算。职工工资数据编辑与计算也叫职工工资结算单处理,主要是完成职工工资项目实际数额的输入、修改计算以及输出的功能。

③个人所得税计算与申报。个人所得税的计算一般在"职工工资数据编辑与计算"中完成,本操作步骤侧重于将扣税结果按申报表格式编辑显示并供用户浏览,用户在此处可以自定义所得税率及本次扣税的范围。

④银行代发工资处理。目前,社会上许多单位的工资发放采用信用卡或存折形式来替代现金发放形式。本操作步骤就是完成以上述工资发放形式,来生成向银行传输的代发工资文件并输出给开户银行的功能。

⑤输出各种工资账表。在职工工资数据编辑计算之后,可以以此为基础加工生成一系列工资账表,主要包括工资发放条、职工工资票面分解表、工资卡、部门工资汇总表、工资变动明细表、工资发放汇总表等。

⑥输出工资分析表。工资分析表主要有项目工资增长分析表,即针对本年度和上年度的对比情况,来分析工资增长的比例情况;部门工资构成分析表,即按照各个工资项的实际数额与其占合计额的百分比作为分析数据,统计生成。

(2)固定资产处理系统的日常作业

①固定资产增加处理。在系统日常使用过程中,可能会购进或通过其他方式增加企业资产,该部分资产通过"资产增加"操作录入系统。此步操作又称为"新卡片录入",用户应该与"基础卡片输入"相区别。

②固定资产减少处理。资产在使用过程中,总会由于各种原因,如毁损、出售、盘亏等退出企业,该部分操作称为"资产减少"。因此固定资产管理软件一般都会提供资产减少处理的功能,以满足此项工作的需要。

③固定资产其他变动处理。此处的变动业务一般包括原值变动(增加或减少)、部门转移、使用状况变动、使用年限调整、折旧方法调整、净残值调整、工作总量调整、累计折旧调整、类别调整等。软件一般会提供资产变动清单,按时序记录资产的所有变动情况,并提供对这些变动作必要的会计处理的功能(即可以帮助用户自动编制会计分录)。

④本月工作量输入。主要针对采用"工作量"法计提折旧的资产,每月计提折旧前必

须录入该资产当月的工作量。

⑤固定资产账表输出(查询、统计汇总、打印)。输出内容为账簿、折旧表、统计表、分析表。其中,账簿包括固定资产总账、明细账以及资产登记簿;折旧表包括部门折旧计提分配表、折旧计算明细表;统计表包括原值一览表、固定资产统计表、盘盈盘亏报告表等;分析表包括使用状况分析表和价值结构分析表。

⑥对账。固定资产处理系统在运行过程中,其所管理的固定资产的价值和账务处理系统中固定资产科目的数值应该相等。而两个系统的资产价值是否相等,可以通过系统提供的对账功能来实现。

4)应收、应付处理系统的日常作业

使用应收、应付处理系统处理往来业务时,日常作业的核心内容是直接将发票(销售发票和购货发票)和往来业务单据通过相应模块输入到系统之中,经过审核处理后,由系统自动编制凭证,并将其传送到账务处理系统中。详细的日常作业步骤由以下内容组成:

(1)单据处理

单据处理是应收系统和应付系统日常处理业务的起点,在应收系统中可以录入销售业务中的各类发票及销售业务之外的应收单,在应付系统中可以录入购货业务的发票及购货业务以外的应付单。主要操作流程如下:

单据录入—单据审核—单据制单—单据查询

这里的单据录入指的是未收到款项的单据录入或未支付款项的单据录入。单据制单指的则是根据审核后的业务单据由系统自动编制凭证的过程。

(2)单据结算

单据结算是指对已收到或已支付款项的单据进行的录入、核对与核销工作,其操作流程如下:

录入结算单据—单据的核对—单据的核销

这里的结算单据指的是已交来应收款项的收款单和已办理应付款项的付款单。单据的核对是指将已达账项作上已结清的标记,核对分自动和手动两种方式。单据的核销指的是对债权、债务已结清的业务进行删除以表示本业务彻底结清。

(3)票据管理

票据管理指对银行承兑汇票和商业承兑汇票的管理。

(4)坏账处理

坏账处理包括坏账计提和坏账发生、收回处理。具体来说,在年末计提坏账准备之前要求用户首先选择坏账处理方法,软件通常会提供三种方法,即销售收入百分比法、应收账款余额百分比法和账龄分析法供用户选择。在坏账发生时,一般要求输入往来客户的名称、发生坏账的日期、业务员、部门等信息。而在处理坏账收回业务时,一般要求输入客户名称、收回坏账的日期、收回金额、业务员、部门、结算单据编号、款项币种等信息。

(5)转账处理

应收账款与其他类别的款项在特定情况下,需作特殊的冲抵业务,也是一种清欠业务。主要包括“预收冲应收”“应收冲应付”“红字单据冲抵正向单据”。“预收冲应收”操作主要适用于两种情形:一是由于合同或其他原因造成取得了对方单位的预收款,但对方单位却有应收款尚未支付给本单位;二是由于按合同规定支付给了对方单位预付款,需要将预收款与应付款对冲。“应收冲应付”操作主要适用于对方单位(客户或供应商)既有应收款,又发生了应付款的情形,此时可用应收款对冲应付款。“红字单据冲抵正向单据”一般是指对同一个客户的销售业务,应收款与退货之间可以用红字单据冲销正向单据来处理。

(6)凭证处理(制单)

凭证处理即根据应收应付的原始单据由计算机自动编制记账凭证的过程。

(7)统计分析

统计分析包括应收、应付账龄分析,收款、付款账龄分析,欠款账龄分析等。

(8)账表查询输出

账表查询输出一般指对往来汇总表和往来账款明细账等所提供的查询和打印输出功能。

12.3.3 会计电算化账务处理系统的期末处理业务

会计电算化软件与其他软件的最大区别,就在于它必须按照会计循环原来处理业务数据。在软件中的表现,就是必须要有会计期间的概念、能够支持期末处理业务,以便对会计信息作定期报告。也就是说,会计电算化软件必须提供高效率解决诸如各种费用的分摊与计提、各种成本费用的结转、各类账户的试算平衡、对账和结账等期末业务的功能模块。我们已经知道,会计电算化软件为了通用以及可兼容将来可能更新的会计处理方法,它一般会通过提供转账模式自定义平台以及核算描述语言,让用户自己来构造本单位对期末业务所采用的具体会计处理方法,并且通常要求此项工作在系统初始化阶段就应该完成。因此,经历了日常作业工程,大量本期发生的经济业务都已被适当确认、记录、处理、保存在会计信息系统中,到了期末应用阶段,用户所要做的实际工作基本上只是点击相应的期末处理模块就可以自动完成各种期末处理业务,应该说这才是真正体现计算机会计高效率、高度自动化的时候。

1)账户处理系统的期末处理业务

(1)转账生成

到每月月末,根据用户在初始化阶段所定义的转账凭证的分录结构,执行转账生成操作即可快速生成各种转账凭证并将其自动追加到未记账凭证中。通常这类凭证主要反映的是月末分摊、计提、对应转账、销售成本、汇兑损益、期间损益结转等业务。

(2)对账、试算平衡

对账是对账簿数据进行核对,以检查记账是否正确,以及账簿是否平衡。它主要是通过核对总账和明细账、总账和辅助账数据来完成账账核对。一般来说,实际计算机记账后,只要记账凭证正确,计算机自动记账后各种账簿都应是正确、平衡的。但由于非法操作或计算机病毒等其他原因,有时可能会造成某些数据被破坏,因而引起账账不符。

为了保证账证相符、账账相符，用户应经常使用本功能进行对账，至少一个月 1 次，一般可以在月末结账前进行。在结账前，软件一般会提供试算平衡检查功能，检查后如不平，不得转入后面的“期末结账”处理。“试算平衡”包括“借贷平衡”两部分，只有两者都通过，试算平衡才能通过。试算平衡会给出试算结果，如有未通过部分，系统会给出差额提示，在用户未能调平差额之前，将无法继续操作“期末结账”模块。

(3) 期末结账、生成月末工作报告

与手工会计相类似，计算机账务处理一般也会提供期末结账功能以符合会计制度的要求。期末结账一般有下列一些规则：上月未结账，则本月不能结账；上月未结账，则本月不能记账，但可以填制、复核凭证；本月还有未记账凭证时，则本月不能结账；已结账月份不能再填制凭证；结账只能由有结账权的人进行；若总账与明细账对账不符，则不能结账；每月只能作一次期末结账操作，并且每个会计期末必须作一次。结账成功之后，系统会生成月末工作报告。

2) 会计报表系统的期末处理业务

(1) 报表编制

报表编制也叫报表计算，是指根据报表初始化阶段所定义的报表核算公式对各报表核算项目进行自动取数计算的过程。

(2) 报表试算平衡(平衡控制)

报表试算平衡也称为报表审核，它是指报表数据生成以后为了验证数据的正确性需要利用先前所定义的审核公式对报表数据进行检查复核的过程。

(3) 报表输出

报表输出主要包括输出方式选择(屏幕显示输出、打印输出、磁盘输出、网络输出)和报表输出内容形式的选择(仅输出报表结构、输出编制完整的报表、输出能被其他系统接收的报表数据)。

(4) 报表汇总

报表汇总指同种报表不同期间的汇总和主管部门对基层单位报表的汇总。

(5) 报表合并

报表合并主要用于设计合并报表格式，定义抵消分录项目及抵冲分录数据，自动抵消合并项目，生成合并工作底稿，最终形成合并会计报表。报表合并功能主要适合于集团公司使用。

(6) 图表分析

在会计报表系统中，大量的数据是以表页的形式分布的，正常情况下每次只能看到一张表页。要想对各个表页的数据进行比较，可以利用数据透视功能，把多张表页的多个区域的数据显示在一个平面上。

3) 其他处理系统的期末处理业务

(1) 工资处理系统的期末处理业务

①工资分摊。根据工资总额及所设定的计提基数可自动完成工资分摊、计提、转账工作。

②月末结转。月末结转指将当月数据经过处理后结转到下月。由于在工资项目中变动工资项目的数据每月都会发生变化,因此在每月工资处理前均须将其数据清零,而后输入当月新的数据,这就是所谓的清零处理。商品化工资软件对月末结转的基本规则是:a.只限定在每个会计年度的1—11月份进行;b.只有当月工资数据全部处理完毕后才可以执行月末结转;c.如果分多类别处理工资数据,则应对每个工资类别分别进行月末结算;d.若本月工资数据未汇总,系统也不允许执行月末结算功能;e.进行期末处理之后,本月的工资数据不允许再作任何改动;f.月末结转一般要求主管人员来操作。

③结转上年数据。结转上年数据是指将工资数据经过处理后结转至本年,结转前应先建立新年度账。

(2)固定资产处理系统的期末处理业务

①计提折旧。一般来说,商品化固定资产软件都会提供计提折旧的操作模块,这也是计算机系统极具效率的特征之一。执行本步骤功能,系统会对当前所有的固定资产进行扫描以判断资产是否应该计提折旧,并对需计提折旧的资产按照用户先前所定义的折旧计提方法自动计算其当前折旧额和累积折旧值。软件一般规定每期只能计提一次折旧。

②自动生成转账凭证。计提完折旧之后,执行本步骤,系统会自动形成折旧费用和分配表,并根据此表的内容制作折旧转账凭证。

③对账。对账指的是对本系统的固定资产当前价值与账务处理系统的固定资产相关科目的余额进行符合性检查,以判断两者的资产价值是否相等。一般在结账时系统会自动执行对账操作,以判断是否允许执行结账功能。

④结账。像财务处理系统一样,固定资产系统也有结账操作步骤,而且此项操作一般必须在账务处理系统结账之前进行。关于此步骤的有关规定可参照工资处理系统的相应内容。

(3)应收、应付处理系统

①计算汇兑损益。如果系统中有外币单据业务,则月末计算汇兑损益,并对这些外币单据进行相应处理。用户在执行自动计算汇兑损益操作之前,应选择适当的汇兑损益处理办法。软件一般会提供两种方法供用户选择:a.月末一次性结转汇兑损益,采用此方法,系统会根据用户指定的期间和币种一次性地将当期涉及外币业务所发生的汇兑损益结转,并编制记账凭证。b.单据结清后计算汇兑损益,即仅当某种外币余额结清时才计算汇兑损益;在计算汇兑损益时,界面中仅显示外币余额为零且本币余额不为零的外币单据,计算之后可以编制相应的记账凭证。

②月末结账。本月各项应收、应付业务处理结束后即可执行月末结账功能。在结账前,本月的单据(发票和应收、应付单)应全部审核通过,如果仍有未核销的单据,则本月不能结账。如果是本年度最后一个期间结账,在本年度进行的所有核销、坏账、转账等处理必须制单,否则不能向下一年度结转。

12.4　单位实现会计电算化的途径

单位可根据各自的情况和企业自身能力,采用自行开发软件或购买软件方式实现会计电算化。一般地说,自行开发软件周期长、投资成本高,但它能满足企业的自身特殊需要,因此,自行开发软件适用于内部管理要求较高、整个企业管理均需实现计算机管理的大中型企业。而对一般的中小型企业则可采用购买软件方式实现会计电算化。

12.4.1　自行开发软件

单位自行开发软件可根据自身的技术力量采取自主开发、委托外单位开发、联合外单位开发等方式。系统开发一般要经过系统计划、系统分析、系统设计、系统实施、系统运行与维护五个阶段。

1) 系统计划

根据用户的系统开发请求,初步调查现行系统和用户需要,确定可用资源,明确问题,进行总体规划,确定系统目标,然后进行可行性研究。

2) 系统分析

根据前一阶段确定的系统目标和总体规划,对现行系统进行详细调查与分析,主要任务有:组织结构及其职能调查分析,信息要求调查分析、业务流程调查分析、数据流程分析,最终提出和确定新系统的逻辑模型。

3) 系统设计

根据新系统的逻辑模型进行新系统的物理设计,主要任务有系统总体结构设计、代码设计、数据库设计、输入输出设计、模块结构和功能设计,同时根据总体设计的要求确定计算机软硬件的配置方案。

4) 系统实施

系统实施的主要任务是设备购置与安装、程序设计与调试、编写系统使用说明书、人员培训、数据准备和转换。然后进行系统测试,投入试运行,如发现问题再作修改,直到通过用户验收。

5) 系统运行与维护

该阶段主要任务是系统日常运行管理、监测和审计,并定期对系统进行运行情况评价。如果运行中发现错误、需要增强功能或适应环境变化,对系统进行有效维护。

12.4.2　购买软件

购买软件的方式是指在市场上选择一种通用会计软件直接使用。目前我国从事会计软件开发的公司已有不少,通过财政部门评审的会计软件也很多。这种软件的优点是通用性和安全性较高,一般能满足不同用户的日常需求,软件质量都比较高,功能比较强大,好学、易操作。

购买会计软件时应注意以下几个问题。

1)考查这个软件是否通过财政部门的评审

根据财政部规定,会计软件必须经过省级以上财政部门的评审后才能在市场上销售。所以考查软件是否通过财政部门评审,实际上是考查软件是否符合国家的统一标准,以保证电算化会计系统的安全。因此,一定要购买通过评审的会计软件。

2)考查软件是否适合本单位的需要

虽然会计软件是经过财政部门评审通过的通用软件,但不同公司开发的会计软件还是各有其特点,在性能上、水平上也有差异。即使是同一公司开发的软件,由于其开发是分成各个相对独立的模块进行的,其中的部分模块可以通用,而另一部分模块则是针对不同的行业特点设计的。因此,在选购会计软件时一定要考查清楚软件的性能是否适合本单位的会计业务处理、是否能满足自己行业的要求。

3)考查软件的安全可靠性

由于会计信息关系到国家、集体、个人三者的利益,因此,一定要保证会计信息的安全可靠。软件必须有相应的安全保证措施。如进入系统时的密码控制、操作人员的权限控制、输入数据时的校验控制、有操作日记留下审计线索、能进行数据备份和恢复、意外情况能进行数据的自动保护等。以上功能可以通过审查厂家提供的文档、操作演示以及软件测试来进行判别。

4)考查软件环境的要求

会计软件的运行环境包括硬件环境与软件环境。硬件环境是指主机、显示器、打印机、网络设备。软件环境主要是指所需的系统软件和应用软件。考查单位条件是否能满足会计软件对环境的要求。

5)考查软件厂家的商业信誉和售后服务

商誉的考查主要看软件制造与经销单位是否重信誉、守合同。售后服务一般包括会计软件公司提供操作培训、提供应用指导、提供应用软件的维护、进行版本升级等。用户在运用软件,发现问题时要求软件公司能及时解决。

在选购软件时还应考查软件操作是否简易,是否原版,文档资料是否齐全、清楚,价格是否合理等。如果想进行二次开发的,还必须考查软件是否留有外部接口。

【本章小结】

本章主要讲述了会计电算化的概念、特点、地位和作用,并对会计信息系统进行了功能结构的划分,具体介绍了会计电算化的应用流程、单位实现会计电算化的途径。

【重要概念】

会计电算化　UFO　ERP

【案例分析】

××企业集团组织结构简图如下：

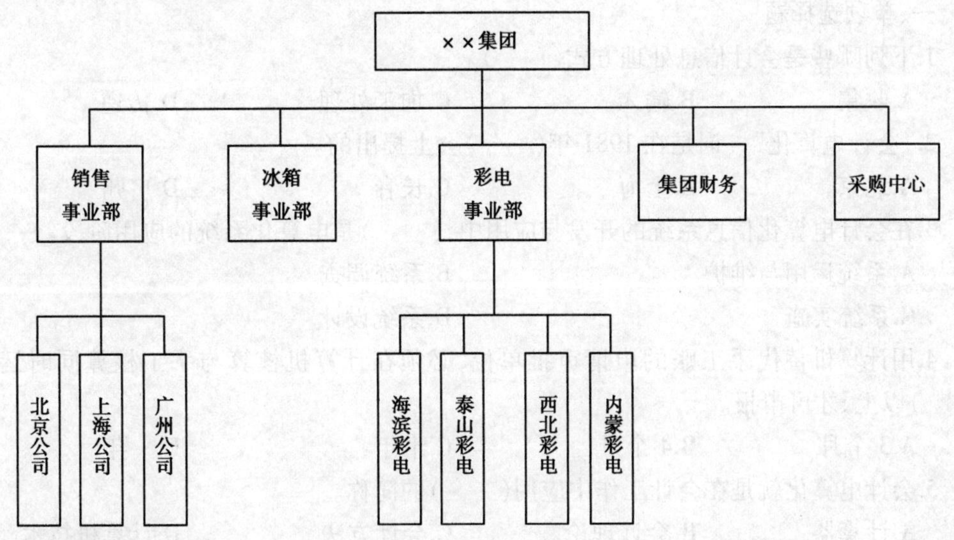

1.集团财务

①集团财务主要负责对集团总部的日常报销。

②负责整个集团的全面预算管理，集团统一制订预算体系，并对下属公司进行预算控制。

③按行业定期进行财务状况和经营成果的分析。

2.采购中心

集中采购，即各产品公司将采购信息发给集团，由集团统一进行采购，采购的物料直接运到当地公司的仓库。

3.销售事业部与其下属成员

①销售事业部是管理中心，对其在全国各地的销售公司（法人实体）进行管理。要求实时掌控各地销售公司的财务状况和经营成果，并进行横向对比分析。

②各地的销售公司主要销售集团的各种产品（如彩电、冰箱等），当地有仓库，进行统一存货核算。

4.彩电事业部与其下属成员

①彩电事业部是管理中心，对其在全国各地生产彩电的公司（法人实体）进行管理。要求实时掌握各地生产型公司的财务状况和经营成果，并进行横向对比分析。

②各地的生产型公司主要从事彩电生产，其采购申请提交给集团采购中心，有材料仓库并进行存货核算；其生产的产品销售给销售事业部，每月入产成品仓库。

案例要求：

1.集团财务会计信息系统应该具备哪些功能？

2.销售事业部和销售公司的会计信息系统应该具备哪些功能？

3.彩电事业部与其下属成员的会计信息系统应该具备哪些功能？

【同步测练】

一、单项选择题

1.下列哪些是会计信息处理方式(　　)。

A.收集　B.输入　C.加工处理　D.传递

2.“会计电算化”一词是在1981年(　　)会上提出的。

A.北京　B.上海　C.长春　D.广州

3.在会计电算化信息系统的开发与应用中,(　　)是电算化系统的应用阶段。

A.系统运用与维护　B.系统调查

C.系统实施　D.系统设计

4.用计算机替代手工账的申请审批单位,必须在计算机核算与手工核算同时运行(　　)以上,才可申报。

A.3个月　B.4个月　C.半年　D.一年

5.会计电算化就是在会计工作中应用(　　)的简称。

A.计算器　B.会计理论　C.会计方法　D.计算机技术

6.现阶段(　　)类型的会计软件已比较成熟了。

A.核算型　B.管理型　C.决策型　D.宏观调控型

7.(　　)年以前,我国的会计电算化处于起步阶段。

A.1982　B.1979　C.1989　D.1994

二、多项选择题

1.会计核算电算化是会计电算化的初级阶段,其主要工作内容包括(　　)。

A.设置会计科目电算化　B.填制会计凭证电算化

C.登记会计账簿电算化　D.编制会计报表电算化

2.会计电算化包括(　　)的计算机应用。

A.财务会计　B.核算会计　C.管理会计　D.成本会计

3.广义会计电算化包括(　　)。

A.会计电算化软件的开发和应用　B.会计电算化人才的培训

C.会计电算化的制度建设　D.会计电算化软件市场的培育与发展

4.会计电算化的作用主要表现在(　　)。

A.提高会计数据处理的时效性和准确性

B.提高经营管理水平

C.促进会计的社会普及率

D.推动会计技术、方法理论创新和观念更新,促进会计工作进一步发展

三、判断题

1.实行会计电算化的单位,为保证会计数据的安全,基本会计岗位和电算化会计岗位不能交叉设置。(　　)

2.会计电算化将提高会计核算的水平和质量。　(　　)

3.凡具备相对的独立完成会计数据输入、处理和输出功能模块的软件,均可视为会计核算软件。　(　　)

4.单位从手工账过渡到实施会计电算化时,计算机会计核算与手工会计核算工作必须同时运行六个月以上,并取得一致的核算结果。　(　　)

5.实行会计电算化后,原手工使用的错账更正方法无法再用了。　(　　)

6.会计电算化后的工作岗位分为核算会计岗位和管理会计岗位。　(　　)

四、简答题

1.简述会计电算化的意义。

2.我国会计电算化的发展经历了哪几个阶段?

3.在电算化会计信息系统中目前最常见的会计数据处理方式有哪些?

4.简述购买会计软件时应注意的问题。

参考文献

[1] 张昌文,谢坤语.基础会计学[M].北京:对外经贸大学出版社,2013.
[2] 陈国辉,迟旭升.基础会计[M].大连:东北财经大学出版社,2018.
[3] 袁红,张彤.初级会计学[M].北京:经济科学出版社,2019.
[4] 万宇洵,欧阳林.基础会计学[M].长沙:湖南人民出版社,2009.
[5] 周慧滨,王素萍.会计学原理与实务[M].北京:北京大学出版社,2007.
[6] 王俊生.基础会计学[M].北京:中国财政经济出版社,2004.
[7] 周密,黄冰.会计学原理[M].上海:复旦大学出版社,2011.
[8] 石本仁,谭小平.会计学原理[M].北京:中国人民大学出版社,2010.
[9] 袁淳,吕兆德.财务报表分析[M].北京:中国财政经济出版社,2008.
[10] 岳虹.财务报表分析[M].北京:中国人民大学出版社,2008.
[11] 李相志.基础会计[M].北京:中国财政经济出版社,2009.
[12] 陈思雄, 朱国志.会计电算化[M].成都:西南交通大学出版社,2010.
[13] 熊细银.会计电算化[M].北京:清华大学出版社,2004.
[14] 李迎,等.会计电算化实训[M].西安:西安交通大学出版社,2011.
[15] 王惠芬,黎文,葛星.企业资源计划 ERP[M].北京:经济科学出版社,2007.